Emerging
Markets
Institute
北京师范大学
新兴市场研究院 文库　胡必亮 主编

综述"一带一路"

胡必亮　聂　莹　刘　倩　刘清杰等编

中国大百科全书出版社

图书在版编目（CIP）数据

综述"一带一路"/胡必亮等编． —北京：中国大百科
全书出版社，2018.6
（新兴市场文库）

ISBN 978-7-5202-0294-7

I.①综… II.①胡… III.①"一带一路"—国际合作—
研究 IV. ① F125

中国版本图书馆 CIP 数据核字（2018）第 125125 号

策 划 人 郭银星
责任编辑 程广媛
版式设计 程 然
责任印制 魏 婷
出版发行 中国大百科全书出版社
地　　址 北京市阜成门北大街 17 号　　　邮政编码　100037
电　　话 010-88390093
网　　址 http://www.ecph.com.cn
印　　刷 环球东方（北京）印务有限公司
开　　本 787 毫米 ×1092 毫米　　　1/16
印　　张 37.25
字　　数 540 千字
印　　次 2018 年 6 月第 1 版　2018 年 6 月第 1 次印刷
书　　号 ISBN 978-7-5202-0294-7
定　　价 110.00 元

　　本研究为北京师范大学学科交叉建设项目"组织国际力量共同推进'一带一路'建设的路径研究与实施"（编号：B10.1）的阶段性研究成果，并得到了中央高校基本科研业务费专项资金资助项目"新兴市场宏观综合研究"（No.2014KJJCB30）的资助。

从全球发展的视角来看，目前表现出的两类现象值得引起我们的高度重视和深入研究。

一类现象是：发展中国家从总体上讲，在发展经济、改善民生、消除贫困等方面都在持续地取得进展，尤其是其中的一些新兴市场大国如中国、印度、印度尼西亚、巴西、俄罗斯、墨西哥、土耳其、南非、波兰、马来西亚等国对驱动世界经济增长所起的作用越来越显著，仅中国一个国家对全球GDP增量的年贡献率，近年来每年都很稳定地保持在30%以上的水平。从维护世界和平的一个重要方面来看，发展中国家的作用也越来越大，目前中国已成为联合国安理会常任理事国中派遣维和军事人员最多的国家，也是缴纳维和摊款最多的发展中国家。根据我们这一文库中相关专著的乐观估算，到2050年时，亚非拉发展中国家将整体地得到进一步发展，按目前标准界定的贫困国家将基本不复存在，全球进入到一个没有绝对贫困的世界。这当然是好消息，是人类发展的福音。但新兴市场国家，以及其他发展中国家目前尚存在一些问题，譬如说有些国家的经济增长仍然主要是靠出卖自然资源而得以维持的，有的国家和区域长期处于政治、社会动荡之中，有些国家仍然面临着比较大的环境和气候变化压力，等等。对于有些国家、区域而言，进一步的可持续发展仍然具有一定的不确定性。

同时我们也发现了另一类现象，那就是：伴随着历史的发展和时代的进步，全球性的问题不是越来越少了，而是越来越多了；不是越来越简单了，而是越来越复杂了。其中一个十分重要的问题就是，全球化遇到了前所未有的挑战，抵制和反对全球化的力量变得比较大了，表现形式也多种多样，有的是大搞贸易保护主义甚至不惜发动贸易战、有的是反对产业全球化布局、有的是抵制和歧视外来移民，不一而论。如果反全球化浪潮大、维持时间长，将十分不利于新兴市场国家和发展中国家的进一步发展，以上所提到的乐观前景就会出现更大的不确定性，因为全球化对促进发展中国家的加速发展具有十分重要的意义。如果把握得好，利用全球化力量，发展中国家可以通过发挥"后发优势"和"比较优势"而实现积极的跨越式发展。此外，目前在地区冲突、国际恐怖主义、国际安全、难民、气候变化等全球性问题方面，形势也变得越来越严峻。更重要的问题在于，为解决这些全球性问题所构建的全球治理体系本来就有一些先天的缺陷，比如说发展中国家由于其代表性和参与度不够，一般就很难平等地参与全球治理过程，导致目前的全球治理体系并不是一个共治的体系，加上有些发达国家开始采取了以自我优先发展为中心的发展战略，减少了对全球治理的投入和责任，从而使本来就处于全球治理"赤字"状态的情况变得愈加严重。如果这一问题得不到及时解决，全球发展特别是新兴市场和发展中国家的进一步发展也会从这一方面受到制约。

中国是一个发展中国家，属于发展中国家中发展得比较快和比较好的一个国家，也是一个新兴市场国家。改革开放四十年来，中国始终坚持从自身国情出发，探索出了一条独特的中国特色社会主义发展道路：坚持党的领导、人民当家做主、依法治国三者有机统一；协调和处理好改革、发展、稳定三者之间的关系；积极推动，形成全面开放新格局和构建人类命运共同体。这些基本经验可供其他新兴市场国家，以及一些发展中国家参考，但每个国家都有很不相同的历史文化渊源，加上资源禀赋、经济发展基础、社会发展水平等都差异巨大，因此关键在于根据各自国家在这些方面的特点探索适合自己的发展道路。中国从来就不主张输出自己的"发展模式"（"中国模式"）；客观地讲，如果机械地学中国的"发展模式"，也是很难学成的。"中国模式"的价值与意义更多的是为其他国家提供新发展道路与新发展模式的探索参考，其他国家可以从中借鉴与自身发展相关的某些经验教训，而不应是机械地照搬。明白了这一点，"中国模式"的价值也就显而易见了，其他新兴市场国家和发展中国家的未来发展前景也就乐观可期了。我们编辑出版这一文库的一个重要目的，就在于通过比较亚非拉新兴市场国家和发展中国家的经验教训，探索其未来发展的成功道路，努力避免和克服以上提到的种种问题，力争实现美好前景。

经过改革开放四十年的发展，中国积累了一定的物质财富与制度财富，希望为更好地解决目前我们所面临的一些全球化问题做出自己的贡献。为此，中国适应时代发展需要，适时地提出了与世界各国共建"一带一路"的倡议，得到了许多国家和国际组织的积极响应；经过五年的努力，一批相关建设项目已经取得了早期收获。

　　"一带一路"倡议的核心在于构建一个新的国际合作平台，也就是"一带一路"国际合作平台，以促进更好的国际合作和共同发展；"一带一路"倡议的基本理念在于共商共建共享；"一带一路"建设的重点在于构建更好的、以基础设施建设为主要内容的全球互联互通网络体系，同时提供更多、更好的全球公共产品，改进全球治理体系，提高全球治理效率；"一带一路"建设的最终目的在于共同构建人类命运共同体，把我们共同的世界建设成为一个持久和平、普遍安全、共同繁荣、开放包容、清洁美丽的世界。因此我们编辑出版这一文库的另一个重要目的，就是为了更好地交流和探讨与"一带一路"倡议和"一带一路"建设相关的重大问题，为促进"一带一路"发展提供智力支撑，通过推动共建"一带一路"而为更好地应对目前我们所面临的全球性挑战做出我们的贡献。

　　这一文库的出版，得到了北京师范大学校领导的直接指导与支持，党委书记程建平和校长董奇以及前任党委书记刘川生和前任校长钟秉林，还有其他各位校领导，都对该文库的编辑出版提出了很好的指导性意见，为文库出版指明了方向。中国大百科全书出版社的刘国辉社长和社科学术分社的郭银星社长、曾辉副社长就文库选题和编辑做了大量精细的具体工作。对此，我们表示最衷心的感谢！希望我们的共同努力对促进"一带一路"和新兴市场的理论创新也会起到一定的积极作用。

胡必亮

2018 年 4 月 6 日

自20世纪80年代始，我做研究就形成了一个习惯，即不论拿到什么研究项目或研究课题或需要研究的问题，都要先做三件事。

第一件事就是先凭自己的相关知识储备找出所要研究的项目或课题的主要问题，如果问题明了，就要找出这个问题的关键点；然后再设想自己对这个主要问题或问题关键点的解决方案；同时也会设想几个主要变量以及这几个变量之间的大致关联情况。这样，一个初步的分析框架就清楚了，但这是一个纯粹基于自己已有知识储备的基本思想与分析框架，有很大的"异想天开"的成分在里头。这件事很容易完成，短到几分钟，长到一天时间，但一般不会等到第二天。然后"尘封"起来，一段时间都不用去理会它了。第二件事就是找来与此项目或课题或问题相关的书、论文、政策文件或政策报告等文献100～1000种（本、篇）不等，集中一段时间（一个星期到一个月）读完，就会了解别人对这个项目或课题或问题的一些基本思路了。第三件事就是深入到生活中去，进行实地调研。如果研究农村问题，就需要深入到县、镇、村、农户去作扎实的调查研究；如果是作城市研究，就要到不同类型的城市去住一段时间，取得第一手相关资料，自然也会形成一些基本判断。最后把三个结果进行比较，问题也就清楚了，答案也就明了了。

如果用现在学术研究的规范说法，这三件事实际上就是所谓的确定研究假设（我上面说的只是一个没有考虑研究文献的初步的研究假设）、做好文献综述、深入田野调查。

我之所以说这些，是因为这些与我们编著的这本综述性图书直接相关。

2013年9月7日，习近平总书记在位于哈萨克斯坦首都阿斯塔纳的纳扎尔巴耶夫大学发表了题为《弘扬人民友谊 共创美好未来》的重要演讲，提出了共同建设"丝绸之路经济带"的倡议。我那几天正好在阿斯塔纳参加"2013欧亚新兴市场论坛"并作实地调研，因为哈萨克斯坦是我们新兴市场研究院确定的一个需要重点研究的新兴经济国家。我当时就意识到"丝绸之路经济带"这个问题很重要，需要作深入的研究。我参加的那个论坛9月10日上午开幕，哈萨克斯坦共和国总统纳扎尔巴耶夫发表了长篇讲话，重点讲的是2050年哈萨克斯坦的发展愿景、重点发展领域和政策要点。9月11日下午我在大会上作了题为《从丝绸之路到区域一体化》的发言，做了我上面提到的第一件事——提出了一个初步的研究假设，即"丝绸之路经济带"倡议主要是为了实现欧亚大陆一体化。

接下来，我与我的研究团队阅读了当时可以获取的970多种相关文献。经过反复研究和认真梳理，很快就整理出了一份60万字左右的文献资料集，为我们研究这一问题提供了基本参考。这也就基本上做了我上面提到的第二件事——文献综述工作。

再接着，就是做第三件事，即到"一带一路"沿线国家开展实地调研工作。在过去的几年间，我们这个研究团队的成员分别到20多个"一带一路"沿线国家参加研讨会或从事专题调研，仅我个人就到哈萨克斯坦、吉尔吉斯斯坦、格鲁吉亚、波兰、俄罗斯、泰国、新加坡、缅甸、印度、斯里兰卡等国参加相关学术活动，力争通过更多的实地调研了解沿线国家的发展实践、制度特点、主要问题与发展前景，感受沿线国家政府和人民对"一带一路"及其国际合作的基本态度等。

做了这三件事后，我们的研究也取得了一些成果。今年是"一带一路"倡议提出5周年，我们开始陆续将我们的研究成果予以出版。在整理出版这些研究成果的过程中，我们对是否将前几年收集整理的相关文献资料予以正式出版的问题，存在不同的看法。经过几次集体讨论后，我们决定还是出版。一是考虑到研究工作既是分阶段推进的，也是有继承性的，早期开展的资料收集整理工作对后期研究一直都会有参考价值；二是希望我们收集整理出的这些资料可以为其他正在从事"一带一路"研究的各界人士所分享和选用。

由于这些文献资料的量比较大，我们分两本出版。《综述"一带一路"》基于对500多种文献的认真阅读、归纳总结，使我们对"一带一路"问题有了一些基本的把握。《表述"一带一路"》采用表格形式汇总相关资料，便于查找与快速抓住要点。这些都只是我们研究的半成品，希望大家能够从中找到一些对自己有用的信息。

《综述"一带一路"》的资料收录范围与编纂结构是我根据"一带一路"倡议提出初期大家所关注的重点问题确定的，然后由我们研究团队的各成员对自己负责的内容进行认真阅读、梳理并写成综述性报告，最后由聂莹博士统稿，我定稿。

《综述"一带一路"》共分四编25章。第一编讨论"经济问题"，共13章。第一章介绍资源问题，刘清杰执笔；第二章介绍农业问题，孙开斯执笔；第三章介绍新型工业化问题，计磊执笔；第四章介绍国际产能合作问题，田颖聪执笔；第五章介绍基础设施建设问题，周伟杰执笔；第六章介绍贸易问题，孙开斯执笔；第七章介绍自贸区建设情况，冯芃栋执笔；第八章介绍投资问题，张松执笔；第九章介绍旅游合作，周伟杰执笔；第十章介绍金融合作，张松执笔；第十一章介绍能源国际合作，田颖聪执笔；第十二章介绍高新技术领域合作，冯芃栋执笔；第十三章介绍园区国际合作，田颖聪执笔。第二编讨论"可持续发展问题"，共5章。第十四章介绍新型城镇化，刘倩执笔；第十五章介绍环境保护，李怡萌执笔；第十六章介绍教育问题，计磊执笔；第十七章介绍智库合作，刘倩执笔；第十八章介绍人文交流，李怡萌执笔。第三编讨论"区域一体化"，共4章。第十九章介绍中国与欧亚经济联盟合作（"5+1"），肖佳琦执笔；第二十章介绍中国与中东欧国家经贸合作（"16+1"），陆天怡执笔；第二十一章介绍中国与东盟合作（"10+1"），肖佳琦执笔；第二十二章介绍中国与上合组织合作，陆天怡执笔。第四编讨论"战略、模式和机制"，共3章。第二十三章介绍"一带一路"沿线国家战略，刘清杰执笔；第二十四章介绍"一带一路"合作模式，冯芃栋执笔；第二十五章介绍"一带一路"合作机制，刘清杰执笔。

　　这是一本比较系统介绍"一带一路"及其沿线国家各方面情况的编著作品，为我们进一步的深入研究提供了基本信息和基础资料，希望对"一带一路"研究感兴趣的读者有所裨益。本书的出版得到了中国大百科全书出版社刘国辉、郭银星、曾辉等同志的大力支持与帮助，我们表示最诚挚的感谢！

胡必亮

2018年4月7日

目录

Contents

第二编
可持续发展问题

第三编
区域一体化

图表目录

第一编

经济问题

第一章 "一带一路"沿线国家资源

　　"一带一路"行动倡议自2013年提出以来，经过2014年的谋划，目前已经进入了实施阶段，成为中国在新时期优化开放格局、提升开放层次和拓宽合作领域的重要方针。从地理区域看，"一带一路"沿线包括亚洲、非洲、欧洲的65个国家和地区，总人口44亿，经济总量21万亿美元，分别占全球的62.5%和28.6%。① "一带一路"是"地球的心脏地带"，经济地理呈现两边高、中间低的洼地型特征，东端为亚太经济圈，西端为欧洲经济圈，中间为中国、中亚及西亚一带经济相对落后的国家和地区。② 2015年3月，国务院发布的《推动共建丝绸之路经济带和21世纪海上丝绸之路的愿景与行动》，明确将"加大煤炭、油气、金属矿产等传统能源资源勘探开发合作"列为合作重点③，必将进一步加快中国与"一带一路"沿线国家在资源领域的合作步伐。

　　"丝绸之路经济带"涉及的中亚、西亚及北非、俄罗斯和东欧

---

　　① 习近平提战略构想："一带一路"打开"筑梦空间"［EB/OL］.（2014-08-11）.［2015-02-08］. http://news. xinhuanet.com/fortune/2014-08/11/c_1112013039. htm.

　　② 胡鞍钢，马伟，鄢一龙."丝绸之路经济带"：战略内涵、定位和实现路径［J］.新疆师范大学学报（哲学社会科学版），2014（2）：1-11.

　　③ 国家发展改革委，外交部，商务部. 推动共建丝绸之路经济带和21世纪海上丝绸之路的愿景与行动［EB/OL］.（2015-06-08）.［2015-06-09］. http://news. xinhuanet.com/gangao/2015-06/08/c_127890670. htm.

地区，以及"海上丝绸之路"涉及的东南亚、南亚地区，均处于世界重要成矿带上，成矿条件优越，矿产资源种类全，勘查开发程度低、潜力大，特别是煤炭、石油、天然气、铀、铬铁、铜、铅锌等矿产优势明显，与中国合作互补性非常强，是中国未来境外矿产勘查开发和加工合作的重要目标区域。[①]为此，需要对"一带一路"沿线国家的地质资源潜力进行剖析，基于现有研究成果，本章从煤炭资源、油气资源和金属矿产资源三方面进行分析。

第一节　煤炭资源

一、煤炭资源储量及需求分析

煤炭是重要的基础能源，是钢铁、水泥、化工等工业的能源与原料基础，2012年在全球一次性能源消费中所占比重达到历史新高——29.9%[②]，在中国一次性能源消费结构中高达70%左右。中国已成为全球最大的煤炭生产国、消费国和进口国，但人均煤炭资源量仅为世界平均水平的42.5%，储采比仅有31年。多项研究表明，未来10~20年内，随着煤炭清洁技术的发展，煤炭将超越石油，成为世界消费量最大的能源。[③]因此，研究"一带一路"沿线国家煤炭资源的未来供需形势，掌控主要煤炭资源国家煤炭行业发展动态，对维护中国能源安全、实现资源互补、保障国民经济可持续发展具有深远的意义。

---

① 顾海旭，荣冬梅，刘伯恩."一带一路"背景下我国矿产资源战略研究［J］.当代经济，2015（22）：6-8.

② BP Amoco（英国石油公司）. BP Statistical Review of World Energy 2013 ［EB/OL］. 2013. http://www.bp.com/content/dam/bp/pdf/statistical-review/statistical_review_of_world_energy_2013.pdf.

③ 王安建，王高尚.能源与国家经济发展［M］.北京：地质出版社，2008.

煤炭资源在全球分布广泛，北半球以两条巨大的世界级聚煤带最为突出，一条横亘在欧亚大陆，西起英国，向东经德国、波兰，再向东延伸到中国的华北地区东部和俄罗斯的远东地区；另一条呈东西向，绵延于北美洲的中北部，包括美国和加拿大的煤田。南半球的煤炭资源主要分布在温带地区，比较丰富的有澳大利亚、南非、博茨瓦纳和莫桑比克。[①] 全球探明储量前八位的国家，其储量总和超过了全球可采储量的90%，如表1-1所示。

表1-1　世界主要煤炭资源国探明可采储量

国家	探明储量/亿吨	占比/%	储采比/（R/P）
美国	2373	27.6	257
俄罗斯	1570	18.2	443
中国	1145	13.3	31
澳大利亚	764	8.9	177
印度	606	7.0	100
德国	407	4.7	207
乌克兰	339	3.9	384
哈萨克斯坦	336	3.9	289
南非	302	3.8	116
合计	7842	91.3	/

资料来源：BP世界能源统计年鉴，2013年。

从世界主要煤炭资源国探明可采储量来看，排名前五的国家中，"一带一路"沿线国家（除中国外）有俄罗斯和印度，煤炭资源丰富。然而从对煤炭资源的需求角度来看，据过去10余年的研究，中国是世界上煤炭需求增长最快的国家，占世界煤炭需求增长的80%左右。据国际能源署（IEA）预测，印度将在2020年左右成为世界最大的煤炭进口国，于2025年左右成为世界第二大煤炭消费

---

① 谢锋斌. 全球煤炭供需格局简析［J］. 中国矿业，2013，22（10）：19-21.

国，到2035年，煤炭需求几乎是现在的2倍，达到880吨标准煤。今后，世界煤炭需求增长主要来自中国和印度，将占总需求的2/3。[①]煤炭需求的急剧增长导致煤炭进口也增长强劲。为了保障不断增长的煤炭进口需求的供应，需要不断寻求国际煤炭资源的整合与利用。

近年来，俄罗斯国内煤炭市场保持平稳发展，需求量变化不大。2010年，俄罗斯国内煤炭用量为1.84亿吨，到2030年预计达2.2亿吨（另有1500万吨计划用于煤化工）。2010年至2030年20年间，俄罗斯国内煤炭需求预计增加3600万吨，年均增加180万吨，内需增长缓慢。[②]俄罗斯政府鼓励开发利用煤炭资源，欢迎外国企业投资俄罗斯煤矿。俄罗斯煤炭资源丰富，是世界主要煤炭出口国之一。中国作为一个煤炭净进口国，国内质优价廉、长期稳定的煤炭供应源越来越少。在中俄加强能源合作开发的背景下，俄罗斯煤炭资源的开发利用现状及中国企业利用俄罗斯煤炭资源的前景，也就受到更多的关注。因此，需要对俄罗斯煤炭资源及开采情况和资源互补进行必要分析。

二、俄罗斯资源储量及开采

（一）俄罗斯煤炭资源储量

2012年俄罗斯煤炭探明储量为1570.1亿吨，占世界煤炭探明总量的18.2%，居世界第二位。据俄罗斯国家统计局的数据显示，俄罗斯现有煤炭企业的工业储量约190亿吨，其中焦煤约40亿吨。按照俄罗斯目前的开采能力，已探明煤炭资源储量最少可供开采500亿吨，按照2012年的产量还可以开采443年。俄罗斯煤炭资源分布极不平衡，3/4以上的煤炭资源分布在俄罗斯的亚洲部分，即西伯利亚

---

① 刘文革.世界煤炭工业发展趋势和展望［J］.中国煤炭，2013（3）：119–123.
② 谢文心，熊利.中国和俄罗斯煤炭领域的合作分析［J］.俄罗斯中亚东欧市场，2012（7）：41–47.

地区和远东地区；欧洲部分46.5%的储量在俄罗斯中部的库兹巴斯煤田，23%的储量在克拉斯诺雅尔斯克边区，其余分布在科米共和国、罗斯托夫州和伊尔库茨克州等地。俄罗斯煤炭品种比较齐全，有褐煤、烟煤（包括长焰煤、气煤、肥煤、焦煤、瘦煤）、无烟煤等。焦煤储量丰富，完全能够满足俄罗斯国内钢铁工业的需要，并可大量出口。按照俄罗斯国家标准ГОСТ25543-88对煤炭种类的划分，КЖ、К、Ж、ГЖ、КО、ОС牌号煤属于焦煤。俄罗斯目前开采的主要焦煤品种有К、КО和ОС牌号煤。[①]

在1950年俄罗斯的燃料动力平衡表中，煤炭所占比重为66%；到20世纪70年代，俄罗斯煤炭在燃料动力资源中的地位逐渐被石油和天然气取代，在1997年俄罗斯的燃料动力平衡表中，煤炭所占比重已下降到12%以下。期间，俄罗斯煤炭出口量增长迅速。21世纪，煤炭对俄罗斯经济的贡献主要通过出口来实现。[②]

（二）俄罗斯煤炭资源开采情况

俄罗斯煤炭主要产自西西伯利亚地区，其次是东西伯利亚地区和远东地区。目前俄罗斯正在开采的有四大煤田，即别秋林煤田、顿涅茨克煤田、库兹涅茨克煤田和勘斯卡-阿琴斯克煤田，其中库兹涅茨克煤田的煤炭产量最大。在俄罗斯联邦，有25个地区主体进行煤矿开采作业，在85个市政构成中有16个负有盛名的煤田，58个地区是以城市规划的煤炭企业为基础的煤矿工业区。全年总产量约为3.83亿吨的煤炭开采主要在121个露天采矿场和85个矿井中得以实现。2011年，煤炭生产量超过3.36亿吨，这是继苏联解体后俄罗斯最高的煤炭生产指数。俄罗斯最大的煤田是库兹涅茨克煤田，它是在煤炭储量、质量、基础设施和采矿技术方面除库兹巴斯煤田之外最具前景的煤田；同时，坎斯克-阿钦斯克、东西伯利亚和远东地区的露

---

① 郭艳玲，周舒野，吴美庆. 俄罗斯煤炭资源开发利用现状［J］. 现代矿业，2010（1）：143-145.

② 张博. 中俄能源贸易发展研究［D］. 东北师范大学，2014.

天采矿场也正在进一步发展，其在行业内的煤炭开采量不断增加。[1]

三、中俄煤炭资源合作的矿区选择

俄罗斯远东地区幅员辽阔，面积为621.59万平方公里，占俄罗斯国土面积的36.4%，但人口仅有626万，煤炭储量十分丰富，约占俄罗斯的40%。由于远东地区离俄罗斯主要的煤炭消费地距离较远，运输成本较高，因此，远东地区与俄罗斯国内主要煤炭消费地的经济联系越来越疏远，从而导致俄远东地区煤炭资源并未大规模地开发利用。从地理位置来看，远东地区虽然远离俄罗斯煤炭消费地区，但该地区有很大片区与中国东北毗邻，在边境附近地区开发煤炭资源并向中国出口，既有运输成本优势，又可为该地区的经济发展注入新的活力。出于运输成本方面的考虑，中国从俄罗斯进口煤炭的矿区将重点布局在与中国东北有漫长边界的俄罗斯阿穆尔州、滨海边疆区和东西伯利亚地区中与中国毗邻的赤塔州。[2]

阿穆尔州位于俄罗斯东南部，其南部、西南部与我国黑龙江省接壤，已探明的煤炭储量为38.13亿吨，居远东地区第二位，年开采能力为1000万吨~1200万吨。阿穆尔州内有4条河运线，承担着向中国进出口货物的运输。此外，沿阿穆尔河还有"海河"船队可以进入日本海，大力发展"海河"航线与中国、日本、朝鲜的港口互通已纳入其行政计划中。滨海边疆区是俄罗斯的最东南地区，其西部与中国接壤，已探明煤炭储量为26.21亿吨。从长远看，已勘探的煤田能保证年开采2500万吨~3000万吨。其中开采条件较好的煤田有比金煤田、巴甫洛夫斯克褐煤田、利波夫齐和伊里乔夫卡煤田等。比金煤田的年开采能力为1200万吨~1400万吨，巴甫洛夫斯克褐煤田的

---

① 郭思文.俄罗斯煤炭工业的发展战略 [J].煤炭技术，2013（10）：254–256.

② 方行明，张文剑，杨锦英.中国煤炭进口的可持续性与进口国别结构的调整——中俄煤炭合作与开发利用俄罗斯远东煤炭资源的战略思考 [J].当代经济研究，2013（11）：22–29.

年开采能力为500万吨~600万吨，利波夫齐和伊里乔夫卡煤田可露天及地下机械化开采，年开采能力为150万吨~200万吨。列入国家储备的较大型煤田有巴甫洛夫斯克煤田的西北矿脉及拉科夫卡煤田；[①]赤塔州煤炭资源也很丰富。目前的煤炭投资项目有扎舒兰煤矿、阿普萨兹煤矿、奇特坎金煤矿，其煤层中，甲烷的储量十分丰富，可作为煤气田开采。除以上列明的矿区外，俄罗斯远东地区未探明的煤炭储量也十分丰富，向中国供给煤炭的潜力十分巨大。

四、中俄煤炭合作潜力

俄罗斯煤炭储量丰富，煤炭类型全，热值高，煤炭开采价值高，但本国需求量低，是未来煤炭主要出口国家。俄罗斯政府鼓励国外企业在其国内开采煤炭，优惠的国家政策和良好的煤炭资源为俄罗斯煤炭行业的发展提供了平台。随着中国经济刺激方案的实施和钢铁生产的复苏，中国对煤炭的需求增加，导致国内煤炭的采购力增强，在中国优质煤炭资源不是很充足的情况下，许多企业纷纷走出国门寻找更多的煤源。中俄互为最大邻国，在煤炭资源开发利用方面互补性很强，合作潜力巨大。

中国煤炭进口的潜力巨大，从地理和煤炭储量等综合因素来看，俄罗斯是近期扩大煤炭对华出口最为理想的国家。作为世界煤炭资源储量排名第二的国家，俄罗斯也是世界重要的煤炭出口国之一。自21世纪开始，俄罗斯煤炭出口量呈逐年上升的趋势，但是上升幅度不大，尤其是最近5年煤炭产量和出口量增长缓慢，并出现波动。

俄罗斯的能源使用策略为重油轻煤，本国对煤炭的需求很少，因而在很大程度上制约了整个煤炭行业的发展，再加上俄罗斯煤炭的主要出口国——欧洲各国近几年来为了保护环境而出现限制煤炭消费的趋向，经济危机也导致欧洲对煤炭需求的下降，从而造成俄

---

① http://www.cqcoal.com/a/xinwenzixun/guojimeitan/2012/19762.html.

罗斯煤炭外部需求不旺，2009年和2010年煤炭开采量有所减少。投资不足，内外需求乏力，设备陈旧，煤炭开采量减少，使得俄罗斯迫切需要与一些煤炭消费大国开展煤炭合作，这也为其向中国增加煤炭出口提供了可能性。同时，俄罗斯经济工业发展西重东轻，其煤炭产区主要集中在亚洲地区，如果俄罗斯增加对中国的煤炭出口，将对俄罗斯改善其东西部平衡状况非常有利。

从2009年开始，随着中国国内煤炭需求增长及进口量的猛增，俄罗斯对中国煤炭的出口也出现激增之势，由2008年的76万吨猛增至2009年的1178.46万吨，增长了14.5倍。

同时，中俄两国政府也对煤炭合作事宜进行了探讨。2009年10月，中俄两国总理签署了《中俄总理第十四次定期会晤联合公报》，公报指出两国将根据《中俄关于煤炭领域合作的谅解备忘录》，支持双方企业在煤炭资源开发以及加工转化、煤炭及煤矿机械贸易与服务、煤炭工业设计等领域优先开展合作。2010年8月，中俄两国签署了60亿美元煤炭协议，即"贷款换煤炭协议"。协议规定：未来25年的前5年，中国将从俄罗斯每年进口至少1500万吨煤炭，而后20年进口煤炭量将会增加至2000万吨，中国则为俄罗斯提供总共60亿美元的贷款，共同开发俄罗斯远东阿穆尔河（黑龙江）地区煤炭资源，并帮助俄罗斯发展远东地区矿产资源开采项目，修建铁路、公路等煤炭运输通道，购买矿产挖掘设备等。

进入2012年后，俄罗斯明确表示应重视通过投资推动经济增长。俄总理普京指出，俄罗斯需要大规模的投资，到2015年投资将增长至国内生产总值25%的水平。[1]投资涵盖公共设施、海关、运输物流和商业项目，全力推动基础设施建设，拉动经济增长。同时，普京政府也明确提出增加地方经济活力，缩小地区发展的不平衡。俄罗斯拟在个别地区建立多样化的法律、投资和税务政策，将赋予地方政府足够的职权，确保地方经济持续而稳定地发展。

---

① 廖伟径.俄罗斯：多举措应对复杂经济形势［N］.经济日报，2012-1-31.

由此，综合地理、煤炭储量、两国经济发展状况、政府政策等因素分析可知，中俄两国煤炭资源开发利用合作潜力巨大。

第二节　油气资源[①]

一、石油资源概况

（一）"一带一路"诸盆地石油可采资源量

所谓油气可采资源总量，是指特定盆地内在现有经济技术条件下能够开采利用的全部油气总量，其中包括已发现的储量、待发现资源量和储量增长。对早期发现的大型油气田来说，储量增长约占到最初可采储量的20%，统计的总资源量未包含储量增长。

"一带一路"国家油气资源丰富，但分布非常不均，主要富集在中东、中亚和俄罗斯等国家及地区，除中国外，石油天然气可采资源量分别为2512亿吨和292万亿方，分别占世界的60%和63%。"一带一路"国家油气产量为24.1亿吨和1.8万亿方，分别占世界的58%和54%，占中国原油和天然气进口份额的66%和86%。2014年，中国石油企业在"一带一路"国家权益油气产量为5255万吨和194亿方，占中国全球油气权益总量的45%和55%。综合分析看，"一带一路"沿线国家油气资源方面，中东、中亚和俄罗斯是中国重要的战略目标区。

"一带一路"区域内石油资源丰富，在全球石油资源中占有重

---

① 本部分对油气资源的综述主要参考的资料是：国土资源部油气资源战略研究中心、中国石油大学（北京）编绘的《"一带一路"油气资源分布图集》。李富兵，白国平，王志欣，等."一带一路"油气资源潜力及合作前景［J］.中国矿业，2015，24（10）：1-3，26."一带一路"油气资源分布明细.中国能源报，2015-07-13.因此，后续参考到的对应文献不再重复标注。

（一）中国及"一带一路"沿线国家权益油气量

截至2014年年底，中国石油企业在"一带一路"国家的权益油气区块主要分布在中东、中亚、俄罗斯和东南亚等国家及地区。2014年，中国石油公司在海外的权益油气产量分别为11759万吨和350亿立方米，其中在"一带一路"国家的权益油气产量分别为5255万吨和194亿立方米，分别占权益油气总产量的45%和55%。

"一带一路"国家权益油主要集中在哈萨克斯坦和伊拉克，集中度较高。2014年，中国石油企业在哈萨克斯坦、伊拉克的权益油产量分别为1590.5万吨和2614万吨，两国权益油产量占"一带一路"国家总权益油产量的75.4%，分别占两国原油出口量的25.5%和20.8%。"一带一路"国家权益气主要集中在土库曼斯坦、哈萨克斯坦和印度尼西亚，总体权益气量少，集中度高。中国企业的权益气项目主要为土库曼阿姆河、哈萨克阿克纠宾等。俄罗斯为世界重要的油气出口大国，中国企业在俄罗斯却"少油缺气"。

（二）"一带一路"油气资源勘探开发投资方向

1. 石油资源勘探开发投资方向。

首先，从资源量的角度来看，未来石油勘探开发投资的主要方向仍是中东、中亚和俄罗斯等大型含油气区；其次，从待发现石油可采资源丰度看，"一带一路"区域内进行石油勘探投资的重点盆地包括阿拉伯（沙特、阿联酋、伊朗、伊拉克、叙利亚等）、扎格罗斯（伊朗、伊拉克）、西西伯利亚（俄罗斯）、南里海（阿塞拜疆、土库曼斯坦）、滨里海（哈萨克斯坦、俄罗斯）、东西伯利亚（俄罗斯）、东巴伦支海（俄北极西部大陆架）等盆地；最后，从已发现剩余石油可采储量的角度看，"一带一路"区域内进行石油开发投资的重点盆地包括阿拉伯（沙特、阿联酋、伊朗、伊拉克、叙利亚等）、扎格罗斯（伊朗、伊拉克）、西西伯利亚（俄罗斯）、伏尔加—乌拉尔（俄罗斯）、滨里海（哈萨克斯坦、俄罗斯）等盆地。

2. 天然气资源勘探开发投资方向。

首先，从资源量的角度来看，未来天然气勘探开发投资的主要方向仍是中东、中亚和俄罗斯等大型含油气区；其次，从待发现天然气可采资源丰度看，“一带一路”区域内进行天然气勘探投资的重点盆地包括俄罗斯的西西伯利亚盆地、东巴伦支海盆地、东西伯利亚盆地，中东地区的扎格罗斯盆地、阿拉伯盆地、尼罗河三角洲盆地和黎凡特盆地，以及中亚地区的南里海盆地、卡拉库姆盆地和滨里海盆地；最后，从已发现剩余天然气可采储量的角度看，“一带一路”区域内进行天然气开发投资的重点盆地包括中东的阿拉伯盆地、扎格罗斯盆地，俄罗斯的西西伯利亚盆地、东巴伦支海盆地和东西伯利亚盆地，以及中亚的卡拉库姆盆地、南里海盆地和滨里海盆地。

（三）“一带一路”油气资源的合作

中国应注重与中亚、中东、俄罗斯等国家地区的油气资源的互补性，重点从以下三个方面加强油气资源的合作。

一是巩固和扩大与中亚国家的油气合作。中国在哈萨克斯坦能源投资规模大，应以巩固为主，适当扩大油气合作规模，加强非能源领域合作，密切注视和研判其局势，确保国家投资万无一失。加强与土库曼斯坦的天然气合作，不断扩大中国权益气产量。抓紧做俄罗斯的工作，减少中国同中亚国家开展能源合作的阻力。

二是加强与中东国家油气合作。巩固和沙特良好的合作基础；正确研判伊朗局势，在危机中寻求机缘，力争与伊朗油气合作取得更大进展；在现有业绩基础上，不断扩大与伊拉克油气合作的领域与规模；争取科威特、阿联酋、卡塔尔等向中国出口更多资源。

三是抓住机遇，中俄油气合作应在曲折中前行。俄罗斯油气资源禀赋较好，虽经多年艰苦打拼，但中国企业在俄罗斯油气上游市场成果甚少，应转换思路，力争在油气资源合作上取得重大突破。

第三节 金属矿产资源[①]

金属矿产资源合作是"一带一路"资源合作中的重要组成部分，是将地理毗邻、资源优势转化为共同持续发展的经济增长优势的关键领域。对于"一带一路"金属矿产资源分布及其生产状况，已有学者的研究成果较为成熟，本部分在参考已有文献的基础上加以概括总结，呈现"一带一路"沿线国家的金属矿产资源分布情况及地区间资源的互补性。

一、金属矿产资源概况

（一）金属矿产资源分布现状

金属矿产资源在地理上分布的不均匀性和经济全球化的现实，决定了金属矿产资源配置的全球化。"一带一路"沿线国家金属矿产资源极为丰富，是世界矿物原材料的主要供给基地，在全球经济和社会发展中占有举足轻重的位置。例如，印度和俄罗斯是钻石重要的产区；乌兹别克斯坦被称为黄金之国；东南亚诸国有长达2500千米的锡矿带；俄罗斯库尔斯克分布着世界最大的产铁盆地；东南亚诸国是全球最为驰名的宝玉石产区，等等。[②]从地理区域看，"一带一路"包括了亚洲、欧洲、非洲的65个国家和地区；从现有金属矿产资源供应情况看，欧洲经济相对发达，金属矿产资源相对贫乏且开发程度较高，未来可开发利用的金属矿产资源主要以亚洲为主，亚洲将是未来矿业投资的重点区域。

---

① 主要参考文献：唐金荣，张涛，周平，等."一带一路"矿产资源分布与投资环境［J］.地质通报，2015，34（10）：1918-1928.施俊法，李友枝，金庆花，等.世界矿情（亚洲卷）［M］.北京：地质出版社，2006.其对矿产资源充分的综述性研究为本部分撰写给予重要贡献。

② 周飞飞."一带一路"——点燃地质工作新梦想［J］.国土资源，2015（1）：22-25.

　　亚洲复杂的成矿条件和良好的成矿背景，使得该区域金属矿产资源十分丰富，成为世界矿物原材料的主要供给基地。从地理区域，将"一带一路"亚洲国家的金属矿产资源储量情况统计汇总，如表1-4所示。

表1-4　"一带一路"亚洲国家主要金属矿产资源情况

地区	国家	矿种	储量／吨	地位
中亚地区	哈萨克斯坦	金	19000	8
		铜	600×10^4	14
		铅	1170×10^4	6
		锌	2570×10^4	4
		铀	190×10^4	2
	吉尔吉斯斯坦	金	3000	／
		钼	10×10^4	12
		铜	250×10^4	／
	乌兹别克斯坦	金	1700	12
		钼	6×10^4	13
		铜	2500×10^4	／
	塔吉克斯坦	锑	50000	4
		金	573	／
		银	117429	／
北亚地区	蒙古	铀	140×10^4	10
		金	3100	／
		钼	16×10^4	8
		萤石	2200×10^4	4
	俄罗斯	镍	790×10^4	4
		铜	3000×10^4	6
		铝土	2×10^8	13
		锑	35×10^4	2
		黄金	5000	3

续表

地区	国家	矿种	储量／吨	地位
南亚地区	印度	锰	6.5×10^8	1
		钾盐	6×10^8	2
		铅	920×10^4	3
		铁矿石	52×10^8	5
		铅	260×10^4	7
		锰	2400×10^4	／
		铬铁	2700×10^4	／
		钛铁	8500×10^4	3
	阿富汗	铜	7×10^8（矿石）	／
		铁	20×10^8	／
		锂	1×10^8	／
东南亚地区	菲律宾	镍	310×10^4	8
		铜	700×10^4	／
		铝土	2.42×10^8	／
	印度尼西亚	铝土	10×10^8	6
		铜	2500×10^4	9
		金	3000	7
		锡	80×10^4	2
		镍	450×10^4	6
	泰国	锡	17×10^4	8
		锑	42×10^4	／
	马来西亚	锡	25×10^4	7
		铝土	1400×10^4	／
	越南	铝土	21×10^8	4
		钛	160×10^4	11
		钨	8.7×10^4	6

资料来源：由唐金荣等（2015）根据以下资料提供的数据整理得到：U. S. Geological Survey. Mineral Commodity Summaries ［EB/OL］(2015-06) [2015-06-09] . http://minerals. usgs. gov/minerals/pubs/mcs/2015/mcs2015. pdf.

从表1-4中的金属矿产资源储量看，中亚地区拥有丰富的铜、金、铅、锌、铀等矿产，并且在世界上占有重要地位。其中哈萨克斯坦拥有金19000吨（第8位）、铜$600×10^4$吨（第14位）、铅$1170×10^4$吨（第6位）、铀$190×10^4$吨（第2位）；北亚（俄罗斯和蒙古）地区镍、锰、锑、铜等资源丰富，其中俄罗斯占世界前三位的矿产就有锰矿（第1位）、锑（第2位）、钾盐（第2位）、金（第3位）；南亚地区铁、钛、铅、铜等资源丰富，其中印度的钛铁矿占第3位；东南亚地区锡、镍、铝土在世界上占有重要地位，其中印度尼西亚的锡矿占第2位。

（二）"一带一路"主要成矿带

从板块构造来看，"一带一路"沿线国家所处区域由西伯利亚陆块、塔里木陆块、中朝陆块、阿拉伯陆块、印度陆块和扬子陆块等6个大型陆块，以及大陆边缘的5条巨型造山带（北极造山带、乌拉尔—蒙古造山带、昆仑—祁连—秦岭造山带、特提斯—喜马拉雅造山带和环太平洋构造活动带）和夹持其间的陆块所组成。从成矿地质构造看，该区域横跨环太平洋、特提斯—喜马拉雅、中亚—蒙古3大成矿域和西伯利亚地台、印度地台、阿拉伯地台、塔里木—中朝地台、扬子地台5个成矿区。[①]

1. 环太平洋成矿域西南矿段。

环太平洋成矿域环绕太平洋周缘展布，其中西南段和东北段位于亚洲和欧洲境内，该成矿域地质构造背景主要是显生宙造山带及新生代风化壳。以铜、钼、金、银、镍、钨、锡、铅、锌等的大规模成矿作用为特色，成矿时代以中新生代占绝对优势。该成矿域东亚大陆边缘成矿带和西南太平洋成矿带分布在亚洲地区。

2. 特提斯—喜马拉雅成矿域。

特提斯—喜马拉雅成矿域位于欧亚大陆与冈瓦纳大陆的交接

---

① 施俊法，李友枝，金庆花，等. 世界矿情（亚洲卷）[M].北京：地质出版社，2006.

部位，赋存于特提斯造山带中，构成地球的"腰带"。该成矿域成矿地质构造背景较简单，主要是显生宙造山带，其次是新生代风化壳，其展布范围与特提斯造山带的范围相似。矿种以锡、钾盐、铅、锌、铝土、铜、钼等为主。该成矿域由西向东可划分为西段的地中海成矿带、中段的西亚成矿带和东段的喜马拉雅—三江成矿带，出露在亚洲地区的是该成矿域的中段和东段。

3. 中亚—蒙古成矿域。

中亚—蒙古成矿域分布在亚洲大陆中部，西起欧亚交界的乌拉尔山脉南段，经哈萨克斯坦、乌兹别克斯坦、吉尔吉斯斯坦、中国新疆塔里木盆地，向东经蒙古国和中国甘肃北部、内蒙古及黑龙江北部地区，至俄罗斯贝加尔湖地区以南的俄罗斯西伯利亚地区。该成矿域以古生代，特别是晚古生代活动带为主，主要发育黑色岩系型矿床、块状硫化物矿床、斑岩铜钼矿床、陆相火山岩型金银矿床和花岗伟晶岩型稀有金属矿床、火山沉积型铁矿等。该成矿域可划分为乌拉尔、阿尔泰、准格尔、天山、北哈萨克斯坦、中哈萨克斯坦、蒙古、中国大兴安岭北段等几个重要的成矿区带。

4. 西伯利亚地台成矿区。

西伯利亚地台基底为太古宙—古元古代结晶岩，由麻粒岩相变质岩和角闪岩相各类片麻岩、结晶片岩及角闪岩组成。该成矿区以前寒武纪和中、新生代矿床为主，主要产出铜、镍、金、银、钨等矿产，主要矿床类型有铜镍硫化物型矿床、黑色岩系型矿床、砂页岩型铜矿床、火山岩型铀矿和金伯利岩型金刚石矿产。该成矿区又以叶尼塞河为界分为西西伯利亚矿集区和东西伯利亚矿集区。

5. 印度地台成矿区。

印度地台基底为太古宙和元古宙变质岩，由深变质的黑云母片麻岩、绿泥石片麻岩和角闪片岩及浅变质的碎屑岩夹火山岩、碳酸盐岩组成。该成矿区以前寒武纪矿床为主，也有新生代的矿床，以产出铁、锰、铬、铝、铜、铅锌为主。主要成矿类型有沉积变质型铁和锰矿、热液型铜矿、斑岩型铜矿、绿岩型金矿和红土型铝土矿。典型矿床有印度库德雷姆科铁矿、奥里萨帮铝土矿等。

6. 阿拉伯地台成矿区。

该地台的基底为前寒武纪的硅镁质结晶岩，由强烈变质的岩浆岩和变质岩组成，基底之上覆盖古生代、中生代及新生代地层。主要矿种有铁、铝、铜、铅锌、金银、镍、钨、锡、锑等，主要矿床类型有变质型铁矿、沉积型铝土矿、火山岩型铜锌矿、密西西比河谷型铅锌矿等。

7. 塔里木—中朝地台成矿区。

该成矿区包括中国西北塔里木地台区、中朝地台的矿化区，以前寒武纪、古生代、中生代矿床为主，产出铁、钼、金、铝、铜、镍、铅锌、稀有和稀土矿产。主要成矿类型有沉积变质型铁矿和铜矿、沉积变质型铅锌矿、沉积型铝土矿、岩浆型铜镍矿、斑岩型钼矿、热液型矿床、矽卡岩型矿床等。

8. 扬子地台成矿区。

该成矿区主要位于中国南方的长江流域，矿产丰富，类型齐全，以前寒武纪、古生代、中生代矿床为主，主要矿种有铜、铅锌、金银、钨、锡等。重要矿床类型有岩浆型钒钛矿、火山侵入岩性铁矿、斑岩型矿床、变质型铜矿、矽卡岩型矿床、密西西比河谷型铅锌矿、微细浸染型金矿、构造蚀变岩型金矿、热液型汞锑矿等。

（三）矿业生产水平

"一带一路"沿线国家的经济发展水平差异较大，其中以欧洲国家的经济发展程度最高，其他多数国家的经济发展水平低于世界平均水平。世界经济统计年鉴数据表明，"一带一路"区域集聚了全球80%左右的新兴发展中国家，中国经济在该区域国家中处于中等水平，但是低于国际平均水平，具体"一带一路"各个国家的经济发展水平如图1-1所示。①人均金属矿产资源消费量和资源消费强

---

① 世界经济年鉴编辑委员会.世界经济年鉴2013［M］.北京：中国社会科学出版社，2014.

度与人均GDP之间分别存在"S型"和"倒U型"的规律，因此可判断"一带一路"发展中国家对矿产资源的需求仍处于上升期。[①]但由于不同国家具有不同的发展基础，产业结构也不相同，因此他们对矿产品具有不同程度的需求。

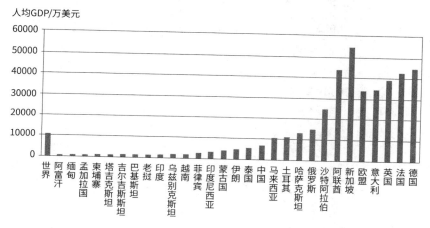

图1-1 2013年"一带一路"主要国家经济发展水平情况

资料来源：唐金荣，张涛，周平，等."一带一路"矿产资源分布与投资环境［J］.地质通报，2015（10）：1918-1928.

"一带一路"沿线国家的金属矿产资源丰富，矿业在其经济发展中占有重要地位，尤其是亚洲的一些国家，矿业成为该国经济发展的支柱产业。根据美国地质调查局[②]的数据统计，在矿产资源相对丰富的中亚、南亚、东南亚、北亚共18个国家中，矿业产值占GDP比例超过10%以上的有8个国家，其中占比超过20%的有4个国家，分别是吉尔吉斯斯坦、哈萨克斯坦、乌兹别克斯坦和阿富汗等[③]（表1-5）。多数国家的矿业发展水平较低，这是局限于技术、资金、人

① 王安建，王高尚，张建华等.矿产资源与国家经济发展［M］.北京：地震出版社，2002.

② 习近平提战略构想："一带一路"打开"筑梦空间"［EB/OL］.（2014-08-11）.［2015-02-08］. http://news. xinhuanet.com/fortune/2014/08/11/c_1112013039. htm.

③ USGS. Minerals Yearbook［EB/OL］［2015-02-08］. http://minerals. usgs. gov/minerals/pubs/country/2014.

员、产业水平等，出口的矿产品仍以低附加值的原材料为主，处于整个矿业产业链的低端。这种情况为中国与沿线的发展中国家之间实现产业合作提供了可能。[①]

表1-5　"一带一路"主要国家矿业产值占GDP的比例

序号	国家	国内生产总值/亿美元	矿业占GDP的比例/%
1	吉尔吉斯斯坦	66	44
2	哈萨克斯坦	2035	33.75
3	乌兹别克斯坦	512	28
4	阿富汗	205	20
5	蒙古	103	18.60
6	伊朗	4946.87	14.20
7	俄罗斯	20148.85	14.10
8	印度尼西亚	8767	11.80
9	越南	1558	9.57
10	马来西亚	3047	8.80
11	老挝	90.9	7
12	中国	82561.77	5.80
13	巴基斯坦	2249	3.30
14	印度	18250	2.60
15	菲律宾	2502	1.14
16	柬埔寨	432	/
17	泰国	3660	/
18	缅甸	529	/

资料来源：USGS. Minerals Yearbook［EB/OL］［2015-02-08］. http://minerals. usgs. gov/minerals/pubs/country/.2014.

---

① 中国科学院地理科学与资源研究所课题组. 丝绸之路经济带可持续发展模式探析［J］.中国国情国力，2014（10）：24-26.

于会录，董锁成，李宇等. 丝绸之路经济带资源格局与合作开发模式研究［J］.资源科学，2014，36（12）：2468-2475.

爱君，毛锦凰. 丝绸之路经济带：优势产业空间差异与产业空间布局战略研究［J］.兰州大学学报（社会科学版），2014，42（1）：40-49.

二、金属矿产资源的互补与合作

当前，中国金属矿产资源的消耗量增长逐渐加快，铁、铜、钾盐等大宗战略性矿产相对短缺，对外依存度进一步提高，金属矿产资源的瓶颈制约凸显。要想解决中国的能源资源问题，就要放眼全球，境内外并举，在立足国内金属矿产资源供给的同时，积极实施金属矿产资源"走出去"战略，寻求和建立境外稳定的金属矿产资源供应基地，改变目前矿产品进口基本上是单一从国际市场上购买的被动局面。这也是维护中国资源安全、保障国民经济可持续发展的必然选择。"一带一路"串起了一个个巨大的能源矿产宝藏，特别是东亚经济圈和欧洲经济圈中间的广大腹地国家，这些国家和地区资源极为丰富且经济发展相对滞后，不仅将是中国开拓新兴市场的重要目的地，更是中国能源矿产资源等战略资源的重要来源地。"一带一路"沿线国家的大宗有色金属矿产丰富，且大型超大型矿床多、储量大、品位高，是中国经济发展过程中需要大量进口的。据海关统计，中国矿产品进口值排名前15位的国家中，"一带一路"沿线国家有9个，占60%。中国矿产品出口值排名前15位的国家中，"一带一路"沿线国家有11个，占73.3%，[①]详见图1-2。足见，中国与"一带一路"沿线国家在矿产资源领域具有超强的互补性和广阔的合作空间。

中国对"一带一路"沿线国家的矿业设施投资正在逐渐加强。从2013年中国对"一带一路"沿线亚洲国家的投资来看，矿业投资仍然是中国对外投资的重要组成部分，共投资571.7亿美元，占总投资额的12.8%。[②]金属矿产资源的勘探和开发属于技术密集型、资金密集型行业，而且风险高、资本回收周期长。经过30多年的发展，

① 中华人民共和国海关总署.中国海关统计年鉴（Ⅰ卷）［M］.北京：中国海关出版社，2014.

② 朴珠华，刘潇萌，滕卓攸.中国对"一带一路"直接投资环境政治风险分析//中国周边安全形势评估——"一带一路"与周边战略［C］.北京：社会科学文献出版社，2015.

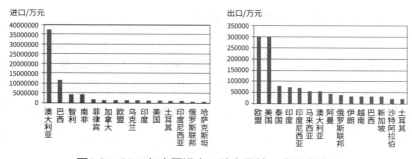

图1-2　2014年中国进出口矿产品前15位国家情况

中国拥有充裕的资金和充足的技术力量，已成为全球矿业生产大国和消费大国，以及矿业装备的出口大国，成为资本输出和技术输出的国家。"一带一路"沿线国家成矿背景条件好，找矿潜力大，有改善国内矿业开发环境、吸引矿业投资和引进技术的意愿。随着"一带一路"倡议的实施，中国的资本与技术必将与沿线国家的资源和产业发展进行有效对接，最终实现双方的互惠共赢和共同发展。

　　与此同时，在高新技术型领域，中国与"一带一路"沿线国家具有良好的合作空间。高新技术在近些年快速发展起来，随着高新技术的应用，全球各个国家对高新技术矿产的需求也越来越大，而高新技术矿产对未来产业发展具有重要意义，因此被发达国家称为关键矿产或战略性矿产①。中国及"一带一路"沿线国家的关键矿产非常丰富，是全球该类矿产最主要的供应国。欧盟2014年发布《关键原材料报告》，列出了欧盟20种关键矿种，分别是锑、铍、硼酸盐、钴、铬、焦煤、萤石、镓、锗、铟、菱镁、镁、天然石墨、铌、铂族金属、磷酸盐岩、重稀土、轻稀土、金属硅和钨。在这20种关键矿产中，中国供应的矿产达到18种，占全球供应总量的49%；俄罗斯供应的矿产为16种，占全球供应总量的4%；印度、土

①　McGroarty D，Wirtz S. Reviewing risk： critical metals & national security ［M］. American resources Policy network，2012（6）：17-30.

　　Simon G，Luis T E，Carsten G，et al. Raw material criticality in the context of classical risk assessment ［J］. Resources Policy，2015，44：35-46.

耳其、哈萨克斯坦分别供应11种、7种和7种，占比分别为2%、3%和2%，其他国家也有一定数量的供应。为减少高新技术矿产的供应风险，中国应在"一带一路"倡议的发展合作中，与其他资源丰富的国家一起搭建资源治理平台，推进高新技术矿产的勘查、开发、生产、贸易、投资等相关信息和数据的收集、交换与共享，搭建高技术矿产的交易平台与机制，在确保全球资源供应的同时，减少对生态环境的影响。

"一带一路"沿线国家金属矿产资源丰富，储量和资源量巨大。"一带一路"沿线集聚了全球80%的新兴发展中国家，因此，未来沿线国家将成为全球最重要的矿产资源供应基地和重要矿产资源消费区。沿线国家矿业发展水平整体较低，以出口矿产品和低附加值的原材料为主，且许多国家的矿业已成为该国经济发展的支柱产业，其矿业产值占本国GDP超过10%，如吉尔吉斯斯坦、哈萨克斯坦、乌兹别克斯坦、阿富汗、蒙古、伊朗等。"一带一路"沿线国家不但大宗矿产丰富，与中国存在高度的互补性，而且高技术矿产也很丰富，与中国共同成为当前及未来高技术矿产的主要供应国。同时也应该考虑到，地区间资源合作肯定要面临地质技术风险、市场风险、环境风险等，因此在合作中应该加强完善"一带一路"区域性的金属矿产资源治理平台建设，以及加强金属矿产资源数据搜集、信息共享与交换等，完善交易平台与机制建设。

总体上，中国与"一带一路"沿线国家矿产资源合作空间巨大，但也面临不少挑战，应进一步分析探索中国与"一带一路"沿线国家资源领域合作的相关问题。

"一带一路"与农业

农业生产是立国之本，在农业生产技术及要素不发达的古代，国家间的农业交流基本限于农产品的贸易，如中国输出的茶叶、丝绸及引入西方的石榴、苜蓿等作物，这在一定程度上提升了各国的农业繁荣程度。中国古代的丝绸之路则是承载这一历史任务的重要通道。现如今，随着中国"一带一路"倡议的提出与实施，中国与"一带一路"沿线国家的农业合作也将迎来又一次规模更大、内容更加丰富的机遇与挑战。

第一节　"一带一路"沿线国家农业基本情况

"一带一路"沿线国家共有65个（含中国），国家数量众多、所处地域各异，由此决定了各国农业资源禀赋必然有着显著的差异；同时，各国的经济正处在不同的发展阶段，经济结构也不尽相同，农业部门对各国经济的贡献也会不同。

一、农业经济情况

这里以中亚五国（哈萨克斯坦、吉尔吉斯斯坦、塔吉克斯坦、土库曼斯坦和乌兹别克斯坦）为例。

表2-1　2014年中亚五国农业经济情况

类别	哈萨克斯坦	乌兹别克斯坦	吉尔吉斯斯坦	土库曼斯坦	塔吉克斯坦
GDP/亿美元	2122.00	626.40	74.04	479.30	92.42
人口/万人	1729.00	3074.00	583.00	531.00	841.00
农业增加值/亿美元	106.10	119.02	12.59	71.90	24.95
农业增加值占GDP比重/%	5.00	19.00	17.00	15.00	27.00

资料来源：世界银行数据库（http://data. worldbank. org. cn/）。

从表2-1可以看出，2014年中亚五国国内生产总值为3394.16亿美元。其中，哈萨克斯坦GDP最高，达到2122亿美元；乌兹别克斯坦为626.40亿美元；土库曼斯坦为479.30亿美元；塔吉克斯坦为92.42亿美元；吉尔吉斯斯坦最低，仅为74.04亿美元。哈萨克斯坦和土库曼斯坦为中高等收入国家，其余国家属于中低等收入国家。从农业增加值来看，2014年中亚五国农业增加值为334.56亿美元。其中，乌兹别克斯坦农业增加值最高，为119.02亿美元；哈萨克斯坦为106.1亿美元；土库曼斯坦为71.9亿美元；塔吉克斯坦为24.95亿美元；吉尔吉斯斯坦最低，仅为12.59亿美元。从农业在国民经济中的比重来看，2014年中亚五国农业增加值总量占比约为10%。农业比重最大的国家是塔吉克斯坦，农业增加值占GDP的比重为27%；乌兹别克斯坦占19%；吉尔吉斯斯坦占17%；土库曼斯坦占15%；哈萨克斯坦最低，仅占5%。[①]

---

① 沈琼. "一带一路"战略背景下中国与中亚农业合作探析［J］. 河南农业大学学报，2016，50（1）：140–146.

二、农业生产情况

"一带一路"沿线国家较多，涉及面积较广，现按照中亚、东南亚、南亚、西亚、东欧、东北非等六大区域的农业生产情况予以说明。

中亚五国在地理位置上与我国较为临近（甚至接壤），也是典型的内陆国家。这些国家农业占GDP的比重较高，农业在其经济中长期占有重要地位。一方面，中亚各国地广人稀、农业从业人员较多是这些国家农业占据主导地位的原因；另一方面，这些国家如同中国西部地区一样，干旱气候的制约，水资源非常有限，阻碍了其经济发展，同时各国的水资源分布差异巨大，导致地区国家间关系紧张，影响中亚一体化进程。中亚国家特殊的农业资源禀赋和长期的农牧业生产结构，使得中亚国家出口的农产品较为单一。例如，哈萨克斯坦是世界第五大小麦出口国，其小麦和面粉出口占其农产品出口总额的65%；乌兹别克斯坦是世界第五大棉花生产国和第二大皮棉出口国，出口占比68%；棉花同样是吉尔吉斯斯坦、塔吉克斯坦的主要出口产品。与此相对应，中亚各国对其他农产品只能大量进口，如水果、坚果、蔬菜、畜产品、水产品、粮食制品等。吉尔吉斯斯坦2012年主要农产品进口比例分别为：粮食59.8%、肉类26.2%、植物油73.7%；塔吉克斯坦不仅缺粮，果蔬自给率也不足50%。[①]

东南亚地区高温多雨，适宜多种农作物生产，除粮食生产外，还有橡胶、棕榈油、蕉麻、咖啡等经济作物。泰国是世界上最大的稻米出口国，约占全球稻米出口总量的40%；马来西亚、泰国、印度尼西亚的橡胶出口均居世界前列；印度尼西亚是世界最大的棕榈油生产国和出口国；东南亚森林覆盖率较高，印度尼西亚是世界第

---

① 马莉莉.丝绸之路经济带发展报告2015［M］.北京：中国经济出版社，2015.

三大热带森林国家；另外，该地区渔业资源也比较丰富。[①]

南亚国家农业历史悠久，在国民经济中占有重要地位。农业生产以种植粮食作物为主，也种植棉花、茶叶等经济作物，黄麻和茶叶产量约占世界产量的一半。其中，印度可耕地达1.2亿公顷，居亚洲之首，是世界第二大小麦和大米生产国，第四大粗粮生产国；巴基斯坦水果资源丰富，有东方"水果篮"之称，棉花出口是其外汇主要来源。[②]

西亚地区由于气候干旱，各国主要发展畜牧业，以及与畜产品相关的手工业，相关产品是重要出口商品，如土耳其的安卡拉羊毛、伊朗的羊毛地毯等。经济作物有椰枣、榛子、橄榄油等。值得一提的是，以色列的滴水灌溉、土壤暴晒、低毒农药等多种农业技术均处在世界前沿。[③]

东欧农业发展基础较好，拥有大量的可耕地、充足的水资源和丰富的劳动力。俄罗斯是世界上国土面积最大的国家，农业资源十分丰富，可耕地面积约1.3亿公顷，草场牧场面积约7260万公顷，淡水资源约占全球的20%。近年来，俄罗斯粮食产量不稳定，每年需大量进口。乌克兰拥有全球约1/3的黑土地，人均粮食产量达1.5万吨，居世界前列，是世界小麦、大麦和玉米的五大出口国之一。[④]

农业是东北非地区各国经济的主要支柱，但其农业机械化和生产率水平普遍较低，制约其农业和经济的发展。埃及是传统农业国，小麦、大米等农产品产量居世界前列，棉花在该国农产品出口中占重要位置。苏丹经济作物大多数以出口为导向，其中，长绒棉产量较高，居世界第二位；花生产量居世界第四位；芝麻出口约占全世界的一半；阿拉伯胶占世界总产量的60%~80%。[⑤]

---

①②③④⑤　宋双双. 在"一带一路"战略下扩大对外农业合作［J］. 国际经济合作，2014（9）：63-66.

第二节　中国与"一带一路"沿线国家农产品贸易情况

一、与中亚五国农产品贸易合作情况

2000年，中国与中亚五国农产品贸易总额仅为10102万美元，出口2941万美元，进口7161万美元。2013年，该贸易总额上升到了52014万美元，出口39099万美元，进口12915万美元，进出口总额增长了4.15倍。从贸易趋势来看，过去10余年，整体上中国从中亚进口农产品要小于出口。从贸易总量来看，中国与中亚国家农产品贸易规模还比较小，这一规模占中国所有农产品贸易的比重不到1%。

从农产品贸易种类来看，中国对中亚国家出口的农产品主要是食物及活动物这类劳动密集型产品，占农产品出口总额的95%；中亚国家对中国主要出口非食用原料（燃料除外），主要是纺织纤维和未加工动植物原料等，占农产品出口总额的99.3%。饮料、烟类、矿物燃料、润滑油及有关原料等其他类别农产品贸易量较小，主要是中国对中亚的出口，而且在同一类农产品上，进出口额差距很大。[①]

从贸易额方面看，中国与哈萨克斯坦的农产品贸易额呈上升趋势，年均增长9.28%；中国出口稳步增长，进口在波动中呈下降趋势。中国与吉尔吉斯斯坦的农产品贸易额较小，2013年为14543万美元，但年均增长率达到20.34%，并且从2005年起出口大于进口。中国与塔吉克斯坦、土库曼斯坦的贸易额最小，2013年共为3966万美元，占中国与中亚五国农产品贸易总额的7.63%，但年均增长率较高，具有较大发展潜力。中国与乌兹别克斯坦的农产品贸易发展最快，2012年贸易总额为77023万美元，年均增长率为29.27%，且进口

---

① 李婷，李豫新. 中国与中亚五国农产品贸易的互补性分析［J］. 国际贸易问题，2011（1）：53-62.

增长率远远高于出口增长率。①

总体而言，农业在中亚五国的经济中占有举足轻重的地位，农业发展潜力大。中国与中亚五国的农产品贸易增长迅速，②且双边农产品结构具有互补性，双边的农业合作与贸易具有巨大的潜力。③

二、与中东欧国家农产品贸易合作情况

近年来，中国与中东欧国家农产品贸易增长迅速，逐步形成优势互补、合作发展的良性格局。

据欧盟统计局数据，2013年中国与中东欧16国农产品贸易总额达5.1亿欧元，同比增长19.5%。其中，中国农产品出口3.2亿欧元，同比减少3.1%；中国农产品进口1.9亿欧元，同比增长95.8%。整体而言，中国与中东欧16国农产品贸易量在10年间增加了1倍，尤其是在农产品进口方面，中国从中东欧国家进口的农产品数量持续大幅增长。

在贸易规模日益扩大的同时，中国与中东欧的贸易结构也在不断优化，其中机电和高新技术产品贸易所占比重已超过6成。从农产品结构方面来看，肉类、奶制品是中国从中东欧国家进口的主要产品；水产品、蔬菜水果则是中国对其主要的出口产品。从市场分布看，波兰是中国在中东欧国家中最大的农产品贸易伙伴，对波兰的农产品进出口分别占对中东欧16国农产品进出口总量的78%和49%。④

有学者对中国与"一带一路"沿线中东欧国家贸易的竞争性、互补性进行了实证研究并测算了贸易潜力。他们从产品相对贸易指数、出口市场相似度指数、双边贸易综合互补指数、贸易密度指数

①② 李婷，李豫新. 中国与中亚五国农产品贸易的互补性分析［J］. 国际贸易问题，2011（1）：53–62.

③ 马莉莉. 丝绸之路经济带发展报告2015［M］，北京：中国经济出版社，2015.

④ 姚铃. "一带一路"战略下的中国与中东欧经贸合作［J］. 国际商务财会，2015（2）：13–15.

四个方面进行分析，发现中国与中东欧国家在有竞争优势的产品以及市场方面均体现出互补性，而不是竞争性。贸易潜力测算结果显示：与中国贸易过度的中东欧国家为波兰、捷克、匈牙利、斯洛伐克、罗马尼亚、保加利亚等国；与中国贸易不足的中东欧国家为斯洛文尼亚、立陶宛、拉脱维亚、爱沙尼亚、克罗地亚、阿尔巴尼亚、塞尔维亚、波黑、黑山和马其顿等国。在此基础上得知，在"一带一路"背景下，中国在重视中东欧已有贸易伙伴国的同时，应不断开发与新贸易伙伴国的贸易潜力。[①]

第三节　中国与"一带一路"沿线国家农业合作情况

一、农业投资合作

1. 农业投资合作特征。

中国对"一带一路"沿线国家农业投资主要是以企业为主体进行的。目前，这一投资趋势正处于快速发展期，表现出如下几个特征。

一是投资地域广，产业结构完整。截至2014年年底，中国企业共在"一带一路"区域投资设立了283家农业企业，覆盖24个国家，覆盖率达37.5%，主要集中在亚洲和欧洲。从区域分布看，俄罗斯是中国企业在"一带一路"区域投资最活跃的国家，共设立了56家农业企业。其次是老挝、缅甸、柬埔寨、泰国、印度尼西亚、越南，中国企业在上述6国共设立了170家农业企业。从行业类别看，中国企业在"一带一路"区域的农业投资涵盖农、林、牧、渔、服务和加工等行业，业务范围覆盖生产、初深加工、物流、仓储及销售等

---

① 龙海雯，施本植. 中国与中东欧国家贸易竞争性、互补性及贸易潜力研究——以"一带一路"为背景［J］.广西社会科学，2016（2）：78-84.

环节。[①]

二是企业投资集中，平均投资规模偏小。从投资规模来看，至2014年年底，中国企业对该区域的农业累计投资额（简称投资存量）为49.5亿美元，占中国企业对外农业投资存量总额的54.5%。但投资较为集中，如对新加坡、俄罗斯、印度尼西亚、柬埔寨、老挝、缅甸和泰国这7个国家的投资占比为88.9%，企业个数占比为76%。投资集中一方面反映出中国企业对外投资行为具有集聚效应，同等条件下企业更倾向于在基础好的国家进行投资；另一方面也说明中国企业对其投资农业的潜力较大。[②]

三是新建企业较多，投资效果有待提升。中国企业在"一带一路"区域筹备设立的农业企业有34家，占中国农业企业在境外筹备设立企业总数的47.2%。由于新建企业较多，25家企业尚未经营获利，占该区域农业企业总数的8.8%。在已经开始盈利的企业中，收入超过1000万美元的企业有82家，占该区域农业企业总数的29%；500万~1000万美元的企业有38家，占比13.4%；低于500万美元的企业有162家，占比57.2%。境外农业投资易受气候、国际农产品价格以及东道国政治与安全局势等不可控因素影响，再加上涉农企业自身实力较弱和各类自然、政治、经济风险的挑战，制约了中国企业在"一带一路"区域农业投资的经济收益。[③]

四是种植业地位重要，投资前景广阔。截至2014年年底，中国在"一带一路"区域设立的农业企业中，种植业企业有160家，占比56.5%，营业收入163.8亿美元，占总收入的76.7%。投资的产品包括谷物、经济作物、林木、蔬菜和园艺作物等。目前，中国企业在"一带一路"区域的种植业投资比较集中，主要集中在水稻、小麦和玉米等粮食作物，以及大豆、油棕和天然橡胶等经济作物的生

①③ 刘志颐，王琦，马志刚，等. 中国企业在"一带一路"区域农业投资的特征分析［J］. 世界农业，2016（5）：194–197，219.

② 龙海雯，施本植. 中国与中东欧国家贸易竞争性、互补性及贸易潜力研究——以"一带一路"为背景［J］. 广西社会科学，2016（2）：78–84.

产。种植业企业主要集中在东南亚和俄罗斯地区，占种植业企业总数的90.6%。相较而言，其他区域和产品的投资潜力尚未得到充分挖掘，随着"一带一路"倡议的进一步推进，这些地区具有较大投资潜力和发展前景，应受到更多关注。[①]

2. 农业投资与合作存在的问题与挑战。

中国对"一带一路"沿线国家农业投资与合作情况良好，但是仍然存在着问题与挑战，即中国农业对国外资源的利用仍以直接进口贸易模式为主，没有从战略布局上建立农业投资、贸易等互为一体的全球农产品供应链。这些问题具体表现为：第一，产业发展阶段的约束。相对于其他产业，中国境外农业直接投资尚处于初级阶段。2014年，农林牧渔业对外直接投资为96.92亿美元，占当年全国对外直接投资总额的1.1%；第二，国内企业自身能力不足。一是部分农业企业缺乏全球化视野，不能适应"走出去"的需要；二是部分企业社会责任意识不强，企业进行跨国投资应履行企业社会责任，兼顾经营活动的环境、社会效益，这关系到企业自身的生存发展，而且影响国际社会对中国国家形象的评价。第三，投资与合作会受东道国政策风险的影响。中国境外农业投资与合作集中分布在发展中国家，这些国家普遍存在着市场体系不健全、政策不稳定等因素，这就使中国境外投资企业面临着诸多的非市场风险。[②]

二、农业科技合作

近年来，中国与中东欧国家重点在农业生产、育种技术领域开展了大量卓有成效的合作。例如，中国与罗马尼亚开展油葵育种合作，引进罗马尼亚油葵播种、授粉和制种阶段的优势技术；与塞尔

---

① 刘志颐，王琦，马志刚，等.中国企业在"一带一路"区域农业投资的特征分析 [J].世界农业，2016（5）：194-197，219.

② 王婵，杨体迪.中国境外农业投资与合作的发展研究 [J].经济研究导刊，2016（4）：191-192.

维亚开展玉米、大豆杂交育种和种子基因库合作，引进塞尔维亚氟石土壤改良技术，成功改良中国皖南地区酸性土壤；与匈牙利开展樱桃等果品育种、无病毒苗木繁殖栽培技术以及核果类病毒研究等领域的合作；与保加利亚开展种子交换和生物防治技术合作；与捷克开展超矮化果树品种引进合作；与马其顿开展葡萄栽培及酿酒合作等。[①]

第四节　中国与"一带一路"沿线国家农业合作政策建议

一、农产品贸易方面

农产品贸易是农业合作的重要组成部分，为了促进中国与中亚五国农产品贸易的进一步深入发展，有学者提出如下建议：（1）创新中国与中亚五国的合作模式，共同建设"一带一路"。通过逐步形成区域合作，积极推进中国中亚自由贸易区的建立，从而通过消除关税壁垒及非关税壁垒，达到提高双边农产品贸易规模的目的。（2）依据中国与中亚五国的双边比较优势，开展农产品贸易。适度增加中亚五国具有比较优势的农产品进口量，并且增加自中亚五国进口的农产品种类。（3）应充分发挥上海经贸合作组织在中国与中亚五国双边农产品贸易方面的促进作用。在此框架下积极开展双边农业贸易合作，提升中国对中亚五国的吸引力和影响力。[②]

对于中国与中东欧国家的农业合作，有学者提出以下建议：（1）要充分认识中东欧市场对中国市场的重要性。在"一带一路"

---

①　张鹏.中国在中东欧国家开展农业投资的研究［D］.对外经济贸易大学，2014.

②　王丝丝."一带一路"背景下我国与中亚五国农产品贸易研究［J］.经营与管理，2015（6）：62–65.

的大背景下，中东欧国家是中国向西贸易开发的重要组成部分。虽然双边路途遥远，但是政府部门要通过商品展销会等方式，在中东欧国家推销中国商品，促进双边贸易往来。（2）中国要充分发挥食品、制成品、机械运输设备和杂项制品方面的竞争优势，充分利用中东欧国家在动植物油脂、非食用原材料等方面的供给能力供中国进口。（3）在重视已有中东欧贸易伙伴的同时，应不断开发新伙伴。中国与捷克、匈牙利等中东欧国家的贸易已经处于过度阶段，甚至在这些国家的竞争力出现下降，而与波黑、马其顿、塞尔维亚等国贸易不足，这就需要在保证当前中国同波兰、捷克等国贸易份额的前提下，不断开拓新的中东欧市场。①

二、农业投资方面

当前，中国企业对外农业投资处于快速发展阶段。从经济层面看，"一带一路"沿线国家拥有不同的农业资源禀赋，农业国际合作互补性强，农业产能合作走势强劲；从产业层面看，中国通过政策沟通、设施联通、贸易畅通、资金融通、民心相通五通建设，推进了农业技术合作、农业要素合作、企业合作和农业发展投融资合作；从区域层面看，东南亚、中亚、南亚和俄罗斯等是中国企业开展对外农业投资的重点区域和重点国家。但从发展程度看，中国对外农业投资仍处于初级阶段，尤其是跟其他行业相比，对外农业投资面临的挑战和风险更多，既要平衡和处理好中国与东道国的政治、外交和经济关系，还要处理国际农业投资与国内农业产业发展和农民增收关系。为加快中国企业在"一带一路"区域的农业投资，有学者认为要着重加强以下几个方面的工作。②

---

① 龙海雯，施本植. 中国与中东欧国家贸易竞争性、互补性及贸易潜力研究——以"一带一路"为背景［J］. 广西社会科学，2016（2）：78–84.

② 刘志颐，王琦，马志刚，等. 中国企业在"一带一路"区域农业投资的特征分析［J］. 世界农业，2016（5）：194–197，219.

（1）加快顶层设计，作好各省衔接"一带一路"区域对外农业投资规划指引。坚持从国内各地区的资源禀赋和对外农业投资基础出发，因地制宜地编制与国家农业对外合作规划和"一带一路"规划相衔接的各省对外农业投资规划，强化地缘优势，改善投资主体地区分布不均，优化"一带一路"各线布局。

（2）改善环境，提升对外农业投资的公共服务。加强国际大宗农产品信息统计分析和国家对外农业投资信息服务平台建设，创设财政、金融、保险、税收等支持对外农业投资的综合政策体系，提升企业抵御风险能力。

（3）培育主体，打造一批具有国际竞争力的跨国涉农企业。加快推进国有企业混合所有制改革，鼓励和支持企业通过投资、兼并、重组等方式提升涉农企业竞争力，改变投资规模偏小、投资效果不佳的状况，提升国际竞争力。

（4）创新方式，优化对外农业直接投资的路径模式。改变过去以买地、租地开展种植生产为主的对外投资模式，支持企业采取绿地投资、并购投资、技术合作、订单农业等多种方式向研发、加工、流通、贸易等领域延伸。

"一带一路"与新型工业化

第三章

第一节　新型工业化发展状况

　　2016年1月21日，由中国社会科学院工业经济研究所课题组及社会科学文献出版社共同主办的《工业化蓝皮书："一带一路"沿线国家工业化进程报告》发布会在京举行。蓝皮书指出，针对当前产业产能过剩、落后等状况，政府提出工业制造4.0的前进方向，新型工业化成为当今中国重要工业发展的新要求；新型工业化与信息化应相互促进，如此不仅破除落后产业，也促进产业升级转移、优化产业结构、加快国际产能合作。蓝皮书基于"一带一路"沿线国家工业化水平的评价结果，指出这些沿线国家总体上仍处于工业化进程中，但是工业化程度与工业化质量参差不齐，大多数国家处于工业化中后期阶段，大体呈现"倒梯形"的结构特征。而中国在"一带一路"中可以起到承前启后的作用，与周边国家合作，带动当地产业升级，引导国内产能输出。

　　为了梳理实施"一带一路"倡议以来，新型工业化的发展程度以及相应的指标选择，本章选用习近平讲话（2013年9月）的相关期刊论文，将其按照新型工业化定义、指标维度、指标体系构成、指标计算的权重、新型工业化发展程度、新型工业化发展问题及其对策等进行分类整理，发现研究领域内的专家学者对于指标问题研究颇多，资料丰富，体系完整；但是对"一带一路"沿线国家的发展程度研究较少，还需要研究人员不断探索。

一、新型工业化定义及特征

党的十六大报告指出，坚持以信息化带动工业化，以工业化促进信息化，走出一条科技含量高、经济效益好、资源消耗低、环境污染少、人力资源优势得到充分发挥的新型工业化路子。[①]唐浩、贺刚充分认识到新型工业化的重要性，认为新型工业化是低碳经济时代人类社会继农业文明、工业文明之后的又一次重大进步，是生态文明社会的现实要求，必将给经济社会发展带来深远的影响。[②]关于新型工业化的基本特征，许琴提出，当前中国新型工业化最显著的特征是跨越式发展；其次是保护环境为前提，促进可持续发展；同时，新型工业化是符合中国国情的——发展中国特色社会主义的道路。[③]

二、新型工业化指标维度

新型工业化的衡量指标并不统一，一般主要考虑工业化的水平及结构、生态环境、人力资源状况等方面。杨世箐把中国新型工业化的衡量尺度分为工业规模、增长质量、科技含量、资源环境、人力资源五个维度。[④]陈伟直接从工业角度选择指标进行衡量，如工业

① 林希妍. 以信息化带动工业化进一步提高鲤城综合竞争力 [J]. 福建理论学习，2003（6）：43-47.
② 唐浩，贺刚. 中国特色新型工业化综合评价指标体系的构建与实证研究 [J]. 软科学，2014（9）：139-144.
③ 许琴. 浅析新型工业化统计监测评价指标的意义 [J]. 东方企业文化，2015（9）：352.
④ 杨世箐. 新型工业化与农业现代化互动发展测度指标体系的构建 [J]. 统计与决策，2013（22）：67-70.

化水平、工业化质量、工业化与可持续发展协调。[①]唐浩、贺刚认为中国特色新型工业化的指标主要考虑属性架构、经济发展水平、二元经济、产业结构、工业结构、就业结构、空间结构、生态环境、现代农业工业化。[②]杨晓龙、孙明明、王华认为新型工业化指标应该从工业化水平、经济效益、科技贡献、能耗环境、人力资源利用、信息化水平、国际竞争力等维度进行设定。[③]

新型工业化的衡量也可以使用指数工具，林师武设定了工业化进程指数、信息化指数、科技进步指数、经济效益指数、资源消耗指数、生态环保指数、人力资源指数、社会发展指数等来进行衡量。[④]

新型工业化指标也可从进程和质量的角度出发进行分析，易磊（2014）设计了新型工业化进程评价指标体系与新型工业化质量评价指标体系。相关学者关于指标体系的研究汇总如表3-1所示。

三、指标计算的权重比重

根据统计，计算新型工业化指标的方法主要是综合加权法和专家打分法的结合。唐浩、贺刚具体采用层次法决定各指标权重，用加权合成法构建综合评价指数，并运用主成分分析方法对结果进行检验，以期达到客观、稳定的评价目标。[⑤]杨晓龙、孙明明、王华也使用专家咨询法和层次分析法进行权重评价。[⑥]商勇（2014）提出两类分析方法，第一类是直接采用主成分分析法或因子分析法进行评

---

① 陈伟.郑州新型工业化评价指标体系的构建［J］.企业导报，2014（18）：128-129.

②⑤ 唐浩，贺刚.中国特色新型工业化综合评价指标体系的构建与实证研究［J］.软科学，2014（9）：139-144.

③⑥ 杨晓龙，孙明明，王华.大庆市新型工业化评价指标体系及水平测度研究［J］.长春理工大学学报（社会科学版），2014（10）：81-84.

④ 林师武.新型工业化指标体系研究及广东实证分析［J］.经济师，2016（2）：175-176，178.

表3-1　新型工业化指标体系

作者 ＼ 指标	维度1	维度2	维度3	维度4	维度5	维度6	维度7
杨世箐 (2013)	工业规模 工业总产值 总资产贡献率	工业效益 城市化率 成本费用利润率	科技含量 高新技术产值占GDP比重 有R&D大型企业占比	资源环境 万元GDP能耗 工业废水排放达标率	人力资源 第二产业就业人员比重 人均受教育年限		
唐浩 贺刚 (2014)	基础维度 (Base)，是工业化进程与速度(发展水平)的具体评价指标	发展维度 (Development)，是工业化内涵与发展要求维度的具体评价指标	贡献维度 (Contribution)，是工业化对经济社会发展的贡献(能力)维度的具体评价指标				
陈伟 (2014)	经济总量 人均GDP	经济效益 工业化增长率	结构水平 就业结构 产业结构 城镇化率	科技含量 科技研究费用占GDP比重 高新技术产值比重 科学研究和技术拂去人员数	信息化程度 信息产业占总产值的比重 信息产业人员占总人员比重	资源环境 城镇绿化覆盖率	工业化和社会协调程度 城乡登记失业率 城乡恩格尔系数
杨晓龙 孙明明 王华 (2014)	工业化水平 人均GDP 工业增加值占GDP的比重 城市化率	经济效益 工业经济收益综合指数 工业全员劳动生产率 成本费用利润率	国际竞争力 对外贸易总额占GDP比重 外商直接投资占GDP比重	科技水平 每万人拥有专利量 科技研究费用占GDP比重	信息产业占总产值的比重 互联网普及率 电话普及率 人均邮电业务量	能耗环境 万元GDP能耗 工业废水排放达标率 工业固体废物综合利用率	人力资源利用 每万人拥有大学生比重 教育经费占GDP比重 城乡登记失业率

续表

作者　　指标	维度1	维度2	维度3	维度4	维度5	维度6	维度7
易磊 （2014）	经济发展数量 工业总产值 工业增加值 工业企业职工人均产值	经济效益 总资产贡献率 资产负债率 产品销售率 流动资产周转率 工业全员劳动生产率 成本费用利润率	全球化水平 外贸依存度 高新技术产品出口额占比 外商直接投资占GDP比重	每万人拥有专利量 科技研究费用占GDP比重 高新技术产值比重 科技进步对经济增长贡献度	互联网普及率 电话普及率 移动电话普及率 有线电视覆盖率 百户城镇居民互联网接入量	生态环境指标 环保投入占比 人均绿化面积 工业排放物治理达标率	人力资源指标 财政教育经费投入比重 城乡登记失业率 工业企业职工占总人口比重
林师武 （2016）	工业化进程指数包括3个二级指标，分别为：劳动生产率工业化进程、增加值工业化进程、劳动力工业化进程	信息化指数包括4个二级指标，分别为：移动电话普及率、信息产业增加值占GDP比重、信息产业从业人员占全部从业人员比重、信息产业劳动生产率与全员劳动生产率之比	科技进步指数包括5个二级指标，分别为：每万人拥有的科技人员数、高新技术产品产值占GDP比重、R&O经费投入强度、每万人拥有的专利批准数、技术进步对经济增长的贡献率	经济效益指数包括4个二级指标，分别为：总资产贡献率、资产负债率、成本费用利润率、产品销售率	资源消耗指数包括3个二级指标，分别为：万元生产总值能耗量、万元工业总产值电耗量、能源消费弹性系数	生态环保指数包括2个二级指标，分别为：人均公共绿地面积、工业固体废弃物综合利用率	人力资源指数包括2个二级指标，分别为：登记失业率、城镇人口占总人口比重 社会发展指数包括4个二级指标,分别为：人均GDP、城镇居民人均可支配收入、城乡居民收入差异系数、从业人员社会保险覆盖率

价，第二类是运用系统综合评价方法进行评价。[①]林师武认为，二级指标均采用简单平均法，三级指标采用组合法进行编制。[②]将当前主流的权重选择方法进行分类，如表3-2所示。

表3-2　权重选择方法

权重的选择	主观赋权				客观赋权			
评价方法	层次分析法	专家打分法	主成分分析法	因子分析法	熵权法	均方差法	综合赋权法	灰色关联法

四、新型工业化发展程度

关于新型工业化发展程度，陈伟则指出，国内的新型工业化程度主要从综合经济水平、产业结构、劳动力结构、城市化水平四个方面进行衡量。[③]易磊认为发展程度与指数大小呈现相关关系，如表3-3所示。[④]

表3-3　发展程度与指数大小的关系

新型工业化综合测度指数	<20%	20%~50%	50%~80%	80%~100%	>100%
工业化发展程度	起步阶段	初级阶段	中级阶段	高级阶段	非常发达的阶段

---

① 商勇.中国新型工业化评价指标体系的构建和实证分析［J］.区域经济评论，2015（3）：34-40.

② 林师武.新型工业化指标体系研究及广东实证分析［J］.经济师，2016（2）：175-176，178.

③ 陈伟.郑州新型工业化评价指标体系的构建［J］.企业导报，2014（18）：128-129.

④ 易磊.区域新型工业化进程评价指标体系设计刍议——以长株潭为例［J］.红河学院学报，2014（6）：116-121.

按照国家现行工业化认定标准，到2012年，中国特色新型工业化基本实现，其中上海、北京、天津、江苏、浙江将完全实现新型工业化；新型工业化实现程度呈现东—东北—中—西的依次递减态势，即东部地区新型工业化最高，西部最低。

黄群慧按照2013年新型工业化指标对"一带一路"沿线国家中新型工业化的发展程度进行了比较分析，如表3-4所示。[①]"一带一路"沿线65个国家之间工业化水平差距较大，涵盖了工业化进程的各个阶段。其中，处于前工业化时期的国家只有1个，处于工业化初期阶段的国家有14个，处于工业化中期阶段的国家有16个，处于工业化后期阶段的国家有32个，而处于后工业化时期的国家只有2个。可以看出，"一带一路"沿线国家总体上仍处于工业化进程中，且大多数国家处于工业化中后期阶段，大体呈现倒梯形的结构特征。这充分说明了"一带一路"倡议涵盖面宽和包容性强的重要特征。与中国处于同一工业化阶段的国家有俄罗斯、中东欧的克罗地亚和塞尔维亚及罗马尼亚、西亚与中东的巴林和约旦。

五、新型工业化发展问题及解决方法

关于新型工业化发展问题及解决方法，杨世箐提出，农业现代化极大地推动了新型工业化的发展。[②]唐浩、贺刚通过研究认为，在新型工业化发展的当前阶段出现了两方面问题，一是发展的不均衡，新型工业化呈现出非均衡发展态势的多样性，既有经济指标发展的非均衡特征，也有地区发展的非均衡特征，工业化演进的地区结构特征正由"橄榄型雏形"向"橄榄型"实现转变；二是贡献度较弱，中国新型工业化进程中，工业结构、信息化水平与工业化发

---

① 黄群慧."一带一路"沿线国家工业化进程报告［M］.北京：社会科学文献出版社，2015.

② 杨世箐.新型工业化与农业现代化互动发展测度指标体系的构建［J］.统计与决策，2013（22）：67-70.

表3-4   "一带一路"沿线国家新型工业化指标

指标 (2013) 沿线国家	人均 GDP/ 美元	工业增 加值占 比/%	外商直接 投资净流 入(BOP)/ 亿美元	每一百人 互联网 用户/人	GDP单位 能源消耗/ 美元/千克 石油当量	城市 化率/ %	失业率/%
尼泊尔	691.4	15.7		13.3		18.243	2.700000048
塔吉克斯坦	1036.6	21.7	10781.3	16.0	7.2	26.692	10.89999962
柬埔寨	1006.8	25.6	13.5	6.8	7.2	20.514	0.400000006
缅甸	1101.3		22.5	1.6	21	33.551	3.299999952
东帝汶	1105.3	19.8	0.52	1.1		32.131	4.699999809
阿富汗	662.0		5960.2	5.9		26.282	9.100000381
老挝	1660.7	33.1	4.3	12.5		37.551	1.399999976
巴基斯坦	1282.0	21.1	13.3	10.9	8.8	38.303	5.199999809
吉尔吉斯斯坦	1263.4	26.7	7.6	23.4	4.9	35.585	8.100000381
乌兹别克斯坦	1878	26.3	10.8	38.2	2.7	36.278	10.60000038
越南	1910.5	38.3	89	43.9	6.8	32.951	2.299999952
孟加拉	957.8	27.6	15	6.6	12.5	33.516	4.300000191
不丹	2362.6	44.6	0.5	29.9		37.898	2.799999952
印度	1486.9	30.7	281.5	15.1	7.8	32.366	3.599999905
也门	1473.1		-1.3	20	12.1	34.027	17.39999962
叙利亚	3280		14.7	26.2		57.255	10.80000019
亚美尼亚	3504.8	31.5	3.7	46.3	7.4	62.812	17.10000038
阿尔巴尼亚	4460.3	15.3	12.5	60	12.9	56.409	16.10000038
摩尔多瓦	2239.6	16.6	2.5	48.8	4.5	44.925	3.400000095
蒙古	4056.4	33.3	21.5	17.7	5.7	71.222	4.800000191
菲律宾	2765.1	31.1	37.4	37	13.4	44.488	7.099999905
印度尼西亚	3475.3	45.7	233.4	14.9	9.8	53	6.2
埃及	3314.5	39.2	41.9	29.4	10.9	43.069	13.19999981
格鲁吉亚	3596.9	24	9.6	43.1	8	53.468	13.39999962
斯里兰卡	3279.9	32.5	9.1	21.9	16.2	18.32	4.599999905
乌克兰	4029.7	29.2	45.1	41.8	9.2	69.482	7.699999809
马其顿	4838.5		4.1	61.2	7.6	57.029	27.89999962
波黑	4661.8	27.1	3.2	57.8	5	39.616	27.89999962
黑山	7106.9	18.8	4.5	12.8	7.4	63.832	19.10000038
阿塞拜疆	7811.6	62.1	26.2	58.7	11.5	54.355	5.199999809
伊拉克	6862.5		28.5	9.2	10.5	69.361	16.39999962
哈萨克斯坦	13000	36.3	97.4	54	4.4	53.29	4.099999905

指标 (2013) 沿线国家	人均 GDP/ 美元	工业增 加值占 比/%	外商直接 投资净流 入(BOP)/ 亿美元	每一百人 互联网 用户/人	GDP单位 能源消耗/ 美元/千克 石油当量	城市 化率/ %	失业率/%
土库曼斯坦	7986.7	24.4		9.6		49.688	10.5
泰国	5779	40	-26.8	28.9	7.2	49.174	0.899999976
文莱	38563.3	68.2	9	64.5	7.6	76.887	3.799999952
马尔代夫	6665.8	22.5	3.6	44.1		44.494	11.60000038
巴勒斯坦	1695.6	21					
伊朗	4763.3		30.5	31.4	5.7	72.855	12.80000019
阿曼	21929	67.3	16.3	66.5	5.5	77.178	7.199999809
卡塔尔	94000	69.6	-8.4	85.3	7.7	99.159	0.300000012
科威特	52197.3	73.3	18.4	75.5	7.6	98.326	3
阿联酋	43000	59	104.9	88	7.7	85.266	3.599999905
沙特阿拉伯	26000	60.6	93	60.5	7.3	82.926	5.599999905
保加利亚	7498.8	27.9	18.9	53.1	5.8	73.626	11.60000038
俄罗斯	15000	36.9	706.5	61.4	4.4	73.924	5.099999905
塞尔维亚	6353.8	30.3	19.7	51.5	5.6	55.455	22.20000076
克罗地亚	14000	27.2	5.9	66.7	10.4	58.656	16.70000076
罗马尼亚	9490.8	43.2	41.1	49.8	9.8	54.393	7
巴林	24694.7		808.4	90	5.5	88.719	3.900000095
约旦	5213.4	29.7	15	44.2	9.9	75.026	26.20000076
马来西亚	10538.1	40.5	115.8	67	8	74.01	2
斯洛伐克	18049.2	33.2	21.5	77.9	8.2	53.757	13.30000019
波兰	13653.7	33.2	-71	62.8	8.4	60.568	9.199999809
爱沙尼亚	18877.3	29	9.6	80	5.6	67.622	7.699999809
斯洛文尼亚	23295.3	32		72.7	8	49.695	9.5
白俄罗斯	7575.5	42.2	22.5	54.2	5.3	76.277	5.900000095
立陶宛	15606.5	20	7.1	68.5	9.3	66.522	11.30000019
拉脱维亚	15381.1	21.8	8.8	75.2	9.2	67	10
匈牙利	13485.5	30.2	55	72.6	9	71	7.8
捷克	19858.3	36.7	50.1	74.1	7	73.019	6.199999809
黎巴嫩	9928	19.8	33	70.5	11.3	87.67	6.400000095
土耳其	10971.7	27.1	128.2	46.3	11.6	72.891	9.199999809
以色列	36000		118	70.8	10	92.076	6.099999905
新加坡	55000	25.1	637.7	71	11.6	100	3

展相一致，但在经济发展水平（主要指人均收入）、城市化率、就业结构、人力资本开发、二元经济结构等方面的贡献度则较弱，这可能与中国的基本国情和工业化战略相关，值得进一步研究。[1]易磊认为，走新型工业化道路，推动新型工业化发展，需要调整产业结构、产业政策、对外贸易政策、外资政策、科教政策、环境政策、人力资源与社会保障政策等，形成政策合力，拉动经济高质量发展。[2]而林师武认为，应当加快中国产业的转型升级，大力推进信息产业发展，以信息化带动工业化，注重科技与经济的紧密结合，加大资源节约利用效率，缩小城乡差异，不断提高民生幸福。[3]

六、小结

本节通过对发展程度、指标体系等几个方面问题的研究进行归纳总结，阐明了当前新型工业化的发展状况以及"一带一路"沿线国家的产业情况。新型工业化衡量指标的维度主要包括工业化水平、生态水平、经济效益、人力资源状态等方面；具体指标主要包含工业产值占比、科技投入占比、能量消耗占比等比重，或者城镇化率、失业率、产业结构等衡量经济发展状况的指标；在分析权重中，可以发现权重一般分为主观赋权和客观赋权两类方法，更多采用的是专家赋值法和层次分析法；根据指标体系的分析结果，可以看到中国东中西部的新型工业化程度呈现逐层递减的趋势，"一带一路"沿线国家的发展程度也分为前工业化时期和后工业化时期，新型工业化的发展呈现区域分层的状态。此外，新型工业化也面临着经济水平等因素贡献度较低的状况，需要继续推动产业升级，信

① 唐浩，贺刚.中国特色新型工业化综合评价指标体系的构建与实证研究［J］.软科学，2014（9）：139-144.

② 易磊.区域新型工业化进程评价指标体系设计刍议——以长株潭为例［J］.红河学院学报，2014（6）：116-121.

③ 林师武.新型工业化指标体系研究及广东实证分析［J］.经济师，2016（2）：175-176，178.

息化与工业化相结合，促进新型工业化的发展。

已有文献研究成果对上述问题有了深入的分析，但是对新型工业化与"一带一路"相关进程还缺少总结，尤其是沿线国家的发展程度与发展质量。同时，新型工业化对当地的建设帮助还需要专家学者的挖掘。

第二节 新型工业化的合作形式

目前中国新型工业化进程得到充分推进，但其产业体系面临转型升级、去产能、去库存的压力和困境，而"一带一路"沿线国家又需要承接符合比价优势的产业。如此，在"一带一路"倡议下推动新型工业化的发展模式，需要中国与沿线国家通力合作，开展产能合作[①]、产业园区建设[②]、技术援助等项目工作。为了研究中国新型工业化发展过程中与周边国家，尤其是"一带一路"沿线国家的合作状态，本节收集了"一带一路"提出以来（2013年9月）的相关期刊论文，主要围绕产能合作的含义、背景、问题、措施、意义，产业园区的背景、措施、主要优势、问题及意义等方面，针对"一带一路"倡议，分析中国新型工业化与沿线国家的合作形式。

一、关于产能合作的研究

（一）产能合作的含义

产能合作从词义上理解为产业产品的合作，根据研究者的分

[①] 产能合作是指产业转移和产品输出等形式上的产能转移。
[②] 产业园区则是为了产业发展而设置的特殊区位环境，增加沿线各方产业联系，拓展资源市场合作途径，实现新型工业化在国际环境下的推广。

析，产能合作的定义可以从三个层次进行理解。

1. 产能合作的内涵。

李雪东认为，中国目前开展的产能合作是产业的输出、能力的输出，转出的是富余产能，是优质高效产能。[①] 钟飞腾则认为，国家发展改革委将产能合作解释为“产业的输出”加上“能力的输出”，具体而言则是把“产业整体输出到不同的国家去，同时帮助这些国家建立更加完整的工业体系、制造能力”。[②] 中国向海外转移产业，不是简单地转移富余产能，而是要基于经济发展的动态演进推陈出新。一方面，帮助发展中国家实现一定能力的自主发展；另一方面，反推国内的自主创新，将价格较低的生产要素转移到国外，通过提高国内生产要素价格刺激创新。慕怀琴、王俊别出新意，对产能合作的内涵进行了补充，将国际产能合作的具体内容从企业、产业和国家三个层面来解读。第一，从企业层面来讲，企业主体在国际产能合作中具有三重身份，既是市场的主体，又是执行者，同时也是现代产业体系的重要组成部分；第二，从产业层面来讲，国际产能合作是针对某个特定的领域，不同国家根据分工协作及技术的复杂程度不同而进行的合作过程；第三，从国家层面来讲，国际产能合作事实上已经超越了国际上单一、传统的合作模式，目前在国际上的技术流动、投资及贸易就是最好的例证。[③]

2. 产能合作的内容。

郭朝先、皮思明、邓雪莹认为，中国优质产能正源源不断地“走出去”，境外投资、工程承包也在如火如荼地进行，其中主要包括铁路、核电、钢铁、有色和建材等产业。[④] 钟国人认为，从“一

---

① 李雪东. 结合“一带一路”战略开展国际产能合作 [J]. 中国经贸导刊，2015（10）：21.

② 钟飞腾.“一带一路”产能合作的国际政治经济学分析 [J]. 山东社会科学，2015（8）：40-49.

③ 慕怀琴，王俊.“一带一路”战略框架下国际产能合作路径探析 [J]. 人民论坛，2016（8）：87-89.

④ 郭朝先，皮思明，邓雪莹.“一带一路”产能合作进展与建议 [J]. 中国国情国力，2016（4）：54-57.

带一路"的角度，2015年5月，国务院印发的《关于推进国际产能和装备制造合作的指导意见》明确了12个重点产业，包括钢铁、有色、建材、铁路、电力、化工、轻纺、汽车、通信、工程机械、航空航天、船舶和海洋工程。[①]

3. 产能合作的方式。

高雅认为，国际产能合作是以企业为主体，以互利共赢为导向，以建立生产线、建设基础设施、开发资源能源为主要内容，通过直接投资、工程承包、技术合作、装备出口等多种形式，优化企业生产能力布局，提高合作国产业发展水平的对外经济活动。[②]

（二）产能合作的背景

钟国人认为，产能合作的背景主要包括两方面：一是产能过剩，这些过剩的产能并不是落后产能，而是符合技术规范、符合环保标准、比较先进的产能；二是工业和投资的速度有所下降。[③]

（三）产能合作的措施

面对产能合作的时代需求和自身转变，各个企业与各级政府推动产能合作的措施还需要合理安排，着力推动产业升级转移。

1. 合理选择投资方案。

赫荣亮提出，谨慎选择投资东道国：一是对当地投资有足够的风险调查；二是优先与亚投行、丝路基金等知名金融机构合作；三是凭借国家间合作和磋商机制，提高对投资东道国的责任约束。谨慎选择投资方案：一是以股权分散破解政治风险；二是以治理本地化解决管理风险；三是以一揽子方案化解环保风险。[④]

---

① ③ 钟国人. "一带一路"的国际产能合作与浙江机遇 [J]. 杭州金融研修学院学报，2015（12）：54–57.

② 高雅. "一带一路"战略与国际产能合作 [J]. 国际工程与劳务，2015（11）：29–30.

④ 赫荣亮. 以"一带一路"促进我国钢铁国际产能合作 [J]. 国家治理，2015（39）：27–31.

2. 统筹产业合作计划。

慕怀琴、王俊认为，首先，要做好世界认同工作，在尊重与维护国际经济秩序的基础上，把发展中国家作为国际产能合作的重点国家；其次，做好统筹谋划工作，将国际产能合作的12个重点行业分类实施，循序推进。①

3. 搭建产能合作平台。

在推动若干重点优势产业的国际合作过程中，钟国人认为，中国需要建设一批"一带一路"产业合作平台，依托现有园区，打造一批主体功能突出、外资来源地相对集中的服务业国际合作特色园区。②夏先良提出，搭建政府国际产能合作的情报平台与情报网络体系，商务部要建立国际产能合作的专门信息发布平台，政府各部门要加快转向服务型政府，一切为企业发展服务。③

4. 完善产能合作机制。

夏先良在完善产能合作机制方面提出，要形成"一带一路"产能合作的促进机制、服务机制、合作体制；制定相应的财税促进与支持政策措施，减免税收，设立中国海外投资促进公司；制定相应的金融、保险促进与支持政策措施，发挥政策性银行、专业型银行的促进作用；制定相应外贸与外援促进与支持政策措施，采取减免税费、取消配额、放宽条件、主动采购等切实可行的措施，扩大从"一带一路"沿线对华贸易逆差较大的国家进口，促进贸易平衡增长。④

5. 如何充分了解沿线国家。

郭朝先、皮思明、邓雪莹注意到对沿线国家世情、国情、社情

---

① 慕怀琴，王俊."一带一路"战略框架下国际产能合作路径探析［J］.人民论坛，2016（8）：87-89.

② 钟国人."一带一路"的国际产能合作与浙江机遇［J］.杭州金融研修学院学报，2015（12）：54-57.

③④ 夏先良.构筑"一带一路"国际产能合作体制机制与政策体系［J］.国际贸易，2015（11）：26-33.

和民情研究的重要性；①钟飞腾则提出基于发展的现实差距；林毅夫在《繁荣的求索：发展中经济如何崛起》一书中提供了"两轨六步法"的筛选框架（Growth Identification and Facilitation Framework，GIFF），可以帮助东道国基于比较优势进行技术和产业的升级。②

（四）产能合作的问题

中国企业在走出去、对外输出产品和转移产业、开展产能合作促进新型工业化的时期，遭遇到诸多困难，也衍生了一系列问题。

1. 企业管理合作不足。

郭朝先、皮思明、邓雪莹认为，企业尚未形成合力，部分领域存在同业竞争，中国企业"走出去"尚未形成有效的对外投资网络和相互需求网络，没有形成合力；企业国际化能力不足，缺乏国际化人才队伍；沿线国家主权信用低，各类风险将长期存在。③赫荣亮提出，在对外投资合作的企业管理中存在着管理风险，即海外项目投建阶段的土地、矿产、交通设施等主体及配套设备的建设问题，运营阶段的税收缴纳、劳工纠纷等属地化的管理问题，以及退出阶段的项目清算和投资退出的机制安排等问题。④

2. 体制不健全。

夏先良提出，中国推动国际产能合作的国内体制机制不清晰、不健全，政府支持政策还不到位、未落实。⑤同时，郭朝先、皮思明、邓雪莹也认为，国际产能合作体制机制不健全，支持服务体系建设滞后，除了前置审批之外，事中事后监管体制机制并没有及时建立起来；在推进国际产能合作的过程中，制度环境和技术标准迥

---

①③ 郭朝先，皮思明，邓雪莹．"一带一路"产能合作进展与建议［J］．中国国情国力，2016（4）：54–57.

② 钟飞腾．"一带一路"产能合作的国际政治经济学分析［J］．山东社会科学，2015（8）：40–49.

④ 赫荣亮．以"一带一路"促进我国钢铁国际产能合作［J］．国家治理，2015（39）：27–31.

⑤ 夏先良．构筑"一带一路"国际产能合作体制机制与政策体系［J］．国际贸易，2015（11）：26–33.

异，企业应对准备不足，G2G的合作方案重点关注了政府，但对各国的市场、各国老百姓的好处有时并没有体现在明处，容易遭遇各国反对党的阻击和社会层面的抵制。①

3. 国际环境风险不期。

赫荣亮认为，中国企业参与的"一带一路"沿线项目中基建、交通、重化工等领域占据主流，其面临着政治风险、管理风险、环保风险等，直接影响着"走出去"的效果。②

夏先良提出，产能合作中还面临着很高的政治风险、安全风险、法律风险和商业风险，这些风险都是中国企业在国际合作中难以驾驭的。③

（五）产能合作的意义

中国与"一带一路"沿线国家在产能上的通力合作，给国内和国外两大区域带来了不同影响。

1. 促进产业升级优化。

夏先良提出，国际产能合作是中国参与共建"一带一路"的重要实现形式，中国国际产能合作和装备制造"走出去"正好迎合金融危机之后各国都想通过基础设施建设拉动本国经济恢复的这种需求；国际产能合作打造经济增长新动力，超越传统的GDP概念，可以促进国内经济发展，推动产业转型升级，跨越中等收入陷阱，拓展产业发展新空间，推动经济全面深度融入全球化。④

钟飞腾认为，中国不仅将借此完成国内产业的全面优化、实现人均收入的中等发达国家化，也将向周边国家转移一定量的产业，培育周边的市场，形成共同发展的新地缘经济态势，以巩固和提升

---

① 郭朝先，皮思明，邓雪莹."一带一路"产能合作进展与建议［J］.中国国情国力，2016（4）：54-57.

② 赫荣亮.以"一带一路"促进我国钢铁国际产能合作［J］.国家治理，2015（39）：27-31.

③④ 夏先良.构筑"一带一路"国际产能合作体制机制与政策体系［J］.国际贸易，2015（11）：26-33.

中国发展的和平性。[①]

2. 提升相关国家发展。

李雪东认为，中国与世界各国特别是"一带一路"沿线国家开展国际产能合作，既是中国推进新一轮对外开放、形成经济发展新动能的重要方式与内容，又契合了国际社会的需要，有助于提升有关国家工业化、城镇化水平，改善当地民众的福祉，促进全球产业多元化的发展以及产业链的完善。[②]

3. 推动全球产业联合。

高雅（2015）认为，紧密结合"一带一路"倡议推进产能合作，可以推动全球产业链高端、中端、低端的结合，从而汇聚全球经济稳定增长的新动力，推动全球经济加快复苏进程。

4. 统筹区域协调发展。

慕怀琴、王俊认为，国际产能合作是"一带一路"倡议的重中之重，其能否加快中国产业的转型升级与结构调整，结合区位、资源、文化、产业优势，形成海陆统筹、东西互济、南北贯通的开发新格局，打造对外合作交流的广阔平台，直接关系到"一带一路"倡议的成败。[③]

二、关于产业园区的研究

（一）产业园区的背景

伴随着"一带一路"的推进，中国与沿线国家共建产业园区的浪潮开始不断涌现，作为新型工业化的重要合作形式，国内国际的多重因素推动产业园区在更多区域开展合作，产业园区建设在更有

---

① 钟飞腾. "一带一路"产能合作的国际政治经济学分析［J］. 山东社会科学，2015（8）：40-49.

② 李雪东. 结合"一带一路"战略开展国际产能合作［J］. 中国经贸导刊，2015（30）：21.

③ 慕怀琴，王俊. "一带一路"战略框架下国际产能合作路径探析［J］. 人民论坛，2016（8）：87-89.

成效地推进。

1. 产业转型升级需要。

师靓认为,在产业需要转型升级的背景下,产业园区的建设可以推动国内中部地区与更大范围内的地域深度交流,直接提升中部地区的物流需求;可以推动中部地区的崛起,形成推动物流园区建设升级发展的扎实根基;可以通过建光缆通信等多方面设施的协同推进,为中部地区物流园建设升级转型提供方便。①

2. "一带一路"倡议规划。

荀克宁认为,发展境外园区的现实需求迫切。一是转方式、调结构、稳增长,需要推进与"一带一路"沿线国家的园区合作;二是地缘相近、产业互补、沿线国合作意愿迫切、合作基础具备等发展境外园区的有利条件凸显,扩大对外开放同时也需要加快与"一带一路"沿线国家的园区合作,这都成为建设境外产业园区的背景。②同时,李光辉认为,欧亚经济综合园区正是在"一带一路"背景下建设和推进的,因此,综合园区的定位和发展一定要跟"一带一路"紧密结合在一起。③

3. 中国模式获得认可。

师荣耀认为,"一带一路"倡议作为中国首倡、高层推动的国家战略,契合沿线国家的共同需求,为沿线国家优势互补、开放发展开启了新的机遇之窗,是国际合作的新平台。在"一带一路"倡议框架下,产业无疑是重要抓手。④"一带一路"沿线有60多个国家,这些国家与中国在产业结构上具有非常强的互补性,对产业合作的需求非常强烈;中国的开发区经过30多年的发展,产业面

---

① 师靓. "一带一路"境遇下推进中部物流园区建设的思考 [J]. 新经济,2015(35):80.

② 荀克宁. "一带一路"时代背景下境外园区发展新契机 [J]. 理论学刊,2015(10):46–51.

③ 李光辉. "一带一路"战略下的园区建设 [J]. 中国经贸导刊,2015(30):24–25.

④ 师荣耀. 融入"一带一路"战略推动园区"走出去" [J]. 中国经贸导刊,2015(30):19–20.

临着结构调整和转型升级；中国开发区的发展经验已经得到了国际社会，特别是"一带一路"沿线国家的认可，在高层领导互访活动中，"中国开发区模式"被多次提及，要求中国开发区到国外建园的呼声很大。

产业转型升级需要、"一带一路"倡议规划、中国模式获得认可都为境外产业园区的建设营造了有利环境。

（二）产业园区的主要优势

一个地区产业园区的充分发展是建立在当地的自身条件之上，涉及自然、社会、政府等因素，只有认真考虑相关因素才能保障产业园区得到长久发展。

1. 地理位置优势。

邢晓玉、郝索认为，"一带一路"新政策将许多欠发达地区都纳入国家新时期经济建设的大潮中。不同的地区有着各自独特的地理环境和特色产品，相应的地方科技产业园也应当考虑其地理位置优势，围绕各自的优势资源展开合作。[1]

2. 自然资源丰富。

荀克宁指出，"一带一路"沿线的俄罗斯拥有丰富的天然气、煤气等资源，其工业基础建立在自然资源基础之上，故园区建设应该凸显其丰富的自然资源优势。[2]

3. 通关程度便利。

张怡跃通过对中哈连云港物流园区建设及中哈国际贸易协调发展的研究认为，享有通关便利是产业园区推进国家合作的优势。[3]

---

[1] 邢晓玉，郝索.基于"一带一路"新型科技产业园区模式构建与选择研究 [J].科学管理研究，2015（5）：1-4.

[2] 荀克宁."一带一路"时代背景下境外园区发展新契机 [J].理论学刊，2015（10）：46-51.

[3] 张怡跃."一带一路"框架下中哈连云港物流园区建设及中哈国际贸易协调发展研究 [J].物流技术，2015（22）：52-54，129.

4. 产业规模运作。

苟克宁认为，在当前新形势下，要进一步深化对俄蒙、中亚、西亚、南亚、东盟以及中欧国家的经济技术合作，加强这些国家境外园区建设，整合企业实力打包"走出去"，变指头出击为拳头出击，更利于形成更快速、更广泛、更密切的产业合作，使产业规模化运作，充分发挥产业集约化运作优势、产业便利化运作优势、产业经营风险抗御优势。①

5. 政府优惠政策。

张怡跃认为，产业园区享有国家外汇总局批准的做离岸结算的外汇渠道政策，同时可享有双方政府政策支持和运价补贴等优惠政策，这也成为其优势之一。②

6. 建设资金保障。

邢晓玉、郝索认为，亚洲新金融秩序"一带一路"新经济政策的实施离不开资金的支持。③2013年习近平主席为此提出了建立亚洲基础设施投资银行的倡议。2015年，《亚洲基础设施投资银行协定》正式签订，标志着"一带一路"政策有了资金保障；沿线国家协同政策于"一带一路"新政策下，科技产业园的构建强调加强国际合作，与国外企业、大学、科研机构及政府部门在技术、资金等领域合作，共同促进两国经济发展。

（三）发展产业园区的措施

面对产业园区发展的情况，政府与企业应共同谋划，为产业园区出谋划策，促使产业园区又好又快地发展。

---

① 苟克宁. "一带一路"时代背景下境外园区发展新契机［J］. 理论学刊，2015（10）：46-51.

② 张怡跃. "一带一路"框架下中哈连云港物流园区建设及中哈国际贸易协调发展研究［J］. 物流技术，2015（22）：52-54，129.

③ 邢晓玉，郝索. 基于"一带一路"新型科技产业园区模式构建与选择研究［J］. 科学管理研究，2015（5）：1-4.

1. 明确产业园区方向。

荀克宁认为，为使境外产业园区获取投资的规模扩张和效益优化，利用园区模式加速合作发展，应明确"一带一路"境外园区的发展方向，坚持正确的办园方向与"一带一路"沿线国家进行园区合作。[①]

2. 培育产业发展特色。

荀克宁提出要培育合作园区鲜明的产业特色，包括培育产业主导特色、技术特色、品牌特色，以彰显合作园区的国别人文色彩。师靓认为，在思考"一带一路"的推进深入对当地产业结构带来具体影响的基础上，重塑优化产业结构及产业链的基本情况，确定总体上的战略定位，应该重视强化产业发展功能设计及布局设计，科学制定商业计划并确保有序推进。[②]赵磊、梁海明认为，在培育产业时可考虑扶持新项目特别是"轻资产项目"的发展，更多吸引诸如动漫影视、美食文化、中医药、现代农业、中华民俗和日用品等相对比较"轻"的产业在智慧园区落地生根，在"一带一路"智慧园区内探索创新企业失败后的善后机制和退场机制，以此完善"一带一路"的容错机制，健全政策体系。[③]

3. 争取园区政策支持。

荀克宁认为，园区建设应积极争取"一带一路"境外园区的双向政策扶持，重点是争取优惠的土地政策、便利的投资贸易条件和快捷的物流合作优惠政策。[④]

4. 开展园区合理选址。

荀克宁认为，进行"一带一路"境外园区的合理选址，选择在哪个国家优先建设境外园区是园区成功率所要考量的重要因素，"一带一路"沿线国家境外园区合作也是如此。选址是否得当，则

①④ 荀克宁."一带一路"时代背景下境外园区发展新契机［J］.理论学刊，2015（10）：46-51.

② 师靓."一带一路"境遇下推进中部物流园区建设的思考［J］.新经济，2015（35）：80.

③ 赵磊，梁海明."一带一路"智慧园区建设要聚智、聚新、聚金［J］.信息系统工程，2015（12）：8-9.

意味着园区的发展是否顺利。①

5. 吸纳新型智库入驻。

赵磊、梁海明认为，地方政府应在"一带一路"智慧园区内，提供扶持与便利化政策，吸纳大量新型智库以及国内外知名智库前来进驻，为制定及实施《境外投资管理办法》、中国标准"走出去"工作专项规划，以及推进和国际间的产能合作、规则合作、经济技术合作，探索出一条新的、更方便实施的以及可复制、可推广的具体路径。②

6. 促进园区国际合作。

李光辉在对如何构建欧亚综合经济园区的问题进行分析时认为，应该整合园区资源，引领开放型经济体系的构建；构建与国际经贸接轨的营商环境；加快培育主导产业，构建引领"一带一路"区域合作的主导产业链；推动企业走出去，形成欧亚双元联动模式。③

（四）产业园区存在的问题

中外合作的产业园区发展中出现一些相关问题，师靓总结为以下三点：定位不明确，如何确定系列战略层面的定位是"一带一路"带来的最大而宏观的挑战；水平有差距，依照"一带一路"带来的物流增长需求，在规范、集中、独立、便捷等方面对物流园建设的要求普遍较高，需要转型升级的幅度较大，或者说前后之间的落差较大，在实务层面的困难较大；配套不完善，国内中部省份的基础比较薄弱，实现《推动共建丝绸之路经济带和21世纪海上丝绸之路的愿景与行动》的具体规划存在一定的困难。④

———————

① 荀克宁."一带一路"时代背景下境外园区发展新契机［J］.理论学刊，2015（10）：46-51.

② 赵磊，梁海明."一带一路"智慧园区建设要聚智、聚新、聚金［J］.信息系统工程，2015（12）：8-9.

③ 李光辉."一带一路"战略下的园区建设［J］.中国经贸导刊，2015（30）：24-25.

④ 师靓."一带一路"境遇下推进中部物流园区建设的思考［J］.新经济，2015（35）：80.

此外，赵磊、梁海明指出，在产业园建设发展的过程中大多存在发展战略不清晰、规划不合理、产业结构趋同、同质化竞争激烈、创新能力不足和产业化水平有待加强等问题，这些问题的存在也困扰了产业园区的发展。[①]

（五）产业园区的意义

关于产业园区意义的研究，赵磊、梁海明从"一带一路"智慧园区建设的角度分析认为，"一带一路"智慧园区的建立，对于构建开放型经济以及促进要素有序自由流动、资源高效配置、市场深度融合具有十分重要的意义，"一带一路"不仅要输出中国产品、中国经验，更要分享中国智慧。[②]

三、小结

通过对已有文献的梳理，我们对新型工业化中的产能合作与产业园区相关问题有了一定的认识和理解。

关于产能合作，政府和企业需要合理选择投资方案、统筹产业合作计划、搭建产能合作平台、完善产能合作机制、充分了解沿线国家，在此情况下，仍然面临产能合作的诸多问题。企业管理合作不足、制度体制差异较大、国际环境风险不期等问题的存在，对中国企业"走出去"造成一定的困难和阻碍。但同时应该注意到产能合作对新型工业化所带来的现实意义，如促进产业升级优化、提升相关国家发展、推动全球产业联合、统筹区域协调发展等。

关于产业园区的研究，学者们认识到在产业转型升级需要、"一带一路"倡议规划、中国模式获得认可的多重背景中，中国需要在沿线国家推广新型工业化，共同建设当地产业，同时也助推国内产业升级。无论是地理位置优势、自然资源丰富、通关程度便

---

①② 赵磊，梁海明."一带一路"智慧园区建设要聚智、聚新、聚金［J］.信息系统工程，2015（12）：8-9.

利，还是产业规模运作、政府优惠政策、建设资金保障，产业园区建设一般都具备相关优势，这些优势亦成为园区建设的保障与基础。产业园区谋求发展，应当明确产业园区方向、培育产业发展特色、争取园区政策支持、开展园区合理选址、吸纳新型智库入驻、促进园区国际合作。在此基础上，符合新型工业化要求的产业园区可以得到充分发展，但是不可忽视的是，这其中也存在着一定的问题，如定位不明确、水平有差距、配套不完善等，这些问题不利于当前的产业园区建设。

现有研究较为全面地涉及新型工业化的各个领域，条分缕析之间，产能合作分国家、分行业的研究还需要丰富，需要进一步研究产能合作对沿线国家的建设性作用；在产业园区研究方面，现有研究较少探讨国内的特色建设对发展中国家，尤其是沿线国家的意义与帮助，需要深入研究园区国际合作的模式，挖掘各国之间的最佳合作形式。

第三节　新型工业化发展的主导产业

主导产业是一定区域内的产值占主体的产业，对当地起到带动作用的产业。在新型工业化推进中，中国重点发展高科技、创新性、智能化产业，建设了一批富有实力、卓有成效的新兴企业，对区域经济起到极大作用。在这个过程中，中国应当进一步明确当前的新型工业化实施过程中涌现的主导产业，定位于沿线国家在新型工业化合作中的主导产业，或者自身发展的主导产业。

为了总结探讨当前新型工业化的主导产业，及对沿线国家的产业选择做出合理判断，本节选取了"一带一路"倡议背景下新型工业化的相关文献，主要探讨主导产业的现状、主导产业发展存在的问题、助推主导产业的措施、主导产业的意义，在此基础上，对新型工业化的产业选择大有裨益。

一、主导产业的内涵

中国政府与企业通力合作推动新型工业化发展，已有较长时间的融合进步，新型工业化的主导产业在不断发展中得到体现。对主导产业含义、内容、特色等相关问题的研究也较为明晰。

关于主导产业的含义，朱云飞认为，主导产业是指在产业结构中处于支配地位、比重较大、综合效益较好、与其他产业关联度较高、对区域经济发展具有较强带动作用的产业，它对推动区域的产业结构调整和经济持续发展具有重要意义。[①]

关于主导产业的内容，贾根良认为，新型工业化的主导产业包括可再生能源革命或绿色技术革命，高度重视信息化基础上的智能化新发展、新材料和纳米科技革命。[②]

刘军国、任志斌认为，"新型"的第一要义应该是促进资源充分利用，控制进入自然系统的污染规模，提高资源利用效率，实现"有限资源、无限价值"，其本质是循环经济。[③]另外，关于主导产业的特色，马勤，刘青松提出，新型工业化独特的产业发展方向是由黑色向绿色转变、由高碳向低碳转变、由制造向创造转变。[④]

二、新型工业化主导产业的现状

许多地区在新型工业化发展过程中都遇到主导产业的选择，主

[①] 朱云飞. 新型工业化过程中河北主导产业的选择、转型与升级研究［J］. 经济研究参考，2014（44）：13-17.

[②] 贾根良. 我国新型工业化道路主导产业的选择与战略意义［J］. 江西社会科学，2015（7）：55-65.

[③] 刘军国，任志斌. 循环经济是兵团新型工业化必由之路——兵团资源密集型产业转型升级三部曲［J］. 中国经贸导刊，2014（31）：44-46.

[④] 马勤，刘青松. 推进新型工业化 加快株洲产业转型——基于生态文明建设的视角［J］. 科技管理研究，2014（3）：106-110.

导产业种类多样，意义不同，相关文献对主导产业的现状进行了描述和分析。

1. 主导产业的问题。

朱云飞通过对河北省主导产业的分析认为，存在资源高消耗、技术低水平、产品微利润、企业弱实力、产业链短窄等问题。[①]樊慧玲认为，当前传统支柱（主导）产业发展过程中，存在产业结构不尽合理、优势产业链条较短、产品层次较低、资源配置效率较低、集约化发展程度不够等问题。[②]

2. 主导产业样本的问题。

孙凤茹、李佳凝以新型工业化中包装工业作为研究样本，对我国发展现状以及存在的问题进行了分析。[③]

贾根良通过对新型工业化道路新内涵以及主导产业选择必要性的分析认为，新型工业化推进过程中的主导产业选择应注重高速铁路、机器人产业、"物与服务联网"及其软件工业、光伏分布式发电等产业的作用，应将其作为主导产业。[④]

3. 关于主导产业的措施研究。

马勤、刘青松提出，规模工业要节能降耗，淘汰落后产能的工作力度要大，重点将电力、煤炭、水泥、有色等14个行业的落后产能的淘汰任务分解落实到有关部门、县（市、区）和相关企业。[⑤]

刘娟、许潇丹对新型工业化背景下湖南汽车产业技术创新模式进行了分析，指出了湖南省汽车产业现有技术创新模式的不足，并

① 朱云飞. 新型工业化过程中河北主导产业的选择、转型与升级研究 [J]. 经济研究参考，2014（44）：13–17.
② 樊慧玲. 新型工业化背景下中国传统产业转型升级的路径选择 [J]. 吉林工商学院学报，2016（2）：5–7.
③ 孙凤茹，李佳凝. 新型工业化与包装产业结构的优化升级探讨 [J]. 中国包装工业，2014（24）：111.
④ 贾根良. 我国新型工业化道路主导产业的选择与战略意义 [J]. 江西社会科学，2015（7）：55–65.
⑤ 马勤，刘青松. 推进新型工业化 加快株洲产业转型——基于生态文明建设的视角 [J]. 科技管理研究，2014（3）：106–110.

给出了符合新型工业化要求的技术创新模式的改进对策。①

王博提出，可以将"互联网+"引入到新型工业化中，认为可以通过次途径刺激中国的工业发展，带动中国工业发展模式的转型升级。②

三、新型工业化主导产业的问题

新型工业化在发展过程中，主导产业在推行阶段也暴露当地或产业本身的一些问题，相关学者分析并总结了几个问题。

1. 劳动供求不匹配。

刘雯雯、任群罗在对新型工业化道路新疆承接产业转移的研究中，发现了劳动力供求不匹配、企业自主创新能力差等问题。③

2. 资源环境有矛盾。

刘雯雯、任群罗认为，新疆具有得天独厚的自然资源，且目前新疆地区经济增长多以资源型产业带动，工业主要以初级能源开采和基础原材料供应为主，重化工业比重极高，资源开发利用与环境保护矛盾的问题日益突出。④

3. 地区发展不均衡。

王瑞鹏、祝宏辉、王博在对兵团新型工业化进程中产业融合模式的分析中发现，地区发展不平衡也是新型工业化推进过程中的一个大问题。⑤

---

① 刘娟，许潇丹.新型工业化背景下湖南汽车产业技术创新模式的改进［J］.公路交通科技，2014（9）：154–158.

② 王博."互联网+"模式的产业融合促进新型工业化发展［J］.现代企业，2015（12）：5–6.

③④ 刘雯雯，任群罗.基于新型工业化道路的新疆承接产业转移研究［J］.新疆农垦经济，2014（2）：30–36.

⑤ 王瑞鹏，祝宏辉，王博.兵团新型工业化进程中产业融合模式分析［J］.新疆农垦经济，2015（7）：27–30.

4. 产学研结合不足。

刘娟、许潇丹通过对新型工业化背景下湖南汽车产业技术创新模式的分析，发现汽车产业开发体系的产学研合作尚有许多不尽如人意之处，技术创新方式上过多倚重创办新企业，技术创新主体较为单一，过多依靠政府。[①]

四、主导产业的发展措施

相关文献针对不同行业与地区发展状况的分析发现，主导产业的发展模式得到广泛认可，符合新型工业化要求的主导产业发展措施包括以下几条。

1. 优化产品结构。

朱云飞认为，可以通过提高产品增值率，增加高附加值和高技术含量的产品比重，对新创国家名产品或驰名商标的企业，以及新获省级名牌产品和著名商标的企业，地方财政应给予相应的奖励等措施来优化产品结构，从而促进主导产业的发展。[②]

2. 完善产业体系。

朱云飞认为，可以通过整合生产规模，促进优质经济要素和创新资源向行业龙头转移，延伸产业链条，创造利益增长点，鼓励引进与主导产业相关联的产业链节点企业和配套项目等措施来壮大支柱企业，完善产业体系，从而促进主导产业的发展。[③]

孙凤茹、李佳凝对包装产业进行分析提出，建立健全包装产业体系，制定完善的产业制度的促进措施。[④]

3. 提升自主创新。

---

① 刘娟，许潇丹. 新型工业化背景下湖南汽车产业技术创新模式的改进［J］. 公路交通科技，2014（9）：154-158.

②③ 朱云飞. 新型工业化过程中河北主导产业的选择、转型与升级研究［J］. 经济研究参考，2014（44）：13-17.

④ 孙凤茹，李佳凝. 新型工业化与包装产业结构的优化升级探讨［J］. 中国包装工业，2014（24）：111.

刘雯雯、任群罗认为，加大科技投入，提高企业自主创新能力，政府财政应加大科技投入中支持企业自主创新经费的比例，鼓励企业增加科技投入总量等措施，对促进主导产业发展是有帮助的。[①]

同时，许贵阳认为，加大技术投入力度、以自主创新为重点、加大技术创新和技术改造力度，有助于全面推进河南省黄金工业技术升级。[②]

4.产学研相结合。

刘娟、许潇丹认为，在主导产业发展中可以通过推进产学研结合，加快科技成果转化，鼓励汽车企业与科研单位在省内共同建立研究开发机构或产业技术联盟，形成区域创新体系等措施来促进产业发展。[③]

5.促进区域集聚。

孙凤茹、李佳凝认为，根据发展规模、区域影响力等因素，可以选择重点产业集群优先进行"两化"融合，同时以产业集群为突破口，对集群内企业进行信息化，带动整个集群区域的"两化"融合，进而带动整个产业的"两化"融合。[④]

朱云飞认为，可以通过打造企业集中布局、产业协同发展、土地集约供给的新型园区，以园区建设为载体，通过财政收入分成、专项资金扶持、土地优先供应和基础设施改善等手段，促进主导产业企业在空间上相对集中、生产上分工协作、技术上互动创新、资源上互补共享等措施扩展产业集群，发挥集聚效应，从而促进主导

---

① 刘雯雯，任群罗.基于新型工业化道路的新疆承接产业转移研究［J］.新疆农垦经济，2014（2）：30—36.

② 许贵阳.新型工业化道路视角下的河南省黄金产业发展对策［J］.黄金，2014（9）：1—5.

③ 刘娟，许潇丹.新型工业化背景下湖南汽车产业技术创新模式的改进［J］.公路交通科技，2014（9）：154—158.

④ 孙凤茹，李佳凝.新型工业化与包装产业结构的优化升级探讨［J］.中国包装工业，2014（24）：111.

产业的发展。[①]

五、主导产业发展的意义

贾根良指出在"一带一路"倡议下，主导产业的发展历程对中国具有三方面意义。第一，对中国出口结构的高级化和对外经济发展方式转变具有重要的战略意义；第二，为中国"一带一路"对外经济发展新战略铺路搭桥，为人民币国际化奠定坚实的基础；第三，对中国能源安全、能源独立和生态文明建设有重大战略意义。[②]

六、小结

针对主导产业的发展状况，相关文献对主导产业的种类及存在的问题进行了分析。一般而言，通过技术创新、技术融合、淘汰落后产能等方式，努力打破当前资源消耗大、技术水平低、企业实力弱的问题，促使光伏产业、机器人、高铁等主导产业实现低能耗、高技术的特点。但是，在各行业着力开展新型工业化的过程中，仍然面临劳动供求不匹配、资源环境有矛盾、地区发展不均衡、信息化水平较低、产学研结合不足等诸多问题。为解决这些问题，需要在优化产品结构、完善产业体系、注重环境保护、提升自主创新、产学研相结合、促进区域集聚等产业产品、环境政策等方面多作准备，契合发展本质，追求产业升级，从而促使新型工业化的不断发展。

但是，现有关于新型工业化主导产业的研究仍有不足之处，主

① 朱云飞. 新型工业化过程中河北主导产业的选择、转型与升级研究 [J]. 经济研究参考，2014（44）：13-17.
② 贾根良. 我国新型工业化道路主导产业的选择与战略意义 [J]. 江西社会科学，2015（7）：55-65.

要是缺少选择主导产业原因的分析研究，需要分析国家或者地区发展不同行业的背景条件。同时，新型工业化是不断升级的过程，不同阶段的产业存在质和量上的变化，主导产业的变迁也是值得研究的问题。

第四章

国际产能合作

2016年8月17日，中共中央总书记、国家主席、中央军委主席习近平在北京出席推进"一带一路"建设工作座谈会。会中习近平指出，以"一带一路"建设为契机，开展跨国互联互通，提高贸易和投资合作水平，推动国际产能和装备制造合作，本质上是通过提高有效供给来催生新的需求，实现世界经济再平衡；特别是在当前世界经济持续低迷的情况下，如果能够使顺周期下形成的巨大产能和建设能力走出去，支持沿线国家推进工业化、现代化和提高基础设施水平的迫切需要，有利于稳定当前世界经济形势。①由此，"一带一路"倡议下，国际产能合作的重要性不容忽视。

第一节　新型的国际合作模式

一、新时期下的新模式

国际产能合作是近年来中国官员和学者在对外经贸合作实践中

---

① 吴秋余. 习近平出席推进"一带一路"建设工作座谈会并发表重要讲话［N］. 人民日报，2016-08-18.

提出的新术语和新概念，对于这一概念的内涵和外延暂时没有统一的认识。即使是由中国政府率先提出这一概念，但在对其在政策层面的阐释也存在一个逐渐变化的过程。

国际产能合作最早出现在2014年12月李克强总理出访哈萨克斯坦期间，同哈萨克斯坦总统纳扎尔巴耶夫、总理马西莫夫就中哈在钢铁、水泥、平板玻璃、装备技术等领域加强产能合作所达成的重要共识中。由此国际产能合作这一新型的国际合作方式开始受到国际社会的关注。2015年5月，国务院印发的《关于推进国际产能和装备制造合作的指导意见》（以下简称《意见》）成为中国推进国际产能合作的纲领性文件。2016年，国际产能合作首度被写入政府工作报告中，在"十三五"规划纲要草案中也列出专节予以论述。

从国际产能合作这一概念产生之始，中国政府就将其定位为一种新型的国际合作模式，[①]并在之后不断发展，完善国际产能合作这一新概念。《意见》中并没有关于国际产能合作概念的专门论述，只在重要意义的第一点中表述为"实现从产品输出向产业输出的提升"，说明国际产能合作的重点在产业合作方面。紧接着国家发改委外资司司长顾大伟将产能合作定义为"产业的输出"和"能力的输出"，具体而言就是"把我们的产业整体输出到不同的国家去，同时帮助这些国家建立更加完整的工业体系、制造能力"。[②]这体现出互利共赢和共同发展的理念，也是国际产能合作与传统对外产业转移模式的不同之处。2016年1月，国家发改委副主任宁吉喆在推进国际产能和装备制造合作工作会议上详细地阐述了国际产能合作的内涵，指出国际产能合作就是"国与国之间生产能力的合作"，主要领域是"社会生产和再生产所需装备及其制造业"，核心是"促进我国经济提质增效升级"，合作主体是企业，主要内容是"基础设施建设、生产线建立、设备工具提供"，形式包括"直接投资、

---

① 武寒. 产能合作——中外合作新模式［N］. 光明日报，2014-12-31.
② 国家发改委就《关于推进国际产能和装备制造合作的指导意见》举行发布会. http://www.scio.gov.cn/xwfbh/gbwxwfbh/fbh/Document/1434472/1434472.htm.

工程承包、技术合作、装备出口等"，最终目的是"优化我国企业生产能力布局，提高合作国产业发展水平"，达到"国际互利共赢"。①从近期来看中国进行国际产能合作的主要对象是"亚洲周边国家和非洲国家"②，这正与"一带一路"倡议重点发展地区相同，所以"产能合作是'一带一路'的重要支撑和主要战略"。③

从以上政策层面的阐释，可以看到国际产能合作这一概念的创新之处主要有三点：从国内形势看，中国随着经济实力的提升，对外经贸合作已经从商品贸易阶段到达产业转移阶段，国际产能合作正是在这一新形势下产生的；从国际形势看，全球经济处于深度调整期，经济新格局下不同发展阶段的国家有不同的需求，国际产能合作是衔接这些需求和供给的方式；从国际合作看，国际产能合作既要提升中国企业的产能水平、优化产业结构，也要促进合作国产能水平的提高。这是在双方发展需求互补的条件下实现的，是新时期的互利共赢的经济合作关系。

二、升级版"走出去"

中央政府提出国际产能合作，引发了学术界的广泛关注，学者们从不同的视角在理论上对国际产能合作作出了积极的探讨。从产业转移角度看，"'一带一路'上的产能合作并不完全是一个新的东西"，而"创新之处主要在于将'五通'作为一个整体"，来"实现整体利益最大化和分配基本满意"的目标。④同时"国内和国际都处于新常态"，中国曾经依赖出口的方式不可持续，"必须思

---

① 宁吉喆. 群策群力善作善成推进国际产能合作［J］. 中国经贸导刊，2016（3）：12-14.
② 国务院关于推进国际产能和装备制造合作的指导意见［J］. 中华人民共和国国务院公报，2015（15）：45-51.
③ 何江川. "一带一路"和"产能合作"［N］. 光明日报，2015-11-29.
④ 钟飞腾. "一带一路"产能合作的国际政治经济学分析［J］. 山东社会科学，2015（8）：40-49.

考新的发展空间"，而这正是国际产能合作的背景和条件。[①]在国际产业转移的视角下，产能合作可以"化解国内产能过剩，助推产业结构升级，改善贸易条件并藉此向他国'植入'本国技术格式、产业标准、控制产业链"。[②]此外，在产业转移的视角下所进行的理论总结主要有雷蒙·弗农总结的产品周期论、约翰·邓宁的投资发展路径理论和日本经济学家赤松要、小泽辉智等人以日本与东亚国家（地区）的产业转移经验总结的"雁行模式"。

　　有学者认为国际产能合作并不是一个纯经济学的概念，而是"中国对外开放新方式的重要创新，是中国国际经济合作的新范式、新模式"，是"升级版中国'走出去'"。[③]针对传统产业转移出现的产业空洞化和经济殖民地化，国际产能合作是"根据中国和周边国家国情总结出的产业模式"，对内倒逼国内产业转型升级，对外帮助发展中国家实现一定程度上的自我发展，因此不会出现产业空心化和经济殖民地化的问题。[④]另外，有学者以共生理论为基础，对国际产能合作进行了研究，并从组织、机制、环境角度为推进中哈两国经济共生关系提出一些建议。[⑤]

　　除了对国际产能合作产生背景和合作理念的研究，学者们还强调了国际产能合作在合作模式方面的创新点。一些学者注意到不同于历史上发达国家企业自发的产业转移，国际产能合作作为国家战略将发挥更多政府的作用，它"将政策沟通放在首要位置，明确了政治互信和政府间沟通交流机制对落实后续各项合作的保障地

---

　　①④　钟飞腾."一带一路"产能合作的国际政治经济学分析［J］.山东社会科学，2015（8）：40–49.

　　②　卓丽洪，贺俊，黄阳华."一带一路"战略下中外产能合作新格局研究［J］.东岳论丛，2015（10）：175–179.

　　③　夏先良.构筑"一带一路"国际产能合作体制机制与政策体系［J］.国际贸易，2015（11）：26–33.

　　⑤　张洪，梁松.共生理论视角下国际产能合作的模式探析与机制构建——以中哈产能合作为例［J］.宏观经济研究，2015（12）：121–128.

位"。①通过国家层面的沟通协商，"国际产能合作相较于跨国直接投资具有更加促进优势互补、资源优化配置和产业结构优化升级的作用，产能合作投资的市场定向更优于比较盲目的跨国直接投资方式"。②实际上在政策层面，政府的作用也被多次强调。在《意见》中第五、第六、第七点分别从加强政府引导和推动、加大政策支持力度、强化服务保障和风险防控三方面阐释了政府在国际产能合作中的作用。"必要时，政府更要为企业背书，提振士气，并提供相关的优惠政策。"③由此说明国际产能合作不能单纯被看作一种市场行为，而是一个带有国家意志的战略。

三、国际产能合作的目标——对外开放促进对内改革

作为国家战略，国际产能合作最终的落脚点仍是推动国内经济的持续发展。关于国际产能合作所要达到的预期目标，政府和学者都有相对一致的看法，总体来说就是以对外开放促进对内改革，互利合作共同发展。

首先，开发海外市场，拓展中国发展空间，深入融入全球化，形成新的经济增长点，以达到新常态下经济保持中高速发展的目标。加强国际产能合作可以加快中国过剩产能、过剩资本的疏解，缓解国内市场空间有限的限制，同时也可以促进中国经济与全球经济以及产业链之间的联系。

其次，促进国内产业转移，倒逼国内产业转型升级，达到产业迈向中高端的目标。国际产能合作可以将中国国内的过剩产能转变为其他发展中国家的优质产能，而且倒逼国内经济转型升级，朝着

---

① 钟飞腾. "一带一路"产能合作的国际政治经济学分析［J］. 山东社会科学，2015（8）：40-49.

② 夏先良. 构筑"一带一路"国际产能合作体制机制与政策体系［J］. 国际贸易，2015（11）：26-33.

③ 李雪东. 结合"一带一路"战略开展国际产能合作［J］. 中国经贸导刊，2015（30）：21.

绿色、智能的方向发展，将发展重心放在积极参与国际分工中的关键核心任务中。

再次，在适应全球经济新环境下，开创对外发展的新局面，提高企业国际竞争力，达到较高水平的对外开放。近年来，中国经济发展到相对较高的水平，产业结构日趋完善，劳动力等传统优势减弱，而资金、技术等优势逐渐显现。这些客观形势都要求中国的贸易结构、投资结构和国际收支结构不断升级，逐步形成"优进优出的开放型经济新格局"。①

最后，国际产能合作能够惠及合作国，达到互利共赢的目标，可以推动全球经济复苏，也有利于增强中国对外影响力。目前全球经济新格局中，不同发展阶段的国家需求存在较大的互补性。发展中国家基础设施、工业装备需求量大；发达国家技术水平高、再工业化趋势明显；中国产业技术中端、性价比高。国际产能合作可以汇集这三方优势，提振全球经济。

第二节 国际产能合作现状与困难

一、国际产能合作现状——优势先行，稳步推进

经过改革开放近40年的快速发展，中国经济实力已经显著增强，发展形成了完整的工业体系，技术水平处于国际中端，已基本可以满足发展中国家城镇化、工业化初期的需求；出口结构也从一般消费品向资本品升级，大型单机和成套设备出口成为亮点，同时装备制造业和大型工程显示出较强的技术创新能力，高铁、电力等

---

① 凝聚全球增长新动力 开辟互利共赢新空间——国家发展改革委副主任兼国家统计局局长宁吉喆纵论国际产能合作热点［J］.中国经贸导刊，2016（12）：10-12.

优势产业形成了国际知名的品牌。①总体来说，中国已经具备了开展对外产能合作的条件，也具有开展产能合作的优势。

自2014年末国际产能合作提出后，在中央与地方各级政府的推动下，各类企业，特别是优势产能行业把握机会，积极走出国门，国际产能合作呈现出良好的发展势头。

（一）双多边合作积极推进

国际产能合作要求中国与世界各国广泛建立双多边产能合作机制。截至2016年3月，中国已经与17个国家开展了机制化的双边产能合作，同东盟、非盟、欧盟、拉共体等区域组织进行了合作对接。其中，中哈产能合作开创先河、树立标杆。中哈产能合作第一批确定的早期收获项目25项，约230亿美元，近期又选定了第二批42个项目，总额约300多亿美元。同时，中国在东南亚的产能合作广泛开展。2015年10月中国企业赢得印度尼西亚雅万高铁项目，合作建设印度尼西亚雅加达至万隆高速铁路；2015年12月中泰铁路奠基仪式举行，拟建设的中泰铁路将使用中国的技术、标准和装备建设。中国还积极参与在非洲国家跨国跨区域基础设施建设的合作，2015年1月，中国和非洲在高速铁路、高速公路和区域航空三大网络及基础设施工业化（三网一化）领域展开合作签署了备忘录。在埃塞俄比亚首都亚的斯亚贝巴，中国公司承建的城市轻轨于2015年9月正式通车，这是非洲大陆首条正式投入运营的现代化城市轻轨。

除了和发展中国家开展双边合作，中国还积极与发达国家开启第三方合作。通过将中国的中端装备和发达国家的核心技术相结合，共同开拓第三方市场。2015年6月，李克强总理访欧期间，中法就推进第三方合作达成深度共识，同意深化双方在航空、航天、高铁等领域的产能合作以及核电、油气、水电等能源领域合作，提高产业和产品附加值，将双方合作向产业链高端推进，加强全产业链

① 夏先良. 构筑"一带一路"国际产能合作体制机制与政策体系［J］. 国际贸易，2015（11）：26-33.

合作，积极开拓第三方市场。英国的欣克利角核电站即是中国广核集团与法国电力集团共同开辟英国核电市场的项目。

（二）内部协作机制逐步形成

推动国际产能合作对于政府来说是一项宏大的系统工程，持续时间长、涉及面广、战略意义重要。改革开放前期，中国以"引进来"为主线，中央、地方各级政府建立了非常完善的引进外资的协作机制，取得了良好的效果，是中国在改革开放前30年快速发展的重要原因。同样地，作为国家战略，在推进产能合作的进程中也需要各级政府协调统一，发挥引导作用。

中央企业作为中国产业的中坚力量，技术能力强、产能水平高，同时又集中了高铁、核能等优势产业和钢铁、煤炭等产能过剩行业。因此，中央企业既是国际产能合作的先行者，也是后期重要的参与者，中央企业之间的协同对于国际产能合作意义重大。早在2015年6月，国资委召开推进中央企业参与"一带一路"建设暨国际产能和装备制造合作工作会议，部署新时期中央企业"走出去"参与"一带一路"建设和国际产能合作的总体工作。中央企业"抱团出海"，加强各大央企产业链的分工协作，避免恶性竞争已经成为国家部委和各中央企业的共识。

不仅是中央企业，地方企业也有开展对外产能合作的需求和能力。国际合作要借助中央政府的力量，所以国家部委和地方政府的合作十分有必要。截至2016年3月，国家发改委已经与河北、江西等18个省分别签署合作协议，通过委省协同联动机制合力推进国际产能合作。

同时，作为同类企业组织的行业协会在国际产能合作中也可以发挥积极的作用，国家发改委分别会同国资委、全国工商联和各行业协会建立协同机制，推动央企、民企走出去。例如，国家发改委与中国钢铁工业协会、中国建筑材料联合会等12家重点行业协会已经建立协同机制，发挥行业协会桥梁纽带作用，推进重点行业的产能合作。

（三）优势产业先行、重点产业推进

高铁、电力是中国近年来快速发展的高新技术产业，已经具备了国际领先的技术水平，并且具有成本相对较低的优势。因此，高铁、电力行业是中国推进跨国产业合作的优势先行产业。中老铁路于2015年12月2日奠基，中泰铁路于2015年12月19日启动，印度尼西亚雅万高铁于2016年1月21日开工；莫斯科至喀山高铁、南美两洋铁路取得积极进展，已进入合作勘测阶段；关于美国西部快线，中美双方已经签署了设立合资公司的框架协议；巴基斯坦卡拉奇2号机组项目已顺利开工，首次实现"华龙一号"核电技术的出口；中广核与英国、中核与阿根廷分别签署合作协议，合作投资建设有关核电项目。

钢铁、有色、建材等作为国内产能过剩的重点领域，有着比较强烈的对外产能合作的需求，但多数企业对外直接投资集中在上游开采环节，因此现阶段的产能合作应该加强推进中游冶炼、制造环节的"走出去"。目前，中国与马来西亚共建的关丹园区现代钢铁项目、与印度尼西亚合作的镍铁项目、在埃塞俄比亚的陶瓷和建材工业园项目等一批重大项目得到加快推进，建成后可显著提高合作国生产能力。

（四）资金支持增加

企业参与国际产能合作，开展对外投资，资金是首要问题。目前全球经济下行压力大，很多有产能合作需求的企业面临利润减少甚至亏损的问题，因此资金支持是十分必要的。2014年底成立的丝路基金已支持多个项目，并出资设立中哈产能合作基金。2015年9月成立的中拉产能合作投资基金，首期规模100亿美元。中法、中巴（西）、中欧、中非等多支基金正在抓紧设立。为此，中国对国内改革企业发行外债进行管理，促使企业境外发债对国际产能合作发挥促进作用。同时，支持国家开发银行、中国进出口银行分别赴境外发

行80亿美元、30亿美元债券，重点用于支持国际产能合作项目。

二、企业短板与制度缺陷

虽然中国在国际产能合作方面有诸多优势，并且最近两年来取得长足进展。不过仍然应该看到，作为全球最大的发展中国家，中国自身产业发展仍有不足。同时，外贸合作刚刚进入产业输出的阶段，国内涉及对外投资、产能合作的制度还存在很多问题。

（一）企业国际化水平较低

在国际产能合作进程中，中国企业的国际化水平整体较低，主要体现在以下几个方面。

其一，不谙国际规则。中国企业在对外合作中对于国际市场的特征和规则仍有待深入了解，在品牌形象维护、知识产权保护、外方违约责任追究、反倾销诉讼等方面自我保护能力不足。

其二，技术水平不高，服务质量不高。技术水平也制约了国内企业"走出去"，如工程机械类产品在海外市场竞争中，很多关键技术和关键部件依赖发达国家企业。售后服务的不足也限制了中国企业在国外的投资合作。

其三，国际型人才匮乏。国际产能合作中涉及各国法律、汇率、会计制度和诸多复杂因素，需要有国际化视野和能力的中高端人才，在市场分析、商务规则、法律法规、投融资管理和项目管理等方面发挥重要作用。而中国企业目前仍然较为缺乏这类具有国际经营管理能力的人才。特别是目前中国国际产能合作主要面向亚非拉等发展中国家，熟悉当地语言、文化和制度环境的人才的缺失更加凸显。这也成为制约中国企业对外合作的重要因素。[①]

其四，协同合作机制缺失。中国企业间尚未形成协同合作的机

---

① 郭朝先，皮思明，邓雪莹."一带一路"产能合作进展与建议［J］.中国国情国力，2016（4）：54–57.

制，上下游企业沟通合作较少，很多中国企业在外施工都会比较偏好与国外厂商合作，对国外品牌产品依赖；而在部分领域国内同行业恶性竞争，削薄了企业利润，甚至损害了国家利益。

（二）产能合作支持体制落后

首先，中国促进产能合作的机制体制和政策支持体系并不完善。[1]在“引进来”为主导的发展时期，对外投资、国际合作并不是中国政策的重点，而且对于开展国际投资合作政府采取比较谨慎的态度，有非常严格的审批程序，对外投资限制较多，导致促进对外投资的政策较少而且分散不成体系。而发达国家在长期的国际合作中，已经形成比较完善的促进对外投资的机制。因此，中国企业在竞争中往往会因为国内政策支持体制不到位而处于劣势。

其次，公共服务建设滞后。[2]中国对产能合作信息情报平台的建设严重不足。中国商务部门虽有产能、市场、投资规则、配套产业、基础设施和政治环境等方面的信息，但信息相对滞后，不能跟上复杂变化的市场和产业环境，特别是对中外产能合作重点地区发展中国家和新兴市场的信息统计存在较大盲点，不利于各国投资经营环境的比较。此外，中国政府对于产能合作的统计监测不健全，除了前置审批之外，事中、事后缺乏良好的监管体制，不能及时掌握中国企业在外的投资经营信息，不利于中国政府对中外产能合作进行总体部署和调整，也难以及时发布风险预警。

再次，外交合作方面有待改进提高。政府引导是产能合作的重要方面，签订双边、多边投资协定是推动产能合作的制度基础。但是，中国在签订投资协定中重视互惠贸易的领域，而对重点产能的支持力度和投资的互补性重视不足；同时，金融领域人民币跨境结

---

① 夏先良.构筑“一带一路”国际产能合作体制机制与政策体系［J］.国际贸易，2015（11）：26–33.

② 卓丽洪，贺俊，黄阳华.“一带一路”战略下中外产能合作新格局研究［J］.东岳论丛，2015（10）：175–179.

算、进出口信贷、资本流动、产业合作基金和货币互换等方面的合作仍需加强。[①]另外，在政治、外交方面如果存在摩擦和冲突，很有可能影响到中国企业在东道国的产能合作项目。例如，目前南海局势比较紧张，而东南亚各国又是中国产能合作的重要发展对象，需要十分慎重地处理地缘政治问题，做好外交工作。

三、长期存在的外部风险

在境外开展跨国产能合作，中国企业的国际合作可能面临难以驾驭的政治风险、法律风险和商业风险等外部风险。一些外部风险通过企业努力可以化解，而有些外部风险是长期存在，不是单个企业可以掌控的。企业需要充分了解这些风险，并且科学评估，做好风险防范措施，最大限度地减小风险损失。其中，主要的外部风险有以下几点。

1. 发展中国家政治条件不稳定。

国家产能合作面向的是一些发展中国家，这些国家政治体制不健全，党派斗争激烈，政权更迭频繁，政策不确定性较大。中国一些对外合作项目经常会因为政府换届或是反对派攻讦而遭遇挫折，甚至中断，致使前期投资无法收回，导致巨大亏损。中国企业熟悉的"政企合作"模式难以在这些国家推行。另有部分西亚、非洲国家，分裂势力猖獗、部族矛盾与民族矛盾交织，国内安全环境存在很大隐患，投资风险较大。

2. 国外经济社会环境差异较大。

全球新兴市场国家在法律、劳动政策、环保政策和社会环境方面与中国的差异性较大，情况也十分复杂。各个国家之间的法律制度框架和法制完善程度存在较大差异，中国企业对当地相关法律缺乏充分了解，容易无意中触犯相关法律。在环境保护方面，实施项

· ① 卓丽洪，贺俊，黄阳华. "一带一路"战略下中外产能合作新格局研究［J］. 东岳论丛，2015（10）：175-179.

目不但要进行环境影响和社会影响评估，向当地社区提交并征求意见，获得各级主管部门的批准，还要受到国际组织的严密监督，一旦出现问题，极易遭受当地居民的反对。而在劳工权益保障方面，有些国家的劳工保障相对较高，禁止降薪，解雇员工要付出高昂的补偿。同时，很多国家的宗教信仰、风俗习惯也不利于工业发展。例如，某些国家员工时间观念不强，工作连续性差，一些伊斯兰国家在进入斋月后，很难保证正常的工作和生产。

3. 产能合作国通常存在一定的经济风险。[①]

商业合作本身就是一种风险行为，与中国开展产能合作的部分国家经济实力较弱，负债率较高，政府偿债能力不强，而国际产能合作项目建设周期长，涉及合同金额巨大，因此，东道国政府和私人部门的偿债能力将成为重要的风险因素。同时，中国企业在境外通常使用外币结算，如果相应货币在国际市场出现较大波动则会给合作带来巨大风险。

4. 国际负面舆论对产能合作造成不利影响。

随着中国实力不断增强，一些国家对中国崛起的担忧也日益加深，对中国对外合作的报道倾向于负面宣传。例如，宣传中国对外投资是"新殖民主义"，将国际产能合作与冷战时期的"马歇尔计划"相类比，客观上制造了紧张气氛和敌对意识。

四、产业转移给中国带来风险

目前中国国内各界普遍认为，开展产能合作是在当前经济形势下保持经济发展、促进经济转型的重要战略，对国际产能合作持积极态度。但也有部分学者就产能合作、产业转移后可能反制中国制造业的风险作出了提示。

首先，产业空心化的风险。如果一国对外投资过度膨胀，则会

---

① 赵德宇，刘苏文.国际产能合作风险防控问题研究［J］.国际经济合作，2016（3）：66–70.

造成国内投资不足，陷入高储蓄、低投资的局面，成为食利国。[①]
近年来，部分发达国家面对全球金融危机时，没有实体产业支持，
国内经济迅速垮塌也是产业空心化的教训。其次，过度对外投资，
产业转移可能会导致中国区域经济发展更加不平衡。[②]当东部沿海
发达地区劳动密集型行业成本优势逐渐丧失而需要转移时，中国中
西部地区仍然有承接劳动密集型产业以促进发展的需求，如果企业
单纯逐利，赴海外投资，那么中西部的发展机会将会更少。因此，
"沿海发达地区资本外流损害中西部发展机遇是中国面临的现实风
险"。[③]再次，有学者注意到企业进入目标国家后，低廉的劳动力价
格和要素成本会使得产品价格下降，可能会挤出当地的中国同类出
口产品，甚至返销中国市场，并占领世界市场，这样中国无疑是为
自己培养了潜在的竞争对手。[④]

第三节　"政企合作"推进建设

政企合作并不是一个新名词。在改革开放后，政企合作通常指
国内各级政府出台相关政策，引导企业在当地投资，带动当地经济
发展。这样的合作方式具有中国特色，也推动了中国经济多年来的
高速增长。这一时期的政企合作更多的是"引进来"，是利用外部
资金推动本国发展。

在推动国际产能合作中，政府和企业都是重要的主体。国际产
能合作的基本原则之一就是"坚持企业主导，政府推动"。2016年8
月17日，中共中央总书记、国家主席、中央军委主席习近平在北京
出席推进"一带一路"建设工作座谈会，会中指出"一带一路"倡

---

①②③　梅新育.冷静全面看待国际产能合作［J］.浙江经济，2015（12）：7-8.
④　周民良."一带一路"跨国产能合作既要注重又要慎重［J］.中国发展观察，
2015（12）：15-18.

议的实施要切实推进统筹协调，坚持陆海统筹，坚持内外统筹，加强政企统筹。[①]如本章第一节所分析，国际产能合作的一个特点就是政府和企业合力推动对外产业转移，在两国发展战略对接中，找到需求互补的领域，国家层面先确定合作框架，然后相关企业再根据自身条件决定是否进行对外投资合作。所以国际产能合作中，政府和企业联系十分紧密，也只有二者配合良好，才能更有效地推动国际产能合作。这实际上形成了新时期的"政企合作"，而合作的目的在于更好地"走出去"。

如本章第二节所分析，新时期下推动国际产能合作，企业和政府各自都存在缺陷和问题，因此二者都需要着手解决自身的问题，以更好地开展国际产能合作，实现经济持续发展。

一、总体布局

作为一项重要的国家战略，中国政府从内政、外交两方面对如何推进国际产能合作作出了总体性的安排和布局。

（一）内部工作远近结合

中国政府对内以发展改革委牵头，各部委配合，采取远近结合的方式推进国际产能合作。[②]

1. 明确总体思路。

在国内供给侧结构性改革，国外推进"一带一路"建设的背景下，将中国的产能优势、资金优势与国外要素条件、市场需求相结合，科学谋划国际合作布局与合作领域，全面完善政策框架和推进机制。

---

① 吴秋余. 习近平出席推进"一带一路"建设工作座谈会并发表重要讲话［N］. 人民日报，2016-08-17.
② 宁吉喆. 群策群力善作善成推进国际产能合作［J］. 中国经贸导刊，2016（03）：12-14.

2. 聚焦行动目标。

国际产能合作既是长期任务也是当前紧迫的工作，要远近结合、稳步实施。近期目标是以《国务院关于推进国际产能和装备制造合作的指导意见》确定的钢铁、有色、建材等12个行业为重点，推动一批重点项目，争取取得明显进展，实现富余产能规模化向外转移。中长期目标是，通过国际产能合作对国内经济发展和产业转型升级起到促进作用，促进对外经贸从"大进大出"向"优进优出"转型。

3. 优化合作布局。

根据国家对外战略，结合"一带一路"建设，综合双边关系、合作意愿、资源禀赋、产业配套、市场需求等因素确定国际产能合作的重点国家。近期主要是以中国周边国家为"主轴"，包括哈萨克斯坦等15国；以非洲、中东和欧洲中东部国家等为"西翼"，包括埃塞俄比亚等24国；以拉美国家为"东翼"，包括巴西等6国，形成"一轴两翼"的总体布局。

4. 完善政策措施。

政府在具体支持企业进行国际产能合作中主要是加大财税支持。具体工作：争取设立国际产能合作补助贴息资金；推动扩大对外经贸发展专项资金；推动"两优"贷款规模逐步增加，优惠度进一步提高；加快与有关国家商签避免双重征税协定；加大政策性金融和开发性金融支持力度，发挥外汇储备作用，联合各类投资主体出资多、双边产能合作基金。

5. 深化体制改革。

要继续按照简政放权、放管结合、优化服务的要求，持续深化境外投资项目管理改革，完善项目信息报告制度，探索有效的事中、事后监管和服务手段。

6. 健全协调机制。

对内协调机制要纵向到底、横向到边，对外合作机制要统一归口、高效运转。要建立省（市）、企业与重点国家对接组合工作机制，全面调动各级政府、企业、金融机构、社会团体的积极性。

（二）"五位一体"全面推进

在面向全球，全面推进国际产能合作时，中国采取"五位一体"发展策略。[①]

1. 以基础设施合作为先导。

在新时期中，发展中国家工业化和城镇化、发达国家再工业化对基础设施建设需求巨大，其中铁路和电力建设是重点，其他如公路、港口、基础、通信、能源等大型项目需求也十分庞大。基础设施合作先行，有利于带动其他关联产业发展。

2. 以冶金建材合作为延伸。

基础设施建设会产生对建筑材料的巨大需求，紧密结合基础设施合作项目，推进钢铁、有色、建材等上下游行业优质产能"走出去"，有条件的企业可以就地建厂、就地销售。

3. 以装备制造合作为重心。

全球工业化、再工业化的浪潮催生了对装备行业的巨大需求。我国的装备制造在中端市场有一定优势，充分利用当地劳动力、土地等资源，以各类产业集聚区、工业园区、经济特区为载体，带动轻工、机械、汽车、化工等优势行业以抱团的形式"走出去"。

4. 以金融服务合作为支撑。

大型项目的建设对资本量的需求巨大，如果全部依赖企业直接投资不仅难度大而且风险高。中国政府可以发挥资金优势，与有条件的国家和多边机构共建投资平台，通过设立多边产能合作经济等形式加大对产能合作项目的投融资支持。

5. 以人才科技合作为纽带。

在项目合作中，为亚非拉合作国培养实用人才，支持有实力的企业与合作国共建科技园区、技术研发中心，这样既可以提升合作

---

① 宁吉喆. 企业主导五位一体推进国际产能合作［J］. 中国经贸导刊，2015（33）：10-11.

国的科技水平，也可以促进中国先进技术和标准的对外转移。

二、提升企业"走出去"能力

在国际产能合作中，企业是合作的具体实施者，居于主导地位。只有全面提高中国企业国际化水平和"走出去"的能力，才有利于全面推进国际产能合作，而且国际产能合作的重要目标之一也是提升中国企业整体实力。因此二者是相辅相成，共同发展的。对提升企业国际化水平的研究有很多，《国务院关于推进国际产能和装备制造合作的指导意见》也有明确阐述，归纳汇总为以下几点：

1. 拓展对外合作方式。

以往中国企业参与国际基础设施建设多采用施工总承包的模式，没有全面满足国际市场需求，也使得自己处于价值链低端。今后，中国企业要充分发挥资金、技术优势，积极探索开展"工程承包+融资"、"工程承包+融资+运营"等方式的合作，有条件的项目可以采用BOT、PPP等方式。借鉴国家开发银行在国内设立"城市建设基础设施平台公司"的成功经验，发起设立"一带一路"沿线国家基础设施投融资平台，将以工程建设为主体的对外工程承包业务链前伸后延，提升中国企业在国际基础设施产业分工体系中的地位。

2. 提高境外经营能力。

中国企业要遵守国际商业惯例，在项目实施前作好对合作国家政治、经济、法律、社会、文化环境的分析和风险评估；提高企业内部管理水平，完善投资决策程序，精心组织实施，增强对风险和突发事件的管控能力；提高企业本地化水平，加强当地员工培训，促进当地就业和经济发展。同时，也应当注意在跨国产能合作时把企业的核心竞争力留在国内，[①]可以考虑"母子工厂"战略，将中国在新兴市场国家投资的产能作为承载一般产品和技术的"子工

---

① 周民良. "一带一路"跨国产能合作既要注重又要慎重［J］. 中国发展观察，2015（12）：15–18.

厂"，而将中国国内的工厂建设成为具有技术支援、开发试制、先进制造技术应用和满足高端市场需求功能的"母工厂"，[①]从而既可推进国内产能转移，又可提高本土企业的生产效率和竞争力。

3. 规范企业境外经营行为。

加强规范企业境外经营行为，尊重当地风俗文化、宗教信仰；保障劳工合法权益，注意生态环境保护，积极承担社会责任；坚持诚信经营，抵制商业贿赂；加强企业间协调，保持市场秩序，防止无序恶性竞争，最终达到与所在国互利共赢、共同发展的目标。

三、完善产能合作的促进、服务体制

如上文所述，推进国际产能合作同样需要发挥政府的重要作用。对于政府如何推动国际产能合作是相关研究的热点和重点，《国务院关于推进国际产能和装备制造合作的指导意见》也有详细阐述。

（一）加强政府引导和推动

国际产能合作从经济学角度来看属于国际投资行为。当今的国际投资环境已经发生了重大变化，已从自由投资时代进入国际投资垄断时代。国际投资壁垒和投资障碍有增无减，国际区域投资安排重叠，自由投资政策措施难以实行，国际产能合作决策信息缺失，协议条件和影响因素众多。这些投资合作背景决定了政府有必要推动无障碍的自由投资协定，帮助企业突破各种行业垄断和政策垄断，即加强政府的引导和推动作用。

对内需要改革创新，抛弃对海外投资管制过于严格的旧体制，塑造适应新形势的海外投资和国际合作促进体制。主要可以从以下几方面着手：加强统筹指导和协调，根据国家总体规划和"一带一

---

① 卓丽洪，贺俊，黄阳华. "一带一路"战略下中外产能合作新格局研究［J］. 东岳论丛，2015（10）：175–179.

路"等重大战略，制定国际产能合作规划，明确重点，指导企业有效开展对外产能合作；改革对外合作管理体制，进一步简政放权，取消境外投资审批，同时做好事中、事后监管工作；完善国有企业境外投资管理方式，重视事中、事后监管；建立情报信息服务平台和国际产能合作的专门信息发布平台，整合各方面信息情报，形成信息情报网络体系，发布国外投资环境、产业发展和政策、市场需求、项目合作等信息，掌握全球产能合作形势；地方政府发挥积极性，国际产能合作涉及外交事务，主要由中央政府推动，但地方政府也可以结合本地产业发展情况，制定有针对性的工作方案，指导有条件的本地企业参与国际产能合作。

对外需要建立国际产能合作互利共赢的合作机制，营造良好的国际环境。主要从以下几方面着手：加强政策沟通，与重点国家建立产能合作机制，与相关国家政府、国际和地区组织保持良好合作，搭建对外合作平台；完善与有关国家在投资保护、金融、税收、海关、人员往来等方面的合作机制；做好外交服务工作，外交部门和驻外领事馆要加强对国内企业的指导和服务，提供国别情况、项目合作等有效信息；注意化解外交风险，做好风险防范和领事保护工作。

（二）加大政策支持力度

国际产能合作项目投资成本高、风险大，政府投资促进政策可以降低成本和风险，增加投资项目成功率，提高投资利润率和投资积极性。具体的政策支持对于企业初期开展产能合作和对外投资有十分重要的作用。具体有如下几方面：

1. 完善财税支持政策。

在国际合作中加快与有关国家签订避免双重征税协定。在国内方面，所得税优惠可以采取所得税减免或抵免、所得税延期交纳、亏损退税、亏损结转等措施；可以给予采用中国输出中间品、资本品开展加工制造的产品进口关税减免优惠，或只征进口产品增值税。在国际方面，需要加强协商，与有关国家签订避免双重征税协定，从而减少企业对外投资的压力。

2. 加大金融支持力度。

要发挥中国进出口银行、国家开发银行、中国银行对海外投资、工程承包与国际合作项目融资、保险、保证的促进与支持政策作用。主要措施有：各政策性银行、专业性银行通过银团贷款、出口信贷、项目融资等多种方式，加大对国际产能合作的资金支持力度；发挥商业性金融机构的市场融资功能，提供丰富的融资产品与服务，在信贷之外引入股票、债券、风险投资等多种融资方式；与相关国家协调一致，降低准入壁垒，支持中资金融机构在境外设立分支机构和服务网点；与国际金融机构合作，以股权投资、债务融资等方式共同开展境外重大项目合作。

3. 发挥人民币国际化的积极作用。

政府可以取消在境外发行人民币债券的地域限制，支持国内各类银行在境外发行人民币债券并在境外使用；加快建设人民币跨境支付系统，完善人民币全球清算服务体系，使企业更加便利地使用人民币跨境投资；鼓励境外投资和货物贸易使用人民币计价，降低货币汇率变动引致的风险。

4. 拓展企业融资渠道。

政府应支持符合条件的企业和金融机构发行股票、债券、资产证券化产品，在境内外募股集资。同时，实施境外发债备案制度，降低资金募集成本，更好地支持企业开展对外产能合作。

5. 加强和完善出口信用保险。

采取中国政策性保险机构、商业性保险机构各自从不同角度对海外投资、工程承包、国际项目合作等提供保险、保证的促进与支持的措施，建立出口信用保险支持大型成套设备的长期制度性安排，扩大覆盖面，有效支持大型设备出口。

（三）强化服务保障和风险防控

在形成促进体制、合作机制基础上，有效的服务体系和风险防控机制是确保国际产能合作能够长期稳定、持续发展的重要因素。可以从以下几方面着手建立服务保障体系和风险防控机制：

1. 尽早完成高铁、电力等重点行业技术标准的外文翻译，加快中国标准国际化推广，提高中国标准国际化水平，加快国际互认进程。

2. 多参与国际标准组织，多和先进制造企业联合，在国际标准制修订方面，体现"中国制造"的话语权。

3. 强化专业服务机构和行业协会作用，建立行业自律与政府相结合的管理体系，完善服务机构的职业规则和管理制度，鼓励各类服务机构提供的专业服务支撑，主要解决国际产能合作中所涉及的法律、会计、审计、咨询、评估等操作层面的专业性问题。

4. 加快人才队伍建设，以企业自我培养和政府扶持结合的方式培养跨国经营管理人才和创新型科学技术人才，同时加大海外高层次人才引进力度。

5. 做好政策阐释工作，对国际产能合作相关新闻资讯作出及时准确的报道，与国际主流媒体和合作国当地媒体、非政府组织沟通，传递互利共赢、共同发展等理念，为国际产能合作营造良好的外部环境。

6. 加强风险防范和安全保障，建立健全对外投资风险评估和防控机制，加强动态监控，提示相关政治、经济和社会风险，提出相应预案和防范措施。

7. 运用外交、经济、法律等手段，维护中国公民、企业境外合法权益，保障公民和企业的境外安全。

8. 加强智库建设，鼓励各类智库机构积极参与国际产能合作研究，重视分析产能提供方与产能需要方的匹配程度、环境、结构、政策法律等因素，为企业开展对外合作提供充分的智力支持。

| 第五章 | "一带一路"与基础设施建设 |

2013年9月7日，习近平总书记在哈萨克斯坦纳扎尔巴耶夫大学的演讲中首次提及了"丝绸之路经济带"概念，并欲在此基础之上开展合作。"丝绸之路经济带"的合作重在"五通"：政策沟通、设施联通、贸易畅通、资金融通和民心相通。其中，"设施联通"作为合作的基础：完善跨境交通基础设施，逐步形成连接东亚、西亚、南亚的交通运输网络，为各国经济发展和人员往来提供便利①。所以，"设施联通"中的"设施"，不单单指公路、铁路、管道等狭义的运输线路，而应该理解为更广义的，满足社会生产和居民要求的一切基础设施。鉴于此，由国家发展改革委、外交部、商务部联合发布的《推动共建丝绸之路经济带和21世纪海上丝绸之路的愿景与行动》一文以及之后的各类文献资料中，在涉及"设施联通"时，更多地采用了"基础设施互联互通"的说法。本文亦采用更广义的"基础设施互联互通"这一概念来介绍在"一带一路"倡议下，基础设施建设领域的四大问题。

① 习近平.弘扬人民友谊 共创美好未来 [N].人民日报，2013-09-08.

第一节　共性与差异

在《推动共建丝绸之路经济带和21世纪海上丝绸之路的愿景与行动》中，"一带一路"国内涉及18个省份，而"一带一路"沿线包括了东亚、南亚、东南亚、中亚、西亚、中东欧、独联体等在内的65个国家和地区。作为一个涵盖多国的战略提议，合作的前提是了解，从国与国之间的共性与差异入手，能有一个更直观的认识。

（一）"一带一路"沿线国家基础设施建设存在的共性

1. 基础设施建设潜力巨大。

有学者对65个沿线国家和地区的基础设施建设情况，按因子分析法进行了分级评价，分数越高的国家，其基础设施越完善。①

表5-1　"一带一路"沿线国家基础设施指数排名

级别	国家名称	分数	国家名称	分数
第Ⅰ级别	新加坡	100.0		
第Ⅱ级别	阿联酋	83.7	斯洛文尼亚	83.5
	以色列	81.9	克罗地亚	77.6
	爱沙尼亚	75.5	土耳其	74.7
	马来西亚	74.4	沙特阿拉伯	72.2
	卡塔尔	69.9	塞尔维亚	69.7
	巴林	69.5	泰国	69.1
第Ⅲ级别	匈牙利	66.5	白俄罗斯	66.1
	捷克	66.0	斯洛伐克	65.5
	保加利亚	65.2	科威特	65.0
	黑山	63.8	拉脱维亚	63.5

---

① 钟飞腾.对外投资新空间——"一带一路"国别价值投资排行榜 [M].北京：社会科学文献出版社，2015.

级别	国家名称	分数	国家名称	分数
	立陶宛	63.2	伊朗	63.0
	波兰	62.5	文莱	62.2
	格鲁吉亚	61.5	黎巴嫩	61.3
	哈萨克斯坦	61.2	阿曼	60.5
	摩尔多瓦	56.9	菲律宾	56.8
	马其顿	56.8	叙利亚	56.6
	埃及	56.1	约旦	55.1
	波黑	54.8	印度尼西亚	54.6
	越南	53.7	印度	52.2
第Ⅳ级别	斯里兰卡	49.7	乌克兰	49.4
	罗马尼亚	49.1	亚美尼亚	48.9
	马尔代夫	48.6	阿塞拜疆	48.3
	俄罗斯	48.1	东帝汶	47.2
	土库曼斯坦	46.6	阿尔巴尼亚	46.4
	伊拉克	46.1	也门	45.1
	老挝	44.7	不丹	43.5
	巴基斯坦	43.0	尼泊尔	40.1
	乌兹别克斯坦	40.0	柬埔寨	39.5
	蒙古	38.8	吉尔吉斯斯坦	36.4
第Ⅴ级别	塔吉克斯坦	31.0	孟加拉国	27.5
	阿富汗	27.0	缅甸	24.5

从表5-1分析可知，除了新加坡评级指数为100外，其他国家的基础设施建设都有很大的提升空间，一半以上的国家和地区基础设施指数还不及60。根据世界经济论坛发布的全球竞争力指数报告，2014～2015年，有数据的54个沿线国家中，仅有4个国家基础设施竞争力指数高于基础竞争力指数[①]（基础竞争力指数是涵盖基础设施、

---

① 罗雨泽，汪鸣，梅新育，等."一带一路"建设的六个"点位"——改革传媒发行人、编辑总监王佳宁深度对话六位知名学者 [J].改革，2015（7）：5-27.

制度环境、医疗健康、教育培训等方面的复合指数）。这说明在
"一带一路"沿线国家中，基础设施建设潜力巨大且迫切。

2. 投资金额大。

基础设施建设本身就是一个资本密集型产业，往往在项目初期
就要求巨额的资金投入，但基础设施同时具有"乘数效应"，能带
来几倍于投资额的国民收入。20世纪30年代大萧条时期的"罗斯福
新政"，2008年全球金融危机中国政府的"4万亿"经济刺激计划，
无不以基础设施建设作为主要的切入点。据亚洲开发银行估计：
2010~2020年，仅亚洲各经济体的基础设施要达到世界平均水平，
就要投资8万亿美元，而亚洲开发银行每年的基础设施建设贷款仅为
100亿美元，资金缺口巨大。

3. 沿线国家资金短缺。

"一带一路"沿线65个国家多为发展中国家，财政实力弱，
国内储蓄和资本积累严重不足，难以承担起独自建设基础设施的重
任。[①] 而亚洲开发银行、世界银行等国际金融机构，往往因为自身基
础设施建设贷款额度有限、贷款要求高等原因，使众多潜在的基础
设施建设项目难以匹配合适的资金来源，而这同样是中国主导设立
丝路基金、亚洲基础设施投资银行（AIIB）的原因之一。当前，各
多边发展融资机构的资本构成和融资领域，如表5-2所示。

4. 基础设施建设合作受多种外部因素干扰。[②]

基础设施建设作为一国发展的基础性建设，涉及广、投入多、
影响深，自然会受到本国多种势力的干扰，再加上西方部分国家
和竞争对手的搅局，跨国间的基础设施建设合作难上加难。举例
来说，2014年11月初，由中国铁建中标的墨西哥"Mexico City—
Querétaro高铁建设"，仅过了半个月，墨交通部就发布公告撤销了

---

①　姜安印."一带一路"建设中中国发展经验的互鉴性——以基础设施建设为例
[J].中国流通经济，2015（12）：84-90.
②　李楠."一带一路"战略支点——基础设施互联互通探析[J].企业经济，2015
（8）：170-174.

表5-2　当前各多边发展融资机构的资本构成和融资领域

	世界银行（WB）	亚洲开发银行（ADB）	泛美开发银行（IADB）	非洲开发银行（AfDB）	安第斯开发银行（CAF）	欧洲投资银行（EIB）
法定资本	2784亿美元	1638亿美元	1709亿美元	1030亿美元	100亿美元	—
未偿贷款	1540亿美元	531亿美元	707亿美元	178亿美元	205亿美元	4281亿欧元
贷款投向	公共管理、司法22%	基础设施60%	基础设施32%	基础设施58%	基础设施30%	基础设施65%
	交通运输17%	金融14%	发展机构29%	多部门13%	金融35%	工业服务25%
	能源与采矿16%	多部门8%	社会部门37%	农业和农村发展12%	社会与环保15%	教育5%
	供水、环卫与防洪11%	公共部门管理6%	一体化与贸易9%	社会9%	生产部门13%	健康5%
	其他34%	其他12%		金融8%	结构改革7%	

注：百分比为该领域融资占全部融资的比例。

资料来源：黄梅波. AIIB与国际发展融资体系：冲突抑或合作？［C］."美元的未来与人民币国际化：国际货币体系改革展望"国际学术研讨会，中国长春，2015-03-20.

44亿美元的中标合同；中国在非洲的铁路建设、缅甸的水电站建设以及铜矿开采、斯里兰卡科伦坡港口城等大规模的基础设施建设，都因种种不利的外部因素而搁浅，导致了巨额损失。

（二）"一带一路"沿线国家基础设施建设存在的差异

"一带一路"沿线65个国家横跨亚欧大陆，而亚洲作为七大洲中面积最大、人口最多的一个洲，更是格局复杂、内容多元。所以，学界在进行一般性的国家归类上，往往要将65个国家分为：东亚（蒙古）、东南亚（新加坡、泰国等10国）、西亚（伊朗、伊拉克等18国）、南亚（印度、巴基斯坦等8国）、中亚（哈萨克斯坦、吉尔吉斯斯坦等5国）、独联体（俄罗斯、乌克兰等7国）和中东欧（波兰、捷克等16国）。这样的区域划分虽不能保证区域内部各个国家特征完全一致，但对于考察其基础设施建设的大体差异已经足够了。

1. 各国经济水平不均衡。

各国经济水平的不均衡决定了基础设施建设情况的不均衡，虽然总体建设潜力巨大，但详尽到各国却出现了有的国家公路建设尚可，铁路建设乏善可陈；有的国家毗邻航运大通道却没有优良的港口等多种情况。

2. 各国资源禀赋不同。

"一带一路"沿线共涉及65个国家、94个城市，各国各地区经济发展水平、经济活动布局、人口密度、地理分布等方面都存在较大差异，导致其基础设施建设的侧重点有所不同。对于域广人稠的国家，客货运输多、距离远，铁路较符合技术经济要求；而对于域广人稀、制造业不发达的国家，客货运输比较分散，公路和民航的技术经济性更强。[①]同时，"一带一路"的区域经济合作是建立在比较优势互补的前提下的合作，只有坚持"一国一策"，将基础设施建设同优势产业发展紧密对接，基础设施的"乘数效应"方能得以最大潜力的释放。

第二节 风险与对策

一、市场风险

中国商务部数据显示，2015年1~8月，中国企业对"一带一路"

---

① 李楠."一带一路"战略支点——基础设施互联互通探析［J］.企业经济，2015（8）：170–174.

沿线48个国家完成直接投资107.3亿美元，对"一带一路"沿线60多个国家新签对外承包合同2665份，合同额544.4亿美元，同比增长分别为48.2%与33%。根据美国CGIT数据库显示，2006~2015年，中国企业对"一带一路"沿线国家投资额超过1亿美元的基础设施建设有42个，其中以交通设施为主，约占67%，大型基础设施建设主要分布在东南亚、南亚与欧洲，分别占比35.03%、31.76%与31.63%。[①]

近10年，中国海外工程投资累计已达3551亿美元。如表5-3所示，2006年~2015年6月，中国对"一带一路"沿线国家投资单个金额超过1亿美元失败的43个项目中有31个为基础设施类投资，涉及金额477.8亿美元，数目与金额分别占比72.09%与62.21%，分别比同期中国企业对外投资平均水平高出13.65和5.56个百分点。

表5-3　　2006~2015年中国企业对外投资单个金额超过1亿美元的失败项目

	对全球投资失败		对"一带一路"沿线国家投资失败	
	所有投资	基础设施投资	所有投资	基础设施投资
个数	154	90	43	31
金额/百万美元	260810	147760	76800	47780
基础设施数目占比/%	58.44		72.09	
基础设施金额占比/%	56.65		62.61	

资料来源："中国全球投资追踪"数据库（CGIT）。

市场风险是造成对"一带一路"沿线国家投资单个金额超过1亿美元投资失败的主要原因之一。境外建设的市场风险主要包括以下四点：第一，基础设施建设投资大，外部性高，维护难，回收期长，回报率低，存在市场失灵等问题。因此，尽管它有较大的社会效益，其建设与维护对一般的企业来说，既缺少承受的能力，又缺

---

① 卢暄.地缘经济视角下的"一带一路"重点方向形势探析［J］.西安财经学院学报，2015（5）：60-65.

少推动的动力。第二，基础设施投资往往会在较短时间内产生很大债务负担，商业银行一般不愿意承担风险，较难的路段就会成为长久的瓶颈，如果仅寄希望于民间投资，将极不利于计划的推进。[①]第三，基础设施建设往往涉及与被投资国政府或者代表政府的国有公司谈判，签订为期长达几十年的合同，由于政府是交易的参与者，又是交易规则的制定者，作为市场一方的企业处于不利的地位。同时，由于基础设施建设周期较长，很可能关系到被投资国国计民生，中国企业如何妥善处理与当地社区的关系尤为关键。第四，某些中国企业投标时惯用"中国式打法"，即只求孤注一掷地将项目拿下，对被投资国的法律环境、所投资的行业监管体系研究不够，未能对项目可行性和营利性进行充分的分析调查。在经济全球化、贸易全球化的背景下，中国企业更应该采用严格标准，即使在不发达国家投资，仍要严守投资国法律法规，不能仅凭"关系"处理问题，否则会为日后的市场纠纷埋下伏笔。

在应对市场风险时，企业很重要的评价指标是被投资国的风险评级。被投资国的风险评级可以追溯至世界大战前的美国，而对国家风险的系统性研究则始于20世纪50年代的国际银行跨境业务。目前，国际上使用较为广泛的国家风险评级仍以发达国家为主，包括《欧洲货币》的国家风险指数、机构投资者国家风险、经济学家情报单位、国际国别风险评级指南机构（ICRG）与环球透视（GI）等。中国国内针对"一带一路"沿线国家进行经济类风险评级的主要有中诚信国际信用评级有限责任公司的国家主权评级系列报告。另外，商务部与相关部门联合编写的《对外投资合作国别（地区）指南》系列报告中，同样对投资国风险与企业防范措施有所涉及，但多为定性描述，缺乏定量分析。[②]

---

① 何茂春，张冀兵，张雅芃，田斌."一带一路"战略面临的障碍与对策［J］.新疆师范大学学报（哲学社会科学版），2015（3）：36-45.

② 方旖旎.中国企业对"一带一路"沿线国家基建投资的特征与风险分析［J］.西安财经学院学报，2016（1）：67-72.

　　"一带一路"基础设施合作的市场风险不仅反映在境外建设上，国内各省份之间的合作所存在的问题同样不容小觑。在国家层面统筹协调的同时，各省市在与沿线国家开展积极合作时要坚持互利互惠的市场化原则，不能无限制"让利"与"内耗"。目前，国内各省市与沿线国家合作的有关规划都是以自我为中心，这很可能导致各地区为了拉项目，提供各种不实际的优惠待遇，从而导致国内资源流失，效益降低。所以，"一带一路"须围绕统一的核心统筹规划，考虑各省所拥有的难以替代的丝路优势，以形成合理的分工和有效的配合，建立西北、西南、东北、东南四个区域的协调机制。①

二、政治风险

　　亚洲开发银行（ADB）副行长格罗夫说过："亚洲要实现基础设施互联互通，绝不仅仅是融资的问题，更关键的问题是政治阻力。"②"一带一路"沿线国家中，由于资源诱导、文化冲突、战略博弈等因素，存在诸多政治风险，东南亚、南亚、中亚、西亚乃至中东欧都是大国角力的焦点区域。近几年来，美、俄等大国在伊朗、叙利亚、乌克兰等问题上的博弈，更导致区域内热点问题不断。

　　首先，在各类政治风险中，大国间的战略博弈有很重要的影响，如俄罗斯提出的"欧亚联盟"、欧盟力推的"东部伙伴计划"、美国提出的"新丝绸之路"和"印太走廊"设想等。为"一带一路"提供投融资服务的亚洲基础设施投资银行（AIIB）出现之前，由美国主导的世界银行和日本主导的亚洲开发银行早已成立。

---

① 李楠."一带一路"战略支点——基础设施互联互通探析［J］.企业经济，2015（8）：170–174.

② 亚洲开发银行副行长.亚洲互联互通与基础设施融资面临政治阻力. http://www.yicai.com/news/2280269. html.

中国提出的"一带一路"倡议必然触动这些国家的利益。①因此，在当前的环境下，由中国主导的"一带一路"倡议很可能引发传统主导国的疑虑、抵制，而基础设施建设作为国家间合作的关键，首当其冲地存在被干预、被指责甚至被搅局的风险。

其次，"一带一路"倡议还面临恐怖主义、毒品、非法移民等非传统安全的威胁。②如中国西南临近"金三角""金新月"两个产毒区域和几个主要的产毒国家。在基础设施建设过程中，如何抵制毒品走私、艾滋病传播、跨国瘟疫向中国境内蔓延便成为亟待解决的问题。另外，中国周边部分国家恐怖主义和分裂势力仍很活跃，不但威胁基础设施建设安全，而且对参与建设的技术人员构成了严重的生命威胁。③

再次，从中国对外基础设施投资的情况来看，在与中国已合作的国家中，伙伴国多为发展中国家。受其产业结构和经济发展水平等因素的影响，这些国家在开放的程度、合作的深度、执行的力度上多有所保留。他们既看重中国的资金、技术和市场，又担心中国的廉价产品对本国的市场和产业链造成冲击。在基础设施建设合作中，如何在提升贸易投资便利化等方面做到统筹兼顾，是下一步合作前要解决的关键问题。

关于如何化解基础设施合作中存在的政治风险，相关文献给出了三点建议：一是在合作中要秉持"以邻为善、与邻共享，互惠互让"的态度，追求合作议题的共鸣，追求经济利益的互利，摆脱过去经济利益至上，只关注资源和市场的旧思维，争取得到更多国家对"一带一路"倡议的认可和支持。二是提升利益融合水平。如在充实中巴经济走廊、孟中印经济走廊、中国东盟自贸区升级版等有关内容谈判时，涉及互联互通、能源合作、基础设施建设合作上给

① 周密.认清基础设施互联互通的需求与挑战［J］.世界知识，2014（23）：60-62.
② 黄仁伟.建设周边互联互通网络的环境分析［J］.战略决策研究，2014（5）：12-14.
③ 蓝建学.中国与南亚互联互通的现状与未来［J］.南亚研究，2013（3）：61-71.

予相关方一定的实惠，让国内改革红利最先惠及周边的国家。三是要关切对方核心利益，理解对方现实困难。以包容的态度去想，以开放的胸襟去谈；存异求同，化异为同；促使合作不因领土之争、岛水之辩而放缓。[①]

第三节　公私合作模式

公私合作模式（Public-Private-Partnership，PPP），是指政府与私人组织之间，为建设城市基础设施，以特许权协议为基础，彼此间形成的一种伙伴式合作关系。政府与私人签订合同，以明确双方的权利和义务，并确保合作的顺利完成，最终对合作双方产生更为有利的结果。

与传统的BOT模式相比，PPP中政府和企业都是全程参与，双方合作的时间更长，信息更对称。其典型的结构为：政府部门以政府采购形式与中标单位成立的特殊目的公司签订特许合同，由特殊目的公司负责筹资、建设及运营。之后，政府与金融机构签订一个直接协议，即向借贷机构承诺将按与特殊目的公司签订的合同支付有关费用的协定，这个协议便于特殊目的公司取得金融机构贷款。采用这种融资形式的实质是：政府给予私营公司长期的特许权和收益权，来换取基础设施加快建设及有效运营。"一带一路"PPP私募股权基金投融资创新模式，如表5-4所示。

PPP的具体实现形式多种多样，对于其在"一带一路"基础设施建设上起到的积极作用，经总结有以下四点。

---

① 何茂春，张冀兵，张雅芃，田斌."一带一路"战略面临的障碍与对策［J］.新疆师范大学学报（哲学社会科学版），2015（3）：36-45.

表5-4 基于"一带一路"的PPP私募股权基金投融资创新模式

创新模式	创新点
PPP有限合伙制私募基金	根据项目要求，调整有限合伙人、基金合伙人结构，合理安排政府和民营资本的比例结构；强调普通合伙人管理公共项目的能力；重点考虑基础设施建设类项目
PPP公司制私募基金	根据项目要求，调整公司股东结构，强调公司治理对管理公共项目的直接影响，尤其是对政府及民营资本之间的治理架构进行合理设计；重点考虑公共服务类项目
PPP信托制私募基金	对于信托公司的管理能力提出进一步的要求，重点考虑收益现金流稳定类项目
PPP公司＋信托制私募基金	调整政府、股东与金融机构之间协作的期限、资金结构比例及收益结构；有效利用科学公司治理的优势与信托制的灵活性
PPP公司＋有限合伙私募基金	调整政府、股东及普通合伙人、有限合伙人之间协作的机制和收益结构；有效利用科学公司治理的优势与有限合伙制的管理优势
PPP有限合伙＋信托制私募基金	调整政府、委托人及有限合伙人之间协作的机制及收益结构；有效利用有限合伙制的管理优势与信托制的灵活性

资料来源：申景奇. 基于"一带一路"的金融创新及发展建议 [J]. 全球化，2015 (11)：77-87，119，134-135.

一、有利于社会私人资本参与"一带一路"基础设施建设

如前所述，"一带一路"基础设施建设资金缺口极大，仅依靠公共投资不足以满足其巨大的投融资要求。PPP模式则为社会资本参与这一领域开辟了入口。PPP模式对社会资本的吸引力在于：（1）为社会资本提供较为持续、稳定的投资回报。PPP模式根据终端消费者是否付费可分为使用者付费、政府付费以及共同付费三种。社会资本和政府签订可浮动的价格合约，为项目的建设提供初始资本，

从而在较长的期限内享有投资回报，这在一定程度上降低了投资方的市场风险，有助于吸引寻求长期、稳定回报率的社会资本。（2）投融资模式灵活多样。社会资本方和政府结合自身的资金状况选择不同的PPP融资模式，如BOT、BOO、TOT等，既保证了资金链的稳定运转，又能满足资金的最优配置。当政府确定合作伙伴之后，合作伙伴方会设立一个特殊目的公司，由该公司负责再融资、建设和管理。在再融资过程中，有权益融资、债权融资等多种方式，正是由于融资方式的多样化，降低了期限错配的风险。（3）政府与社会资本共担风险。区别于传统的投融资模式，PPP的特点在于可以使社会资本能够与政府全程合作。社会资本参与到基础设施建设的可行性分析、确认与设计等前期工作中，便于管控投资风险；政府与社会资本，根据不同参与方风险承受能力的差异，合理搭配风险承担方，从而降低社会资本承担的风险。[①]

二、公私的优势互补有利于提高效率

根据英国财政部2000年的报告，与公共部门独立承担建设任务相比，采取PPP模式能够削减17%的支出成本。PPP模式中体现效率安排的制度因素有以下几点：（1）PPP管理是由政府与社会资本方共同制定和认可，并以契约方式加以约束的。通过双方的沟通，政府与社会资本方可以清楚了解双方的目标，继而减少浪费性的活动。此外，将双方的目标设定清楚后，有助于减少不确定性，使管理者能够预见到行动的结果。（2）良好的管理是项目成功的基础。在投资回报率适度、稳定的约束下，社会资本基于利润最大化动机，必然会通过倒逼机制降低运行成本，以谋求更高的利润。这包括采取引进更专业的管理团队、提升管理水平等措施。（3）PPP管理模式在为政府提供社会资本的同时，又为政府提供了市场化条件

---

① 温来成，彭羽，王涛. 构建多元化投融资体系服务国家"一带一路"战略［J］. 税务研究，2016（3）：22-27.

下生产与管理的新技术，从而促进了公共物品的服务效率及水平。
（4）以结果为导向的绩效管理，是提升项目效率的重要手段。PPP
模式有一系列评价方法和指标体系，根据实际绩效与标准规范和约
束社会资本行为，使社会资本的行为和目标与政府期望实现的特定
目标有机结合，从而既实现政府设定的基本目标，又实现社会资本
合理回报的目标。①

三、间接化解国内私人资本的货币错配风险②

国内私人资本参与国外基础设施建设，要将人民币转换为美
元，再进行投资。收益却是沿线国家的货币，再由美元转换为人民
币。基础设施投资周期长，受汇率波动的影响极大，因此加大了货
币错配风险。以人民币汇率为例，从2014年3月15日开始，其波动幅
度从1%上调到2%。而"一带一路"沿线很多国家的经济以资源输
出为支撑，经济结构单一，其汇率更容易受国际金融市场波动的影
响。例如，2014年年底以来的国际油价下跌，就导致俄罗斯卢布的
汇率大幅度下降。如由公共部门给予适当的补贴，使私人资本承担
的货币错配风险尽可能降低，将有利于扩大"一带一路"基础设施
的投资。

四、转变政府职能

中国共产党十八届三中全会《中共中央关于全面深化改革若干
重大问题的决定》指出：经济体制改革是全面深化改革的重点，其
核心问题是正确处理好政府与市场的关系，发挥市场在资源配置中

---

① 温来成，彭羽，王涛. 构建多元化投融资体系服务国家"一带一路"战略［J］.
税务研究，2016（3）：22-27.
② 丘兆逸，付丽琴. 国内私人资本与一带一路跨境基础设施建设［J］. 开放导报，
2015（3）：35-38.

的决定性作用和更好地发挥政府的作用。而PPP模式的核心恰是在公共服务领域引入市场机制，减少政府在公共资源中的直接干预，激发市场的活力和创造力，充分发挥市场机制的作用，从而提高公共资源的效率。从国际经验看，PPP模式要求界定政府与市场的边界，处理好政府与市场的关系。因此，以 "一带一路" 基础设施建设为契机的PPP模式推广，将加速政府的职能转变，使政府把更多精力集中于战略规划与监管上，减少对微观事务的管理与干预，尤其是在公共物品与服务领域中，政府的职能与定位应由传统意义上的 "抓建设"，向与社会资本合作提供公共物品过程中的监管、引导与合作角色转变①。

尽管PPP模式在 "一带一路" 基础设施建设上有发挥积极作用的潜力，但不可否认的是，PPP模式在推广过程中仍面临较多的障碍：类似于 "一带一路" 这样的跨区域基础设施建设，规模大、期限长、风险高，短期回报率低等实际情况都难以满足社会资本的营利要求。另外，"一带一路" 沿线的商业环境、资金安全以及政治风险的不确定性较大。从实际情况来看，私人资本在投资基础设施中占比不足0.8%，与其充裕的资金规模极不相配。从构建多元的投融资体系的趋势看，推广PPP模式要求更大的模式创新和安全保障。②第一，充分发挥亚洲基础设施投资银行（AIIB）的先导作用，设计出营利性的产品。第二，实施基础设施资产证券化。具体是以基础设施的收益作为对象，发行债券来融资，对于已建成的基础设施，资产证券化有助于初期投资者的退出；对于未建成的基础设施，其可成为私人小额资本参与基础设施建设的途径。第三，建立 "一带一路" 基础设施证券交易所，为国内乃至沿线私人资本参与 "一带一路" 跨境基础设施投资提供平台。第四，根据2015年3月出

---

① 温来成，彭羽，王涛. 构建多元化投融资体系服务国家 "一带一路" 战略 [J]. 税务研究，2016（3）：22-27.

② 张茉楠. 亚投行应为推进 "一带一路" PPP融资模式发挥先导作用 [J]. 中国经济周刊，2015（28）：81-82.

台的《推动共建丝绸之路经济带和21世纪海上丝绸之路的愿景与行动》，结合沿线国家的实际情况，决定优先发展的基础设施领域，构建包括可行性报告等在内的档案库。

第四节 中国经验

关于"中国模式"的争论从改革开放以来便不绝于耳，争论的焦点集中在三个方面：一是有无"中国模式"的问题，即"中国模式"是同属于东南亚模式还是有自己的独到之处；二是什么是"中国模式"的问题，即中国在发展过程中有别于他国的做法；三是"中国模式"的价值。这三个问题完全适用于讨论中国的基础设施建设经验，即中国的基础设施建设是否有独特的经验，中国在基础设施建设领域是怎么做的，中国经验有哪些价值。

一、中国的基础设施建设是否有独特的经验

中国的基础设施建设成就是有目共睹的。到2014年年底，中国公路里程由1978年的89万公里增加到446万公里，高速公路里程由1988年的0.01万公里增加到11.19万公里；与1984年相比，全国公路路网密度提高了3.5倍，二级以上高等级公路在全国公路网中所占比例提高了20倍以上，干线公路车辆行驶平均速度提高了1倍多。铁路里程由1978年的5.2万公里增加到2014年的11.18万公里，增加了5.98万公里，其中采用先进技术和设备的电气化铁路里程，从1978年的1000公里增加到2013年的3.6万公里，高速铁路从无到有，再到2014年年底总里程超过1.5万公里（相当于其他国家的总和）也仅仅用了不过数十年。民用航班飞行机场有202个，比1985年增加了120个；航线3142条，比1990年增加了2705条。2014年，沿海港口货物吞吐

达38.82亿吨，是1980年的35倍。[①]

中国基础设施建设的经验是以充分的实践作为支撑的，这一点不论是在基础设施建设的数量还是质量上，都得到了充分的印证。以基础设施建设领域难度较高的特大桥建设为例，根据HighestBridges网站给出的数据，世界上排名前20的大桥中，中国占了17个（其中含部分已动工未建成的大桥），排名第一的是2016年建成的位于贵州省的"北盘江特大桥"。谈及"中国经验"或"中国模式"，人们列举的很多例子都和基础设施相关。所以，在基础设施建设上中国是有自己的经验的。

二、中国的基础设施建设是怎么做的

基础设施建设有很多不同于其他建设的特点，如投入大、有公共品的属性、周期长。根据建设的特点，中国的政府、企业在实践中总结了以下三种做法。[②]

一是将公共品供给市场化。基础设施有自然垄断性、收益长期性等特点。改革开放前，中国的基础设施作为公共品，不向使用者收取费用，建设和管理费用均由财政统一承担。改革开放后，为解决基础设施建设投融资问题，按照市场化原则，中国采用了向使用者收费的制度。1980年，原国家基本建设委员会提出"综合开发城市"的建设方针，要求市政公用设施建设费用由建设部门垫付，向用户收费进行补偿，由此中国第一次确立了以用户收费来分摊基础设施建设成本的模式。1987年，国务院提出改革城市建设体制，形成了基础设施"贷款建设、收费还贷"的新方式。公共品供给的市场化，给予了基础设施建设合理的价格补偿，解决了基础设施建设

---

① 数据来源于国家统计局。
② 姜安印. "一带一路"建设中中国发展经验的互鉴性——以基础设施建设为例[J]. 中国流通经济，2015（12）：84–90.

一次性资金投入与收益分摊的问题。①

二是完善多元投资主体。按照公共品理论，基础设施存在"市场失灵"和"外部经济"问题。改革开放之前，政府部门主导的基础设施投融资对中国的基础设施建设发挥了极大的促进作用。改革开放后，政府部门逐渐认识到基础设施投资不足、效率低下、模式落后等问题的制度性成因，对基础设施投资主体进行了新定位，在基础设施建设中引入新的投资主体，创新投资方式，实现了基础设施建设的投资主体、投资方式的多元化。②

基础设施建设从原有的以财政资金单一投入的模式，发展成以财政、信贷、资本市场、信托市场和外资等为主的多元投资模式。中国在基础设施建设投融资领域从最初的利用世界银行贷款，到引入BOT、BT、资产证券化（ABS）、PPP等模式，投融资的方式日趋多样。1984年，深圳沙角火电站是中国利用BOT模式吸收外资的第一个基础设施建设。此后，BOT模式在中国基础设施建设中快速落地，逐步演变出多种模式。例如，佛山市市政基础设施建设、天津市津滨轻轨、北京市地铁8号线、南京市地铁2号线等采用BT模式；珠海高速公路建设采用的是在美国发行2亿美元资产证券化债券的方式；北京市地铁4号线采用PPP模式，成为国内首个采用PPP模式的基础设施。

三是发挥开发性金融对基础设施建设的带动作用。20世纪80年代以后，银行信贷进入城市基础设施建设融资领域，中国逐步形成了以信贷融资为主的基础设施建设投融资体制。传统商业信贷追求短期盈利与基础设施运营成本长期摊销的错配，造成了商业信贷大规模投资基础设施建设的动力不足。1994年国家开发银行成立，为中国基础设施、基础产业和支柱产业（"两基一支"）提供长期资金支持。国家开发银行开发出防范长期信贷风险的制度机制，经

---

① 毛腾飞.中国城市基础设施建设投融资模式创新研究［D］.中南大学，2006.
② 何佰洲，郑边江.城市基础设施投融资制度演变与创新［M］.北京：知识产权出版社，2006.

由政府组织增信，建立贷款风险控制机制；根据国家宏观调控的要求和风险承受力，严格控制贷款规模；由组合式贷款平衡现金流、锁定贷款风险。这些做法不仅有效解决了商业贷款自身的体制性缺陷，同时也为中国基础设施建设注入了强大的资金流。

根据张军等学者的文献，改革开放以来，尤其是20世纪90年代之后，中国的基础设施水平和基础设施投资模式发生了巨大的变化，地方政府在基础设施的投资中扮演了关键的角色。通过研究分析可知，分权和激励是中国今天能够获得如此良好的基础设施的前提，同时，良好的基础设施支撑了中国的直接生产性投资和经济增长。过去20年来，中国基础设施的水平表现出沿海与内地之间的落差，但基础设施投资有显著的"追赶效应"，只要中西部地区的政府继续作为，这个相对差距会逐步缩小。在控制了经济发展水平、金融深化以及其他因素之后，地方政府之间在"招商引资"上的标尺竞争和政府治理的转型是解释中国基础设施投资的决定性因素，这意味着分权、地方政府竞争、向发展型政府的转轨以及政府治理水平的提高，对改善政府基础设施投资的激励是至关重要的。[1]

三、中国经验有哪些价值

中国经验有哪些价值，不同的学者从不同方面给出了答案。总的来说，发展中国家普遍存在制度不健全、资金不充裕等问题，而发达国家面临的更多是如何使民众了解并支持基础设施建设的问题，所以中国经验对发展中国家的用处远大于发达国家。

首先，中国在经济发展中的成绩证明了基础设施建设的超前性、系统性是拉动经济增长的关键因素。超前建设的基础设施有利于促进生产要素在空间上的自由转换、流动、集聚，提高专业化分工与协作，降低交易成本。系统性区分基础设施的不同属性，有利

---

[1] 张军，高远，傅勇，张弘. 中国为什么拥有了良好的基础设施？[J]. 经济研究，2007（3）：4-19.

于分层次确定政府及社会资本投资建设的方向，多元化筹措资金，突破基础设施建设的资金瓶颈。中国在基础设施领域的经验，将促进"一带一路"沿线国家与中国基础设施建设领域的产能合作及模式借鉴，从而实现本国经济增长。

其次，中国目前参与和主导的多边机构包括亚洲基础设施投资银行（AIIB）、金砖国家新开发银行和丝路基金等，其中亚投行和丝路基金设立的宗旨都在于促进亚洲区域的建设和互联互通。从"一带一路"沿线国家的情况看，基本分为两类：一类是资金供给方，希望由多边机构加大对基础设施的投资力度，扩大在投资国家的经济参与度；另一类是资金需求方，期待由基础设施建设推动经济发展。这两类国家都可以通过多边开发机构的开发性金融模式，实现真正的合作共赢。多边开发机构通过与基础设施建设国家的规划对接，综合运用信贷、投资、证券、租赁等服务，建立起完善的、多元化的、可持续的资金保障机制，形成既适应"一带一路"沿线国家实际，又符合全球公共产品投资大趋势的投融资新的体制机制。

再次，中国构建和完善多元投资主体投融资机制的价值。改革和完善投融资体制后，中国的基础设施建设不仅吸引了更多的投资主体，形成了多元化的投资格局，而且在多元投资主体之间建立起一整套较为完整的、建立在产权基础上的基础设施成本收益分摊机制。这种机制通过市场化运营和政府增信，明确了投资方、运营方、管理方在基础设施建设、运营和管理环节的主体责任，建立起各方权责利对等的激励约束机制，提高了基础设施管理效率和收益，防范了由于基础设施长期投资所产生的信贷风险，形成了良性循环的体制机制。在"一带一路"基础设施建设中，同样可以在尊重各国主权的基础上，建立起一整套科学合理的成本收益分摊机制，明确建设方、投资方、管理方之间应承担的责任和权利，真正促成"一带一路"建设形成稳固、相互依托、共同发展的利益和命运共同体，实现经济发展的互利共赢。

未来一段时期，以"一带一路"基础设施建设合作为抓手，海陆丝绸之路的铺设将会对亚太区域生产网络的完善和重构、地区统一市场的构建、贸易和生产要素的优化配置起到积极的促进作用，为沿线国家加强合作、寻找新的经济增长点、提升经济发展质量提供了新的历史机遇。欧盟和北美区域经济一体化的实践证明，良好的基础设施有利于促进生产要素的自由流动，而生产要素的自由流动有助于国家间经济发展水平的收敛。同样，"一带一路"沿线国家经济差距的缩小、地区内部的平衡发展、国民福利的提高和经济的可持续增长能够满足沿线各国共同发展的基本愿望[1]。

　　基础设施建设是"一带一路"倡议中挖掘潜力最深、涉及国家最多、成功概率最大的合作内容。"一带一路"倡议作为"政策沟通、设施联通、贸易畅通、资金融通、民心相通"的国际新型合作倡导，作为中国在走向复兴之际向全世界人民提出的合作邀约，将以基础设施互联互通为桥梁，把沿线国家连接成利益共享、相互依托的命运共同体，为实现世界的共同发展作出中国的贡献。

---

① 王金波."一带一路"与区域基础设施互联互通［N］.中国社会科学报，2014-10-24.

贸易

　　自2001年加入WTO以来，中国与"一带一路"沿线国家贸易增长迅速，尤其是自2008年金融危机之后，中国与"一带一路"沿线国家贸易步入快速发展时期。从总量上看，中国对"一带一路"沿线国家贸易已从2001年的839.36亿美元增长到2014年的11206.20亿美元。其中，中国对"一带一路"沿线国家出口总额从384.22亿美元增长到6368.80亿美元，占比从14.44%增长到27.18%；进口总额从455.14亿美元增长到4837.40亿美元，占比从18.69%增加到24.65%；贸易总额占中国对外贸易总额比例从2001年的16.5%增长到2014年的26%，接近于增长1倍；且自2006年起，中国对"一带一路"沿线国家的贸易从逆差转变为顺差，于2011年后贸易顺差快速扩大①。这些数据表明，中国与"一带一路"沿线国家贸易合作态势整体呈现上升趋势，贸易联系也是越来越紧密。

　　然而，由于"一带一路"沿线国家众多，各国的资源禀赋与比较优势产业不尽相同，如何看待现如今中国与这些国家的贸易局面，寻找其格局形成的内在动因？如何恰当评估中国同这些国家的贸易所面临的历史机遇与挑战？如何更深入地理解和分析中国与这些国家贸易合作深度的影响因素和潜力？如何优化中国对这些国家

---

　　① 数据经由国际贸易中心（International Trade Center）数据库提供的相关数据折算所得。

的贸易结构，更好地推动"一带一路"倡议的实施、促进其实施成效？这些问题都具有很重要的现实意义，也是众多专家学者所关注的重点和难点问题。

第一节　中国与"一带一路"沿线国家贸易现状

一、区域贸易视角

"一带一路"是一个开放的国际区域经济合作网络，还没有精确的空间范围。目前，学界将"一带一路"沿线国家的空间范围进行了划分，如表6-1所示（不包括中国）。[①]

表6-1　"一带一路"沿线国家范围

板块	主要国别
中亚5国	哈萨克斯坦、吉尔吉斯斯坦、塔吉克斯坦、乌兹别克斯坦、土库曼斯坦
蒙俄	蒙古、俄罗斯
东南亚11国	越南、老挝、柬埔寨、泰国、马来西亚、新加坡、印度尼西亚、文莱、菲律宾、缅甸、东帝汶
南亚8国	印度、巴基斯坦、孟加拉国、阿富汗、尼泊尔、不丹、斯里兰卡、马尔代夫
中东欧19国	波兰、捷克、斯洛伐克、匈牙利、斯洛文尼亚、克罗地亚、罗马尼亚、保加利亚、塞尔维亚、黑山、马其顿、波黑、阿尔巴尼亚、爱沙尼亚、立陶宛、拉脱维亚、乌克兰、白俄罗斯、摩尔多瓦
西亚、中东19国	土耳其、伊朗、叙利亚、伊拉克、阿联酋、沙特阿拉伯、卡塔尔、巴林、科威特、黎巴嫩、阿曼、也门、约旦、以色列、巴勒斯坦、亚美尼亚、格鲁吉亚、阿塞拜疆、埃及

---

① 公丕萍. 中国与"一带一路"沿线国家贸易的商品格局［J］. 地理科学进展，2015（5）：571–580.

在此划分的基础上，邹嘉龄分析了中国与上述六大板块国家间的贸易联系。首先，中国与东南亚国家的贸易联系最紧密。2014年，东南亚11国与中国贸易总额占"一带一路"国家与中国贸易总额的43.9%，主要是由于东南亚国家作为中国周边外交的优先方向，国家关系总体良好，有助于促进双边贸易；同时，中国—东盟自贸区的建立更是极大地增强了东南亚11国与中国的贸易联系。其次，西亚、中东19国与中国贸易总额占"一带一路"国家与中国贸易总额的比重为28.2%，位居次席。再次，从贸易增速上看，2001~2014年，与中国贸易总额增速较快的是中亚5国，年均增速高达29.8%，高于同期中国与"一带一路"沿线国家贸易总额年均增速22%。增速相对较慢的为蒙俄地区，年均增速也达到了18.7%。中国与土库曼斯坦、塔吉克斯坦、格鲁吉亚、波黑等国贸易增速相对较快，年均增速在40%以上；与乌克兰、俄罗斯、泰国等国贸易增速相对较慢，年均增速不到20%。由此可见，与中国贸易增速最快的国家以新兴市场国家居多，而增速较慢的则是一些和中国一样的贸易大国，或政治局势并不稳定的国家。①

二、产业/产品贸易视角

从上文可以看出，不少学者从国家宏观层面分析与解读了中国与"一带一路"国家的贸易格局及网络形成，同时，也有学者将这一贸易现状研究深入细化到了产业/产品的层面，给出了中国与"一带一路"沿线国家商品贸易结构演变的趋势。②

表6-2显示的是"一带一路"沿线国家占中国各行业对外贸易进出口比重的变化情况。

---

① 邹嘉龄. 中国与"一带一路"沿线国家贸易格局及其经济贡献［J］. 地理科学进展，2015（5）：598-605.

② 公丕萍. 中国与"一带一路"沿线国家贸易的商品格局［J］. 地理科学进展，2015（5）：571-580.

表6-2 2001-2014我国分行业对外贸易中"一带一路"沿线国家所占比重

年份	进口/%			出口/%		
	2001	2007	2014	2001	2007	2014
动物产品	8.04	11.49	19.75	30.69	29.14	11.78
植物产品	21.29	32.74	43.82	22.63	29.38	21.71
食品饮料	12.67	17.37	23.40	14.27	15.78	14.95
矿物	14.79	16.88	27.17	24.92	32.04	17.71
能源	22.31	29.38	41.62	64.53	57.71	64.96
化学制品	23.61	29.89	36.42	17.76	19.32	23.84
塑料橡胶	11.96	23.77	31.98	21.45	22.92	33.85
毛皮及其制品	12.16	14.62	30.04	6.60	11.21	14.03
木材及其制品	6.84	19.99	29.77	34.55	29.29	27.44
纺织服装	14.75	28.62	33.97	8.02	13.88	32.49
鞋帽制品	12.27	21.88	28.85	9.06	32.68	50.40
非金属矿物制品	11.37	23.42	20.23	9.61	11.47	34.23
金属及其制品	16.24	28.27	39.08	18.80	12.37	13.99
机械设备	14.95	17.82	21.75	11.62	17.93	16.15
交通运输设备	17.28	26.57	29.01	20.91	3.26	4.22
杂项制品	8.25	14.51	24.43	6.14	3.21	4.22
平均	14.44	21.57	27.18	18.69	21.74	24.65

资料来源:国际贸易中心数据库。

从以上数据可以分析出中国从"一带一路"沿线国家进口的各类商品占比均有所上升;而在出口贸易中,不同商品类别的发展趋势各异。进口方面,木材制品、金属制品、植物产品及塑料橡胶等产品的进口占比提高了20个百分点以上;纺织服装、鞋帽及能源等的进口占比上升了16~20个百分点;而机械设备及交通运输设备则仅提高了6.80、11.73个百分点,远低于平均增幅。可以看出,虽然沿线国家在中国进口贸易中的地位不断提升,但进口贸易产品主要集中在资源初加工型及劳动密集型的产品类型上,这些产品出口增长最快。所以,中国对这些国家进口商品结构的优化相对滞缓,优化空间仍然可观。出口方面，沿线国家日益成为中国能源及劳动密集型产品的主要来源国。另外，沿线国家在中国鞋帽、纺织服装及非金属制品出口中的份额增长迅速，占比分别增长了41.34、24.47、24.62个百分点，但在动植物产品、交通运输设备、矿物、木制品等多个行业的占比却不断下滑。

在中国与沿线国家贸易结构中，中国出口商品结构有所优化，进口商品结构日趋集中，能源占比不断提升。2001~2014年，中国出口中机械设备始终占有主导地位（约1/3），金属制品占比略有上升；但纺织服装占比从19.13%下降到15.34%。相较于出口，中国进口行业结构变化更为显著。2014年，中国从沿线国家进口商品中，能源占比达42.52%，比2001年增长了17.69个百分点，矿物进口也出现小幅上升；但金属制品、木材、机械设备及交通运输设备的进口则分别下降了6.11、5.15、4.43及3.44个百分点。[1]

从国家板块层面来看，不同国家资源禀赋与产业结构不同，对不同产品的需求与供给也表现出显著的差异。

出口方面，中国对中亚国家出口以纺织服装为主，其次为机械设备，对其余几个板块则正好相反。2014年，纺织服装和机械设备在中国对中亚出口额的占比达31.84%、20.43%；中国对中东欧国家出口中机械设备占比约为50%；而对蒙俄等其余四个板块的出口中，两个行业约占中国出口额的一半。

在进口方面，蒙俄、中亚、西亚及中东三大板块能矿资源丰富，中国对这三大板块形成了能源绝对主导的单一型进口商品结构，如2014年，中国从蒙俄（主要是俄罗斯）、中亚、西亚及中东三大板块的进口贸易中，能源占比达67.24%、70.73%、81.07%。与之相反的是，中国从南亚及中东欧进口的商品结构则相对多元化，如中国从南亚进口商品中，纺织服装占比高达29.47%，金属制品、矿物、矿物制品等也占有一定比重；中国从中东欧国家进口的商品

---

[1] 以上数据由国际贸易中心数据库数据通过计算所得。

主要有机械设备、交通运输设备及矿物等；中国从东南亚地区进口商品主要为机械设备，占比超过2/5。[①]

第二节　中国与"一带一路"沿线国家贸易关系

一、理论基础与测度方法

李嘉图的比较优势理论从劳动生产率或技术差别的角度解释了两国在生产同一产品时价格差产生的原因；而赫克歇尔、奥林提出的生产要素禀赋论则从生产要素丰腴度的角度说明了产品成本不同导致产品价格的差异。两者虽然侧重点不同，但核心观点仍是比较利益不同导致国际贸易与分工的产生，从而奠定了贸易理论的基础。第一部分的贸易现状分析也可以从中找到理论依据。

在贸易合作的竞争性与互补性的实证分析方面，学界主要使用以下几种测度指数[②]。

（1）贸易出口相似度指数（Export Similarity Index，ESI）[③]：

$$\text{ESI}_{ab} = \left\{ \sum_{t-o}^{n} \left[\left(\frac{x_{ak}^i / x_{ak} + x_{bk}^i / x_{bk}}{2} \right) * \left(1 - \left| \frac{x_{ak}^i / x_{ak} - x_{bk}^i / x_{bk}}{x_{ak}^i / x_{ak} + x_{bk}^i / x_{bk}} \right| \right) \right] \right\} * 100$$

式中，a、b、k分别指代a国、b国和k市场；x_{ak}^i / x_{ak}代表a国出口到k市场的第i种商品总额占a国出口到k市场的这类商品集合总额的

---

①　以上数据由国际贸易中心数据库数据通过计算所得。

②　韩永辉. 中国与西亚地区贸易合作的竞争性和互补性研究——以"一带一路"战略为背景［J］. 世界经济研究，2015（3）：89-98，129. 文章中还包含了格鲁贝尔—劳埃德产业内贸易指数（G-L指数）和布雷哈特（Bruelhart）边际产业内贸易指数，用于测度国家间产业内贸易及其结构性特征，本书不作描述。

③　由Finger和Kreinin（1979）提出，常被用于衡量两地对某共同目标市场出口商品结构的相似程度。

比重；x^i_{bk} / x_{bk} 表示b国出口到k市场的第i种商品总额占b国出口到k市场的这类商品集合总额的比重。ESI_{ab}的取值范围是0 ~ 100。取值越大表明a国与b国出口到k市场的特定商品集合所属商品结构越相似，竞争越激烈；反之则互补性越强。

（2）贸易结合度指数（Trade Intensity Index，TII）[1]：

$$TII_{ab}= (x_{ab}/x_a) / (IM_b / IM_w)$$

式中，a、b、w表示两国及世界市场；TII_{ab}表示a、b两国的贸易结合度；x_{ab}表示a国对b国的出口额；x_a表示a国的出口总额；IM_b表示b国进口总额；IM_w表示世界进口总额。当TIIab >1 时，表明a、b两国贸易联系紧密；当TII_{ab}<1 时，则表明a、b两国的贸易联系松散。

（3）显示性比较优势指数（Revealed Comparative Advantages，RCA）[2]：

$$RCA= (x^i_a / x_a) / (x^i_w / x_w)$$

式中，x^i_a表示a地区特定商品集合中所属第i 类商品的出口额；x_a为a地区特定商品集合的总出口额；x^i_w表示在世界范围内特定集合中所属第i类商品的出口额；x_w表示在世界范围内特定商品集合的总出口额。如果RCA>2.5，表明该地区的该类商品出口具有极强的竞争力；如果2.5≥RCA≥1.25，表明该地区该类商品出口具有较强的国际竞争力；如果1.25≥RCA≥0.8，表明该地区该类商品出口具有中度的国际竞争力；如果RCA<0.8，则表明竞争力弱。

---

[1]　由经济学家A. J. Brown 提出，指一国对某贸易伙伴国的出口占该国出口总额的比重与该贸易伙伴国进口总额占世界进口总额比重的比例，该指标数值越大表明两国间贸易联系越紧密，本公式由小岛清完善。

[2]　由Balassa（1989）提出，是目前衡量某地的产品或产业在国际市场竞争力最为权威的指标。

二、竞争性与互补性分析

就区域间贸易而言,桑百川通过构建专业化系数(CC)和一致性系数(CI),并对"一带一路"国家进行板块划分,研究了中国对不同地域国家的贸易竞争性和互补性关系。[①]计算结果表明中国与南亚、东南亚、南欧、中欧、西欧和东欧贸易互补性较强,主要体现在SITC2、SITC3、SITC7[②]类商品的互补,且除了与南亚的这种互补性在增强外,与其他地区的互补关系均在减弱;另外,中国与北亚、西亚、中亚和地中海地区贸易互补性较低,但与北亚、西亚、中亚贸易互补性正在稳步上升,合作前景巨大,尤其是在能源资源贸易合作方面。

在区域内贸易层面,韩永辉利用上文提到的几种贸易竞争性和互补性的测度指数,深入探讨了中国同西亚国家的贸易关系。其研究结论显示,从出口相似度指数看,中国和西亚的产品在欧盟、美国、日本和世界市场的出口相似度指数均较低且呈现下降趋势,说明两地贸易的竞争性比较弱;从贸易结合度指数看,无论是中国对西亚的贸易结合度指数还是西亚对中国的贸易结合度指数均迅速增长,说明两地的贸易联系越发紧密;从产业内贸易G-L指数和B-L指数看,中国和西亚的双边贸易呈现出产业间贸易的特征,有较强的贸易互补性;从显示性比较优势指数看,中国优势产品以工业制成品为主,西亚则拥有能源资源优势,两地都具有国际优势的产品类目且没有重叠,各类产品的竞争优势差距也较大,两地表现出很强的贸易互补性。[③]所以,中国与西亚的贸易特征以互补性为主导。

另外,伍琳则将探究对象定位到了省市层面,利用RCA指数和

---

① 桑百川. 拓展我国与"一带一路"国家的贸易关系——基于竞争性与互补性研究 [J]. 经济问题,2015(8):1-5.

② 参见国际贸易标准分类—SITC。

③ 韩永辉. 中国与西亚地区贸易合作的竞争性和互补性研究——以"一带一路"战略为背景 [J]. 世界经济研究,2015(3):89-98,129.

贸易特化指数（TSC）[①]研究了福建省同东盟国家间贸易合作的竞争互补关系，分析得出福建和东盟代表国家的出口产品结构既有相似之处也存在差异。相似之处是双方的主要出口产品及具有优势的产业都是工业制成品，双方在这类产业/产品上存在竞争关系，但事实上双方的贸易是双边的，这也意味着双方在垂直产业间互补性的存在；同时，福建和东盟代表国家也存在着较强的产业内贸易合作，这既是两者之间产品结构的差异，也更说明了两者间水平上的产业内互补。[②]

第三节　中国与"一带一路"沿线国家贸易面临的问题与挑战

2008年以来，世界各国经济在经济危机的余悸中艰难前行，"一带一路"沿线国家也在转型的道路上不断探索，这就造成了现如今世界贸易格局的风云变幻，使得中国所面临的政治经济环境异常复杂，更使得中国"一带一路"倡议下的国际贸易合作的实施面临诸多的问题与挑战。

一、贸易摩擦

中国与"一带一路"沿线国家贸易合作，面对贸易摩擦的主要形式有反倾销的国际贸易摩擦、技术壁垒的国际贸易摩擦、补贴与

---

① $TSC_i = x_i - M_i / x_i + M_i$，$TSC_i$表示中国与东盟代表国家之间i产品的贸易特化指数，$x_i$表示中国对东盟代表国家出口i产品的金额，$M_i$代表中国从东盟代表国家进口i产品的金额。当$-0.5 \leqslant TSC \leqslant 0.5$，表明双方处于产业内互补，$TSC > 0.5$说明中国在i产品竞争力较强，$TSC < -0.5$说明中国在i产品竞争力较弱，后面两种情况都属于产业间互补。

② 伍琳. "一带一路"战略下福建投资东盟的产业选择——基于贸易的竞争性与互补性［J］. 福建论坛（人文社会科学版），2015（12）：186–191.

反补贴的国际贸易摩擦。^①

首先，相对以往，对中国采取反倾销措施的多为发达国家，且涉及的金额颇为巨大，如2012年5月，美国商务部就决定对中国生产的光伏产品征收31.14%～249.96%的反倾销税。而近几年的数据则表明，发展中国家对中国实行的反倾销虽然涉及金额不大，但是在数量上已经超过了发达国家，这是中国与"一带一路"沿线国家开展贸易合作需要密切关注的首要问题。其次，随着经济全球化水平的不断提高，贸易的自由化程度不断加深，关税作为贸易保护的形式也在不断被弱化，相反，以技术性贸易壁垒为主的贸易保护成为主要形式。近些年来随着中国科技水平的提高，发达国家针对中国实施的技术性贸易壁垒正在不断增多，虽然"一带一路"沿线国家经济发展程度各异，但技术性贸易壁垒仍需审慎对待。再次，补贴与反补贴的国际贸易摩擦主要是指国家政府机构或者是公共机构为了使企业或一个行业能够打开他国市场，采取财政上的补贴，使企业或者是整个行业获得价格上的优势，从而在他国进行产品的销售。所以，这一摩擦面对的往往是国家间的博弈，也需谨慎对待。^②

除了需要高度警惕可能发生的与合作国间的贸易摩擦，也需要防范来自于贸易竞争对手的排挤。如在对"一带一路"沿线国家进行基础设施建设材料（如通信设备、建材等）输出的同时，中国必然会遭受来自美国等传统竞争强国的市场挤压；另外，中国制造业某些领域基本一直处于复制、模仿和缺乏科技的层面上，这成为拥有知识产权和完善专利制度建设的发达国家攻击的目标，使得中国这类产业的出口备受责难，遭受巨大损失。^③

---

①② 朱莎莎."一带一路"形势下我国如何应对国际贸易摩擦［J］.经济管理者，2015（19）：24.

③ 张文文."一带一路"战略背景下的中美贸易摩擦［J］.合作经济与科技，2015（9）：60-61.

二、文化差异

从现实情况来看，"一带一路"版图横贯了亚欧非三大洲，而这一版图沿线上有四种文明和上百种语言并存，国家/地区间存在巨大的文化差异。同时，越来越多的研究都表明，文化差异是影响国际贸易的一个重要决定因素，必然会对中国与"一带一路"沿线国家间的贸易合作产生一定的影响。[①]

但是，两国文化差异会对两国贸易合作产生什么样的影响一直是学术界研究的一个重点。第一类观点认为，国家文化差异是互补性的一种体现，也是驱动国际贸易合作的动因之一，持这类观点的学者通过构造文化距离这一变量对问题进行了实证分析并得到了验证，主要表现有文化距离与贸易正相关，[②]文化差异大国家间存在产业间贸易，而文化相似的国家间存在产业内贸易。[③]第二类观点则认为国家/地区间的文化差异会提高双方贸易的成本（如产品特异性、认可度等），从而阻碍双边贸易合作的发展。[④]

不同于以上两类绝对影响观点，第三类观点认为，文化差异对贸易合作的影响存在较大的不确定性。田晖在Hofstede国家文化理论以及综合评价指标的基础上，考察了文化距离对中国对外贸易（包含部分"一带一路"沿线国家）的影响，发现国家文化距离对中国对外贸易存在双重影响，其中国家文化距离的综合指标对中国对外贸易具有负面影响，而权力距离等单一维度指标对中国对外贸易则

---

① 刘洪铎. 文化交融如何影响中国与"一带一路"沿线国家的双边贸易往来［J］. 国际贸易问题，2016（2）：3–13.

② Lankhuizen M，De Groot H L F，Linders G J M.（2011）The Trade-Off between Foreign Direct Investments and Exports：The Role of Multiple Dimensions of Distance. The World Economy，34（8）：1395–1416.

③ 隋月红. 文化差异对国际贸易的影响：理论与证据［J］. 山东工商学院学报，2011（2）：6–10.

④ 陈昊. 文化距离对出口贸易的影响——基于修正引力模型的实证检验［J］. 中国经济问题，2011（6）：76–82.

存在正面影响。①

第四类观点则显得更为巧妙，认为文化差异与双边贸易合作存在非线性关系，即正U型或倒U型关系。例如，U型关系说明了可能存在一定的阈值，当文化差异程度高于这一阈值的时候，文化差异的互补性发挥作用，或者说此时提升文化交融会起主导作用，从而极大地促进贸易的合作；反之，文化相似度较高时，两国间的贸易竞争性将处于主导地位，从而导致双边贸易受阻。这一观点也得到了许多的实证分析验证。刘洪铎借助Hofstede的国家文化维度指数并结合Kogut等人②的方法构建了文化交融指标，通过实证分析发现文化交融与国际贸易存在着倒U型关系，即当文化交融度较低（文化差异较大）时，提高文化交融度会促进双边贸易；相反，则会抑制双边贸易。③

从以上各家观点可以看出，文化差异对国家贸易产生影响是个不争的事实，而"一带一路"倡议又囊括了众多与中国文化迥异的国家，现实中文化差异会对贸易合作产生怎样的影响，还需要视具体合作国家而定，因地制宜，有的放矢。

三、制度差异

经济学研究中的"制度"主要指对物质资本、人力资本和技术水平等要素产生激励影响的规则、规定、法律和政策，制度的作用大体可以从产权保护激励和合约实施保障两方面体现。④企业是国际贸易开展的主体，制度影响贸易的内在机制主要是，制度质量为企

---

① 田晖. 国家文化距离对中国对外贸易的影响——基于31个国家和地区贸易数据的引力模型分析 [J]. 国际贸易问题，2012（3）：45-52.

② Kogut B，Singh H.（1988）The Effect of National Culture on the Choice of Entry Mode. Journal of International Business Studies，19（3）：411-432.

③ 刘洪铎. 文化交融如何影响中国与"一带一路"沿线国家的双边贸易往来 [J]. 国际贸易问题，2016（2）：3-13.

④ Acemoglu D，Paul Anstra，Helpman E. "Contract and Technology Adoption". The American Economic Review，2007，97：916-943.

业行为和贸易开展提供一种外在的约束环境或博弈规则，进而影响比较优势的塑造和贸易活动的展开。

制度对贸易影响的研究文献梳理如下：一是国家自身制度会对该国贸易产生影响。国家的制度会影响该国特定行业的出口比较优势的塑造及形成，从而影响其贸易模式与贸易结构。在复杂产品行业，制度甚至是比技术和要素投入更为重要的影响因素。良好的制度设计（包括合约执行力和知识产权保护）有助于塑造新的比较优势，且在技术水平相近的国家之间会存在改进制度的竞争关系，所以国家内部的制度往往与该国贸易正相关。二是双/多边的制度差异导致的"制度距离"对贸易的影响。制度距离会增加贸易成本，制度相近的国家更认同彼此的制度安排且更熟悉双方的商业运作方式，这将促进双边贸易开展。现实中，这也是中国与"一带一路"沿线国家贸易开展面临的主要问题，但随着中国加入WTO、与众多经济体联盟签订贸易协定、自贸区的逐步建设，也将削弱制约双边开展合作和贸易的各类无形和人为壁垒，兑现双/多边合作潜力。三是国家内部不同区域制度环境差异对贸易的影响。不同地区在文化习俗和传统规范等非正规约束上存在明显的差异，以及地方性法规和行政规章的存在，使得不同区域存在制度实施强度的差异，这也会导致不同区域的制度质量存在显著性的差异，进而影响地方的国际贸易。四是特定的制度安排对贸易的影响。制度安排往往具有特异性，制度质量的测度及制度的效果由其内在作用机制体现，需要对不同制度分别研究其对贸易的影响。①

以上是制度对贸易合作产生影响的诸多可能途径，其中第二点又显得尤为重要并切合现实。为了削弱"制度距离"对国际贸易合作产生的阻碍，WTO、OECD国家间均制定了贸易便利化协定，以破除制度壁垒的影响。中国作为WTO举足轻重的成员之一，提出的"一带一路"倡议也必然包含这一内容，胡晓红分析了"丝

---

① 吴飞飞.制度对贸易影响的研究综述——兼论"一带一路"实施中的制度红利［J］.华东经济管理，2016（2）：52-55.

绸之路经济带"上的18个国家针对贸易便利性制度差异，也提出了系列对策。^①

第四节　中国与 "一带一路" 沿线国家 贸易发展新机遇

一、亚洲基础设施投资银行成立

亚洲基础设施投资银行（以下简称亚投行）是在国家 "一带一路" 倡议大背景下筹建的，也必然成为 "一带一路" 倡议实施的支撑点，为 "政策沟通、设施联通、贸易畅通、资金融通、民心相通" 发挥作用。

亚投行成立的意义在于为亚洲地区提供基础设施建设方面的专项融资平台，利用亚洲经济体之间的高额资本存量优势，与现有的多边开发银行进行合作，合理分担风险，利益共享，以促进亚洲地区基础设施建设不断完善，以期提高亚洲国家人民整体生活水平。^②

在区域层面上，亚投行与 "一带一路" 的对接可以提升区域融资能力，分散风险，平衡不同国家的区域利益，并深化互联互通，给沿线国家带来更多贸易和投资机会，促进区域经济发展；在全球层面上，亚投行借助完善的机制和操作标准，通过优化审批程序，降低成本等措施致力于解决亚洲发展中国家基础设施不完善、产业链分割的问题，以基础设施完善为前提，进一步帮助亚洲发展中

---

① 胡晓红.论贸易便利化制度差异性及我国的对策——以部分 "丝绸之路经济带" 国家为视角［J］.南京大学学报（哲学·人文科学·社会科学），2015（6）：42-49，155.

② 王增收.亚投行对国际金融与贸易的影响［J］.现代商业，2015（8）：69-70.

国家改善贸易结构、对接全球价值链、提高在全球价值链中的地位。

在贸易方面，亚投行的成立将规范亚洲各国、西方国家与亚洲国家进行国际贸易行为，消除行政壁垒，为促进国家贸易往来提供金融领域开放性、共融性和平等性的金融平台；同时，亚投行也会推进《贸易便利化协定》的实施，加快中国与亚洲国家投资便利化的进程，拓宽贸易领域，优化贸易结构，促进亚洲各国贸易的畅通。张彼西借助扩展贸易引力模型测算了中国与亚投行欧洲创始国的出口潜力，其核心解释变量是各国向WTO申报的贸易壁垒数，结果发现虽然中国与欧洲创始国间的贸易合作可提升空间很大，但现实还是面临诸多壁垒障碍，需要进一步的政策沟通与协商。[①]

二、人民币国际化

2015年11月30日，国际货币基金组织（IMF）宣布批准人民币加入特别提款权（SDR）货币篮子。人民币成为继美元、欧元、英镑和日元之后加入SDR货币篮子的第五种货币，这也标志着人民币的国际化进程将加速前行。有研究者曾经提出以国际贸易合作促进人民币国际化发展[②]，现如今人民币"入篮"又将对中国与"一带一路"沿线国家的贸易合作产生什么样的影响呢？

一方面，人民币国际化与中国对外贸易的发展程度息息相关，两者之间存在相互影响、相互促进的关系，人民币国际化能够促进对外贸易和对外投资的发展。[③]表现为，对于中国的企业而言，人民币国际化有助于降低利率波动的负面影响，因为目前中国企业的进出口均以美元、欧元等国际货币结算，涉及购汇和换汇的问题，人

---

① 张彼西. 一带一路、亚投行与对外贸易潜力 [J]. 广西财经学院学报，2015（6）：105-109.

② 刘崇. 以贸易发展推进人民币国际化 [J]. 南方金融，2007（10）：21-24.

③ 贾林娟. 浅析人民币国际化对中国对外贸易的影响及对策 [J]. 当代经济，2010（9）：82-83.

民币对这些货币的利率变动将给企业带来巨大的不确定性与汇率风险，从而削弱企业的国际竞争力。同时，使用人民币结算也将在一定程度上降低中国企业的贸易成本，包括以美元、欧元结算带来的一系列机会成本。这将进一步刺激企业的国际贸易积极性，同时也有效解决相关贸易伙伴国贸易结算手段不足和外汇短缺的问题。

另一方面，也必须认识到，在享有人民币带来好处的同时，中国的外贸也会不可避免地遭受到外部的影响和冲击。一是人民币国际化可能使得人民币不断升值，这不仅会影响到中国的出口，降低国内需求，同时也会拉高人民币利率，从而降低国内的投资，迫使中国经济增速放缓。二是人民币国际化会增大政府对人民币监管及风险控制的不确定性，也可能进一步影响到国内的金融市场的稳定性，然后通过金融市场将风险传导到国民经济的各个部分，外贸即首当其冲。①

第五节　中国与“一带一路”沿线国家贸易前景展望

一、贸易便利化

贸易投资便利化是指对国际贸易投资制度、程序和规范的简化与协调，即通过简化贸易程序、提高政策管理和手续办理的透明度、基础设施的标准化建设、协调相关标准与规定等，为国际贸易投资活动创造良好环境。②

随着经济全球化和区域经济一体化的深入发展，国家/地区之间

---

① 李镕喆. 人民币国际化的可能性及对中国贸易的影响［J］. 当代经济，2011（9）：74–77.

② 张建平. “一带一路”国家贸易投资便利化状况及相关措施需求［J］. 国家行政学院学报，2016（1）：23–29.

的经贸关系日趋开放，世界平均关税水平已大幅下降，非关税贸易壁垒也被大量削减。传统的关税与非关税壁垒对国际贸易的影响减小，调整余地也越来越小，而贸易的"非效率"作为一种隐形的市场准入壁垒对国际贸易的影响日益凸显，区域经济合作应更加重视旨在清除国际贸易中的机制性和技术性障碍、降低交易成本的贸易便利化问题。①

2013年12月正式通过的WTO《贸易便利化协定》是近20年达成的最重要的多边贸易协定，它的实施将加速货物在边境的放行和流动、提高贸易效率、降低贸易成本，对提升WTO各成员贸易便利化水平，改善主要出口成员贸易便利化环境，减少产品进出口障碍并营造便捷的通关环境，促进世界经济和全球贸易发展有重要意义。②

中国的"一带一路"倡议致力于亚、欧、非大陆及附近海洋的互联互通，通过构建全方位、多层次、复合型的互联互通网络，以提高货物流动的速度与效率，实现与沿线国家的贸易与投资便利化。那么现阶段"一带一路"沿线国家便利化程度如何呢？

世界经济论坛（WEF）发布的2014年贸易促进报告构建的ETI（Enabling Trade Index）显示中国综合排名为第54位（共138个国家），处于中等偏上水平。总体看，中国贸易便利化程度在亚洲发展中国家中水平较高，其中交通基础设施及交通服务可得性与质量、边境管理的透明性与效率、信息通信技术的可得性与使用、运营环境五项指标明显高于亚洲发展中国家的平均水平，国内市场的准入略高于平均水平，但国外市场的准入却远远低于平均水平。

对于其他地区，东盟国家间贸易便利化程度差异大，呈现两极分化态势。如新加坡的贸易便利化水平处于全球首位，马来西亚的贸易便利化水平也较高，但缅甸、老挝与柬埔寨的贸易便利化程度

① 孔庆峰."一带一路"国家的贸易便利化水平测算与贸易潜力研究［J］. 国际贸易问题，2015（12）：158–168.
② 毛艳华. 21世纪海上丝绸之路贸易便利化合作与能力建设［J］. 国际经贸探索，2015（4）：101–112.

却均处于世界落后水平，且低于东南亚联盟平均水平。南亚国家的贸易便利化程度相对来说处于同一层次。西亚、北非地区贸易便利化程度呈现出极端分布的态势，两端差异巨大。中亚与独联体国家的贸易便利化程度则很低，全部名列100名之后。中东欧地区贸易便利化水平的最大特点表现为区域内水平差异不大且整体便利化程度高，超过1/2的国家位于世界前30%，除波黑以外，全部位于世界前50%行列，这也说明中国与中东欧国家贸易投资合作与发展的巨大潜力。①

在此基础上，也有众多研究者探讨了贸易便利化对中国与"一带一路"沿线国家贸易潜力的影响。贸易便利化指标的构建是他们研究的重点及难点，主要是运用港口效率、海关环境、制度环境和电子商务四大指标，以及诸多子目录指标进行测算。总体而言，"一带一路"沿线亚欧国家的贸易便利化水平存在较大差异，各国在贸易便利化方面均存在一定的提升空间，但基本是经济越发达的国家贸易便利化水平越高；贸易便利化对"一带一路"沿线亚欧国家间贸易具有显著的促进作用，不同的贸易便利化指标对贸易的促进作用不同；区域经济一体化组织对区域内贸易有显著的促进作用，"一带一路"的建设应充分发挥区域经济组织的作用；由此得出结论：中国与"一带一路"沿线亚欧国家之间贸易潜力巨大，贸易便利化水平的提升能进一步扩大贸易潜力。②

二、贸易潜力

对贸易潜力的测算是基于贸易引力模型得到的。通过贸易引力模型预测出一国对另一国的贸易流量理论值，进而估算实际值与理

① 张建平. "一带一路"国家贸易投资便利化状况及相关措施需求 [J]. 国家行政学院学报，2016（1）：23–29.
② 孔庆峰. "一带一路"国家的贸易便利化水平测算与贸易潜力研究 [J]. 国际贸易问题，2015（12）：158–168.

论值的比值，作为中国对外出口的贸易潜力。根据贸易潜力值大小可以分为贸易不足、贸易正常与贸易过度三个类型，通过获取中国对"一带一路"沿线国家贸易潜力变化趋势，从而更好地调整对各国的贸易政策，有针对性地优化贸易结构。

事实上，贸易潜力的测算只是一个人为的计算结果，更重要的是背后影响贸易的深层次原因。而影响贸易潜力的因素众多，包括政治、经济、法律、文化、宗教等方面，前一节的贸易便利化也是上述各方面因素的综合测度。所以研究者在实证方面的测算往往也是先确定可能影响贸易潜力的因素，再对其进行测算。

袁其刚在对金砖国家的贸易潜力研究中发现，中国对印度出口潜力波动较大；南非是中国在非最大贸易伙伴国，与其贸易潜力变化不大；中国对巴西的贸易互补性大于竞争性，但受政治因素影响，与其贸易潜力有所下降；中国对俄罗斯出口潜力基本保持平稳。[①]而邓羽佳也在对39个欧亚区域国家的贸易潜力测算研究中指出，中国对欧亚国家出口潜力巨大，特别是在自然资源型产品（如能源）贸易方面。[②]

另外，孔庆峰在贸易便利化测度后，也将中国对"一带一路"沿线国家贸易潜力进行了测算，得出结论：整体而言，"一带一路"沿线亚欧国家间贸易潜力巨大，国家间贸易具有较大的提升空间，但是不同的地区贸易便利化水平的改善带来的贸易潜力相差较大，经济实力较强的西欧、中欧、南欧和东亚国家提升效果更强，同时整体国家欧洲国家贸易便利化改善带来的贸易潜力要大于亚洲国家，贸易潜力的大小与国家经济实力密不可分。[③]

所以，总体而言，中国对"一带一路"沿线国家的贸易潜力还

---

① 袁其刚. 我国对金砖国家出口贸易潜力测算——基于引力模型的实证分析［J］. 经济与管理评论，2015（2）：94–99.

② 邓羽佳. 欧亚区域经济一体化背景下中国出口贸易效应及潜力研究［J］. 世界经济研究，2015（12）：55–65，125.

③ 孔庆峰. "一带一路"国家的贸易便利化水平测算与贸易潜力研究［J］. 国际贸易问题，2015（12）：158–168.

是有很大的可拓展空间，当然将这种潜力转化为实际的贸易仍需各方的共同努力。

小结

通过相关文献的研究分析，可以看出，中国与"一带一路"沿线国家的贸易情况，不论是从现阶段贸易总量，还是从贸易潜力上看，都还是比较乐观的。那么，随着中国"一带一路"倡议的逐步实施，各国在政治、经济、文化、法制等领域的"互联互通"将更加紧密，这也将极大地促进中国与"一带一路"沿线国家的贸易合作。

自贸区建设 第七章

对于自贸区，目前至少有三种解释。

一是根据WTO解释，"自由贸易区"（FTA）是指两个以上的主权国家或单独关税区通过签署协定，在最惠国待遇基础上，相互进一步开放市场，分阶段取消绝大部分货物的关税和非关税壁垒，改善服务和投资的市场准入条件，实现贸易和投资自由化的特定区域。

二是根据世界海关组织解释，"自由贸易园区"（FTZ）是指在某一国家或地区境内设立的实行优惠税收和特殊监管政策的小块特定区域，类似于自由区。就进口税费而言，进入该区域的货物通常视为在关境之外，并免于实施通常的海关监管措施。

三是自由贸易试验区，是要形成全国"可复制、可推广"的改革开放高地，而不是建立"税收优惠"或"土地让利"的政策洼地。自贸试验区的优势在于与国际贸易投资规则发展新动向、新趋势接轨。

中国是上一轮全球化中最大的受益者之一，但情况正在发生变化。新一轮全球化中，中国将以人民币国际化替换一般贸易进出口，即在巨额外汇储备的保驾护航下，向亚太和其他新兴市场地区输入工程、服务、商品、资本和货币，更有效地进行外汇投资和参与全球货币竞争。基于这些新一轮对外开放的节点，中国正从"韬光养晦"转为"有所作为"。逻辑上，从贸易到投资再到货币是一个递进的过程，以贸易加深跨国经济联系，以投资输出过剩产能和资本，并在这两个过程中嫁接人民币国际化战略，最终中国经济的影响力会伴随着人民币的国际化而提升。自贸区和"一带一路"即是在此背景下实施的战略，决策层提出加快实施自贸区战略，要逐步构筑起立足周边、辐射"一带一路"、面向全球的自贸区网络，积极同"一带一路"沿线国家和地区商建自贸区。

中国正在与多个国家构建自由贸易区，其中10个自由贸易协定已经签署实施，9个自由贸易协定正在谈判，另外还有4个自由贸易协定启动了可行性研究。目前已经签署和正在谈判与研究的自由贸易协定大多数都位于周边地区，如已经签署的中国—东盟FTA、中国—新加坡FTA、中国—巴基斯坦FTA、内地—香港CEPA、内地—澳门CEPA、大陆—台湾地区ECFA、中国—韩国FTA（已草签）；正在谈判的中国—海湾合作委员会FTA、中日韩自贸区FTA、《区域全面经济伙伴关系协定》（RCEP）；正在研究或研究完毕的中国—印度FTA（研究完毕）、中国—哥伦比亚FTA（正在研究）、中国—斯里兰卡FTA（正在研究）。中国自由贸易区战略与"大国是关键、周边是首要、发展中国家是基础、多边是重要舞台"的外交总体布局高度一致。同时可以看到，包括巴基斯坦、东盟10国中已经签署自由贸易协定的国家，以及斯里兰卡、格鲁吉亚等正在筹划自由贸易协定的国家，都与"一带一路"建设有着非常密切的联系。可以说，中国正在逐步构筑立足周边、辐射"一带一路"、面向全球的自由贸易区网络。[1]

---

[1] 关秀丽.加强"一带一路"与自贸区战略对接［N］.经济日报，2015-03-24.

第一节 "一带一路"与自贸区的关系

一、"一带一路"倡议与自贸区建设是相辅相成的关系

建设自贸区与建设"一带一路"倡议是相辅相成的，前者注重的是贸易自由化，后者注重的是经济区域一体化。建立自贸区注重的是从政策上鼓励贸易，而"一带一路"倡议注重的是对外净投资，有助于把劳动力要素优势转化为对外投资的资本优势，是长远的、全局性的战略部署，同时侧重于基础设施的建设，为自由贸易打下坚实的基础。自贸区作为"一带一路"倡议的重要支点，与其他国际性的战略联盟——东亚经济圈和欧盟共同发挥地域优势，在农业、渔业、金融等多个领域展开全面的、深度的合作，提升中国在全球的竞争力。"一带一路"是中国的长期性战略，其时间周期长，空间跨度大；而自贸区是先行的战略，是一种尝试，在尝试中总结经验，为区域经济化作出贡献。[①]"一带一路"与自贸区建设是一体两面、不可分割、相互配套的关系，将共同构成中国新对外开放格局，前者侧重以基础设施为先导促进沿线经济体互联互通，而后者则以通过建立自贸区来破除贸易壁垒、降低贸易门槛、提升贸易便利化水平及加快区域内经济一体化为主要内容，努力为"一带一路"提供有力支撑。[②]

"一带一路"和自贸区在某种程度上都是为了促进区域经济合作发展以及全方位对外开放的国家战略。"一带一路"在推进过程中，在国内把沿边、中西部和沿海地区紧密联系起来，全方位对外开放，解决中国区域经济发展严重不平衡的问题；在国际上，与沿

---

① 刘迪，陈亮，王睿智. 自贸区和"一带一路"战略的建设意义与联系分析［J］. 中国商论，2015（18）：116-118.
② 曾婧. "一带一路"战略下的中国自贸区机遇［J］. 特区经济，2015（8）：13-16.

线各国共同走向繁荣。同样，中国经济必须跟上全球自由贸易区发展的趋势，才能不被边缘化，继而在未来国际经济规则制定和世界经济新格局中把握主动，赢得先机。所以，中国在国内设立自由贸易试验区，先行先试，取得成功经验并向全国推广，也为将来在国与国之间的谈判进行有效积累。①由此，尽管两者在时间和空间维度上有所区别，但同样都是为了将中国提升对外开放水平和争夺新一轮全球化浪潮中的主动权的目标结合起来，在世界经济强国中发出更多的中国声音，所以两者必将会完美融合起来，一起成为中国多元化经济增长的强劲发动机。

二、"一带一路"倡议与自贸区建设是线路与节点的关系

自贸区与"一带一路"是一种协作关系，是节点与线路的关系，是互相依存的关系。"一带一路"是一种全面性的战略部署，需因地制宜地解决其多样化的问题，而自贸区可以针对性地提供解决方案和发展前景。②

自贸区是"一带一路"倡议的基础平台和重要节点。"一带一路"的核心要点在于东西互济、陆海统筹，要连接成线、发展成带。其推进落实，较为可行的途径是将国内外一些核心区域和重要节点作为战略支撑，形成"一带一路"倡议的发展平台和重要开放窗口。"一带一路"国内段的一些区位优势明显、腹地广阔、潜力较大的交通节点地区，可以打造成为新的自贸区，发挥对"一带一路"国内相关区域和沿线国家的要素集聚、经济辐射与联动作用。③

同时，这些交通节点都可能成为"一带一路"建设的重要支撑点，在自贸区向全国推广的过程中，这些地区则有着较大的潜力。

---

① 王哲."一带一路"战略中的自贸区机遇［J］.中国报道，2015（5）：16-19.

② 刘迪，陈亮，王睿智.自贸区和"一带一路"战略的建设意义与联系分析［J］.中国商论，2015（18）：116-118.

③ 杜明军.自贸区与"一带一路"战略对接融合的思考［N］.河南日报，2015-06-19.

三、"一带一路"倡议与自贸区建设是引领与支撑的关系

"一带一路"倡议与自贸区建设具有纲与目的引领与支撑关系。"一带一路"为纲，自贸区为目，纲举而目张，是共同深化对外开放的载体。习近平总书记针对"一带一路"提出的"五通"目标与自贸区的"四化"任务有相通之处，如贸易畅通、资金融通正与贸易便利化、金融国际化相吻合。各个自贸区如同一颗颗珍珠，而"一带一路"如同两条丝线，二者形成合力，结成珍珠链，这是"一带一路"与自贸区两者关系的典型写照。"一带一路"倡议引领对外开放，为对外开放构建新的平台，深化与沿线国家双边区域经济合作，而自贸区则在投资自由化、贸易便利化、金融国际化、行政管理简化等具体方面先行先试，为国内经济转型升级、参与国际贸易谈判积累经验，支撑、促进"一带一路"倡议目标的实现。[1]

第二节　"一带一路"如何与自贸区战略
对接协调发展

自贸区主要分为两类：一类为双边或多边自贸区（FTA）；另一类则为国内自贸区，通常也被称作自由贸易园区（FTZ）。前者指不同国家或地区之间通过签署双边或多边自贸协定，在两个或多个独立的关税领土区间相互取消关税或其他贸易限制而结成自由贸易区或集团，例如以美国主导的TPP和美欧主导的TTIP自贸协定构成的多边自贸区（两个自贸区都在谈判中，还未成立）；后者则为非WTO架构下的自由贸易试验区，通常划在所在国的国家主权范围

---

[1]　杜明军.自贸区与"一带一路"战略对接融合的思考［N］.河南日报，2015-06-19.

内，以贸易为主的经济性特区。例如，中国的上海自贸区、广东自贸实验区、福建自贸实验区以及天津自贸实验区。

一、"一带一路"与FTA进行战略对接协调发展

推动与"一带一路"沿线国家商建自贸区，重点是推进南南FTA合作，构建金砖FTA联盟，形成以发展为主题的国际经贸规则，进一步完善有利于发展中国家的国际环境和国际秩序。

1. 全球布局与分类管理。

从国家整体利益出发，结合中国推进自贸区战略的基本原则，尽早规划中国自贸区建设的全球战略布局。不同区域的自贸区建设采取不同的开放管理手段，会产生不同的经济与非经济效益。可将潜在的自贸伙伴对象进行分门别类：对于周边地区，由于亚洲各国经济发展水平参差不齐，因此在建立双边自由贸易协定时开放管理水平的确定与管理模式也应相应区别；对于发达国家，则通过扩大投资领域开放力度、加强知识产权执法、规范竞争等条款显著改善国内投资环境，为实现更多的一体化静态与动态效应服务；对于新兴经济体，则应将人口较多且发展较快的新兴经济体作为中国货物与服务出口的重要潜在对象，这些国家关税水平普遍较高，应通过自贸区谈判促其货物贸易开放度的提升，在集聚关税减让与降低贸易壁垒等方面取得成果；对于资源能源丰富的国家，在双边自贸区谈判中，应将资源与能源的稳定供应作为优先考虑要素，必要时可全面放开包括个别敏感产业在内的全部制造业，以换取协议的达成，同时还可在协议中增加资源与能源开发合作内容，为中国在海外建立稳定可靠的资源能源供应基地提供保障。

2. 调整与TPP等新型国际贸易协定的关系。

TPP的推进与走向是中国无法回避的重要国际经贸活动，美国在TPP谈判中提出的标准远远超出中国以往在自贸协定中的对外承诺水平，但从长远来看，其中许多标准与中国未来产业的发展方向

相吻合。在中日韩自贸区和RCEP谈判中，一些同时参与了TPP的谈判方也向中国提出了更高的自贸协定标准要求。因此，中国需提前设计符合中国总体和长远利益的标准作为预案，推动形成有利于中国产业发展的自贸协定规则体系。[①]同时，如果TPP和TTIP协议一旦达成，美欧双方参与亚洲各国政治、经济活动的程度无疑将明显加强。显然，为防止处于被动的局面，中国必须在亚太地区自贸区建设方面寻求突破，善于通过自由贸易区建设增强本国国际竞争力，在国际规则的制定中融入更多中国元素，并设法取得地缘政治上的主动权。中国打造的"一带一路"倡议无疑将成为运筹对外关系、实现对外开放战略目标的有力推手。[②]

3. 合理安排政府与市场的定位。

在"一带一路"建设中，企业是主体，政府可以为企业提供更好的管理、信息、融资等服务。特别是随着"一带一路"沿线自由贸易协定数量的增加，意味着有可能出现各种规则、标准的重叠与交叉。政府应加大宣讲培训力度，推动"单一窗口"建设，进一步采用电子通关方式等，帮助广大企业了解和掌握与不同国家之间的贸易规则与措施，更好地利用自由贸易协定。[③]

4. 以金融领域互助合作为突破口，加快"一带一路"基础设施建设。

"一带一路"倡议和自贸区战略作为中国新一轮对外开放的双引擎，目的是建立区域发展的增长极，让沿线国家和地区共享自由贸易带来的开放成果，加强国家与地区之间的交流与合作。"一带一路"战略的顺利实施主要是依托区域内互联互通的基础设施建设，而中国在基础设施建设（铁路、公路、港口）方面有明显优势，具有很大的发展空间。至于基础设施建设所需的资金，离不开

①　朱福林. 中国自由贸易区的现状、趋势与战略思路［J］. 全球化，2015（10）：16-28+133.

②　曾婧."一带一路"战略下的中国自贸区机遇［J］. 特区经济，2015（8）：13-16.

③　关秀丽. 加强"一带一路"与自贸区战略对接［N］. 经济日报，2015-03-24.

各类金融机构的参与。与此同时，建设大型融资平台，为"一带一路"沿线国家的基础设施、资源开发、贸易往来和金融合作等提供投融资支持，从而加快"一带一路"基础设施建设，这对于金融机构来说同样是不可错过的重大机遇。[①]

二、"一带一路"与FTZ进行战略对接协调发展

(一) 国内自由贸易区建设现状

国内自由贸易区建设与"一带一路"是"一体两面、相互配套"的关系，是"一带一路"内外联动的重要抓手，二者共同构建中国对外开放的新格局。

2013年8月国务院正式批准设立中国（上海）自由贸易试验区（简称上海自由贸易区）。该试验区主要对外功能：一是成为推进改革，提高开放型经济水平的试验田。实行政府职能转变、金融制度、贸易服务、外商投资和税收政策等多项改革措施，形成可复制、可推广的经验，通过长三角区域国际贸易单一窗口来推动长江经济带的快速发展。二是先行实施人民币资本项目开发及逐步实现可自由兑换等金融措施。三是先期布局，作为中国未来可能加入"跨太平洋伙伴关系协定"（TPP）的首个对外开放窗口，为中国加入该协议发挥重要作用。

2014年12月，国务院决定依托现有新区、园区，在广东、天津、福建特定区域再设定三个自由贸易园区，以上海自由贸易区试点内容为主体，结合地方特点，充实新的试点内容。2015年4月21日，三个自由贸易区同时挂牌成立。其中，广东自由贸易区主要功能是加强粤港澳经济深度融合，通过加工贸易转型，带动珠三角地区发展和内地区域的产业升级；建立粤港澳金融合作创新体制，

实现服务贸易自由化，通过制度创新推动粤港澳交易规则的对接。天津自由贸易区主要对外功能是推动京津冀协同发展，借"一带一路"契机服务和带动环渤海新一轮的开放；发挥航运、金融租赁的较强优势，重点发展融资租赁业务，增强对内辐射效应；面向东北亚市场，对接中韩自由贸易区协定，成为中韩自由贸易区框架协定的实验先导区。福建自由贸易区重点是深化两岸经济合作，着力加强闽台产业对接，推进台海经济一体化；充分发挥对台优势，率先推进与台湾地区投资贸易自由化进程，把自由贸易区建设成为深化两岸经济合作的示范区；充分发挥对外开放前沿优势，建成21世纪海上丝绸之路核心区，打造21世纪海上丝绸之路沿线国家和地区开放新高地。[1]

（二）四大自贸区的战略定位以及与"一带一路"的关系

1. 上海自贸区。

扩大后的上海自贸试验区，继续在推进投资贸易便利化、货币兑换自由、监管高效便捷以及法治环境规范等方面担当领头羊。120.72平方公里的2.0版上海自贸区由保税区、张江、金桥、陆家嘴、世博五个片区构成，目标是在各区域间形成协调发展，提高整体竞争力。其中重点有三：一是要思考如何与"四个中心"建设和全球科创中心建设结合起来，加速建设一批高能级、面向国际的金融、贸易、航运平台和创新平台，把金融创新和科技创新作为上海自贸区的重中之重，认真研究研发资源跨境流动、离岸研发、知识产权保护、数字安全等问题，大力鼓励与科技创新相关的金融资源、金融要素、科技人才在自贸区框架下实现自由流动，建立人民币的定价、交易、清算中心等。二是完善组织架构，扩区之后的上海自贸区管委会，已正式推行双主任制的领导架构，从而起到更高效建设和管理自贸区的效果。三是推动上海自贸区建设与长三角乃

---

① 中国现代国际关系研究院."一带一路"读本［M］，北京：时事出版社，2015.

至长江经济带发展的有机结合。2015年3月28日，国务院授权三部委发布的《推动共建丝绸之路经济带和21世纪海上丝绸之路的愿景与行动》纲要中，唯一提到的自贸试验区就是上海自贸区。上海自贸区的制度创新成果，将在长江经济带复制推广，形成协同发展的新格局。

2. 广东自贸区。

广东自贸区的战略定位为：依托港澳、服务内地、面向世界，将自贸试验区建设成为粤港澳深度合作示范区、21世纪海上丝绸之路重要枢纽和全国新一轮改革开放先行地。目标是：经过3~5年改革试验，营造国际化、市场化、法治化营商环境，构建开放型经济新体制，实现粤港澳深度合作，形成国际经济合作竞争新优势，力争建成符合国际高标准的法制环境规范、投资贸易便利、辐射带动功能突出、监管安全高效的自由贸易园区。[①] 预计广东自贸区将拥有更宽松的环境和较好的政策基础、文化基础、货币基础，有望在金融改革中推出更多的新创举，为人民币国际化作出自己的贡献。另外，与新获批的天津和福建自贸区不同，广东自贸区在前海、横琴、南沙三个新区的部分区域建设，已有国务院批复的相关规划和政策，而在政策叠加后，广东自贸区的重要任务就是探索更开放、更便利的国际投资贸易规则。

3. 天津自贸区。

天津自贸区的战略定位为：以制度创新为核心任务，以可复制、可推广为基本要求，努力成为京津冀协同发展高水平对外开放平台、全国改革开放先行区和制度创新试验田、面向世界的高水平自由贸易园区。目标是：经过3~5年改革探索，将自贸试验区建设成为贸易自由、投资便利、高端产业集聚、金融服务完善、法治环境规范、监管高效便捷、辐射带动效应明显的国际一流自由贸易园区，在京津冀协同发展和中国经济转型发展中发挥示范引领作用。

---

① 四大自贸区定位明确，布局紧密结合国家战略 [J/OL]. 中国金融信息网，2015-04-20. http://news.xinhua08.com/a/20150420/1487674.shtml?f=arelated.

作为北方唯一的自贸区，天津自贸区不仅承担先行先试的责任，还承担着贯彻落实京津冀协同发展国家战略的重任。天津自贸区和其他自贸区的区别主要表现在：天津自贸区将着重于制造业和商业物流的并重开放；天津市是综合改革实验区，中央赋予天津先行先试政策，是京津冀协同发展的重要一级，天津港是京津冀最大的综合性贸易港口，是其开展对外贸易的重要载体，在京津冀吸引外资过程中发挥引擎作用。此外，由于金融业的业态和体量规模等都与上海不同，天津自贸区金融创新的侧重点也将有所区别。近年来，天津在金融创新领域飞速发展，形成了包括融资租赁、航运金融、国际保理等新型金融业态在内的多元化、多层次、开放型资本体系，其中，天津融资租赁业更是异军突起。如果说上海作为金融中心是总体金融实验，天津自贸区则要发挥在融资租赁领域的潜力，为实体经济发展提供服务。

4. 福建自贸区。

福建自贸区的战略定位为：围绕立足两岸、服务全国、面向世界的战略要求，充分发挥改革先行优势，营造国际化、市场化、法治化营商环境，把自贸试验区建设成为改革创新试验田；充分发挥对台优势，率先推进与台湾地区投资贸易自由化进程，把自贸试验区建设成为深化两岸经济合作的示范区；充分发挥对外开放前沿优势，建设21世纪海上丝绸之路核心区，打造面向21世纪海上丝绸之路沿线国家和地区开放合作的新高地。福建自贸区涵盖厦门、福州、平潭三大片区，共118.04平方公里，分散在不同的市，地区跨度大。从国家层面考虑，福建自贸区最大的战略意义在于对台，以"对台湾开放"和"全面合作"为方向，进一步深化两岸经济合作，一方面吸引台资入驻，另一方面便利与台湾的经贸往来，促进两岸经济和人员更好地融合。福建拥有丰富的土地和劳动力资源，在对接台湾产业、加快两岸产业融合方面独具优势，因而福建自贸区需要扩大对台服务贸易开放，以此进一步促进服务要素的自由流动，推动海峡两岸经贸的深度发展。另外，在金融创新方面，两岸

跨境人民币业务是福建自贸区金融业发展的一大特色和未来方向。^①

从地理位置看，四大自贸区中，上海、广东、福建三地与21世纪海上丝绸之路的密切关系可见一斑，而天津作为北方的国际航运中心、经济中心以及新亚欧大陆桥东端起点，对"一带一路"的国内核心区域和相关国家均具有较强的经济辐射与联动作用。同作为深化对外开放的重要载体，"一带一路"与自贸试验区拥有相同发展目标。今后，自贸区试验的诸多成功经验，也将可以合理运用在中国与"一带一路"沿线国家的谈判中，助力"一带一路"倡议的建设推进。^②

总之，这四大自贸区都将立足国家总体战略，充分发挥自身优势，为"一带一路"建设、京津冀一体化、长江经济带发展、粤港澳深度融合、两岸经济发展等，探索新途径、积累新经验，实现多层次、全方位的发展。

（三）"一带一路"与国内自由贸易区战略对接协调发展的建议

1.国家在政策上给予大力支持。

加快"一带一路"和自贸区对接工作最有效的策略是国家在政策上给予大力的支持，并且将上海自贸区以往积累的具有中国特色的经验不断推广和普及，将上海自贸区的实践成果迁移到当前的其他三大自贸区建设中，从而增加"一带一路"和自贸区对接的效率，减少对接时间，为中国的社会经济发展奠定良好的基础。根据当前国家的发展思路，将会在中西部继续推广自贸区试验工作，包含的城市有重庆、河南、湖北等，当然这些地区的自贸区发展都需要复制上海、天津、福建、广东自贸区积累的经验，预计在未来的

---

① 周汉民. 我国四大自贸区的共性分析、战略定位和政策建议［J］. 理论视野，2015（8）：23-29.

② 张倪. 四大自贸区对接"一带一路"开启强强联合新思路［N］. 中国经济时报，2015-03-17.

第四批、第五批自贸区都会在先前的自贸区试验基础上进行复制、扩充和改进。此外，还可以根据"一带一路"沿线国家为依托建立起更完善的自贸区网络，促进国家与国家间的交流与合作，不断推动中国自贸区的发展，创造出更完善的制度和环境。[①]

2. 成立国家级的协调机构。

四大自贸区覆盖了中国东部沿海华北、华东、华南三大区域的经济核心区域和三大城市群，这将带来与以往不同的运行规则和管理体制。虽然有省一级政府协调，但实际运作过程中可能出现各自为政的情况，可能导致区域间、城市间的不良竞争。自贸区涉及的改革领域众多，其中任何一项重大改革，并非单一地方的利益调整，事关区域和全局，单靠地方政府本身无法完成。全球许多国家在自贸区的管理上采取在中央层面设置管理机构的做法，以充分保障自贸区运行的统一性与便利性。为了保证各个自贸区在全国范围内的政令统一，真正实现高效精简的制度目的，建议考虑在中央层面成立主管机构或对口部门，如设置统领全国的中国自贸区管理委员会，这个管理机构应具有全面的行政权力，甚至有充分的法律授权。同时，也应鼓励四个自贸区结合各自特色开展自主创新、自主实践，赋予自贸区足够的自主权，调动积极性，注重顶层设计与基层实践的互动，提升自贸区的开放度和创新度。[②]

3. 战略顶层设计与自由贸易试验区实践相结合。

中国参与全球区域经济一体化发展的根本途径，就是要把国家战略顶层设计与自由贸易试验区实践二者紧密结合起来。为实现二者更好地结合，建议由国家发展改革委、外交部、商务部等有关部委组成统一工作领导小组，由国务院领导担任组长，把握宏观大局；其下可设立具体办公室，共同协调统一负责国家战略顶层设

①　赖满瑢. "一带一路"与自贸区战略对接研究［J］. 中国集体经济，2015（33）：33-34.

②　周汉民. 我国四大自贸区的共性分析、战略定位和政策建议［J］. 理论视野，2015（8）：23-29.

计，强化顶层设计与自贸区实践紧密结合，统一部署，统筹兼顾。此外，对于国际上制定的一些贸易规则把握不准时，可寻找突破口先行先试、大胆试错，并及时给予调整，完善纠错机制。针对自贸区在授权许可范围内的改革措施和创新方案，应该给予鼓励并授予其合法性，从整体上把中国改革开放的风险程度降到最低。[①]

4. 国家改革试验区先行先试。

中国在区域经济一体化背景下的改革开放，早已从经济领域逐渐扩展到政治、社会和文化领域，改革可谓牵一发而动全身。因此，这个时期的改革开放，更需要稳扎稳打，在小范围内先行先试，待取得相关经验、条件成熟后再不断推广，切忌操之过急。自"一带一路"倡议提出以来，中央和国务院已经陆续批准广东自贸区、天津自贸区和福建自贸区成为新时期中国改革开放先行先试的试验田，由以上自贸区为国内深化改革开放探索新的途径。针对国际上大行其道的高标准贸易规则，要充分发挥改革试验区对高标准贸易投资规则先行先试功能，运用上海自由贸易试验区等改革试验区的实践，实现TPP、TTIP、PSA规则在中国境内先行先试，获取相关经验。[②]

5. 与"一带一路"倡议紧密对接。

四大自贸区都是"一带一路"的核心区，上海、广东、天津、福建四地拥有良好的资源禀赋，是中国的经济重镇，且都有重要的港口，是连接"一带一路"的桥头堡和重要支点。四大自贸区的布局，对"一带一路"国内核心区域和相关国家具有较强的经济辐射和联动作用，主要体现在以下四点：一是"一带一路"与自贸区建设这两大战略可形成合力。"一带一路"与自贸区建设将共同构成中国对外开放新格局，前者侧重以基础设施为先导促进沿线经济

---

① 李罗莎. 中国参与全球区域经济一体化战略与对策研究［J］. 全球化，2015（1）：84–96，133.

② 曾婧. "一带一路"战略下的中国自贸区机遇［J］. 特区经济，2015（8）：13–16.

体互联互通，而后者则以降低贸易门槛、提升贸易便利化水平、加快区域内经济一体化为主要内容；习近平总书记针对"一带一路"提出的"五通"（政策沟通、设施联通、贸易畅通、资金融通、民心相通）与自贸试验区的"四化"（投资自由化、贸易便利化、金融国际化、行政管理简化）相吻合，当"一带一路"在构建新的开放格局时，作为改革新高点的四大自贸区，需尝试把改革开放纵向深化，在新常态下进行新一轮的体制机制创新。二是自贸区凸显优势，服务大局。四大自贸区应充分利用自身的比较优势，以不同的资源禀赋和竞争力优势，积极对接并差异化地实施国家"一带一路"倡议。如上海可进一步推动国际贸易合作、扩大金融开放；广东、福建可利用其港口航线与沿线国家已经互联互通的优势；天津则是欧亚大陆桥东端的起点，可凸显自身优势服务大局。三是利用自贸区辐射效应，对接"一带一路"。自贸区先行先试，为中国参与国际贸易积累经验，用自贸区的辐射效应加快建成本土企业走出去之前的本土跨国公司国际化孵化和培育基地，促进中国企业通过对外投资参与全球资源的配置，充分利用中国在基础设施建设领域的领先技术和成本优势以及富裕产能，通过自贸区加快对外输出的速度，在为国家争取重大利益的同时，也为"一带一路"区域争取更大的发展空间。四是四大自贸区分别探索与"一带一路"重点国家的经济合作模式，如东亚的哈萨克斯坦、南亚的巴基斯坦、非洲和欧洲的其他国家，甚至可以考虑在四大自贸区内为"一带一路"沿线重要国家的企业与中国企业的进一步合作开拓空间。

6. 进一步推动行政管理体制改革。

自贸区改革的重心之一在于行政管理体制的创新，参考国外成熟市场经济国家的经验做法，政府的角色应定位在市场环境的维护者而非市场决定者。因此，自贸区一方面强调政府放松管制以发挥市场的作用；另一方面也要求政府加强监管，抓住政府与市场的两头。建议以自贸区2.0版推进为契机，重点聚焦投资管理体制和事中、事后管理体制的构建，加快政府职能转变，创新政府管理方式，简化行政审批，加强监督管理。①

第三节 "一带一路"框架下的自贸区 发展机遇与挑战

由于"一带一路"沿线地区的战略区位优势明显、自然资源丰富、发展前景广阔，随着"一带一路"开放的广度与深度不断扩大，中国自贸区建设以及进一步开放的机遇与风险并存。

一、发展机遇

1. 自贸区建设是世界经济全球化与区域经济一体化的重要表现。

无论是美欧发达国家，还是新兴国家和发展中国家，都在积极推动自贸区谈判，希望以此扩大对主要贸易伙伴的市场准入，提高市场份额，形成抱团取暖的局面。特别是美欧等发达经济体加快推进自贸区战略，不断拓展经济领土，带动"跨太平洋伙伴关系协定"（TPP）和"跨大西洋贸易与投资伙伴协议"（TTIP）等大型自贸区不断涌现。②在欧洲日益走向统一、北美自由贸易区不断发展、非洲也正在走向联合的今天，东亚区域经济的合作就愈发具有其必要性和紧迫性。作为东亚的政治与经济大国，中国适时推出实施自由贸易区战略，不仅是面对当前经济全球化和区域经济一体化潮流

---

① 周汉民. 我国四大自贸区的共性分析、战略定位和政策建议［J］. 理论视野，2015（8）：23–29.

② 朱福林. 中国自由贸易区的现状、趋势与战略思路［J］. 全球化，2015（10）：16–28，133.

的一个选择，同时也必对东亚区域经济合作产生巨大的影响。

21世纪以来，中国的自贸区建设成效显著。自贸区的建设大大提升了中国对外开放水平，使得中国与自贸区伙伴的经贸关系不断推进，经济融合与交流不断增强，同时促进了中国制造业快速发展、农业的转型调整以及服务业竞争力的增强。①

2. 自贸区建设是中国新一轮对外开放的重要内容。

自由贸易区是以开放促改革的国家战略，加快实施自由贸易区战略，是中国新一轮对外开放的重要内容。中国共产党的十七大把自由贸易区建设上升为国家战略；中国共产党的十八大提出要加快实施自由贸易区战略；中国共产党的十八届三中全会提出要以周边为基础加快实施自由贸易区战略，形成面向全球的高标准自由贸易区网络。十九大报告提出，赋予自由贸易实验区更大改革自主权，探索建设自由贸易港。

"一带一路"的战略意义构成了中国全方位对外开放的战略新格局和周边外交战略的新框架，标志着中国对外开放战略发生了实质性变化。"一带一路"从开放的内涵层面看，从"引进来"转向"走出去"，并使二者更好地结合，以开放促改革；从开放的广度层面看，为发展中国西部地区，实施向西开放战略，形成全方位开放新格局；从开放的深度层面看，顺应世界区域经济一体化发展趋势，以周边为基础加快实施自由贸易区战略，实现商品、资本和劳动力的自由流动。

"一带一路"和自贸区建设将促使中国成为经济全球化最积极的参与者和最坚定的支持者。在构建新一轮全方位的对外开放中，中国将更加注重在国际规则制定中发出更多的中国声音和注入更多的中国元素。②

---

① 朱福林. 中国自由贸易区的现状、趋势与战略思路 [J]. 全球化，2015（10）：16–28，133.

② 周新月. 对外开放进入双轮驱动新阶段："一带一路"与自贸区建设 [J]. 商业文化，2015（20）：45–47.

同时，"一带一路"倡议的建立需要大量资源的支持，目前中国已经建立了亚投行和丝路基金作为资金支持，但从长远来看，这些支持是不足的。而自贸区就是沿着"一带一路"线路挖掘的油井，可以用来解决长远的资源支撑问题，并形成有效的经济循环。自贸区的开放程度对周围地区有着虹吸效应，在金融政策、贸易政策、人才政策上的优势会吸引周围城市大量的资金注入和人才流入。这种虹吸效应为"一带一路"倡议解决了发展的供应，是整张大网中不可或缺的重要节点。在自贸区发展成熟后，其汇聚的大量资源会产生巨大的溢出效应，反哺于周边地区，为"一带一路"倡议的实施提供支持。同时，不同地区的自贸区拥有独有的地域优势，都有助于解决"一带一路"倡议的区域协调问题。

3. 产能释放与过剩产能的输出。

随着改革开放后经济的飞速发展，中国的生产总值已经跃升为世界第二。过剩的产能如何更好地利用是目前的一个重要问题。"一带一路"倡议将繁荣的东亚经济圈与欧洲经济体联合起来作为原动力，从而带动沿途不发达的中国西北地区和中亚国家共同发展，从源头解决了这个问题。"一带一路"倡议注重的是基础设施的建设，帮助亚洲欠发达国家建设发展经济基础，中国大部分过剩的产能也将通过这个途径输出给这些国家，同时刺激这些国家发展经济，共同繁荣。中国的道路建设和房地产建设等都属于产能过剩企业。同时，金融危机之后很多企业发现，传统外贸对贸易渠道、价格的影响力微弱，对竞争有着消极的影响。因此利用这个机会可以帮助企业开始建立境外的贸易公司，海外建仓或以投资合作的方式增强对渠道的影响力，建立自己的品牌，向国际市场延伸拓展。[①]

根据"雁阵模式"理论，某些技术相对优势的国家或地区与相对落后的国家或地区具有很大的贸易与投资空间，技术随着生命周期的进度由技术领先国，逐步向技术中等国、落后国转移。经过30

---

① 刘迪，陈亮，王睿智. 自贸区和"一带一路"战略的建设意义与联系分析［J］. 中国商论，2015（18）：116-118.

多年的技术积累，与世界上发展中国家相比，中国在组装及生产制造环节已形成一定的比较优势。通过与技术相对落后国或地区建立自贸区，可使中国优势行业的产能过剩问题得到一定程度的缓解。改革开放以来，外需拉动一直是中国经济增长的重要贡献力量，但经济经过长期高速增长之后，传统的拉动引擎效应逐渐减弱，在国内需求仍不十分明朗的情况下，外向型经济活力仍是中国实现增长的重要源泉。中国过去的外向型经济主要是以外向型支持为主，但当发展到中等技术水平国家时，中国产生了主动向外的内在需求，角色逐渐向资金、技术等生产要素的输出转变，加快建立自贸区战略将是下阶段中国经济释放增长潜力的重要战略。①

二、面临的挑战与应对建议

（一）发达国家高标准自贸区的竞争

在当前形势下，美国主导的TPP进程加快，这可能成为未来亚太区域合作新动向，将成为跨国实施自贸区战略面临的一个重大挑战。由于TPP秉持贸易高度自由化、市场开放承诺全面化、谈判节奏快速化及行业标准严格化等高标准规格，TPP要求谈判各方就服务贸易和投资实行负面列表，纳入监管一致性、投资开放、知识产权、政府采购、劳工、环境、竞争、国有企业等众多非传统贸易议题，谈判范围从边境措施延伸到边境后措施，从准入后国民待遇到准入前国民待遇，大幅度突破传统自贸区开放议题。同时，TPP谋求制定面向21世纪的规则，欲为发展中国家建章立制，推动全球经济格局和国际贸易投资规则加速演变。这些都远超过中国在东亚合作机制中所主导的自贸区的推进原则。由于亚太区域经济规模、发展水平、开放程度及要素禀赋迥异，对落后的经济体来说，高标准TPP的

---

① 朱福林.中国自由贸易区的现状、趋势与战略思路［J］.全球化，2015（10）：16-28，133.

融入成本可能会很高。因此有人认为TPP并不符合亚太区情。由于其高标准，在短期内中国以发起国身份参与规则制定和谈判进程的难度很大，这意味着当TPP协定正式生效后，中国的加入将可能面对来自TPP成员国，尤其是美国的苛刻条件，时间花费与谈判过程都将是很大的考验。随着TPP贸易自由化的实现，中国作为非成员国将不可避免地受到贸易转移效应的不利影响，而且亚太参与TPP谈判进程的国家经济水平相对较高，在中国的对外贸易结构中占有一定地位。因此，中国正面临着加入TPP可享受到更多的贸易与投资增长但可能会经历阵痛，或保持现有开放水平但逐渐被边缘化的尴尬境地。同时，美国还在推动TTIP和国际服务贸易协定（TISA）谈判，谋求在全球范围内重构经贸规则体系，这对今后中国自贸区建设、话语权的争夺、国际贸易布局及国内经济产业发展形成了重大严峻的挑战。

面对这一挑战，中国应增加话语权的主导型建构。在目前及未来全球竞争格局下，欧美发达国家的主导地位无法动摇，仍是世界绝大部分创新活动、新概念及新模式的主要贡献者。但在新阶段对外开放进程中，中国要主动为自己和别国创造经济发展与财富生产的机会。目前，中国经济与社会发展仍需通过开放促改革、促发展的路径依赖会不断提升，话语权主导式构建需要以国内经济社会发展为基础，还需要进一步改革社会保障体系提高居民实际支配收入，为中国经济内涵增长和产业结构的提升创造条件，形成高消费拉动、高水平生产支持，具有循环盘旋递进机制的经济增长模式。

同时，中国应加快与发达国家的自贸区谈判，提高中国自贸区水平。加快实施自贸区战略，是中国新一轮对外开放的重要内容，也是中国经济步入新常态下的重要抉择。中国应较快地顺应全球高标准自贸区的发展趋势，加快环境保护、投资、政府采购、电子商务、知识产权等新议题的谈判，提高与自贸区贸易与投资的自由化水平，逐步形成面向全球的高标准自贸区网格。与发达国家的自贸区谈判正有助于完成这一使命。[①]

（二）贸易转移风险

自贸区在促进贸易发展与经济增长的同时，也会增加双方结构的调整和市场开放的压力，并随着区域合作格局的变化，可能会产生一定规模的贸易转移效应。比较明显的是，香港、澳门和台湾地区作为中国内地的传统贸易中转基础，其地位将随着中国与其他贸易伙伴关系的深入而面临着贸易转移的压力和挑战。同时，由于关税降低等自由化便利措施的推进，中国部分产品对东盟的出口可能面临其他伙伴国产品的竞争而出现一定程度的下降；而且东盟地区的比较优势产品的进口对中国内地相关产品的生产也会造成一定冲击，对中国的产业结构调整形成压力。

面对这一挑战，中国与"一带一路"沿线国家应当布局合作战略，创新互动模式，实现"一带一路"经济带互利共赢。"一带一路"沿线国家多达65个，占世界人口的60%，范围广、跨度大、周期长，实施难度可想而知，进程设想太快并不现实，所以更需要探索区域开发开放与"一带一路"沿线相结合的互利共赢合作新模式、新机制、新办法：一是探索构建联席会议制度，加强互联互通，共商发展大计，缓解海量信息交流沟通和利益互动问题；二是创新合作模式，实现互利共赢，可以选取"一带一路"沿线城市结对，从友好城市或者友好港口开始，再发展双边或单边产业园，重塑国际间产业发展的合作模式，也可从政府角度加大与沿线国家地方政府、社会组织的密切交往，考虑与所在国的地方政府构建合作网络，搭建"一带一路"经贸合作的服务平台；三是更加主动地实施国家间的自贸区（FTA）战略，积极参与重大国际自贸区谈判与全球规则制定；四是加快与国内"一带一路"节点地区对外经贸发

---

① 朱福林. 中国自由贸易区的现状、趋势与战略思路［J］. 全球化，2015（10）：16-28，133.

展的对接与合作。①

（三）政治因素的影响

总体来看，"一带一路"沿线国家的政治情况复杂，对自贸区建设具有重要影响。其中，一些政治因素会对自贸区的发展产生不利影响，如领土纠纷，美国的和平演变政策与政治干涉，中国与南海周边的国家因海洋领土争端而引起的猜忌与不和等，均对"一带一路"沿线国家合作以及自贸区建设造成阴影。与此同时，全球范围内极端主义恐怖活动的破坏、贫富差距的拉大、不同文明之间的冲突加剧等非传统安全因素均对世界信任指数产生不利影响，进而对贸易谈判造成诸多变数。

面对政治上的不稳定性，应当以自贸区战略为切入口，与周边国家构建利益共同体，加快实施自由贸易区战略，建设面向全球的高标准自由贸易区网络。"一带一路"为中国提供了一个包容、开放的对外发展平台，能够把快速发展的中国经济同"一带一路"沿线国家的利益结合起来，形成共商、共建、共享的良好合作关系，实现互利共赢。

---

① 杜明军.自贸区与"一带一路"战略对接融合的思考［N］.河南日报，2015-06-19.

投资　第八章

中国与"一带一路"沿线国家的经贸合作，必然带动国内企业对外直接投资的增加，了解直接投资的区域分布、行业结构和企业类型，理清直接投资面临的风险、困难与挑战，优化直接投资的战略选择和实施机制，是发展"一带一路"沿线国家直接投资的必备条件。

第一节　投资分布

2013年中国对外直接投资首次突破千亿美元，对外投资流量居世界第三位。"一带一路"沿线国家日益成为中国对外直接投资的重要目的地。截至2013年，中国对"一带一路"沿线64个国家和地区的直接投资存量高达720亿美元，占中国对外直接投资总存量的11%左右，而2003年这一比重仅为4%。过去10年，中国对"一带一路"沿线国家直接投资流量年均增长51%，高于同期对其他地区投资增速，2008年金融危机之后尤为明显。

从中国"一带一路"沿线国家直接投资流量的区域分布来看，地区分布占比较稳定。以2013年为例，东南亚占比最大，高达72.69

亿美元；其次是俄罗斯、蒙古和中亚各国，达到25.10亿美元，占总量的 19.9%；紧随其后的是西亚、北非，达到 21.48 亿美元，占17%；南亚占比相对较小，为4.63亿美元，占3.7%；占比最少的是中东欧，仅占2%。

出现如此占比分布的主要原因有：中国与东南亚国家保持着长期的经济合作，并且基于中国—东盟框架基础在诸多领域均有合作；俄罗斯、蒙古以及中亚国家既是中国邻国，又有上海合作组织作为平台，因而对外投资较多；南亚国家虽是中国西南的近邻，但海运交通不如东南亚国家便利，而且陆路直接受喜马拉雅山脉阻挡，因此投资较少；西亚、北非和中东欧国家并非中国邻国，同时这些国家受政治、经济多方面因素的影响较大，中国对其直接投资比重很小。

单从对外投资东道国看，新加坡、俄罗斯联邦和柬埔寨接受投资最多；其次是蒙古和东南亚的老挝、印度尼西亚以及西亚的伊朗；另外，在中东欧国家中主要集中于格鲁吉亚和匈牙利两国。由此可见，中国企业对外投资区域集中度较高，发展相对单一，占比重较大的地区以邻国和海陆交通便利的国家为主；中国对亚欧大陆腹地的中东欧国家直接投资较少，而"一带一路"倡议正可以带动对中东欧国家的直接投资，使其成为对外直接投资新的重点区域。①由此，汇总分析中国对"一带一路"沿线国家直接投资的总体特征对更好地推动实施"一带一路"倡议有着重要的意义。

一、区域分布差异较大

中国对"一带一路"沿线地区直接投资的区域分布差异较大，其中对东南亚地区的投资规模最大，对中亚地区的投资增速最快。2013年，中国对东南亚地区直接投资72.7亿美元，存量已达356.7亿

---

① 张敏，王佳涛，陈致朋."一带一路"机遇期企业对外投资战略探究［J］.特区经济，2015（9）：14–16.

美元，均占中国对"一带一路"沿线地区投资流量、存量的一半以上。同时，2003~2013年期间，中国对中亚地区的直接投资流量年均增速高达69%，远高于中国对其他地区投资的年均增速。中国对中东欧的投资最少，截至2013年仅为16亿美元。从国家层面看，中国直接投资集中在新加坡、俄罗斯、印度尼西亚、哈萨克斯坦、缅甸和蒙古国。从2007年起，新加坡就已经成为中国对"一带一路"沿线地区直接投资存量、流量最多的国家，截至2013年，中国对新加坡的直接投资存量达148亿美元，主要投资领域包括批发零售贸易、运输和物流、金融保险和酒店餐饮等。这与新加坡工业、金融中心和转口贸易发达，且政治稳定、投资环境透明，与中国文化相近密切相关。

中亚地区油气资源丰富，而轻工业相对落后，因此，中国对中亚投资集中在石油勘探与开采、交通及通信建设、化工、农副产品加工等领域。截至2013年，中国对中亚地区的直接投资存量接近89亿美元，其中，对哈萨克斯坦的直接投资占中国对整个中亚地区直接投资的一半以上，大型投资项目集中在石油开发、汽车组装、农产品加工等。

尽管中国对蒙古国及俄罗斯直接投资规模不大，但自2004年以来，对俄投资持续高速增长，直接投资存量已位列对俄投资前10国，而且中国已连续多年是蒙古国的最大投资国。2013年，中国在俄罗斯和蒙古国承包工程完成的营业额均在10亿美元以上。对俄罗斯投资主要集中在森林、能源开采和加工制造业。其中，制造业的直接投资增长最快，投资存量比重从2008年11%增长到2013年的35%；而资源领域直接投资增长放缓，这主要与2008年俄罗斯开始对资源开发的国外股权进行控制，限制了中国在俄罗斯森林、能源领域的直接投资有关。蒙古国经济以畜牧业和矿业为主，加之近年来城市化发展较快，因此中国对蒙古国投资主要集中在矿业开发、建筑建材、畜产品加工等领域。

中东欧投资市场长期以来主要受德、法、俄控制，但中国抓住了欧债危机和乌克兰危机带来的投资机会。在中东欧国家应对危机而鼓励非欧盟国家投资的背景下，2003~2013年期间，中国对中东欧的直接投资存量增长了28倍，截至2013年，中国已有近500家企业在中东欧设立境外投资机构（企业）。近年来，中国除加大对中东欧交通基础设施（在塞尔维亚投资修建贝尔格莱德跨多瑙河大桥和贝尔格莱德至布达佩斯铁路）和市政建设投资外，还对匈牙利、波兰、保加利亚、塞尔维亚等国家的电器、汽车、重型机械和信息通信领域进行投资，并在白俄罗斯、波兰等地新建了工业园和商贸物流园区，成为中国企业在中东欧投资的重要平台。

东南亚地区是"一带一路"沿线吸引中国直接投资最多的地区，投资主要集中在电力、矿业资源开发领域。截至2013年，中国对东南亚地区电力、热力等的生产和供应业、采矿业的投资存量分别约占对东南亚投资总额的17%和15%。东南亚国家有超过1/5的人口仍缺乏电力供应，而中国在水电、火电等领域有较强的实力，因此，不少中国企业在东南亚地区投资该行业，如华电集团在柬埔寨、印度尼西亚等的水电建设项目。同时，由于东南亚地区石油储产量丰富，印度尼西亚和马来西亚天然气储量较大，有助于保障中国的能源安全，促使这些地区成为中国能源企业对外直接投资的重要地区。

南亚与中国地理相邻，人口众多，市场容量大。虽然中国在印度、斯里兰卡和孟加拉国等国的直接投资迅速增长，但由于国际地缘政治环境的影响，中国对南亚地区的直接投资步伐相对滞后于贸易增长。截至2013年，中国对南亚地区的直接投资存量仅为58亿美元，印度和巴基斯坦两国分别占42%和40%，投资主要集中在机械设备制造、纺织、能源开采、基础设施建设等领域。中国对印度的直接投资增长迅速，由2003年的15万美元增加到2012年的2.8亿美元。近两年，中国对斯里兰卡投资合作项目较多，但2015年受斯里兰卡政局影响，直接投资的政治风险明显上升。无独有偶，巴基斯坦的政局也不稳定，使得近两年来中国对巴基斯坦的投资呈下降趋势。

中国对西亚的直接投资从2003年的5.4亿美元增加到2013年的91亿美元，但主要集中在伊朗、沙特阿拉伯和阿联酋，这3个国家分别占中国对西亚直接投资的31%、19%和17%，主要集中在能源、基础设施和制造业等领域。其中，2008年金融危机后，随着欧洲、俄罗斯和韩国企业从伊朗撤资，中国对伊朗的投资迅速增长，2008~2013年，直接投资存量的年均增长率高达85%。中国对沙特阿拉伯的直接投资主要集中在基础设施、城市建设、能源和制造业等领域。截至2013年，中国在沙特阿拉伯设立的193家境外机构（企业）中，近一半从事建筑工程类业务。阿联酋是西亚中东地区重要的金融中心和转口贸易中心，且拥有丰富的石油、天然气资源，中国在阿联酋投资的企业多从事建筑工程、贸易服务等领域的业务。[①]

二、行业结构呈多元化

2005年以来，中国对"一带一路"沿线国家大型项目投资的行业结构呈现多元化态势，先由能源行业起步，逐步拓展至金属矿石、不动产、交通、高科技、农业、金融和化学等行业。其中，能源占绝对主导地位，金属矿石居次席，不动产、交通分列第三、第四位，农业、高科技和化学等行业的投资规模相对较小。2005年，中国在"一带一路"的大型项目投资仅涉及能源行业，以石油为主，天然气和煤炭为辅。2006~2008年，中国大型项目投资涵盖的行业延伸至金属矿石、不动产和交通等行业。其中，金属矿石业先是以铝、铜为主，后以钢铁为主；交通业包括飞机、造船、汽车和火车，以造船业为主，近年来汽车业比重逐渐上升；不动产以财产和建筑为主。2009~2013年，中国企业投资所涉及的行业进一步拓展至高科技、农业、金融和化学等行业。这个过程反映了中国企业对

---

① 郑蕾，刘志高. 中国对"一带一路"沿线直接投资空间格局［J］. 地理科学进展，2015（5）：563-570.

"一带一路"沿线国家的投资能力经历了一个稳步提升的过程。

除了直接投资,中国在"一带一路"沿线国家承担了若干大型工程承包项目,主要集中于能源、交通和不动产等行业。2005~2014年上半年,中国在能源、交通和不动产等行业承建的大型工程承包项目的存量分别为1083.1亿美元、395.3亿美元、212.7亿美元,占承担的"一带一路"大型工程项目总额的比例依次为57.1%、20.8%、11.2%。中国还承担了金属矿石、农业和化学等行业的一些大型工程项目,其金额分别为108.6亿美元、57.4亿美元、29.6亿美元,远远低于能源、交通和不动产等行业。总体上看,中国在"一带一路"沿线国家承担的能源行业工程承包项目的绝对规模呈上升趋势,但其所占比重稳步下降,交通行业的工程承包规模及其所占比重逐步上升,而不动产行业的工程承包规模波动性大,尚未表现出稳定的趋势。

三、投资企业的类型和地区比较集中

从投资规模来看,中央级国有企业是中国对"一带一路"沿线国家开展投资的主力军,地方企业只是发挥补充性作用。截至2014年6月,中央级企业对"一带一路"沿线国家大型项目投资的存量为864.5亿美元,占中国对"一带一路"大型项目投资总量的67.4%。其中,隶属国资委的央企的投资量为782.2亿美元,占中央级企业投资量的90.5%,中投公司的投资量为59.1亿美元,占比为4.6%,而以四大国有银行为代表的金融央企的投资存量较低,仅为23.2亿美元,占1.8%。

中国地方企业对"一带一路"国家大型项目的投资存量为419亿美元,占中国对"一带一路"大型项目投资存量的32.6%,其对"一带一路"沿线国家的投资主要来源于经济较为发达的东部地区。其中,上海企业对"一带一路"的投资存量最大,达99亿美元,占地方企业投资量的23.6%;北京企业的投资量居次位,为58.1

亿美元，占13.9%；浙江、广东、吉林和山东的企业的投资规模较为接近，分别为42.1亿美元、39.6亿美元、39.2亿美元、37.5亿美元，占地方企业对"一带一路"投资存量的比例依次为10%、9.5%、9.4%、8.9%；其他地方企业对"一带一路"的投资量显著低于这些东部地区。①

第二节　投资风险

一、"一带一路"沿线投资风险的数据解读

根据美国企业研究所和传统基金会的统计数据，2005年1月至2014年6月（以下以"2005~2014年"表示），中国企业海外投资失败或受阻的风险案例共130起，涉及全球59个国家或地区，总金额高达2359.7亿美元，每起案例平均涉案金额18.2亿美元。其中，发生在"一带一路"沿线国家的风险案例33起（占总数的25.4%），总金额565.2亿美元（占24%），涉及20个国家，每起案例平均涉案金额17.1亿美元。

1. 从地区分布看，主要集中在社会动荡、能源矿产资源丰富的国家。

2005~2014年，发生在"一带一路"沿线的中国企业海外投资失败或受阻的风险案例共计33起，涉及20个国家，主要集中在伊朗、俄罗斯等能源、矿产资源丰富的国家以及菲律宾、缅甸、叙利亚、阿富汗、越南等社会动荡国家，尤其集中在伊朗和菲律宾两国（案例数占比27.3%，金额占比56%）。发生在伊朗的4起风险案例全部涉及能源行业（包括天然气、石油和水电），发生在菲律宾的5起风险案例涉及农业、金属、运输和科技行业。

---

① 王永中，李曦晨. 中国对"一带一路"沿线国家投资风险评估［J］. 开放导报，2015（4）：30-34.

2. 从行业分布看，明显集中于能源、矿产领域。

从行业分布来看，2005~2014年发生在"一带一路"沿线的中国企业海外投资失败或受阻的风险案例明显集中于能源和金属两个行业（案例数占比 78.8%，金额占比 87.1%），且没有涉及金融和房地产行业。放眼全球，中国企业海外投资风险的行业分布虽相对分散，但也主要集中在能源和金属行业（2005~2014年案例数占比59.2%、金额占比64.5%）。

鉴于"一带一路"沿线国家多为发展中经济体，科技、金融、房地产等行业发展相对滞后，中国企业在这些国家投资的行业集中于能源、矿产行业是正常的，海外投资风险集中在这些领域也不足为奇。

3. 从企业分布看，中央企业是风险承受主体。

在"一带一路"沿线，2005~2014年中央企业不仅是对外直接投资的主力军，也是海外投资风险的主要承受者，共发生风险案例25起（占75.8%），涉及金额479.9亿美元（占84.9%）。而在中央企业中，"三桶油"（中海油、中石油、中石化）的风险案例尤为突出，共发生9起风险案例，涉及金额313.4亿美元，金额占比55.4%。如果将中国海外投资失败案例按金额进行排序，前十大失败案例中中央企业占九席，表明中国企业海外投资的重大风险案例基本上都涉及中央企业。[①]

二、中国对"一带一路"沿线直接投资面临的困境与挑战[②]

1. 地缘关系复杂，部分国家政局不稳，宗教文化差异大，投资风险高。

"一带一路"沿线涉及范围广、国家多，这些国家和地区多为

---

① 李锋."一带一路"沿线国家的投资风险与应对策略［J］.中国流通经济，2016（2）：115-121.

② 郑蕾，刘志高.中国对"一带一路"沿线直接投资空间格局［J］.地理科学进展，2015（5）：563-570.

地缘政治破碎地带。中亚地区的"三股势力"（暴力恐怖势力、民族分裂势力和宗教极端势力）、阿富汗局势不稳，加之日本及西方国家对周边国家的渗透、美国的"亚太再平衡战略"，以及部分地区反华排华事件频发，严重制约了中国对沿线国家和地区的投资。同时，沿线部分国家国内环境复杂，宗教民族冲突严重，政局不稳定，政府透明程度不高、官员腐败严重、办事效率较低，加大了对这些地区的投资成本和风险。这无疑需要中国在不同领域与不同力量进行联合，并综合运用政治、经济和军事等手段维护中国企业的海外权益。

2. 直接投资发展不均衡、投资领域单一、投资产业链短，且投资摩擦大，在东道国负面影响相对较多。

从投资目的地来看，中国对东南亚地区的投资最多，而对中东欧、南亚等地区投资较少。投资过度集中在资源开发和初级加工领域，而资源深加工、高端制造业、商贸物流、科技研发等领域少。由于中国对外投资多为满足自身战略资源需求，而未充分考虑相关地区的利益，对当地迫切需要实现多元化经济发展道路的愿望重视不够，加上一些国外媒体的渲染，出现了不少负面影响。为此需要转变思路，以"共享"为原则，在保障中国战略资源和粮食安全、提升中国产业竞争能力的同时，与相关国家发展规划紧密衔接，争取为促进当地经济社会发展作出贡献。

3. 国家宏观指导不够、准备不足，企业跨国经营行为不规范，经营能力有待提高。

企业对外投资涉及问题多、领域广，既需要国家引导，也需要各级政府和多部门协调。总体而言，中国企业走出去仍处于初级阶段，既缺乏对沿线国家的系统深入研究，也缺乏战略性和系统性的指导和规划。政府部门之间和各级政府之间对各自职责认识不到位，对外援助、工程建设、产业投资配合不力，支持、促进企业走出去的政策系统性不强。同时，中国企业普遍跨国经营水平不高，国际化经验不足，个别企业经营行为不规范，社会责任意识淡薄。

为此，需要全面学习他国经验，系统总结中国对外投资的经验和教训，加快顶层设计和战略引导。

4.资源需求量大，但投资壁垒较大。

中国对战略性资源的需求量大，但对全球战略性资源的投资壁垒较大。之所以如此，是由于中国在粮食、油气和矿产品等重要战略性资源开发投资技术不够先进、与东道国的开发条件不完全匹配。更重要的是，战略性资源的开发较为敏感，东道国一般会对这类投资有诸多限制，而早已占据当地市场的欧美和日韩等国的跨国企业常对中国的投资百般阻挠破坏。对此，政府应在金融、税收等方面大力鼓励企业创新战略性资源开发的技术转换，并引导企业加强对供应链、销售渠道、金融资本的控制，以增强企业海外投资的竞争力。[①]

第三节　投资挑战应对建议

一、优化战略选择[②]

中国发展对"一带一路"沿线国家的直接投资面临着不少障碍和挑战，同时也为中国企业走出去带来了机遇。上海自贸试验区建设和人民币国际化进程加快、亚洲基础设施投资银行和丝路基金的建立，为"一带一路"国家战略实施注入了新的动力。在加快推进"一带一路"倡议实施背景下，中国需要优化对"一带一路"沿线国家直接投资的战略选择。

---

① 郑蕾，刘志高.中国对"一带一路"沿线直接投资空间格局［J］.地理科学进展，2015（5）：563–570.

② 周五七."一带一路"沿线直接投资分布与挑战应对［J］.改革，2015（8）：39–47.

1. 优先发展对周边国家的直接投资，避免对周边国家直接投资在地理区位上过度集中。

中国发展对"一带一路"沿线国家的直接投资，要着力发展对周边国家的直接投资，以构建"一带一路"倡议的支撑与依托。中国发展对周边国家直接投资，势必会介入美国、俄罗斯和印度等大国的传统势力范围，面临着"中国—美国—东南亚国家"、"中国—俄罗斯—蒙古和中亚国家"、"中国—印度—南亚国家"等"中国—其他大国—中国邻国"的三角复杂联动关系，正确对待和处理这种三角关系中的大国因素就显得非常重要。如果中国对周边地区的东道国直接投资过于集中，可能会引起相关大国对中国战略意图的曲解和紧张应对，也会引起东道国对中国经济依赖的担心。因此，中国发展对"一带一路"沿线国家的直接投资，需要引导企业在投资区位上的适度平衡，尤其是在中亚、西亚和中东地区，要防止中国企业扎堆式集中投资于资源开发领域，引发大国对地缘安全的制衡及邻国的猜疑和担忧，努力实现中国、其他大国和周边邻国三方的共赢与良性互动。

2. 找准对周边国家直接投资的利益契合点，促进对外直接投资的可持续发展。

"一带一路"沿线周边地区形成了一个二元化的政治安全与经济结构体系，政治与安全体系方面主要以美国或俄罗斯为中心，而中国已成为"一带一路"沿线大多数周边国家最大的贸易伙伴国，"一带一路"沿线的周边国家实际上越来越趋于以中国为经济中心，沿线多数周边国家有加强同中国的互联互通及经济联系的强烈意愿，但同时又担心形成对中国的经济依赖，中国同样也面临来自其他大国的战略制衡。因此，中国需要真正落实好"睦邻、安邻和富邻"的周边外交思想，创新外汇储备运用，推动"一带一路"沿线的基础设施建设，支持中国企业走出去；同时，从周边东道国的实际发展需求出发，努力寻求双方利益的汇聚点和平衡点，提高中国对外投资企业在人才吸纳与资本运营方面的本土化水平，关注当地的民生诉求与公共利益，实现合作共赢。

3. 扩大对中东欧地区的直接投资，增强"一带一路"倡议的影响力和辐射力。

中国与中东欧国家经贸关系开始得早，但冷战结束后，中东欧国家实行政治体制转型并集体转向欧洲，因意识形态和政治体制的差异，中国与中东欧国家之间的关系出现了"政冷经热"的倾向。自2012年中国—中东欧国家合作机制开启以来，双边经贸关系发展步入快车道，为中国发展对中东欧国家直接投资带来了难得的发展机遇。中东欧地区具有独特的地缘优势，是连接中国西部与西欧的中间地带，是联通亚欧大市场的桥梁，是中国陆路产品由亚洲进入欧洲的重要门户。另外，中东欧国家的产业基础较好，经济发展水平较高，与中国经济具有良好的互补性，中国扩大对中东欧地区的直接投资，有利于延伸和拓展"一带一路"倡议的影响。中国需要利用中国与中东欧国家双边贸易加快发展的有利时机，加快推进同中东欧地区的铁路、公路、航空和水运等基础设施的建设，以打通中国—中东欧的陆上和海上物流通道，通过物流通道建设促进中欧贸易发展，进一步以贸易发展带动对中东欧地区的直接投资和产业转移，优化中国内地的开放与开发格局。

4. 加强互联互通建设，完善对外投资促进政策。

互联互通是"一带一路"倡议的支撑和基础，互联互通是包含"政策沟通、设施联通、贸易畅通、资金融通、民心相通"的大联通，加强"一带一路"沿线国家之间的互联互通建设对发展直接投资有重要意义，需要充分利用亚洲基础设施投资银行、金砖国家开发银行和丝路基金的合作平台，促进"一带一路"沿线国家之间的金融合作与资金融通，为"一带一路"沿线国家的基础设施建设提供资金支持，构建起便捷、高效的资金流、商流、人流和物流通道。为此，为促进对外投资开展，中国需要进一步加强与"一带一路"沿线国家双边投资协定的谈判与签署，加快完善境外投资促进政策体系。现阶段，商务部和国家发展改革委加强了对境外投资管理制度的研究与制定，已出台一系列鼓励和引导企业走出去的政策措施，如《对外投资合作国别（地区）指南》《商务部对外投资合作境外风险提示》《规范对外投资合作领域竞争行为的规定》《境外投资管理办法》《境外投资项目核准和备案管理办法》等，加强了对企业开展对外投资的信息咨询和风险提示，放宽了对不涉及敏感行业和敏感地区的境外投资项目的审批管理。相关政府部门还需要加强境外投资政策创新，对企业和个人海外投资在信贷税收、融资保险、投融资汇兑便利化等方面提供更多的政策支持，为中国企业走出去创造良好的投资政策环境。

5. 加强对"一带一路"沿线国家的投资环境评估，构建企业对外直接投资风险预警体系。

商务部等政府主管部门应充分发挥自身的信息优势和权威影响，及时公开发布《对外投资合作国别（地区）指南》《对外投资国别产业导向目录》《国别贸易投资环境报告》等对外投资指南和对外投资环境评估报告，为企业提供相关国家的整体投资环境信息。相关金融机构应充分利用其海外分支机构众多的优势，加强对"一带一路"沿线国家投资信息数据库的建设，为中国企业开展对外直接投资及时提供信息咨询和业务指导。相关行业协会、商会和中介组织等应努力为对外直接投资企业提供投资信息交流和风险预警的平台，及时发布投资风险预警信息。对外直接投资企业自身要学习和熟悉当地宗教信仰、风俗习惯和社会文化，全面开展对东道国投资环境的调查研究和风险评估，作好投资方案的可行性分析和风险防范。[1]

---

[1]　周五七. "一带一路"沿线直接投资分布与挑战应对［J］. 改革，2015（8）：39-47.

二、健全实施机制[①]

在中国 "一带一路" 倡议实施中，政府的指导和服务具有十分重要的作用，为了保障国家 "一带一路" 倡议中对外直接投资良好有序发展，中国必须及早建立与之相适应的对外直接投资法律体系，同时还应加快对外直接投资管理体制的改革与创新。

（一）建立适合 "一带一路" 倡议中对外直接投资的法律体系

中国目前还没有一部与国际惯例接轨的境外企业投资法，对于境外投资主体、投资形式、审批程序、资金融通、技术转让、利益分配、企业管理、争议解决等问题还缺乏明晰的系统性规则。投资制度的推进是中国对外直接投资中重要的一环，所以在 "一带一路" 倡议中立法部门应加快建立适应新形势和国家新战略的法律法规体系，通过一整套系统完整的法律法规及政策安排来保障和促进对外直接投资的实施。其中，国家和地区需要根据自身经济发展的需要制定明确的 "一带一路" 海外投资基本战略，使得国家层面和地区层面的海外投资有章可循，有法可依。另外，国家和地区还应为本地和全国的跨国企业制定具体的 "一带一路" 海外投资政策规定，切实维护企业等投资者的利益。因此，建立促进和保障对外直接投资的法律体系是扩大中国对外直接投资新空间的基础保障。

（二）加强和完善对外投资的信息服务系统

首先，为了降低 "一带一路" 倡议海外直接投资中由于信息不对称导致的投资阻碍，国家和地区应积极构建和完善对外投资的信息服务系统，也可以尝试建立海外投资信息中心来收集、整理和发布信息。其次，还可以充分发挥各种海外直接投资的中介机构的窗口作用，如驻外大使馆以及各种进出口商会、国内外行业协会、外

---

① 杨飞虎，晏朝飞. "一带一路" 战略下我国对外直接投资实施机制研究［J］. 理论探讨，2015（5）：80—83.

国企业协会等中介代表机构，发挥中介机构专业性强、联系面广、信息灵通的优势，建立对外投资信息平台。再次，还应大力调动大型企业的积极性，使得海外投资信息做到有针对性。构建以政府服务为基础，中介机构和大型企业充分参与的信息网络，能让地区和企业在第一时间抓住"一带一路"倡议对外投资的商机，并能为地区和企业对外投资提供可行性研究服务，最终建成可提供海外详细资料来源的强大信息库。因此，加强和完善对外直接投资的信息服务系统是扩大中国对外直接投资新空间的重要工作。

（三）建立对外直接投资风险防范措施

现代技术的进步使得对外直接投资环境变得复杂，尤其是跨国企业海外并购中常涉及资产置换、资本运作等复杂的金融操作，从而导致财务风险不断增加。另外，由于海外投资受东道国的政治环境、经济环境、社会文化环境等诸多方面的影响，海外投资资金也存在着运营风险。因此，国家和地区对外直接投资应避免风险过度集中，同时还应建立和完善监管制度，建立对外直接投资的风险基金，健全境外资金安全防范措施，设置国家风险研究分析机构并发布相关对外投资风险报告，完善对外投资风险预警机制和突发事件应急处理机制，为中国对外直接投资提供风险防范保障。

（四）建立多元化国际投资争端解决途径

丝绸之路在古代便是各个民族的相争之地，在现代国际社会中也不乏诸多竞争者。中国的"一带一路"倡议与美国提出的"新丝绸之路"计划、俄罗斯主导的"欧亚联盟"战略以及日本的"丝绸之路外交"等形成了重要而强烈的战略冲突，加之丝绸之路沿途东道国本土投资的竞争，致使"丝绸之路经济带"的海外投资难免引起各国和地区的投资争端。因此，为了保障中国对外直接投资的利益和安全，需要针对国际投资争端建立多元化的解决途径以及预警机制。除了依靠国际投资争端解决中心（ICSID）、多边投资协定（MAI）以及WTO的调解和仲裁外，还要综合运用各种谈判、协商、斡旋、调停等政治手段和国际法等司法手段。除此之外，还要积极完善对外直接投资的中介组织，充分发挥律师、会计师事务所在海外投资中的作用，加强与国外中介组织的合作。

（五）开展集群式对外直接投资

产业集群主要指同一产业内的企业存在地理上的集中，且集群中的企业之间存在交叉联系等关系。产业集群能获得良好的经济效应，如降低交易成本、共享品牌、学习和创新效应等，因此产业集群在国际贸易和对外投资中应用广泛。日本、韩国、欧美等发达国家和地区已经在不同程度上实现了集群式的对外直接投资，获得了较多的成功经验，而中国的集群式对外直接投资还处于探索阶段，已有的实践经验和理论研究匮乏。因此，中国可以参考国外集群式对外直接投资的成功经验，开发出适合中国"走出去"战略的集群模式。"一带一路"倡议为中国开展集群式对外投资开辟了一个良好契机，依托"海上丝绸之路"和"丝绸之路经济带"应重点发展纺织、基础设施、交通运输、能源、物流等产业集群，建立"一带一路"的产业共享模式，并逐步推动其他产业进入该战略。集群式的对外直接投资模式能加深区域合作的广度和深度，是中国"一带一路"倡议成功的保障，也将成为未来对外直接投资模式的重要选择。①

"一带一路"倡议下中国对外直接投资，随着战略选择的优化和实施机制的健全，将进一步增强防范风险和化解矛盾的能力，从而调动国内企业参与直接投资的积极性，形成对"一带一路"沿线国家直接投资的发展趋势，促进中国"一带一路"倡议的有效实施。

与此同时，2016年8月17日，中共中央总书记、国家主席、中

---

① 杨飞虎，晏朝飞."一带一路"战略下我国对外直接投资实施机制研究［J］. 理论探讨，2015（5）：80-83.

央军委主席习近平在北京出席推进"一带一路"建设工作座谈会，会中习近平在鼓励国内企业到沿线国家投资经营的同时，也欢迎沿线国家企业到中国投资兴业，要加强"一带一路"建设同京津冀协同发展、长江经济带发展等国家战略的对接，同西部开发、东北振兴、中部崛起、东部率先发展、沿边开发开放的结合，带动形成全方位开放、东中西部联动发展的局面。①

---

① 吴秋余. 习近平出席推进"一带一路"建设工作座谈会并发表重要讲话［N］. 人民日报，2016-08-18.

第九章

"一带一路"与
旅游合作

2015年3月28日，国家发展改革委、外交部、商务部联合发布了《推动共建丝绸之路经济带和21世纪海上丝绸之路的愿景与行动》，这是自2013年9月7日习近平主席出访哈萨克斯坦首次提及"丝绸之路经济带"后，中国官方发布的第一份"一带一路"指导文件。《推动共建丝绸之路经济带和21世纪海上丝绸之路的愿景与行动》提出："加强旅游合作，扩大旅游规模，互办旅游推广周、宣传月等活动，联合打造具有丝绸之路特色的国际精品旅游线路和旅游产品，提高沿线各国游客签证便利化水平。推动21世纪海上丝绸之路邮轮旅游合作"；"推进西藏与尼泊尔等国家边境贸易和旅游文化合作"；"加大海南国际旅游岛开发开放力度"。[①]旅游业作为第三产业的组成部分，是世界上发展最快的新兴产业之一，被称为"朝阳产业"。国家旅游局2015年、2016年连续两次将年度旅游宣传主题定为"丝绸之路旅游年"，在"一带一路"倡议下，国内和沿线国家的旅游业都将迎来更多的契机。所以，探究"一带一路"倡议下国内外的旅游资源问题、旅游风险问题以及旅游合作问题，将为旅游业融入"一带一路"倡议，实现跨越式发展提供重要的理论支撑。

---

① 国家发展改革委，外交部，商务部. 推动共建丝绸之路经济带和21世纪海上丝绸之路的愿景与行动［N］. 人民日报，2015-03-29.

第一节 资源禀赋

"一带一路"倡议涉及了65个国家、44亿人口,跨越了东西方四大文明。广阔的地域和灿烂的文化,为"一带一路"沿线国家提供了充裕的旅游资源。其主要可分为两大类:自然风光资源和人文景观资源。

从人文景观资源层面看,"一带一路"本身是全球规模最大的文化遗产。"丝绸之路"的概念源自于古代中国,是连接亚非欧的古代陆上商贸路线,最初的作用是输送古代中国出产的丝绸、瓷器等商品,后来成为东方与西方之间经济、政治、文化等交流的要道。1877年,德国人李希霍芬在其著作《中国》一书中,把"从公元前114年至公元127年,中国与中亚、中国与印度间以丝绸贸易为媒介的这条路线"命名为"丝绸之路"。其后,德国历史学家赫尔曼在《中国与叙利亚之间的古代丝绸之路》一书中,把"丝绸之路"延伸到地中海西岸和安纳托利亚,确定了"丝绸之路"的内涵;同时,从交通方式上,将"丝绸之路"分为陆上丝绸之路和海上丝绸之路。

"丝绸之路"的悠久历史赋予了"一带一路"得天独厚的文化底蕴。据统计,"一带一路"沿线涵盖了全世界近50%的文化遗产。2014年,由中国、哈萨克斯坦、吉尔吉斯斯坦联合申报的"丝绸之路:长安—天山廊道的路网",成功列入了《世界遗产名录》。这一文化遗产涵盖了33个遗产点,是《世界遗产名录》第一个跨国联合申报项目,树立了"一带一路"倡议下旅游文化国际合作的新典范。2016年5月,国家文物局在陕西省西安市举办了"'一带一路'沿线国家文化遗产保护交流合作论坛",吸引了来自中亚、西亚、东亚和欧美的11个国家代表共话文化遗产保护。未来,"一带一路"沿线国家将充分利用自身文化优势,以文化遗产保护为根本,以文化创新为手段,凸显文化特色,推动文化旅游向前发展；以文化旅游发展为契机，促进文化遗产保护工作的开展，引导文化遗产的健康传承。①

"一带一路"沿线国家的自然风光资源更是不胜枚举。就中国国内而言，"一带一路"涉及的云南、广西、新疆、海南等都有宜居的自然环境和优美的自然风光。在"一带一路"涉及的国家中，东南亚各国是中国传统的旅游出境国，沙滩、椰林、蓝天、碧海等热带风情优势明显；西亚旅游多突出"沙漠绿洲"这一概念，如阿联酋、以色列等国家；中亚国家由于签证困难等原因，并非传统的旅游出境国，但因其自然环境保护较好，更有草原风光、民族特色等别具一格的旅游体验。2015年3月14日，第10届莫斯科国际旅游交易会开幕，中国展团突出宣传了"美丽中国——丝绸之路旅游"主题；同年3月4日至8日举办的第49届柏林国际旅游交易会上，国家旅游局全力塑造中国旅游新形象，以吸引更多的国际游客前来领略中国之美、丝路之美。充分挖掘自然风光资源，以自然风光为旅游卖点，将成为"一带一路"沿线国家挖掘旅游增长潜力的主要支撑点。

再来看看自然风光资源的保护。首先，自然风光资源与石油、煤炭、矿产一样，是为全体国民和子孙后代造福并能够永续利用的资源，而且让自然风光融入工业、农业及基础设施建设等各个领域中去，有利于实现全面的产业建设生态化、绿色化，避免千城一面。其次，自然风光作为战略资源是国家生态文明建设的组成部分，最优美的城市、宜居的生活空间以及发达的经济产业无不与自然风光结合在一起。自然风光在城市化发展过程中为广大市民创造的共享空间，使城市的各项社会资源发挥最大的效益，为城市文明、经济建设发挥作用。再次，无论是区域发展还是国家战略，自然风光都应作为社会经济发展的动力，在城市空间资源利用的科学化、城市规划理念的生态化以及流域环境治理等方面，自然风光资

---

① 高艳芳. "一带一路"语境下的文化旅游与河南非物质文化遗产保护［J］. 歌海，2015（6）：122-124.

源都应该发挥积极的影响力。但目前中国存在一定的环境问题，为了解决这些环境问题，需要构建国家自然风光生态体系；为了更好地服务于国家建设，更加需要研究国土风景和经济建设的关系，把草原、山系、流域、海岸线、沙漠的资源保护与利用纳入国家的发展战略；也只有搭建良好的自然生态系统，才能确保国家生态安全和经济的可持续发展。由此分析可知，"一带一路"的建设不能缺少针对区域性自然风光资源的研究，风景规划与建设都应该深入到国土规划、流域治理、区域经济、城市建筑等各个领域。[①]

总之，不论从人文景观还是自然风光，"一带一路"沿线国家的旅游资源都极具特色。而有关文献通过统计分析表明，旅游资源禀赋与旅游产业自身经济绩效之间表现出正相关关系，其中最明显的就是旅游资源禀赋和相对旅游收入之间的正相关关系[②]，如图9-1及图9-2所示。

更重要的是，"一带一路"沿线国家不仅旅游资源充裕，而且成长潜力巨大。"一带一路"有世界上最大的旅游市场，该区域国际旅游总数占据了全球的70%以上。2014年，中国与"一带一路"沿线国家双向旅游交流已超过2500万人次。据国家旅游局预计，"十三五"时期，中国将为"一带一路"沿线国家输送1.5亿人次游客、2000亿美元消费；同时将吸引沿线国家8500万人次游客来华旅游，吸引旅游消费约1100亿美元。[③]另外，"一带一路"倡议的实施将大大促进中国旅游企业伴随中国的"一带一路"基础设施建设走出去，伴随"一带一路"丝绸之路遗产廊道建设走出去，伴随"一带一路"的中国游客走出去。

① 李建伟."一带一路"建设需充分利用风景资源［N］.中国建设报，2015-07-01.
② 王玉珍.旅游资源禀赋与区域旅游经济发展研究：基于山西的实证分析［J］.生态经济，2010（8）：41-45.
③ 2015年，陕西西安丝绸之路旅游部长大会。

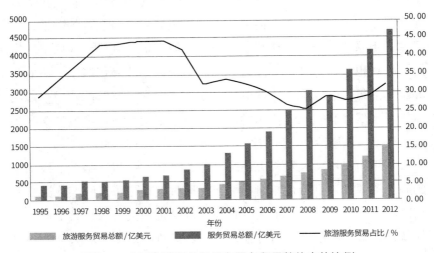

图9-1　中国旅游服务贸易在服务贸易整体中的比例

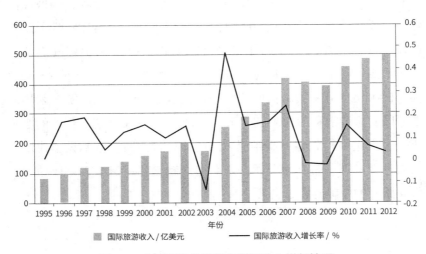

图9-2　中国国际旅游服务贸易收入增长情况

第二节 风险与问题

尽管"一带一路"沿线国家有充裕的旅游资源和潜力巨大的旅游市场，但与旅游相关的各种风险与问题同样严峻。目前，学者们把和"一带一路"旅游相关的问题分为两大类：国内旅游问题和国际旅游问题。

一、国内旅游问题

国内旅游问题主要有以下四点。

1. 旅游方式单一。

中国的旅游市场以传统的观光旅游为主，度假游、深度游、保健游等附加值高的旅游形式在行业中占比较小。之所以如此，一方面是由于中国旅游市场以本国游客为主，国内游客仍把"旅行社报团"作为旅游方式的首选，而在旅游过程中，游客更注重旅游产品的价格，导致旅行社缺少创新旅游模式的动力；另一方面是景点和游客间没有强有力的衔接作为保证，给游客的游玩带来诸多不便，降低了景点对消费者的吸引力，使大多旅客不愿意长时间停留在景区。[①]

2. 基础设施薄弱。

虽然中国国内旅游市场很大，但国内的旅游基础设施建设不足，不能满足广大游客的要求。各省多采取"以旅游养旅游"的方针，财政对旅游基础设施的投资很少，旅游设施往往能简就简，能省就省，与快速发展的旅游业不匹配；同时区域内旅游交通网络不完善，导致景区间难以相互促进。以西北地区为例，乌鲁木齐、敦煌和西安等城市虽然旅游资源丰富，但城市之间的距离较远，交通

_____

① 刘勇."一带一路"战略下旅游产业整体竞争力的提升路径 [J]. 鄂州大学学报，2015（8）：49–51.

时间长，使旅游目的地吸引力大打折扣。①

另外，旅游旺季期间接待能力不足、景区设施不齐全、标识不清、管理欠佳等基础设施建设问题也制约了旅游业的良性发展。

3. 旅游市场竞争无序。

旅游市场中，旅行社往往以眼前利益为导向，没有长远的战略计划，不能准确做出市场定位，各种不正当的竞争现象层出不穷，导致旅游市场竞争无序。这种无序性主要体现在：旅游市场准入门槛较低，鱼龙混杂；拼团流行，但是拼团旅游缺乏安全保障，目前中国在拼团旅游方面尚未建立相关的安全保障规定，拼团旅行在各环节上都存在安全隐患；"低价团""零负团"等扰乱市场的行为屡禁不止，以低于成本的定价吸引游客，不仅难以保证旅游品质，更容易引发恶性的旅游安全问题。②

4. 环境保护滞后。

多年来粗放型的社会建设对生态环境、人文环境造成了很严重的负面影响。少数从业者片面追求个人利益，甚至以破坏生态为代价谋取私利，给社会造成了一系列生态问题。部分人文景观因为旅游过度开发饱受摧残，淳朴的民风民俗、悠久的传统文化渐渐变味，旅游产品过度商业化，缺乏内涵。另外，游客人数持续增长给遗产保护增添了难度，很多历史古迹由于保护不力失去了原有的历史风貌。

---

① 杨冉冉."一带一路"背景下我国旅游资源开发问题初探［J］.旅游纵览（下半月），2016（4）：43—44.

② 刘勇."一带一路"战略下旅游产业整体竞争力的提升路径［J］.鄂州大学学报，2015（8）：49—51.

二、国际旅游问题

国际旅游问题有以下四点。

1. 旅游安全。

"一带一路"沿线国家是当今世界经济发展赖以支撑的资源、市场集聚区，热点不断、冲突不断，而且沿线国家政治体制不同、利益诉求不同，民族矛盾、宗教冲突、文化认同差异，尤其是恐怖势力、宗教极端势力、民族分裂势力等问题造成了极大的社会不稳定，导致安全环境复杂。其中，"一带一路"沿线的伊斯兰教极端主义和恐怖主义蔓延，同时海上丝绸之路的旅行可能会受到索马里海盗等不安定因素的影响，这些都会影响中国游客的出行安全。而中国的旅游应急救援体系不发达，多数沿线国家的旅游应急救援同样处在初级发展阶段，这为中国游客的出行带来了较大的安全隐患。①

中国出口信用保险公司发布的《"一带一路"沿线国家风险分析报告2015》从政治风险、经济风险、商业环境风险和法律风险四个方面对"一带一路"沿线国家进行风险评级。风险由低到高分为1~9级，数字越大代表风险越高。在"一带一路"沿线国家中，风险水平较低的国家仅有4个，占比6.35%；风险水平一般的国家有43个，占比68.25%；有16个国家的风险水平较高，占比25.4%。高风险国家主要分布在：爆发过印巴争端、宗教冲突不断的南亚次大陆；内战不断、政局持续动荡的部分东南亚国家；爆发过中东战争、两次海湾战争和时下恐怖主义猖獗的阿拉伯地区；发生"颜色革命"，处在西方与俄罗斯争夺前沿的独联体国家。这类国家国内政局不稳、政党更替频繁、贪污腐败严重、收入分配恶化、失业率高，同时民族与宗教问题、区域冲突等进一步加剧了它们的安全危机。②

---

① 殷英梅. 一带一路战略下我国旅游产业安全问题研究［J］. 旅游纵览，2015（12）：12–13.

② 盛斌，黎峰. "一带一路"倡议的国际政治经济分析［J］. 南开学报（哲学社会科学版），2016（1）：52–64.

表9-1 "一带一路"沿线国家风险评级（2015）

风险等级		国家	数目
1-3级 （风险水平较低）	1级	新加坡	1
	2级	无	0
	3级	文莱、卡塔尔、阿联酋	3
4-6级 （风险水平一般）	4级	马来西亚、以色列、沙特、阿曼、科威特、捷克、爱沙尼亚、立陶宛、斯洛伐克、斯洛文尼亚	10
	5级	印度尼西亚、泰国、印度、斯里兰卡、哈萨克斯坦、土库曼斯坦、阿塞拜疆、土耳其、约旦、巴林、保加利亚、克罗地亚、匈牙利、拉脱维亚、马其顿、黑山、罗马尼亚、波兰、塞尔维亚	19
	6级	菲律宾、越南、老挝、不丹、巴基斯坦、马尔代夫、乌兹别克斯坦、格鲁吉亚、亚美尼亚、阿尔巴尼亚、波黑、俄罗斯、白俄罗斯、蒙古	14
7-9级 （风险水平较高）	7级	缅甸、柬埔寨、尼泊尔、孟加拉国、塔吉克斯坦、伊朗、伊拉克、黎巴嫩、摩尔多瓦、埃及	10
	8级	东帝汶、吉尔吉斯斯坦、也门、乌克兰	4
	9级	阿富汗、叙利亚	2

资料来源：中国出口信用保险公司."一带一路"沿线国家风险分析报告2015 [M]. 北京：时事出版社，2015.

2. 签证便利化。

"一带一路"倡议提出后，《推动共建丝绸之路经济带和21世纪海上丝绸之路的愿景与行动》中特别强调要"提高沿线各国签证便利化水平"，也获得了各国的支持。哈萨克斯坦最新对10个国家实行免签，俄罗斯对彼得堡邮船客人实行72小时免签，埃及实行了对几乎所有国家的落地签政策，土耳其与阿塞拜疆实施电子签证政策。迪拜机场在实施96小时游客过境免签后，2010年国际中转人次比2009年增加了192万人次。东盟国家由于签证便利化，将使其国际旅游收入在2016年增长至120亿美元。实现"一带一路"交通一体化与签证便利化将是未来各成员国共同的发展目标。[①]

近年，因中国综合国力的提高，越来越多的国家给予中国更加便利的签证政策。2016年，持个人因私护照的中国公民免签国家已达53个；与中国签订各类免签协定的国家已达106个；美日英等西方国家积极降低签证难度或延长单次签证有效期。但总的来说，签证不便利仍是制约"一带一路"沿线国家旅游发展的瓶颈之一。

"一带一路"倡议的目标是高标准的自由贸易区网络。清关速度慢、效率低不仅使入境、过境游客不满，更严重阻碍了国际丝绸之路旅游的发展。近年来，世界旅游组织（UNWTO）携手世界旅游业理事会（WTTC）、国际航空运输协会（IATA）为促进各成员国签证便利化而努力，期望能促进"一带一路"沿线国家签证开放与办理手续现代化，实现丝绸之路统一签证。在联合国开发计划署（UNDP）日前启动的"丝绸之路区域合作项目"中所提出的"丝绸之路多次出入境签证"制度（即今后赴哈萨克斯坦、吉尔吉斯斯坦、塔吉克斯坦、乌兹别克斯坦4个中亚国家旅游只需单一签证即可多次往返），将大大促进该地区的旅游产业繁荣，并为丝绸之路旅游签证便利化的发展奠定基础。

3. 文化冲突。

文化吸引是旅游往来的核心，文化认同是旅游交流的成果。"一带一路"沿线国家文化特点各不相同，民族宗教复杂诡谲，经济水平有高有低，对中国文化、中国游客的了解、熟悉和亲近程度不尽相同。这些文化的差异导致文化性冲突的产生。在发展国际旅游的合作过程中，不论是借助"一带一路"品牌效应吸引更多入境旅游者，或向沿线国家输送更多的中国游客，都要有礼有节，要充分展示自身文化，更要充分尊重对方文化；要深入挖掘历史文化，更要准确把握当下文化。因此，"一带一路"旅游发展必须和文化深度结合，以历史、人文和文化为纽带，增强文化吸引，促进文化

① 邹统钎."一带一路"倡议促进旅游开放与合作［N］.中国旅游报，2015-08-26.

认同，避免文化冲突。[①]

4. 价格竞争。[②]

　　"一带一路"沿线国家旅游市场有的已经耕耘多年，市场竞争激烈，价格亲民，如东南亚的新、马、泰，中亚的阿联酋等国家；但有的国家旅游市场不健全，加之交通成本高，签证费用高等原因，旅游价格始终居高不下，旅游性价比较低，难以在短期内撼动传统旅游区域对游客的吸引力。这就要求各国政府在融入"一带一路"旅游合作的过程中，一定要同步推进旅游基础设施建设，制定更为灵活的签证政策，以降低旅游费用，吸引游客前往非传统的旅游市场。

第三节　旅游合作

　　2014年8月21日，国务院发布的《关于促进旅游业改革发展的若干意见》指出：到2020年，境内旅游总消费额达到5.5万亿元，城乡居民年人均出游4.5次，旅游业增加值占国内生产总值的比重超过5%。旅游业将成为中国的战略性支柱产业。没有提出"一带一路"倡议前，沿线各省一直在发展丝绸之路旅游产品，但由于缺少国内外的联动合作，丝路旅游产品并没有在国内外旅游市场打开销路。"一带一路"倡议的提出，为丝路旅游产品走进国际市场提供了契机，但是能否把关注度转变成实实在在的旅游经济，关键在国内外旅游合作。

①　宋瑞. 积极发挥"一带一路"的旅游力量［N］. 中国旅游报，2015-02-06.
②　吴必虎，朱虹."一带一路"的旅游巨变值得期待［N］. 中国旅游报，2015-04-03.

一、联合申遗，合作建设丝绸之路遗产廊道

2014年，由中国、哈萨克斯坦、吉尔吉斯斯坦联合申报的"丝绸之路：长安—天山廊道的路网"申遗成功，为"一带一路"沿线国家联合申遗树立了典范。对此，有学者建议继续推动丝绸之路申遗后续工作，吸纳更多"一带一路"沿线国家的遗产成为丝绸之路遗产。首先将塔吉克斯坦、乌兹别克斯坦、土库曼斯坦的遗产纳入陆上丝绸之路遗产名录；其次拓展海上丝绸之路申遗，构建完整的丝绸之路遗产廊道，以海上丝绸之路的起点泉州为依托，将广州、福州、东南亚、印度洋、中东等海上丝绸之路港口城市遗产陆续吸纳成为丝绸之路遗产；最后构建围绕"一带一路"的完整丝绸之路遗产廊道。

丝绸之路遗产廊道的完善将为遗产旅游奠定坚实的基础，同时是对丝绸之路旅游最好的营销。

其一，以自然、文化遗产为标准，细分丝绸之路主题，打造草原丝绸之路、佛教丝绸之路、沙漠丝绸之路、香料之路、琥珀之路等。以历史人物为切入点，讲好丝绸之路故事，包括政治类人物，如成吉思汗、班超；宗教类人物，如玄奘、阿尔芒·戴维德（法国传教士，大熊猫的发现者）；商贸科教类人物，如马可·波罗、李约瑟等。

其二，做好"起点"—"节点"—"终点"文化标志建设。如西安、洛阳要做好丝绸之路起点建设；做好海上丝绸之路的标志物建设，如泉州的标志物（灯塔、刺桐）、标志性人物（郑和）建设；建设丝绸之路东、西端标志，树立丝绸之路东端与西端标志城市品牌，以此强化"一带一路"沿线国家的文化认同。[①]

二、基础设施建设合作

基础设施互联互通是旅游的前提，是"一带一路"建设的优

---

① 邹统钎."一带一路"倡议促进旅游开放与合作［N］.中国旅游报，2015-08-26.

先领域。为支持"一带一路"的基础设施建设，由中国主导建立了金砖国家新开发银行和亚洲基础设施投资银行，其目的就是使二者相互补充，共同致力于有关国家的基础设施建设。在区域一体化进程中，基础设施的分布直接决定了社会、经济、文化等方面的一体化，同时，基础设施的改善会强有力地促进旅游业的发展。事实上，旅游业发达的区域，其基础设施建设往往相对完善，而且一体化趋势非常强。由于中国在基础设施建设方面的投入，中国旅游业的竞争力稳步提升，从2007年世界第62位飙升到2010年的第39位。在未来的发展中，随着对基础设施的进一步投资，区域一体化进程将会越来越快，反过来，区域一体化也会进一步强化旅游业的产业融合力。①

目前，旅游基础设施建设合作关键要促进陆上丝绸之路高铁建设，以联通新欧亚大陆桥（从中国的连云港市到荷兰鹿特丹的国际化铁路交通线路）；构建丝绸之路枢纽城市体系；构建机场+高铁+快速路网络体系。

三、促进航权开放

世界上过半数的国际游客将飞机作为出行第一选择，为促进边境旅游、跨境旅游的发展，要加强成员国多方合作，借助跨国航线网络，搭设丝绸之路跨国旅行平台，完善旅游公共服务。2007年，美国与欧盟27个成员国签订的《开放天空协议》对全球民航市场格局产生了积极的影响。"一带一路"沿线国家要学习这种开放天空模式，即在尊重各国主权的前提下，各国之间相互给予自由进入对方航空市场的权利，取消民航领域在经济上的管制，根据市场经济自由竞争的原理在运价、航线、市场准入等方面实行自由化，使其完全由市场机制来调节。

---

① 刘勇. "一带一路"战略下旅游产业整体竞争力的提升路径［J］. 鄂州大学学报，2015（8）：49–51.

如今，中国航企国际竞争力不足的一个关键原因是严苛的航权管制政策。在"一带一路"的大背景下，有关部门要重新审视中国当前的航权管理审批制度，采取措施，积极构建空中丝路。一步步放开航空航权，扩大国际航线，开通更多低成本航空、旅游包机，以更积极、更开放、更灵活的政策，扩大区域航空市场的开放，这将对"一带一路"旅游起到助推作用。①

四、旅游安全合作

旅游的前提一定是安全，面对"一带一路"部分国家持续恶化的安全问题，有必要在旅游合作前划分各国旅游安全等级；让世界旅游组织同沿线国家合作，督促沿线国家建立反恐协调机制；加强对国家内部旅游目标，如人流集中的旅游景点、机场车站码头等区域和设施的保障防范；设立沿线国家旅游安全保险合作机制；推动相关国家间展开情报信息的交流，案件的协查、取证，游客保护、救助等合作，创建一个安全、良好的"一带一路"旅游环境。②

五、错位发展合作

从中国国内来看，"一带一路"涉及了18个省份，作为"一带一路"倡议的关键一环，丝路旅游受到了各地的高度关注。陕西、甘肃、青海、宁夏、新疆、四川、云南、海南等积极参与，纷纷打出"排头兵"、"桥头堡"等旗号，积极筹划"一带一路"旅游。各省的布局谋划陆续公布，但缺乏统一的规划。从国际来看，陆上丝绸之路有7000多公里，涉及65个国家和地区。由于丝绸之路路线太长，多数游客不太可能从头到尾游览丝绸之路，因此现实的旅游消费必然是对丝绸之路某一段进行旅游，或者在丝绸之路上的某一

① 2015年民航发展论坛。
② 邹统钎."一带一路"倡议促进旅游开放与合作［N］.中国旅游报，2015-08-26.

个或者几个目的地旅游。所以，“一带一路”沿线国家或省市在打造旅游品牌上存在合作关系，但在旅游产品上又存在一定的竞争关系。这就要求旅游市场要避免同质化竞争，依据自身的旅游资源优势，找准自己的定位，谋求错位合作发展。①

为此，国家旅游局已制定《丝绸之路经济带和海上丝绸之路旅游合作发展战略规划》，此规划将对加强国内各省自治区，乃至“一带一路”沿线各国的旅游合作起到引导作用。

六、人文交流合作

人文交流有利于促进“一带一路”国家的智力支持，促进中国和沿线国家宗教和文化的交流，促进欧亚大陆的文明多维交融，促进世界人民对中华民族的认同。而旅游合作是人文交流的主要方式之一。

实现人文交流合作的手段多种多样。举办丝绸之路旅游年，以丝绸之路为纽带和桥梁，集中推广丝绸之路沿线悠久的历史、灿烂的文化和多元的旅游资源，有利于形成强大的宣传攻势，进一步推动中国与东南亚、南亚、中亚、东北亚等众多区域交流与合作，激发国际旅游业对丝绸之路旅游的向往和热情，与此同时，建立互联互通的旅游交通、信息和服务网络，加强区域性客源互送，更有利于让世界了解美丽中国。②

七、联合促销

“一带一路”沿线国家联合促销丝绸之路品牌，在世界旅游组织（UNWTO）的推动下，积极开展全方位的市场合作，努力打造

---

① 曾博伟.奏响“一带一路”旅游四重唱［N］.中国旅游报，2015-06-12.
② 孙存良，李宁.“一带一路”人文交流：重大意义、实践路径和建构机制［J］.国际援助，2015（2）：14-20.

国际惯用的丝绸之路品牌、标志与形象。在旅游合作初期应从以下三个方面开展工作：一是品牌打造，联合各国进行品牌规划、宣传和管理，打造特色鲜明、感召力强的"一带一路"旅游形象；二是渠道开辟，发挥官方、企业、民间组织、媒体的宣传推广作用，邀请国内外旅游批发商在沿线各国踩线，联手开展宣传促销；三是销售促进，联合各国举办旅游交易会、节庆活动，联合编写书籍、手册，组织新闻媒体采访，拍摄广告、影视剧、纪录片等。[①]

目前，世界旅游组织已经开展了一系列联合促销活动，如优化旅游目的地网站、搜索引擎和其他网络媒体，以方便丝绸之路旅游线上推广；拓展丝绸之路成员国之间的合作；采取合作的方式在各大旅游交易会促进丝绸之路旅游销售；演绎丝绸之路品牌故事；开发主题产品促进丝绸之路旅游等。除了常规的联合市场营销，各国政府更应该积极宣传出境旅游政策，引导沿线公民客流向"一带一路"汇聚。

八、搭建信息交流平台

信息传递、交流、共享，对于旅游产业发展有积极的作用。合理构建旅游信息平台，有助于提高预判，及早发现问题，及时采取措施。首先，强化软硬件等基础建设，保证信息交流、传递的顺畅性；其次，加强信息交流制度建设，相同部门、多部门间建立沟通平台，及时探究旅游合作中的问题，及时解决；再次，信息沟通步入常态化，建立信息共享机制，简化手续的同时，寻求实际发展中的商机，更合理地开发国际旅游资源。[②]

"一带一路"不是中国一国的事，而是区域国家共同的事业；

---

① 付业勤，李勇."一带一路"战略与海南"中国旅游特区"发展［J］.热带地理，2015（5）：646-654.
② 杨芳，陈艳玲，惠亚冰，等.一带一路背景下的泉州与东盟旅游合作研究［J］.经贸实践，2015（7）：6-7，10.

不是中国一国利益独享地带，而是各国利益共享地带。因此，必须要坚持以旅游资源优化配置为引领，加快推进中国国际旅游产业的标准化、国际化建设，着力引进外部优秀的旅游资源和服务理念，充分做到广泛而深入的交流、文化和产业的融合、经济和文化的全面发展，把国际旅游合作交流平台建设提高到一个新的更高层次，成为具有广泛参与的"一带一路"区域性交流媒介。①

在信息平台的建设中尤其要关注在线旅游的发展。在线旅游有交易成本低、服务自动化、实时互动等优势，是全球旅游经济发展的趋势。这种创新变革，主要是通过互联网以及相关的网络技术来促进旅游的交易与服务。除此之外，在线旅游也可以拉动数字旅游文化的内容制作，促进旅游文化传播。②

整体来看，作为"一带一路"倡议的先行领域，旅游合作是促进文化交流的重要手段，是彰显华夏文明、提高国家软实力的重要途径，是实现民心相通的重要契机。在国内经济新常态和世界经济复苏乏力的现实下，以"一带一路"倡议为支点发展旅游业，符合国际社会的根本利益，有利于国际合作新模式的探索，将为国内外的经济增长增添新的能量。然而，"一带一路"旅游合作是一个复杂的系统工程，既要积极谋取、主动作为，又要广开思路、借力而行。要充分借助上海合作组织、东盟与中日韩（10+3）合作机制等现有合作组织，注入旅游的内涵和活力；要重点加强与世界旅游组织、联合国教科文组织等机构的合作，这些机构长期致力于丝绸之路旅游合作和推广，与沿线各国有广泛沟通与交流；要主动谋求宏观层面和相关领域的支持，在基础设施建设、自由贸易区和经贸合作区建设、货币互通等方面融入旅游的功能和诉求；要积极争取签证、退税、航线等方面的便利政策，如可借鉴申根签证的做法，推

---

① 夏洁."一带一路"战略下开展国际旅游合作的策略选择［J］.淮海工学院学报（人文社会科学版），2015（7）：87–89.
② 周建辉，范垂仁，蔡尚德.整合文化与信息科技的旅游创新模式：旅游行业支援"一带一路"初探［J］.海峡科学，2015（5）：95–97，113.

动丝路沿线各国推出单一的丝绸之路旅游签证，争取放宽针对丝绸之路沿线国家公民的旅游签证，争取允许国内沿线城市加入72小时过境免签城市行列，在海上丝绸之路相关区域，争取实行邮轮过境游客免签证政策等。①

---

① 宋瑞.积极发挥"一带一路"的旅游力量［N］.中国旅游报，2015-02-06.

第十章

金融合作

　　"一带一路"是中国扩大开放的重大战略举措，但要加强与沿线国家的经贸合作，推动中国制造业更好地走出去。实现互利共赢的目标，就必须寻求金融合作的有效方法与途径，使之在"一带一路"倡议中发挥有力的金融支撑作用。2016年8月17日，中共中央总书记、国家主席、中央军委主席习近平在北京出席推进"一带一路"建设工作座谈会，会中提出的八项要求之一就是要求打造多层次金融平台，建立服务"一带一路"建设长期、稳定、可持续、风险可控的金融保障体系。同时国家发展改革委西部司巡视员、国务院推进"一带一路"工作领导小组办公室负责人欧晓理也公开表示，需要鼓励更多像亚投行一样的多边开发机构和更多的商业性金融机构参与到"一带一路"基础设施建设中来。[①]由此可见，在"一带一路"建设中，金融行业的发展与完善至关重要。本章对"一带一路"中的金融合作综述如下。

---

　　① 吴秋余.习近平出席推进"一带一路"建设工作座谈会并发表重要讲话［N］.人民日报，2016–08–18.

第一节　区域金融需求与供给

按照中国目前的规划，"一带一路"的辐射范围涵盖东亚、南亚、中亚、西亚、北非和南欧，总人口数量达44亿，经济总量占全球的1/3。从路线来看，陆上丝路分别为中巴、孟中印缅、新亚欧大陆桥以及中蒙俄等陆上经济走廊，海上丝路则囊括了北太平洋和地中海沿海重点港口城市。"一带一路"发展初期，基础设施的大规模建设，资源能源的开发利用，贸易服务全方位的往来，为中国和相关国家带来多产业链、多行业的长久投资机会。在如此背景下，中国制造业要想更好地走出去，需要相关大型金融机构给予相应的支持。

一、融通资金的需求

中国民营企业海外投资的发展还处于初级阶段，且投资规模小、国际知名度低，加之较高的国外融资成本及文化背景的差异，很难得到被投资国银行的信任，从而导致企业向国外银行融资困难重重。从国内来看，虽然国家政策大力支持银行向民营企业开放，但操作的实际情况并不容乐观，海外投资企业很难跨越种种限制从政策性银行融资；同时，想让银行对涉及政治、信用和市场的高风险海外项目进行投资，没有更高的收益作保障，几乎是很难实现的。制造业、能源、采矿及农业是中国国内小企业海外投资的主要行业，而国内商业性海外业务开展最多的中国银行用于这些行业的贷款余额仅有5.21亿美元，与同期企业291.85亿美元的海外投资相比简直是杯水车薪。因此，商业银行应该做好相对应的准备，在防范风险的同时，积极开发新产品，满足民营企业海外投资的融资需求。

二、金融服务需求

海外投资企业对金融服务质量的要求相当严苛,而且需要全面一体化的金融服务。这就要求中国的金融机构拥有快速的信息获取能力、高效的商业咨询能力、投融资一体化的服务和国际结算等能力,然而中国金融机构的发展现状和国际化程度还远远没有满足海外投资保障体系的要求。①

中资企业参与"一带一路"建设,还面临着一些风险和挑战,如沿线国家的地缘政治风险居高;中资企业走出去的结构不平衡,缺乏配套的软实力支持;与日韩乃至其他中国企业的市场竞争日趋激烈等。其中,怎样获得长期、充足、合理成本的资金支持,是几乎所有中资企业走出去及海外项目面临的共性问题。他们的金融服务需求主要包括:对开发性金融支持有着迫切需求;需要适宜的金融方案来对冲汇率波动等市场风险;需要银行提供更多源头性、延伸性服务。②

在跨国金融合作方面,金融服务需求同样较大。首先,"一带一路"建设是个庞大工程,需要建设交通、文化、信息和经贸领域的"一带一路"。"一带一路"基础设施建设投融资需求巨大,如铁路、公路、机场、港口等交通基础设施,勘探开发、管道运输、冶炼加工等资源基础设施,电线固网、宽带改造、智能电网等线网基础设施。其次,"一带一路"跨境人民币使用需求旺盛。中国经济的健康稳定发展和人民币的持续坚挺,使人民币越来越受到周边国家欢迎,并且日益成为贸易结算货币。再次,"一带一路"贸易融资需求日益扩大。中国金融机构在提供出口买方信贷、服务贸易项目融资、跨境供应链金融、成套设备信保融资等方面经验丰

---

① 张帅.一带一路战略下中国制造业海外转移的金融需求研究 [J].时代金融,2016(5):18-23.
② 樊志刚,马素红,王婕,李卢霞."一带一路"战略下中资企业"走出去"现状及金融服务需求 [J].中国城市金融,2015(10):25-26.

富、优势明显，逐渐成为各国青睐的金融服务供应商。最后，"一带一路"项目保险服务需求暴涨。中国企业走出去，面临当地经济动荡、金融危机引发的资产贬值、汇兑限制、地缘冲突等不确定因素，亟须政策性保险、商业性保险来维护投资安全。此外，中国金融国际化需求，沿线各国的财富管理需求，以及金融机构提高风险管理水平的需求都十分紧迫。①

三、金融供给主要靠开发性金融支持

在金融供给方面，主要是靠开发性金融来支持。概言之，一方面扩展金融企业的境外融资渠道和服务网点；另一方面运用多元化渠道为走出去的企业提供金融支持。其中，需要注重三个方面：

一是鼓励境外融资。其主要包括企业和银行境外发债、上市等。目前国际金融市场利率水平仍然不高，3个月的伦敦同业拆借利率（LIBOR）依然在0.25%左右，中国同期拆借利率（SHIBOR）却在5%以上，差异较大；而中国整体主权负债率也不高，在60%左右（政策性银行债券一般被视为主权负债），因此仍有空间募集廉价的国际金融市场资金，用于前期开发。

二是运用外汇储备。目前中国国家外汇储备高达万亿美元，规模过大，大比例投向美国国债等，但收益有限，故国内也长期在讨论扩展其运用范围，认为可将其运用于开发"一带一路"。②

三是加强区域内开发性金融机构合作。开发性金融在"一带一路"建设中大有可为。"一带一路"沿线主要是新兴经济体和发展中国家，人均国内生产总值（GDP）、人均公路里程、人均铁路里程等指标均远低于发达国家，很多国家正处在工业化、城市化的

①　杨枝煌. 加快全面建立"一带一路金融+"战略机制［J］. 国际经济合作，2015（6）：35–42.

②　王剑. 兵马未动，粮草先行——论"一带一路"战略的开发性金融支持［J］. 银行家，2015（3）：56–59.

起步或加速阶段，对能源、通信、交通等基础设施需求很大，但供给严重不足，面临建设资金短缺、技术和经验缺乏的困境。据亚行估计，2010~2020年亚洲各经济体的基础设施要想达到世界平均水平，需要投资 8 万亿美元，另外区域性基础设施建设仍需要3000亿美元，资金缺口巨大。同时，基础设施投融资的特点是资金需求量大、建设和资金回收期限较长，像铁路、水电等项目回报期限长达30~50年，未来收益虽然稳定，但回报率比较低。这就决定了商业资金进入的积极性不高，而发展中国家普遍财政实力较弱，国内储蓄和资本积累严重不足，亟须引入外部资本，发挥开发性金融作用，以中长期投融资推进区域经济发展。

当前，"一带一路"建设已凝聚起沿线各国和地区的合作共识，展现出互利共赢的发展前景，进入到务实推动阶段。其中"一带一路"建设市场广阔，需要区域内众多主权开发性金融机构，亚投行、金砖银行等新型多边开发性金融机构，以及世行、亚行等老牌开发性金融机构加强合作，发挥各自优势，共同推动区域经济社会发展和一体化进程。[①]

第二节　新型国际金融机构对"一带一路"的支撑作用

面对"一带一路"沿线国家基础设施建设巨大的资金需求，对于有关的金融界和实体经济体来说，真正的挑战在于如何把潜在的基础设施等领域的投资需求转化为实实在在的投资机会。为此，新型国际金融机构在推动"一带一路"建设的基础设施融资上，发挥着重要的作用，本节着重说明"两行一金"，即亚洲基础设施投资

---

① 胡怀邦. 发挥开发性金融作用 服务"一带一路"战略［J］. 全球化，2015（5）：20-30，131.

银行、金砖国家新开发银行以及丝路基金在推动"一带一路"建设中的作用和意义。

一、亚投行[①]

2014年5月21日，习近平主席在亚信峰会上首次提出在加快推进"一带一路"建设基础上启动亚洲基础设施投资银行的设想，以期促使亚洲经济繁荣发展和区域安全相得益彰，进一步推动中国和其他各国深入参与区域合作进程。该倡议获得了世界国际金融组织和绝大多数国家的认同和欢迎，取得了强烈的国际反响。自2014年10月24日起，亚投行在21个首批意向成员国的共同努力下在北京正式签约成立。截至2015年4月15日，在英国的带动下，欧洲发达经济体国家也相继加入亚投行，亚投行创始成员国已由最初的21个增至57个，范围遍及全球五大洲。

亚投行的成立将加快推进中国全面融入国际社会，也将加快推进中国和各国间的经贸合作。在战略上，亚投行是完成"一带一路"倡议目标的重要手段，旨在促进亚洲地区基础设施建设和互联互通，是一个国际性、政府间的多边合作机构，在服务范围和服务对象上与"一带一路"倡议高度吻合。因此，亚投行的快速成长将加快推进"一带一路"建设，成为"一带一路"建设的探路者和开路先锋。

亚投行对"一带一路"倡议的支持主要体现在三个方面。

1. 亚投行将为"一带一路"倡议提供金融支撑。

亚投行为"一带一路"倡议提供金融支撑不仅仅是整合欧亚经济的战略需要，同时也是中国及各成员国自身利益能够得到有效保障的重要抉择。首先，通过扩大成员国来源的广泛性可以显著地提高亚投行作为独立国际金融机构的资信等级。这不仅可以提高实际

---

① 此部分主要参考：胡海峰，武鹏. 亚投行金融助力"一带一路"：战略关系、挑战与策略选择［J］. 人文杂志，2016（1）：20—28.

可利用资金规模，而且可以从整体上放大金融杠杆比率，最大程度上对"一带一路"倡议提供金融服务和金融支撑。其次，资本外流是长期以来冲击亚洲经济安全的重要因素。亚投行在提供优质金融资源和金融服务、填补"一带一路"巨量资金需求的同时，也将从整体上提高亚洲国家的资本利用效率，从而吸引全球流动资本向亚洲转移。

2. 亚投行将构建一个国际经济合作平台。

通过筹建亚投行对"一带一路"建设进行有力支持，不但是为周边国家和地区推出的一项经济刺激与增长计划，也是针对中国自身经济发展特殊时期的强心剂，更是促进各国经贸合作发展的有效平台。"一带一路"的战略目标是建立起一套高效、可持续发展的分工体系，达到整合沿途各区域内杂乱无序产业分工的目的。"一带一路"沿线国家的经济发展阶段也各不相同，亚投行正是以金融为切入点和突破点，通过建立一个合作、高效的国家间经贸合作平台，让各成员国充分利用金融杠杆撬动更多优质资源来服务本国的基础设施建设。

3. 亚投行将促进"一带一路"倡议形成完整的融资链。

亚投行金融助力"一带一路"建设，不但可以推进储蓄向基础设施建设投资的有效转化，而且可以推进虚拟经济向实体经济的有效转移，并最终形成较为完整的融资链。亚投行的创始成员国可以分为资金来源国和资金需求国。资金需求国是希望利用外部资金和资源来推动本国基础设施的建设，并加快本国的经济发展速度和质量；资金来源国主要通过提供基础设施建设的资金来源，形成互利共赢的合作伙伴关系。可见，无论是资金借出方还是借入方，在亚投行的投融资框架下，都能获得各自期许的利益诉求，并最终实现真正的互利共赢。在此基础上，亚投行还可以充分结合丝路基金对亚太地区的基础设施建设进行长线投资，通过发行各类金融资产证券化的衍生金融工具，最大程度释放资金的可利用潜力，以此来撬动丝路经济带平均每年8000亿美元的基础设施投资需求。

与此同时，亚投行的金融框架构建和规则设计将充分参考现行国际通用规则和惯例，充分借鉴适用发展中国家的经验以及中国自身的经验。基于此，公私合作关系（PPP）等多元方式有望成为亚投行新的融资合作模式，为推动"一带一路"沿线地区的基础设施投资，促进"一带一路"经济带融资链的有效完善贡献力量。

总之，伴随区域经济一体化的大趋势和大背景，世界经济格局无论在政治、经济、贸易还是投资领域的深刻调整都将不可逆转。"一带一路"倡议构想和蓝图规划正契合了世界各国都面临经济转型调整的共同需求，提供了沿线国家经济发展优势互补的新平台，开启了沿线各国经济腾飞的新机遇。而亚投行对于"一带一路"的战略意义，正源自经济发展的内在需求，源自金融助力实体经济的大势所趋。[①]

二、金砖国家新开发银行[②]

2014年金砖五国首脑在巴西宣布成立新开发银行（金砖银行），成立银行的目的是为新兴经济体和发展中国家的基础设施和可持续发展提供资金，特别是长期资金。新开发银行的法定资本为1000亿美元，初始资本为500亿美元，由5个金砖国家平等出资，银行总部设在上海，首任银行行长来自印度，4位副行长分别来自中国、俄罗斯、巴西、南非4个国家。

1. "一带一路"倡议是跨世纪的战略。

"一带一路"沿线国家涵盖亚、非、欧等地区，沿线总人口约44亿，经济总量约21万亿美元，分别占全球的63％和29％。这一地区的国家多属于新兴经济体、发展中国家，是目前全球贸易、跨境

---

① 胡海峰，武鹏.亚投行金融助力"一带一路"：战略关系、挑战与策略选择［J］.人文杂志，2016（1）：20-28.

② 此部分主要参考：祝宪."一带一路"和金砖银行的作用［J］.沪港经济，2016（1）：25-26.

投资增长潜力最大的地区之一。当前制约"一带一路"经济体和经济带的因素之一，是沿线国家的基础设施相对落后，所以支持沿线国家的基础设施建设能够有效地降低这些国家物流和技术转移的成本，促进制造业、交通运输业和其他基础设施的发展，推动有关国家经济融合和开拓更多的就业机会，减少贫困，进而提升产业发展水平和居民消费水平，使这些国家的经济上一个新的台阶。

2.资金支持是"一带一路"基础设施建设中必不可少的保障。

金砖新开发银行的宗旨是为新兴经济体和发展中国家的交通便利、能源等基础设施和可持续发展提供支持，这与实施"一带一路"沿线国家的基础设施战略是高度吻合的。作为21世纪成立的全新的国际金融机构，新开发银行要建立更为多元化的投融资战略，更优先使用各成员国本地债券市场等融资渠道，将中国等高储蓄国家的储蓄资金和他国家潜在的基础设施需求相结合，开拓盈利比较稳定并具有公共溢出效应的投资机会，支持包括"一带一路"沿线国家在内的发展中国家基础设施和可持续发展项目。

3.新开发银行股东国是"一带一路"重要经济体。

新开发银行股东国中的中国、俄罗斯、南非、印度都是"一带一路"沿线区域中的重要经济体。新开发银行在筹集资金上，将采取国际资本市场硬通货和成员国国内市场本币并举的战略；在融资发展战略上，新开发银行现在着重研究各国本地筹资的可行性和发展本地资本市场的可行性；提早布局，研究本地高效低成本的融资，通过本地资本市场的发展，逐步减少对发达国家经济体货币和资本市场的过度依赖，提升新兴经济体货币的资产定价、交易、媒介等功能。面对"一带一路"沿线国家巨大的基础设施建设资金需求，金砖银行本身准备建立形式灵活的贷款和投资产品，设立不同层次的主权和非主权的贷款形式和担保条件；在安保和采购政策方面，依托发展中国家本身的相关政策，采取更为灵活有效的政策框架；在再贷款利率和期限设置上，可根据基础设施项目不同领域和未来资金流情况，设置不同档次的标准，逐步开展项目贷款。金砖银行同时准备推广联合融资模式，在基础设施建设过程中，要联合不同的国际和成员国的金融机构，借助国内金融机构或者成员国金融机构熟悉本地情况和风险优势，给予"一带一路"欠发达地区的基础设施以更大规模的资金支持，提升投资的乘数效应。金砖银行也准备以股权投资等创新金融方式，调动私营部门的参与积极性，探索股权投资、合同管理等创新金融业务和PPP资金模式，提升私人部分和市场参与投资的积极性。金砖银行在新兴经济体和发展中国家同时准备推动信息优势和多边平台的作用，在产能合作中着重研究可能遇到的国别政治、法律、信用和管理文化方面的挑战和风险，支持成员国本国企业开拓国际业务。金砖银行在推动基础设施建设的同时，还准备着重支持技术研发合作，为包括欧亚区域在内的"一带一路"范围的发展中国家，提供基础设施领域的创新、投融资公司和运营方式，来发挥智力支持作用，提升人才队伍的管理水平和功能投资使用效应。[①]

三、丝路基金[②]

2014年11月8日，在北京APEC会议期间，习近平主席宣布中国出资400亿美元成立丝路基金后，丝路基金有限责任公司已于2014年12月29日在北京注册成立并正式开始运行。

"一带一路"倡议是中国在新时期，即重要战略机遇期的后半期，实施更加主动的对外开放战略的客观需要。为配合"一带一路"建设，丝路基金随之应运而生。特别是在明确设立亚投行的背景下，为了更快推进"一带一路"建设，丝路基金的设立属于先导基金，可以更快地设立，更快地运作，更快地推进项目建设。在2014年11月9日APEC工商领导人峰会上，习近平主席表示，丝路基

---

① 祝宪. "一带一路"和金砖银行的作用 [J]. 沪港经济，2016（1）：25–26.

② 张建平，刘景睿. 丝路基金："一带一路"建设的启动器 [J]. 国际商务财会，2015（3）：9–13.

金将为"一带一路"沿线国家基础设施建设、资源开发、产业合作等有关项目提供投融资支持。

虽然投资待开发地区，丝路基金并非旨在援助，也不同于优惠贷款。中国不是不计回报地推进"一带一路"，而是强调与沿线各国互利共赢。丝路基金原则上是按照市场化、国际化、专业化设立的，是寻求盈利的，重点是在"一带一路"发展进程中寻找投资机会并提供相应的投融资服务，同时通过运作早期基础设施投资争取可以得到中长期投资回报。

习近平主席曾明确表示，设立丝路基金是要利用中国的资金实力直接支持"一带一路"建设。作为"一带一路"倡议的发动机，丝路基金的金融支持主要体现在杠杆作用和协同效应两方面。

1. 发挥杠杆作用——四两拨千斤。

虽然丝路基金主要服务于"一带一路"建设，然而它的资金量却也远远不够，能够让丝路基金发挥最大效益的是它的杠杆作用。杠杆的关键作用在于引导。例如，丝路基金为一个基础设施项目配一定的项目资本金，有了项目资本金作为信号，商业资本发现项目有保障，并且政府支持，就愿意参与，然后就会引发公私合作的模式，进而使社会资本与民间资本结合起来。杠杆的另一作用在于获得战略资源。例如，投资基础设施的时候引入当地民资的参与，会让当地群众产生参与感和积极性，更可以为项目营造出良好的社会关注以及舆论氛围。同样的作用也适用于外资的引入。总而言之，资本的引入会带来战略资源，也使投资的效果事半功倍。

2. 促进协同效应——整合金融资源。

对"一带一路"理想的金融支持应该是来自丝路基金、亚投行、中国或者其他经济体的开发性金融机构（如国家开发银行、中国进出口银行），再加上国际性的金融机构（如世界银行）以及商业机构等的共同支持。虽然竞争无处不在，但更重要的是协同；分头行动并不能形成合力，如果能将它们整合起来，那么融资的功能就会非常强大。丝路基金正是以其开放性和包容性，构成了联系各股力量的纽带，进而可以把社会上的资金、国际金融机构的资金和不同经济体的开发性金融机构的资金都整合起来，促使发挥其协同效应。[①]

第三节 区域金融合作促进"一带一路"联动发展

"一带一路"是国家战略，需要沿线国家间进行"五通"，实现国家发展的利益共赢。金融系统作为价值转移的载体，而各个国家现有的金融发展形态各异，要具体实施"一带一路"倡议，亟待对沿线国家的金融现状进行梳理、协调，以建立多边的金融创新模式。

一、区域金融合作的现状[②]

1. 建立稳定的多边合作机制。

中国通过参与东亚及太平洋地区中央银行行长会议组织（EMEAP），东盟与中日韩（10+3）金融合作机制，中日韩央行行长会议机制，东南亚中央银行组织（SEACEN），中亚、黑海及巴尔干地区央行行长会议组织，上合组织财长和央行行长会议等区域合作机制，增加了与相关地区国家的沟通交流，加大了中国在区域金融合作中的参与力度。

2. 推动建立区域投融资机构。

建立区域投融资机构，促进中国与周边国家的基础设施建设，有利于加强中国与周边国家的战略合作。2010年9月，中国首次正式

---

① 张建平，刘景睿. 丝路基金："一带一路"建设的启动器［J］. 国际商务财会，2015（3）：9–13.

② 李博."一带一路"的金融版图. http://www.vccoo.com/v/d089ad.

提出设立上合组织开发银行的倡议。2013年10月，习近平主席赴印度尼西亚出席亚太经合组织峰会时提出筹建亚洲基础设施投资银行的倡议。亚投行于2015年底投入运营，并在2016年初推出首批项目。

3.跨境人民币业务（人民币走出去）。

2009年以来，为顺应市场需求，以促进贸易投资自由化和便利化为目标，中国先后开展贸易、投资等人民币结算工作，跨境人民币业务政策框架基本建立。在目前的政策框架下，跨境人民币业务范围覆盖所有经常项目、对外直接投资、外商来华直接投资等，境内所有从事进出口货物贸易、服务贸易，以及对外直接投资、外商直接投资的企业均可自主选择以人民币进行计价、结算和收付。此外，还陆续开展了境外机构投资银行间债券市场、境外项目人民币贷款，以及人民币合格境外机构投资者（RQFII）境内证券投资、人民币和非主要国际储备货币的挂牌等业务，人民币跨境循环使用渠道日渐顺畅。在政策框架下，人民币在跨境贸易和投资中的使用进一步扩大，跨境贸易人民币结算业务保持较快发展，跨境投资人民币结算业务有序开展，境外机构在境内开立人民币账户个数稳步增加，多家境外央行或货币当局与中国人民银行开展了双边本币互换和结算协议。

4.金融机构层面的合作。

中资银行机构在区域内国家的金融合作情况主要分为两类。一是政策性银行、大型国有商业银行和股份制商业银行与多个区域内国家开展了多方面的金融合作，包括通过在当地设立的分支机构和代理行，与区域内国家开展业务合作。二是中国部分边境省份的城商行与其相邻国家的金融机构开展了符合当地经济特点与业务需求的业务合作。截至目前，中国包括工、农、中、建、交、国开行等9家银行机构，在俄罗斯、新加坡、越南等14个国家设立了33家金融机构。俄罗斯外贸银行公开股份公司、泰国开泰银行（大众）有限公司等31家银行机构在中国设立了72家金融机构。

5. "一带一路"建设项目融资合作。

中资金融机构对"一带一路"沿线主要国家合作项目和基础设施建设提供了有力的金融支持。同时,配合信贷支持政策,国内金融机构积极开展了为相关合作国家提供集战略规划咨询、项目策划、投融资顾问、风险管理于一体的综合性金融服务,以银行走出去推动企业走出去。如国家开发银行完成了塔吉克斯坦、老挝"七五"规划咨询,柬埔寨、斯里兰卡等国规划合作,承担编制《中印经贸合作五年发展规划》《老挝"八五"国民经济和社会发展规划》等。

6. 金融市场合作,开放银行间债券市场。

10余家来自丝绸之路经济带地区的央行获批投资银行间债券市场,其中,亚洲债券市场的发展促进各国债券市场的不断开放,推动区域金融市场合作加深。在东亚及太平洋地区中央银行行长会议组织(EMEAP)机制下的亚洲债券基金和"10+3"金融合作机制下的亚洲债券倡议,推动了亚洲债券市场的发展,其在推动区域债券市场发展、促进债券品种和投资主体多元化、加强债券市场监管合作、完善债券市场基础设施等方面发挥了积极的作用。亚洲债券市场发展推动各国银行间债券市场不断开放,随着人民币国际化的推进和离岸人民币清算中心的建立,人民币合格境外机构投资者RQFII资格的申请标准,已经放宽到多个设有离岸人民币清算中心的国家和地区的金融机构。截至2015年1月12日,中国已有14家QFII、62家RQFII、95家境外银行、11家境外保险公司成为本币市场成员。此外,还有多个境外央行委托中国人民银行来进行银行间债券市场的投资。这些境外央行以及投资机构中来自丝绸之路经济带地区的数量在不断增加。在推动中国债券市场对外开放的同时,也将提升人民币的知名度,有利于人民币国际化。①

---

① 闫衍."一带一路"的金融合作[J].中国金融,2015(5):32-33.

二、区域金融合作存在的问题及制约因素

强化区域金融合作是"一带一路"建设的重要步骤，但沿线国家间金融合作仍然存在着一些问题。由于"一带一路"沿线较长，成员国中发达程度相差较大，区域经济发展不平衡，投融资渠道和建设基础设施所需的资金支持受到一定限制，进而导致区域金融发展不平衡。对于区域金融合作存在的问题及制约因素，不同学者提出了不同观点。

1. 区域金融发展不平衡阻碍"一带一路"下的金融合作。

这其中包括国内区域金融发展不平衡以及沿线国家金融发展不平衡。"一带一路"沿线国家主要位于亚洲和欧洲，亚洲除个别较发达国家之外，绝大多数国家的金融系统由政府监管的商业银行主导，对金融机构的依赖程度过高。同时，亚洲金融市场的发达程度和金融资源的调动能力远不如欧洲金融市场，所以很难全力应对高附加值、高风险的金融行业的发展。"一带一路"区域金融合作重点强调参与国金融发展一致性，所以各国的金融发展水平不一致，会阻碍金融合作的顺利进行。

2. "一带一路"沿线国家主权信用等级跨度较大。

"一带一路"倡议由于涉及国家众多、投资周期长、投入资本量大，其实施过程中面临的复杂性和挑战不一而足，主权信用级差跨度大，既有主权信用评级AAAg级国家（如新加坡），也有主权信用在投资级（BBBg-）以下的国家。其中，大部分沿线国家的主权信用处于（CCCg-Bg）级；中亚除哈萨克斯坦、乌兹别克斯坦，其余三国主权信用均在BBBg-以下；东盟近半数国家主权信用处于Bg级以下；中东、南亚和非洲6国除印度为BBBg级以外，其余5国大部分为Bg+以下级。[①]如此跨度大的国家主权信用级差，容易导致主权债务危机和银行危机之间的恶性循环，这不利于"一带一路"区域

---

① "一带一路"沿线国家主权信用级差跨度大.证券时报网，2015-05-27.

金融合作的发展。

3. "一带一路"区域金融合作缺乏合理的规划与协调。

首先，"一带一路"所形成的庞大而复杂的产业链缺乏完善的金融模式，加上制度的限制和政策的障碍，导致了基础设施建设的金融合作程度较低。其次，很多国家的封闭式发展，影响了金融信息交流的畅通，阻碍了信息的共享，导致难以有效利用多边金融合作平台，难以创新思路和融资方式，难以有效地构建推动"一带一路"建设的投融资机制。另外，区域金融合作是"一带一路"倡议的实施目标，过程中会产生巨额的经济往来，但由于缺乏合理的规划，使投资方和受援方一味追求利益，将建设资金挪作他用，助长了贪污腐败的不良之风。

4. 区域金融合作可能形成新的金融风险。

随着"一带一路"金融合作领域的拓展和资本输出规模的增大，跨区域金融机构面临新的问题。区域金融合作虽然增加了金融机构业务往来的关联度，加速了机构的整合、重组，产生了庞大产业链和资金链，但是产业链或资金链一旦断裂，将会引发多米诺骨牌效应，甚至波及多个领域，不仅直接造成资金损失，而且很可能造成更严重的区域性金融风波。所以，在"一带一路"倡议背景下，如何加强区域金融风险的监控力度和防范能力，保障区域金融环境的稳定和贸易活动安全的运行，将成为"一带一路"倡议下，区域金融合作面临的重大问题之一。①

5. 已有经济联盟的竞争性排斥。

目前，中亚国家参与的经济联盟主要是欧亚经济共同体和统一经济空间，特别是俄白哈统一经济空间发展迅速，形成内部一致、协同对外的坚固经济联盟，对外来经济势力进入形成屏障。在推进"一带一路"倡议时，必然会遭受已有经济联盟的竞争性排斥，故中国与沿线各国的金融合作需要在互利共赢的前提下加强沟通与协

---

① 夏彩云，贺瑞."一带一路"战略下区域金融合作研究［J］. 新金融，2015（7）：34-38.

作，寻求达到利益共同体的契合点。

6. 经济发展水平差距较大。

中国与中亚五国同属发展中国家，但各个国家的经济发展水平差距是比较大的。按人均GDP可将中国、中亚各国的经济发展水平大致分为两个层次：哈、中、土三国可划分为第一个层次，乌、吉、塔三国划分为第二个层次。区域各国经济发展水平的差距会影响各国经济合作的步伐，导致金融合作基础薄弱，使得金融合作停留在简单的协商对话、政策性协议的签署等初级层面，实质性的金融合作很难广泛展开，进而影响区域金融合作的进一步深化。同时，中国和东盟各国经济发展水平差异较大，各国经济发展模式多元化，产业结构和经济特征各不相同，导致对金融的需求也有较大差异，各国金融市场发展水平存在较大差异。2012年，中国与东盟各国人均GDP的差距超过50倍，远高于欧盟内部16倍和北美自由贸易区内部30倍的差距水平。例如，新加坡作为发达国家，金融市场的发展程度较高，而老挝等国的资本市场尚未成型，导致各国在制定金融政策时必然从本国利益出发，对于金融市场的开放步伐不一，金融政策协调难度增大，更加大了实现区域货币金融合作的难度。

7. 金融生态环境影响。

部分沿线国家系统性风险高，金融机构资本充足水平、资产质量、抗风险能力都比较低，银行信用等级差，汇率不稳定，各国（尤其是相对落后国家）对金融服务业承诺的开放程度也存在一定限制。这些使国内金融机构进入相关国家市场时面临高成本、低收益、币值不稳定、风险大等一系列不利因素。①

---

① 易诚. 进一步加强与"一带一路"国家的金融合作［J］. 甘肃金融，2014（4）：10-13.

第四节　"一带一路"与人民币国际化

丝绸之路经济带与海上丝绸之路建设不仅能够为中国与沿线国家的商品流通与金融合作提供良好的基础设施条件，也将为人民币国际化创造越来越多的投融资机遇。依托"一带一路"建设，在沿线各国贸易发展和金融合作的基础上推动人民币国际化，据此构建沿线人民币贸易圈和人民币货币区，符合沿线各国利益，也是区域经济一体化发展的必然趋势。

一、人民币国际化为沿线贸易发展创造了更多的投融资机遇

在"一带一路"建设过程中，沿线国家之间贸易的海路通道、陆路通道、交通枢纽与内地城市的互联互通、中心城市与经济腹地之间的互联互通、沿线国家与毗邻国家之间的互联互通，不仅为"一带一路"沿线各国及毗邻地区之间的贸易发展，为以人民币为主要贸易结算单位的贸易圈的形成，创造了公共产品供给与基础设施条件；同时，也为人民币国际化创造了更多的投融资机遇。

二、人民币国际化为沿线贸易圈形成创造了专业化分工与合作条件

随着"一带一路"沿线各国之间海路贸易通道与陆路贸易通道的建设和完善，在沿线各国、各个经济区域之间形成分工合作关系，将为沿线人民币贸易圈的形成创造国际分工与跨国合作条件。"一带一路"沿线各国，在资源禀赋、人口规模、经济发展程度、经济结构、历史文化背景等多个方面都存在着差异。"一带一路"建设为各国、各经济区域充分发挥本国、本地区的比较优势，特别是禀赋比较优势，创造了基础设施条件，不仅扩大了各国的商品流

通范围，也扩大了各国要素的市场化配置范围，更大的市场规模和要素配置空间范围则为各国之间的专业化分工合作创造了条件，也为沿线人民币国际化创造了国际分工与合作的条件。沿线各国之间的专业化分工市场网络日益稠密，为人民币国际化创造了市场网络条件；沿线各国之间的专业化分工地理空间范围日益广阔，为人民币国际化创造了广阔的地理空间；沿线各国之间的产业分工程度日益深化，为人民币国际化创造了国际分工环境。

三、人民币国际化为沿线经贸合作提供了交易和投融资工具与平台

"一带一路"建设有利于沿线各国之间的专业化分工体系的形成和深化，而且也为沿线各国之间的区域合作创造了基础设施条件和相关制度工具，为"一带一路"沿线人民币贸易圈的形成和发展准备了市场专业化分工与区域合作条件，为人民币国际化创造了良好的国际分工合作环境。中国是"一带一路"建设的主要发起国、出资国和"一带一路"上最重要的经济大国与贸易大国，作为中国为沿线各国提供公共产品服务的重要内容，为沿线各国专业化分工与区域合作提供人民币交易和投融资工具与平台，将有力地推动人民币的国际化进程。[①]

四、人民币国际化为沿线双边贸易使用第三国货币消除了不利影响

"一带一路"倡议需要大力发展人民币国际化业务，突破交易货币的瓶颈。随着人民币国际化进程的深入，人民币在跨境贸易、融资与投资过程中使用占比不断提升，产品更加多样，流通渠道更

---

① 保建云.论"一带一路"建设给人民币国际化创造的投融资机遇、市场条件及风险分布［J］.天府新论，2015（1）：112-116.

加畅通，在帮助企业降低因汇率变动带来的交易成本的同时，带来了更多的人民币计价贸易与投资机会。在"一带一路"经贸发展过程中，一方面，商业银行应积极推进人民币与沿线国家货币的报价和直接交易，进一步扩大人民币在贸易、投资中的使用范围，降低使用第三国货币对双边贸易往来的不利影响。另一方面，商业银行应积极创新人民币风险规避与资金增值产品，打消"一带一路"沿线国家企业使用人民币的后顾之忧，并进一步促进人民币用于沿线国家资产计价、纳入沿线国家储备货币，提升人民币接受程度。此外，商业银行还应不断完善人民币资金清算渠道，构建更为畅通的人民币跨境流通机制，提升人民币使用的便利化程度。[①]

五、"一带一路"如何推进人民币国际化

对于在"一带一路"倡议实施中如何有效推动人民币国际化，有的学者提出，应当从大宗商品计价结算、基础设施融资、产业园区建设和跨境电子商务四个方面寻求有效突破。[②]有的学者则认为，应建立区域金融合作机制，加强各国之间的金融联系；鼓励使用人民币进行跨境贸易结算和投资；鼓励建立人民币离岸市场，推动国际债券市场的开放及合作；拓宽人民币跨境流动渠道，推动人民币海外良性循环四个方面来发挥"一带一路"在人民币国际化进程中的作用。[③]

---

① 程军. 构建"一带一路"经贸往来金融大动脉 [J]. 中国金融，2015（5）：34–36.

② 陈雨露."一带一路"与人民币国际化 [J]. 中国金融，2015（19）：40–42.

③ 韩玉军，王丽."一带一路"推动人民币国际化进程 [J]. 国际贸易，2015（6）：42–47.

第五节　金融风险与挑战

一、"一带一路"倡议实施的金融风险

（一）政治风险

实践证明，海外基础设施建设项目一旦受到政府支持和担保，融资能力和银行贷款意愿往往大为提升。但战争、政策改变、财政管制等风险会直接导致项目投资无法收回。因为该类风险一般无法预见，但对项目影响相对较大，贷款人往往需要附加信用担保协议以预防和降低政府信用风险带来的损失。业主选择之一是为政治风险投保，如中国出口信用保险公司提供的中长期出口信贷及境外投资保险从本质上就是为政治风险投保的产品。这类政治风险主要包括：（1）债务人所在地政府或还款必经的第三国（或地区）政府禁止或限制债务人以约定货币或其他可自由兑换货币偿还债务；（2）债务人所在地政府或还款必经的第三国（或地区）政府颁布延期付款令，致使债务人无法还款；（3）债务人所在地政府发生战争、革命、暴乱或保险人认定的其他政治事件。当以上事件发生，贷款人会获得按投保金额一定比例计算的补偿。此外，涉及多国参与的海外工程项目，对于非商业性风险可以委托多边投资担保机构，如国际金融公司、世界银行、亚洲开发银行等提供担保，对政治风险进行控制。

（二）融资结构风险

由于基础建设项目往往用款量大而且项目回收期长，同时涉及多方参与，融资结构较为复杂，如多个贷款人偿付的先后顺序、离/在岸对于担保物的清偿顺序，以及由于对项目重要指标难以预测，或预测不当而导致日后难以收回贷款的风险。这种复杂性会影响贷

款人的投资兴趣。

对银行而言，最有效的防控风险措施是制定逻辑严密、有效的担保体系。业主往往需要接受贷款人对项目进行的全面评估和详细分析，并提供额外担保（通常包括项目完工担保、产品购买担保和必要的物权担保）；同时贷款人亦会要求更加严格的条款限制，如对新增借贷的限制、关联方交易的披露或者贷款人之间的共同承诺等。

（三）技术工程风险

基建项目的项目周期较长，并且项目所需的资本投入较大。针对项目的技术工程风险，银行往往会尽早介入项目，全面掌握投资规模、工程投标、资金预算等情况。贷款方可以选择通过不同形式的工程建设合同对项目各参与方的责任加以规定，从而使项目风险得到合理的分担。如由私人部门组建的项目公司和项目施工单位签订的合同中，通常明确地提出施工计划以及误工和技术不符合要求的赔偿条件。为了有效控制项目在建设过程中由于技术原因等造成的项目延期、成本超支、停建等风险，主要采用竣工担保，由承建项目的施工单位或者保险公司提供竣工担保作为工程建设合同的一种附加条件，从而对项目的竣工风险加以控制。同时承建人自身往往亦会在筹建期购买商业保险，以降低不可测因素给承建人带来的损失。

（四）项目运营风险

项目在经营过程中存在无法按照计划收回盈利的风险，主要来自经营不确定性和收入波动。如在一个火力发电项目中，因为煤价的上升而导致发电成本上升，业主就需要采用大宗商品采购协议或远期合约来固定原料价格；另外，因为政府购电价格下降而导致的项目收益下降，业主一般需要寻求政府的担保或者特殊补贴来规避现金流波动，以增加银行贷款意愿。

综上可知，"一带一路"建设项目的建设实施存在的诸多风险，倘若可以从项目立项或者项目识别阶段开始提前对融资风险进行识别，正确评估项目运营指标，厘清交易结构、项目运作方式等主要内容，将有助于提高贷款人的投资兴趣以助融资实现。[①]

二、"一带一路"倡议实施的金融挑战[②]

金融作为现代经济的核心，势必要迅速融合到"一带一路"倡议框架及其所衍生的区域经济一体化之中，从而对该战略实施给予全方位的支持。但毕竟"一带一路"倡议是经济新常态下中国区域经济一体化与国际化的新战略，那么，当传统的金融运行与这个经济新战略对接时，就会遭遇诸多金融瓶颈，面临诸多金融挑战。

（一）中国对"一带一路"国家进行大规模的资本输出存在诸多风险

1. 容易引起接受国政府与民众关于国内经济安全的担忧。

伴随着经济发展和资本的积累，中国开始逐步向国外进行资本输出。与此同时，对国家经济安全的担忧会在资本输入国产生，甚至会在一定时期内形成一种气候。如果这些资本输入国制定一些带有防范性的政策，有的甚至形成法律，则会对中国的资本输出形成掣肘。

2. 容易被当作援助资金进而异化成滋生腐败的温床。

一旦把真金白银投入风险过高、预期回报过低的地方，或者在管理不善的情况下，会形成投资方与受援方的里应外合，将建设资金挪作他用，或偷工减料，或分光吃净。若如此，则会大大影响

---

① 张娟."一带一路"投资项目的融资风险［J］.国际工程与劳务，2016（1）：57–58.

② 王敏，柴青山，王勇，等."一带一路"战略实施与国际金融支持战略构想［J］.国际贸易，2015（4）：35–44.

"一带一路"建设资金的效果。

3. "一带一路"计划要靠沿线国家共同努力才能实现。

"一带一路"沿线若干区域的政治并不稳定，战争风险仍旧存在。

4. 沿线国家国内政局变化、利益集团的分歧影响"一带一路"倡议的实施。

"一带一路"沿线国家出现政党轮换，新上台的政党对前任的承诺能否遵守无法保证，或出于打压政治对手的目的，即使明知"一带一路"项目对本国有利，也会极力找毛病。如中国交通建设集团在斯里兰卡投资科伦坡港口城项目遭到暂停、中泰大米换铁路项目一波三折、中国在缅甸投资连连受挫等都是先例。

5. 中国国有企业作为主要投资者效率低下或并无明显的竞争优势。

作为产品提供者，中国可能面临国企改革动力不足的风险。如果大批的"一带一路"建设项目由国有企业主导且成为唯一的受益者，可能会加速国企的合并与垄断，从而使国企改革出现倒退迹象，进而出现投资或基建项目运营效率低下的情况。

（二）"一带一路"区域金融发展严重不平衡

"一带一路"沿线主要是亚洲和欧洲国家及地区。亚洲金融业除了日本、中国香港和新加坡这些国家和地区较发达之外，其他国家和地区均由受政府严格监管的商业银行所主导。同时，亚洲欠发达的金融市场可能也无法调动所需的金融资源用于发展高附加值、高风险的行业，不能合理地分配风险。但相比亚洲金融而言，欧洲金融业无论是金融机构、金融市场还是金融创新、金融制度与政策都要发达得多。如此相比，"一带一路"沿线国家和地区区域金融发展严重不平衡，成为"一带一路"倡议实施所面临的挑战之一。

（三）人民币资本项目可兑换进程制约

根据最新统计数据，国际货币基金组织所规定的40项资本项目交易中，中国的人民币已经有34项达到了部分可兑换及以上水平，占比为85%。尽管如此，人民币资本项目可兑换进程还是存在一定的制约：汇率弹性尚不充分，中间价定价机制尚不完善；监管水平尚未达到相对成熟的程度；资本管制尚未全面放开，在制度法规层面，还有一些不必要的行政许可需要尽快取消。[①]这些制约亦成为"一带一路"倡议实施所面临的挑战之一。

　　"一带一路"的金融合作，置身"一带一路"倡议框架内，既有可行性和可操作性，同时面临诸多金融风险与挑战，需要在实际操作中总结经验，防范风险，稳步发展。

---

　　① 王敏，柴青山，王勇，等."一带一路"战略实施与国际金融支持战略构想 [J].国际贸易，2015（4）：35-44.

能源国际合作 第十一章

第一节　新时期全球能源趋势

　　"一带一路"倡议于2013年9月由中国国家主席习近平提出，2015年3月中国政府颁布《推动共建丝绸之路经济带和21世纪海上丝绸之路的愿景与行动》。"一带一路"倡议发出至今的这段时期，正是世界能源格局发生变革的重要时期，本章重点对新时期全球能源发展趋势进行梳理。

一、国际油价波动——变局的开始

　　石油作为世界目前最重要的能源，其价格在很大程度上反映了世界能源供需状况的变化。石油在2008年金融危机后不可避免地遭受了重大打击。为应对油价下跌，欧佩克开始大规模削减石油产量，随着世界经济缓慢复苏，原油现货价格自2009年开始持续上涨。2011年开始，受到阿拉伯国家政治动荡和福岛核事故的影响，国际能源供应形势持续紧张。2011年国际石油年均价格突破每桶100美元，自此国际油价开始了持续3年的高位运行。但自2014年10月开始，国际油价快速下跌，10月、11月、12月的布伦特现货原油离岸价格分别跌至每桶87.43美元、79.44美元、62.34美元，此后震荡下行。2016年1月国际油价下探至每桶30.56美元之后，开始进入上升通道，截至2016年5月31日，北海布伦特原油价为每桶48.32美元。多数学者认为自2014年下半年开始的国际油价暴跌是多重因素合力推动的。

首先，全球经济下行趋势明显，能源需求增速放缓。就全球经济来说，美国经济复苏尚不稳固，欧洲、日本仍然疲弱，以中国为代表的新兴经济体增速集体放缓。根据2015年《BP世界能源统计年鉴》，2014年全球一次能源消费增速为0.9%，相比于2013年的2%和过去10年的平均增速2.1%而言，全球能源消费增速显著下降。新兴经济体增速为2.4%，但远低于过去10年平均水平4.2%；虽然美国能源消费增长强劲（1.2%），但受到欧盟（-3.9%）和日本（-3%）的拖累，经合组织国家一次能源消费总量在2014年下降0.9%。就石油消费而言，2014年全球石油消费增长为0.8%，显著低于2013年1.2%的增速；经合组织国家的石油消费下降1.2%，是过去9年的第八次下降。由此可见，全球能源消费处于十分疲弱的状态。

其次，石油供给量增加。全球石油产量增长速度是2.3%，大约是全球石油消费量增长速度的2倍。美国在页岩油气革命的推动下，石油日均产量比2013年增加160万桶，取代沙特阿拉伯成为全球第一大石油生产国。出于对美国页岩油气开发的忧虑和成员国内部利益分化等因素的考虑，石油输出国组织欧佩克并没有减产配额的计划，加之俄罗斯遭遇经济困境后进一步增加原油产量，世界石油供应过剩的局面由此产生。

再次，美国退出量化宽松带动美元强势回归。2014年1月至10月，美联储逐步退出了量化宽松政策（QE），市场对美元加息预期不断增强。2015年12月16日，美联储宣布将联邦基金利率提高25个基点，美国终结零利率时代。2016年，美联储加息预期持续增加，多位官员不再讳言加息，就连美联储主席耶伦也于该年5月27日在公开场合表示，若经济持续改善，未来数月内可能采取加息行动。美元走强即使以美元计价的国际原油价格下跌，也驱动全球资本撤离大宗商品市场，转而流向美元资产。由此，强势美元成为压低石油价格的关键因素。

二、全球能源新格局[①]

国际原油市场的剧烈波动实际上表明全球能源格局正悄然发生变革，而这一变革与"一带一路"倡议在某些方面存在契合点，也为开展"一带一路"能源合作提供了机遇。

（一）全球能源供需格局变化

全球能源供需格局正呈现出"生产中心西移，消费中心东倾"[②]的新趋势。美国页岩油的大规模开发、加拿大油砂的开采和委内瑞拉重稠油的勘探，西半球的能源形势发生了巨大改变。根据2015年《BP世界能源统计年鉴》，美洲地区的石油储量占世界储量的比重从1994年的18.7%增加到2014年的33.1%，贡献了过去20年世界石油储量的所有增长率；而中东地区的石油储量占比从1994年的59.4%下降到2014年的44.7%。在石油产量方面，2014年美国以1164.4万桶/日的产量成为全球第一大产油国，而加拿大也以429.2万桶/日的产量超过中国成为世界第四大产油国。2014年北美洲和南美洲石油产量占世界总产量的30.2%，已经与中东地区的31.7%不相上下。虽然可预见将来中东依然是重要的石油开采区和供应区，但中东主导全球能源市场的格局正逐渐改变。

在能源需求方面，国际能源消费中心向新兴经济体转移。从绝对消费量来看，2004~2014年的10年间，经合组织石油消费量占世界石油消费量比重从59.8%下降到48.3%，而非经合组织石油消费量占比从40.2%上升到51.7%。从消费增长量来说，2014年经合组织的石

---

① 本节数据除标注外均来自2015年《BP世界能源统计年鉴》。

② 孔祥永，李莉文. 世界能源新格局与中国之对策选择［J］. 东北亚论坛，2015（5）：47-57.

油消费减少接近50万桶/日，全球石油消费增长至80万桶/日，全部来自非经合组织的需求增加（130万桶/日）。展望未来能源消费，根据埃克森—美孚公司的测算，非经合组织国家和经合组织（OECD）国家的年能源消费总量在2005年基本持平，但是到2040年，前者的能源需求将是后者的2倍以上。英国石油公司预计在2014~2035年，全球能源消费年均增长1.4%、消费总量增加34%。这些增长将全部由新兴经济体贡献，经合组织内部能源消费几乎没有增长。能源消费重心将转向由中国和印度为代表的新兴经济体。

（二）能源消费结构正在发生转变[①]

首先，非化石能源增长显著。虽然近年来全球能源需求放缓，但非化石能源却依然强劲增长，2014年增长了3.7%，高于其3.2%的10年平均水平。2014年，全球水电增长2%，核电增长1.8%，可再生能源在一次能源增长总量中的份额接近1/3，并提供了40%以上的电力增量。根据国际能源署（IEA）的预测，全球煤炭需求占比将由2012年的29%下降到2030年的26%，石油需求占比将由2012年的31%下降到2030年的28%。其次，化石能源内部消费结构将发生显著变化。[②]天然气生产量和消费量持续上升，可能会取代煤炭成为第二大能源。国际能源署预测，2035年全球天然气消费需求将达到5.1万亿立方米，成为仅次于石油的第二大化石能源，且非常规天然气的比重将增至40%。根据英国石油公司的报告，至2035年，在化石燃料中，天然气消费增长年均将达1.8%，成为超过能源总体增速的唯一化石燃料，天然气占化石能源消费比重也将由2014年的27.5%上升到2035年的32.5%。同时，到2035年，石油、煤炭占全球一次能源比重仍在54%，而可再生能源、页岩气等的总体平均增长将为6.2%，将贡献43%的能源生产增量。因此，能源消费结构正在发生转变，化

---

① 孙伟."一带一路"倡议促进能源国际合作［J］.中国能源，2016（2）：25-28.
② 刘佳骏."一带一路"战略背景下中国能源合作新格局［J］.国际经济合作，2015（10）：30-33.

石能源在可预见的将来仍然是能源市场的主导，但石油和煤炭的重要性将逐步减弱。

（三）世界能源贸易重心将由大西洋地区转向欧亚大陆

北美地区是传统的能源消费重点地区，但随着美洲地区整体的能源发现和生产技术革新，美洲的能源在可预见的未来可实现基本的供需平衡。英国石油公司预测，在2021年美国将达到整体能源的自给自足，到2030年将达到石油的自给自足。而加拿大的油砂、巴西的深海石油和美国的页岩油气将会成为非欧佩克组织石油供应增长的主要来源。另外，由于全球人口和经济增长动力主要来自以中国和印度为首的新兴市场国家，因而能源需求增长的主要动能也在于此。英国石油公司预测，到2035年，中国和印度的石油需求将占世界石油需求增长的一半；亚洲（不包括中东）超过40%的一次性能源需求将有赖于进口，基本贡献了全部新增能源贸易量；而能源生产出口的重点地区仍然在中东、中亚和俄罗斯，届时亚欧大陆将成为世界能源贸易的重心。

三、中国能源对外格局

（一）能源贸易格局[①]

自进入21世纪以来，中国经济高速发展，对于能源的需求不断上升，国内的能源生产早已无法满足经济发展的需要，能源的对外依存度逐年提高，石油的供求缺口逐渐增加。自2006年起，中国石油对外依存度以每年1~2个百分点的速度上升，2015年突破60%关口，达到60.6%。英国石油公司预测，到2035年中国石油对外依存度将会达到76%。同时，天然气供求形势趋紧，作为清洁能源在中国

---

① 本节数据来自2016年《中国能源统计年鉴》。

绿色发展的背景下，天然气消费快速增长，2015年中国天然气消费增长7.3%，远超能源平均增长率（0.9%）；同时其国内天然气产能无法满足国内消费需求，天然气的对外依存度也由2009年的8.2%一路飙升到2015年的32.7%。其中，土库曼斯坦是中国最大的管道天然气进口来源国，卡塔尔是中国最大的液化天然气（LNG）进口来源国。同时，煤炭进口贸易发展加快。中国煤炭资源相对丰富，一直以来是本国最大的一次能源来源地，而2009年，中国煤炭贸易出现历史性拐点，煤炭进口量超过出口量，中国成为煤炭净进口国。自此之后，每年煤炭进口量都持续增加，直到2013年达到3.2亿吨。2014年受到经济结构转型、人民币汇率下跌和环保压力等因素影响，煤炭进口量开始下降，2015年为2亿吨，比上年同期下降29.9%。

（二）能源合作格局

除了直接的对外能源贸易，为保障国家能源安全，中国与其他国家和地区开展了广泛的能源合作。

第一，中俄能源合作发展迅速。俄罗斯是世界重要的能源出口大国，石油和天然气的储量均位于世界第二。俄罗斯曾经的能源市场是欧洲，其在乌克兰危机后减少了对俄罗斯的能源进口。俄罗斯也因此转变了能源战略，将能源出口的重心向亚太地区转移，俄罗斯在2014年年初发布了2035年能源战略草案，计划未来20年对亚太地区能源出口翻倍。俄罗斯与中国的能源合作也在近几年来取得了重要进展。2015年9月，中国石化集团公司与俄罗斯石油公司签订《共同开发鲁斯科耶油气田和尤鲁勃切诺—托霍姆油气田合作框架协议》，中俄能源共同开发取得重大进展。在目前全球经济疲弱、能源价格下跌的背景下，中俄能源合作对于两国都有重要意义，同时，“一带一路”倡议也将为两国能源合作提供更大的空间。

第二，中亚能源合作潜力巨大。中亚能源资源十分丰富，里海石油储量是近30年全球陆地最大的油气新发现，能源潜力巨大。但受限于交通状况和能源技术，该地区能源产业发展一直较为缓慢。

在"一带一路"倡议下，中国与中亚地区广泛开展了交通、能源等方面的基础设施建设工作，这将极大地提升中亚地区的能源生产和出口能力。天然气是中国与中亚能源合作的重点，中国—中亚天然气管道于2007年开工兴建，A/B/C线均已竣工投产，D线正在建设当中，预计于2016年投产。目前，土库曼斯坦是中国最大的天然气供给国，哈萨克斯坦是中国重要的石油供给国。

第三，中国与中东能源合作方式多元化。中东是传统的能源富集区和世界能源中心，进入21世纪后，中东地区一直是中国最大的能源供应区，特别是石油，占中国石油进口比重的50%以上。中国与中东地区此前一直以能源直接贸易为主，近年来合作方式有所变化。2015年6月，伊朗与中国签署石油换商品贸易协议，伊朗接受中国以商品和服务支付65%的石油款，以现金支付剩余35%的款项。2004年中国与阿拉伯国家设立中阿合作论坛，至2016年5月已经召开7届，在能源合作方面取得了诸多共识。中国与海湾国家的合作曲折前进，中国与海合会自由贸易区谈判自2005年起已进行10年，其间谈判有过中断，但2016年，中海双方重启自贸区谈判，有望年内达成全面自由贸易协定。①

第四，南亚与东南亚保障能源通道畅通。南亚与东南亚是"21世纪海上丝绸之路"规划的重要环节，马六甲海峡是传统的能源贸易关口，但也是制约中国能源安全的关键环节。中国在这一地区寻求能源进口多元化，中缅天然气管道2013年开始试运行，中缅原油管道2015年启用，油源从中东、非洲等地购入。2015年4月8日，中巴经济走廊委员会在伊斯兰堡正式成立，建设中巴经济走廊取得重要进展。如果打通中巴经济走廊，从巴基斯坦的瓜达尔港通过陆路到新疆喀什，运输距离缩短85%，也减少了中国对马六甲海峡的依赖。

---

① 中海自贸区力争年内达成全面自贸协定. http://fta. mofcom. gov. cn/article/chinahaihehui/haihehuigfguandian/201602/30623_1. html.

第二节　能源安全与互利共赢

在 "一带一路" 倡议的背景下开展能源合作，不是简单追求增加能源供应，而是要在能源合作的基础上实现中国和合作国的互利共赢及共同发展。"一带一路" 倡议的核心地区——亚洲，是全球经济发展最活跃的地区，能源需求增长较快。但亚洲国家资源禀赋不均，一些能源富集的国家经济发展滞后，缺乏公路、铁路、港口等基础设施。而更多的国家如中国、印度，发展速度很快但无法实现能源的自给自足。亚洲地区地缘政治形势比较复杂，尚未建立起有效的区域能源合作体制。因此，在 "一带一路" 倡议下实现中国的能源安全和亚洲能源共同安全[①]显得非常重要。

目前，中国能源企业面临着资源枯竭和产能过剩的双重困境，国内的能源结构和生产技术也亟待转型升级。而 "一带一路" 涉及的广大发展中国家，能源潜力大但开采技术落后，基础设施不足，无法将能源资源有效利用以促进国民经济发展。这种情况就为双方互补合作创造了空间。将中国的优质产能转移到这些发展中国家，既有利于合作国的经济发展，又有利于中国能源安全和能源企业的转型升级，是互利共赢的发展路径。

一、"一带一路" 与中国能源安全

（一）中国能源安全现状

中国作为全球第二大经济体和最大的新兴市场经济体，发展速度一直保持在中高位，贡献了全球最大的经济增长份额。但中国的能源资源却相对贫乏，石油、天然气储量极其有限，长期以来依靠

---

① 黄晓勇. 以 "一带一路" 促进亚洲共同能源安全 [J]. 人民论坛，2015（22）：65-67.

煤炭作为主要的一次能源来源。而在目前，中国能源消费量快速上升，环保压力渐增，中国能源结构和能源安全还存在诸多问题。

首先，能源约束加剧，对外依存度逐年提高。中国人均能源资源拥有量在世界上处于较低水平，煤炭、石油和天然气的人均占有量分别仅为世界能源消费水平的67%、5.4%和7.5%，目前中国人均能源消费水平仅为发达国家平均水平的1/3。现有能源绝对储量也不足，石油和天然气占世界储量比重仅为1.1%和1.8%，煤炭相对有优势，占比达到12.8%。相对于中国快速增长的能源消费，中国能源紧缺状况就更加严重。石油、天然气和煤炭的采储比分别只有12年、27年和31年。随着经济发展，中国能源消费还将大幅增加，能源约束将不断加剧。如此，国内用能形势日益紧张，中国自然会将目光投向国际能源市场。因此，近年来中国能源对外依存度上升速度较快。石油对外依存度从21世纪初的32%上升到2015年的60.6%，天然气对外依存度也在2009~2015年短短6年时间内从8.2%飙升到32.7%。能源缺乏，对外依存度持续增高，中国的能源供应形势日益严峻。①

其次，能源进口来源地相对集中，部分地区政治风险较高。中国煤炭进口比重相对较低，而且进口来源地多为周边国家，运输风险较小，但易受出口国政策的影响。澳大利亚、印度尼西亚和俄罗斯一直以来是中国最大的煤炭进口来源国。澳大利亚煤炭行业近年来受到国内环保压力，对煤炭出口造成了一定影响。天然气进口来源比较集中，土库曼斯坦一直是中国最大的天然气进口来源国，而液化天然气（LNG）则主要来自于卡塔尔和澳大利亚等国，原油进口来源主要集中在中东和非洲。2015年，中国自中东地区原油进口占总进口量的50.7%，从非洲进口占比为19.2%。这些国家存在较高的政治、安全风险。自2010年年底茉莉花革命爆发至今，中东、北非地区政局出现了持续动荡，近20个国家相继发生了不同程度的动乱。2015年也门出现政治危机，中国自也门的石油进口量下降了

---

①　本段数据来自2015年《BP世界能源统计年鉴》。

37.7%。[①]在今后一段时期内，这些地区的各种政治、宗教和部落势力之间的角力和美欧等外部势力的影响会使中国与其油气合作的环境更加复杂，致使中国的能源安全面临比较严峻的挑战。

再次，能源进口渠道单一，存在运输风险。目前，中国石油进口来源地主要集中在地中海沿岸的中东地区，60%以上的油气进口仍主要靠海运，主要运输通道为波斯湾的霍尔木兹海峡以及东南亚的马六甲海峡，路途遥远而且单一。同时，亚丁湾和马六甲海峡附近海盗活动猖獗，恐怖袭击频发，而且这些航线还处在美国、印度和一些东南亚国家的军事威慑之下。在目前南海形势紧张的情况下，与沿线国家的政治军事冲突很有可能导致海上运输通道被切断，严重威胁中国的能源安全。另外，中国也在加紧陆路能源通道建设，已建成中俄、中哈和中缅三个方向的原油运输管道，但设计运力总和仅为5700万吨，按2015年原油进口量33549.1万吨计算，管道运输量仅占17%。因此中国能源运输安全仍然面临着巨大风险。

（二）"一带一路"提升中国能源安全水平

在相对严峻的能源安全形势下，借助"一带一路"倡议，与沿线国家广泛、深入开展能源合作，对提升中国能源安全保障水平有非常积极的作用。

首先，对于中国传统的能源进口重点地区中东和北非，利用"一带一路"倡议的契机可以深化双边和多边的外交关系，为能源合作提供更好的政治外交环境。例如，习近平主席在2016年1月出访沙特、埃及和伊朗三国，对于深化中国与中东、北非地区的政治经济联系、共建"一带一路"发挥了积极作用。在此影响下，中国和海湾国家自由贸易区的谈判也于中断5年后重启，并有望在2016年达成全面贸易协定。这将对中国在中东地区能源进口安全发挥重要的积极作用。在未来，中国对"一带一路"沿线的能源进口国还有很

---

① 田春荣. 2015年中国石油进出口状况分析 [J]. 国际石油经济，2016（3）：44-53.

多的合作空间，这将有利于中国能源保障。

其次，"一带一路"倡议为中国拓展能源进口来源和实现能源进口途径多样化提供了重要的战略契机。[①]对于中国能源的来源区域过于集中在政治局势较为动荡的中东地区的不利情况，通过与"一带一路"沿线国家合作，中国可以开辟中蒙俄、中国—中亚—西亚、中巴经济走廊的建设，扩大与俄罗斯、中亚、西亚等新兴供应国及地区的油气进口，促使中国能源进口来源更为广泛、风险更为分散，有效避免对某一国家或者某一地区能源进口的过度依赖，实现能源供给的多元化。针对中国能源海运上的"马六甲困局"，通过"一带一路"的建设，中国在陆上可以开辟俄罗斯和中亚诸国与其西部、北部的公路、铁路货运以及自里海沿岸的油气管道运输，在原本主要通过海上运输的基础上，进一步加大油气陆上管道运输的比重，减轻海上运输的压力。

再次，通过"一带一路"可以提高中国在全球能源市场中的话语权。长期以来，中国在国际油气市场只能作为参与者，对国际油价的影响十分微弱，只能被动接受国际市场价格，致使能源价格的波动常常给中国经济发展造成巨大的风险。在"一带一路"倡议下，中国通过积极开展与沿线国家的政策沟通，合作建立东亚主要油气消费国之间的协调机制，积极参与亚洲区域油气定价。同时，中国也有望通过"一带一路"多边合作机制加强与主要能源供应国的利益协调，主动参与国际能源规则的修订，获得与当前能源地位相匹配的话语权和影响力。

二、能源合作推动中国经济转型

能源合作不仅为经济发展提供了能源安全保障，而且能为中国经济发展寻求新的增长点，并且推动中国的经济转型。

①　朱雄关. "一带一路"战略契机中的国家能源安全问题［J］. 云南社会科学，2015（2）：23-26.

（一）开辟新的发展空间

"一带一路"沿线各国资源禀赋各异，经济的互补性很强，彼此的合作潜力和空间很大，能源合作有利于各区域间互通有无、优势互补。"一带一路"沿线主要能源生产国正在改变以贸易为主的能源合作方式，积极引进先进技术和资金，实行资源的就地开采加工，以加快当地工业化进程。目前，中国基础设施建设技术以及装备制造能力大幅提升，再加上较强的资金支持，通过在国外进行能源基础设施建设既可以疏解其现存的过剩产能，又可以拉动当地对于能源、建材的需求，以投资带动双边贸易互动，[①]开发海外市场拓展中国的发展空间，从而实现经济中高速发展的目标。

（二）促进中国能源企业走出去

中国能源企业经过20多年的发展，在技术装备领域，如特高压装备、大型燃气轮机、风力发电机组已经具备了一定的国际竞争力。虽然与发达国家先进水平仍然存在一定差距，但能源企业已经有了走出国门的能力和需求。中国的能源企业可以利用"一带一路"倡议和国际产能合作的契机在有条件的地区增加能源产业投资，实现能源企业本地化经营，对于中国企业寻求原料产地和开拓国际能源市场有着重要意义。同时，中国能源企业可与全球顶尖的跨国能源企业合作，培养和引进国际化人才，进而优化管理模式，全面提升国际化水平，并以高端装备带动投资、技术和标准走出去。[②]

（三）推动经济转型升级

一方面，"一带一路"倡议下的能源合作不仅注重传统能源，

---

① 张生玲，魏晓博，张晶杰."一带一路"战略下中国能源贸易与合作展望［J］.国际贸易，2015（8）：11-14.

② 孙伟."一带一路"倡议促进能源国际合作［J］.中国能源，2016（2）：25-28.

更注重新能源和清洁能源的合作，这将有利于中国更多地使用天然气、水电、核电等清洁能源，促进中国能源结构向绿色、低碳方向转型。另一方面，能源合作可以促进能源企业的产业向国外转移，而且倒逼国内企业向绿色、智能发展转型升级，提升技术、管理水平，将发展重心放在国际分工中的关键核心任务上，从而达到产业水平迈向中高端的目标。

三、能源合作的国际影响

在"一带一路"背景下广泛开展能源合作，不仅对中国能源安全有着重要的意义，也会对国际能源市场和区域地缘政治产生较大影响。

（一）孕育国际能源新秩序

在传统的国际能源格局下，规则和程序倾向于维护主要发达能源消费国的利益，全球能源定价机制基本由西方发达国家控制，在很大程度上对发展中国家形成了制约。近年东亚和南亚地区发展加快，地位在不断提高，石油及油气的贸易及流向都呈现东移的趋势，涵盖欧亚大陆东部的亚太地区已成为全球最大的消费中心，这一地区的新兴经济体需要更多的发言权和参与权。"一带一路"沿线集中了主要的新兴能源供应国和能源消费国，能源合作涉及国家多、辐射领域广，中国可以抓住机会促进多边能源合作机制建设，并借此打造环周边国际能源战略协作平台；同时也可促使相关的国际能源治理机构必须根据沿线新兴能源供需国的实际情况做出调整，以适应"一带一路"下开展能源国际合作的需求，在此过程中逐渐形成国际能源新秩序。

（二）推动区域发展，保持和平稳定

欧亚大陆两端是亚太和西欧两大能源消费市场，中间则是中东、中亚、俄罗斯等能源出口大国。在"一带一路"的框架下有望

形成能为能源消费国和能源生产国提供表达利益诉求机会的多边合作机制，从而建立更为开放和稳定的区域能源供需格局。[①]通过"一带一路"推进区域内基础设施建设，完善区域油气管道互联互通网络，提高区域内油气资源流动性，使资源国与消费国连接更加紧密，有助于提升区域内能源安全水平；同时，能源基础设施建设可以实现中国与"一带一路"沿线国家资源、市场、资金及技术的优势互补，既可帮助沿线能源富集国振兴产业，也可为中国资本和技术增值提供机遇，进而为周边国家提供广阔的经济增长空间。事实上，能源合作具有战略属性，中国与"一带一路"沿线国家在能源开发、能源运输、水利、电力等方面的合作，其影响力可以外溢到经济社会各个领域，从而增强双边战略互信，"对深化中国与周边各国双边关系，形成命运共同体具有重大推动作用"。[②]另外，能源合作有利于周边一些经济社会发展落后国家的产业振兴和经济增长，能在一定程度上抑制恐怖势力和极端势力发展，对维护地区政治稳定和国家统一具有重要意义。

（三）提高区域绿色发展水平

在全球变暖和污染加剧的背景下，实现绿色、低碳发展已经成为全球的共识和发展潮流。"一带一路"沿线诸多发展中国家的经济发展仍需要大量的能源作为支撑，但不可能再重复走高污染、高耗能的经济发展道路，而应寻求更为绿色和低碳的经济增长方式。在"一带一路"框架下，开展能源产业的合作可以有效促进欧盟和东亚国家向沿线发展中国家转让先进技术和设备，提高化石能源使用效率，加快新能源和可再生能源的推广利用，实现能源的清洁化、低碳化和绿色化，改善环境质量。[③]另外，中亚地区的天然气

---

① 孙伟."一带一路"倡议促进能源国际合作［J］.中国能源，2016（2）：25–28.
② 石泽.能源资源合作：共建"一带一路"的着力点［J］.新疆师范大学学报（哲学社会科学版），2015（1）：68–74.
③ 于文轩，褚建鑫."一带一路"视域下的能源国际合作［J］.人民法治，2015（11）：21–23.

资源丰富，"一带一路"倡议下的能源合作可以有效开发天然气资源，优化区域内的能源结构，减少空气污染。

第三节　困境：大国博弈与地缘政治

"一带一路"倡议下的能源合作虽然以互利共赢与和平发展为最终目标，但在错综复杂的国际形势和地缘政治环境中，能源国际合作仍然面临许多挑战和困难。中国政府和企业需要在明确的总体规划下，有针对性地突破这些困境，才能有效推进能源合作，进而推进"一带一路"的建设。

一、"一带一路"倡议下的大国博弈

"一带一路"倡议虽然坚持和谐包容、互利共赢的原则，但客观上与区域内的大国战略存在竞争关系。"一带一路"沿线国家和地区具有重要的战略区位优势、丰富的自然资源以及广阔的发展前景，美国、俄罗斯和印度在该地区都有重要的战略部署。深入理解各国的战略意图，并且妥善处理大国战略的关系成为能源国际合作乃至"一带一路"建设的关键。

（一）美国的限制

作为苏联解体后世界唯一一个超级大国，美国竭力维持自身在全球的主导地位。对于中国国力不断提升，美国一直存在担忧，因此其极力限制中国的发展空间，并增强其在相关地区的存在。在军事方面，美国自2012年提出"亚太再平衡"战略，在中国周边地区排兵布阵，强化军事联盟，试图以军事、能源方面的合作增强区域内可遏制中国的力量，客观上刺激了个别东南亚国家在领土海洋方面与中国的争议，不利于区域的能源合作。在经济方面，美国于2011年提出“新丝绸之路”计划，其最终目标是在中国的西部、西南部和南部构筑一条由美国主导的经济与能源通道，这可以在一定程度上限制中国对中亚、南亚和东南亚的影响力，尤其是限制中国对这些地区的地缘经济影响。①在舆论宣传上，“一带一路”被冠以“中国版马歇尔计划”的称号，引起了“一带一路”沿线国家的担忧。同时美国指责中国在南亚、中亚主导的合作项目存在环境、古迹保护隐忧，给项目实施制造障碍。②

（二）俄罗斯的忧虑

中国与俄罗斯的关系相对较好，2015年中俄两国建立了全面战略伙伴关系，中俄关系迈上新台阶，但是俄罗斯一直将中亚各国视为自己的战略后方，希望推动与中亚国家的经济一体化进程，并长期主导中亚丰富而廉价的油气资源出口。俄罗斯主导的欧亚经济联盟已于2015年正式启动，目前已有5个国家，由此俄罗斯在中亚地区的影响力正在不断加深。中国的“一带一路”倡议与俄罗斯的“欧亚经济联盟”战略在地理和内容方面都有重合，客观上会产生一些矛盾。③中国与中亚各国的能源、基础设施等多方面的合作会使得中亚国家增加对俄的离心倾向，从而引发俄罗斯的忧虑。④

（三）与印度的竞争

印度作为区域新兴大国，对于自身在南亚的影响力非常重视。近年来，印度陆续强化与印度尼西亚、缅甸、日本的双边关系，并

---

① 吴兆礼.美国“新丝绸之路”计划探析［J］.现代国际关系，2012（7）：17-22.
② 杨晨曦.“一带一路”区域能源合作中的大国因素及应对策略［J］.新视野，2014（4）：124-128.
③ Wang S，Wan Q. The Silk Road Economic Belt And The Eeu-rivals Or Partners?［J］. Central Asia & the Caucasus，2014，15（3）：7.
④ 石泽.能源资源合作：共建“一带一路”的着力点［J］.新疆师范大学学报（哲学社会科学版），2015（1）：68-74.

积极与东盟深化合作，努力扩大与哈萨克斯坦等中亚国家的能源贸易规模，并深化上下游的合作水平。同时，印度作为与中国齐平的人口大国和发展中大国，一直以来将中国视为直接的竞争对手。莫迪政府上台后，着手推动"季风计划"和"香料之路"，主张以印度为主力，推进环印度洋地区各国的合作，共同开发海洋资源，促进经贸往来等，其中蕴含着印度政府的远大战略追求，即在从南亚次大陆到整个环印度洋的广大区域内打造以印度为主导的地区合作新平台，这直接导致印度与中国形成强有力的竞争关系。

二、地缘政治风险

首先，"一带一路"能源合作的重点地区包括中亚、中东、北非，这些都是政治环境动荡的地区，民族与宗教问题错综复杂，极端势力和恐怖主义事件时有发生。2014年美国从阿富汗撤军后，地区恐怖势力、伊斯兰国日益坐大，阿富汗安全形势极不明朗，未来冲突外溢的可能性很大。中国在这些地区的合作项目、投入资金甚至人员安全都存在较大风险。其次，部分国家受其他大国的影响较大，在合作中如果受到他国影响导致政局发生变化，则合作将会面临较大风险。例如，俄罗斯对中亚拥有相当的控制和影响力，中亚地区油气运输的苏联的油气管道目前多为俄罗斯掌控，中亚各国对自身能源地位长期没有主动权。[①]再次，能源合作涉及多个发展中国家，各国正处于经济转型时期，经济发展不平衡，参与全球化程度较低，市场经济体系与相关的制度法规建设尚不完善，这些因素带来了投资环境的不确定性，增加了合作风险。

---

① 曾少军. 全球能源新格局下的中国策略——以"一带一路"能源战略选择为例［M］.// 中国国际经济交流中心. 国际经济分析与展望（2014～2015）. 北京：社会科学文献出版社，2015.

三、绿色发展要求提高

能源合作的目标国家多数地质地貌复杂，生态环境十分脆弱。中国与这些地区能源合作的开展及不断深化将不可避免地对沿线各国的生态环境产生影响，加重其环境的承载负担。因此，环保问题的出现将会成为个别国家攻击中国的话题，可能使双方合作面临巨大的民生阻力，导致合作进程受阻。从目前世界各国既定能源战略来看，大规模地开发利用可再生能源正成为各国能源战略的重要组成部分，能源合作的绿色效率越高，"能源丝绸之路"才越长久。

第四节　顶层设计重点推进

"一带一路"倡议是中国领导层在新的国际形势下的宏大构想，旨在开展更大范围、更高水平、更深层次的区域合作。能源国际合作是"一带一路"建设的重要内容，能源领域关乎国家安全和经济利益，需要更深入扎实稳固的伙伴关系，这既是经济的长期合作，又是政治的长期合作，[1]因此国家层面的战略规划必不可少。同时，能源国际合作不仅仅是能源采掘和贸易的合作，更涉及技术合作、人文合作和社会福利合作，这些对"一带一路"建设有重要的支持作用，[2]因此在一些重点合作领域要有具体的实施计划。

---

① 曾少军. 全球能源新格局下的中国策略——以"一带一路"能源战略选择为例［M］.// 中国国际经济交流中心. 国际经济分析与展望（2014～2015）. 北京：社会科学文献出版社，2015.
② 刘建国，梁琦. "一带一路"能源合作问题研究［J］. 中国能源，2015（7）：17–20.

一、国家战略引导

（一）转变合作理念

长期以来中国在海外的能源开发常被冠以"新殖民主义"，部分能源项目也因为环保问题或者社会保障问题而受到当地民众的抗议。因此，中国政府和企业在能源国际合作中应当摒弃单纯获取能源资源的传统思维方式，遵循合作共赢、优势互补、绿色发展的原则；从促进能源经济与整个国民经济和社会良性互动、协调发展出发，注意保护当地环境、关注当地民生和社会发展；把握绿色低碳发展的时代潮流，不以牺牲环境为代价，不搞污染转移。[①]而且在今后一段时期内，全球化石能源消费放缓，国际油气供应环境相对宽松，中国也应当将传统的拓展油气来源、保障能源供应的思路向互利共赢、保障能源共同安全转变，形成联系紧密的能源经济带，保障区域能源安全。[②]

（二）创新全球能源治理

"一带一路"倡议下的能源合作会在需要区域内与不同国家进行外交协调和政策沟通，同时能源合作涉及的法律、金融等具体问题同样需要共同协商。因此，更积极、深入地参与全球能源治理将为"一带一路"能源合作提供外部制度保障，有利于创建良好的多边合作环境，有利于全方位开展能源外交。[③]在前期，中国应该积极参与国际能源署（IEA）、二十国集团（G20）、国际可再生能源署（IRENA）、国际能源论坛（IEF）等国际能源治理平台，增强在这

[①]　高世宪.一带一路战略和中国能源/电力国际合作［J］.电气时代，2016（1）：48-50.

[②]　刘建国，梁琦."一带一路"能源合作问题研究［J］.中国能源，2015（7）：17-20.

[③]　高世宪，杨晶.依托"一带一路"深化能源国际合作［J］.宏观经济管理，2016（3）：55-58.

些机构中的话语权，争取在决策层发挥作用；应该积极融入多边能源法律规则的改革进程，参与能源宪章和世贸组织规则演变和法律条款制定，研究对中国的适用性；目前，全球能源治理机制主要由发达国家主导，对于新兴经济体并不公平，因此在条件成熟时要抓紧推动建立以"一带一路"为主题的区域能源治理机制，组织项目合作对话，可以有针对性地推动"一带一路"框架下的能源合作；同时，对于能源合作所需要的金融支持，可以在亚投行、丝路基金的基础上推动建立新兴的国际性区域能源金融体系，拓展与传统金融秩序的合作。

在能源合作治理平台以外，能源定价机制在能源治理中也有非常关键的作用。"一带一路"沿线地区已成为世界最大的能源消费市场，市场地位日益重要。中印两国可以考虑联合推动形成亚洲油气进口国协调机制，进而联合生产国建立亚洲地区性油气市场，有助于缓解国际能源的亚洲溢价。在东亚，中日韩也应加强能源合作定价机制，提高区域能源议价权。[1]另外，针对中国日益增加的油气贸易量，在上海建立如Brent和WTI这样的石油天然气贸易中心，注重油气金融衍生品的设计与发展，为中国建立亚太地区油气市场定价中心、推出具有影响力的油气基准价格打牢基础。[2]

（三）妥善处理大国关系

在推动"一带一路"建设和能源国际合作中，中国与其他区域大国之间的关系是关键因素，不能回避而需要积极处理好，并且寻求合作。

中国和美国在政治、经济、贸易安全等方面存在许多结构性的矛盾。美国对于中国在中东、海湾地区等重点区域影响力的增加

---

① 中国社会科学院数量经济与技术经济研究所."一带一路"战略：互联互通共同发展——能源基础设施建设与亚太区域能源市场一体化［J］.国际石油经济，2015，23（8）：15—23.

② 董秀成."一带一路"战略背景下中国油气国际合作的机遇、挑战与对策［J］.价格理论与实践，2015（4）：14—16.

十分担忧。对于两国不可避免的竞争，保持大国间良性沟通与合作是两国和平共处、共同发展的重要条件。推动中美在"一带一路"能源合作重大项目建设方面的合作，其目的在于创造互利共赢的空间，进而最大限度地降低美国对中国推动相关国际合作的疑虑和抵触。在东南亚，中美可以在大湄公河次区域（GMS）重大能源基础设施建设项目中进行合作，鼓励中资企业、学术机构、非政府组织与美国相应机构开展合作；中美两国企业与中东各国企业可凭借资金、技术优势进行三方合作，通过帮助中东地区可再生能源的生产，能够相应地增加油气资源出口。在南亚地区，在促进阿富汗经济发展和安全稳定方面，中美具有共同利益，在此基础上，可推动中美在阿富汗能源基础设施重大项目中的合作。

中国和俄罗斯有较好的合作基础，俄罗斯对于"一带一路"建设总体持积极态度。当前俄罗斯面临着国际能源价格大幅下跌、乌克兰危机导致的欧美制裁、国内经济环境恶化等严峻形势，中国应抓住这一能源战略机遇期，以推进"丝绸之路经济带"能源合作为契机，将俄罗斯作为中国能源合作的重点方向，借势用力加大与其能源合作力度，充分落实已有协议，继续扩大贸易规模。例如，加强能源互联互通建设，加快落实中俄西部管线建设，推动两国达成新的管线建设协议，开展能源技术合作，在页岩油气勘探开发和新能源汽车领域寻找合作机会。

中国和印度都是新兴的能源消费大国，贡献了全球能源增长的绝大部分，但两国的油气资源都相对匮乏，能源对外依赖性强。因此两国在区域内存在能源来源的竞争，但作为能源消费国，两国也存在很大的合作空间。中印两国可选择在供给安全保障、能源技术开发与利用等关键领域开展合作，并将这些合作充实到"一带一路"框架之中，将有利于扩大中印共同利益，也有益于提升印度能源自给水平、缓和中印在能源产地的竞争。与此同时，从中印同为重要能源净进口国的角度出发，可联合推动形成亚洲油气进口国协调机制，进而联合生产国共同建立亚洲地区性油气市场，缓解因恶性竞争产生的亚洲溢价。

(四) 区域能源战略

针对"一带一路"沿线各个能源合作区域的不同特点，需要有针对性的区域能源战略，近期内加深国家层面的协调，推动能源项目建设，长期中可以寻求建立区域能源市场，以达到更高水平的互利合作。

1. 东北亚地区。

由中国、日本、韩国三国构成的东北亚区域是世界上能源需求量较大的地区之一。目前国际能源价格在低位运行，三国应借助这一有利的国际形势，尽快启动能源项目的合作，提高东北亚地区与油气出口国的议价能力，实现合理定价，共同推进东北亚能源市场的形成，努力推动能源合作多边机制的建设。例如，东北亚地区是全球天然气需求增长最快的地区，但没有一个区域内的天然气交易中心。有研究认为，中国唐山曹妃甸地区基础设施完备，距离中俄天然气管道和LNG入口最为便捷，周边地区能源消费量巨大，具备建设天然气交易中心的条件，可将天然气交易中心设立于此。[①]

2. 中亚地区。

中亚地区拥有丰富的能源资源和市场潜力，是丝绸之路经济带的重点发展区域。中亚地区能源资源丰富，但是经济基础尚不完善，中国和中亚经济互补性强，合作潜力大。在能源合作的同时，中国应该发挥经济与文化的综合效应，充分利用中国在工业、制造业和文化产业等领域的优势，加强与中亚国家的经贸、科技、文化合作，拉动这一地区经济快速发展。目前重要的是在这些地区加快区域基础设施网络的建设，建设俄罗斯西线天然气入境管线、阿塞拜疆—土库曼斯坦油气管线、阿塞拜疆向西通往地中海的油气管

---

① 中国社会科学院数量经济与技术经济研究所."一带一路"战略：互联互通共同发展——能源基础设施建设与亚太区域能源市场一体化 [J]. 国际石油经济，2015，23（8）：15-23.

线，保证能源运输通道的畅通。另外，在合作模式方面，可以选择动态战略联盟合作模式和供应链联盟合作模式。①

3. 东南亚地区。

东南亚地区人口众多，是油气资源富集区，但是单个国家的能源体系都比较薄弱。湄公河域和缅甸水能资源丰富，但是基础设施条件较差；马来西亚、印度尼西亚、文莱虽然油气资源丰富，但是油气加工产业落后；中国华南地区工业基础好但资源缺乏。如果实现区域合作，不仅能为中国提供需要的能源，东南亚国家也可以引进技术和资本，建立相应的炼油厂、发电厂，延伸油气产业的下游产业链，并将部分油气资源直接在当地转换为能源消费产品，以满足沿线国家对能源的需求，并带动本地区能源行业和地区经济的发展。

二、重点领域推进

（一）区域互联互通

能源合作涉及领域众多，对基础设施、政策协调、资金支持乃至社情民意都有重要影响，因此在"一带一路"框架下实现能源领域的互联互通对于开展能源国际合作有十分重要的意义。

首先，设施联通。"一带一路"建设重点之一是畅通能源输送通道，②而能源国际合作的第一步是要将能源通道建设纳入"一带一路"互联互通的总体规划中③。基础设施联通的重点任务：一方面，是能源基础设施建设。建设亚洲油气主动脉，推动形成区域性网络格局，主要是建设连通中国与中亚—俄罗斯地区的原油管道，尤其

---

① 余晓钟，高庆欣，辜穗等.丝绸之路经济带建设背景下的中国——中亚能源合作战略研究［J］.经济问题探索，2016（1）：149-154.

② 黄晓勇.以"一带一路"促进亚洲共同能源安全［J］.人民论坛，2015（22）：65-67.

③ 惠春琳."一带一路"与变化的能源格局［J］.中国电力企业管理，2015（17）：38-41.

是中国与哈萨克斯坦、俄罗斯的原油管道，构建中国外围区域的天然气管道网络，筹划建设三条亚洲天然气大动脉；完善中国云南与越南、老挝、缅甸等南亚国家的电力联网设施，以及中国东北地区与俄罗斯的直流联网工程。另一方面，维护输油、输气管道和交通通道的安全。研究和论证巴基斯坦瓜达尔港至中国新疆喀什的陆上运输路线，开辟南亚和东亚地区新油气进口通道；增强与新加坡、马来西亚、印度尼西亚往来，增加对马六甲海峡安全公共产品提供力度，协助沿岸国提高保安活动能力，以提高重要海峡、运河的安全性。

其次，贸易畅通。[①]"一带一路"国家能源合作的持续发展需要若干沿路经济区作为支撑。加强能源产业投资合作，共同建立一批经济示范区、能源科技合作园、境外经贸合作区和人才培训基地等，辐射带动区域合作进一步深化；加快沿线地区自由贸易园区建设，着力消除现有开放领域当中体制机制障碍和壁垒，扩大市场准入，推动重点领域对外开放。近期，要建设好上海自贸区，同时，加快在广东、广西、福建、海南、云南等沿海、沿边省份推进自由贸易园（港）区建设。此外，要大力支持中国与沿线国家境外经济贸易合作区建设的发展，并与沿线国家加强政策协调，进一步提升贸易便利化、自由化水平。

再次，资金融通。[②]中国应加强对能源金融衍生品的研究，包括油气现货、期货、金融产品合约、绿色金融等。例如，原油期货可以为中国建立有影响力的能源基准价格，提高能源贸易本币结算的规模；在天然气贸易中用人民币结算，推进人民币国际化进程。同时，加强金融合作是建设"一带一路"能源合作平台的助推器。积极推动双边本币结算，条件具备时建立"一带一路"多边结算体系；逐步扩大货币互换规模，构建涵盖"一带一路"各国的货币互换网络；积极探索共同出资、共同受益的资本运作新模式；促进金

①② 刘佳骏."一带一路"战略背景下中国能源合作新格局［J］.国际经济合作，2015（10）：30–33.

融市场稳步开放，搭建跨境金融服务网络；加强国际金融治理以及金融监管合作，增进金融政策协调。

最后，民心相通。"一带一路"能源合作国家多是发展中国家，社会经济发展相对滞后，基础设施建设受到这些地区的欢迎，医疗援助和教育援助有助于进一步提升中国的形象。中国企业在能源合作中要以实际行动担负起相应的责任，多提供有效的帮助和民生项目建设，为今后开辟中亚市场扫平民间障碍。同时，在中国与"一带一路"国家的能源合作中，需要熟悉中亚五国政治、经济、社会、语言、文化、教育、外交等方面的复合型人才，因此各国需要采用人才培养双向合作机制，中国人员到中亚国家学习语言、文化、法律、习俗，中亚各国的人员也可到中国学习中国文化和能源技术，促进人才交流，加强文化理解，增强民心相通。

（二）深化产业合作

"一带一路"倡议下的能源国际合作不仅限于能源开采和贸易，更重要的内容是对外能源的产业合作，利用中国相对充裕的外汇资源，推动中国富余的能源产能向"一带一路"沿线资源国转移；增强合作国产业水平，带动相关装备、建材、钢铁等产品的需求，拓展中国相关产品的海外市场，实现中国与合作国互利共赢的目标。

目前国际能源价格相对较低，利用此机会中国企业可以加快对"一带一路"油气资源的投资、并购和整合，以能源合作为主轴，以基础设施建设、贸易和投资便利化为两翼，加快运输通道建设，切实推动油气、煤炭等能源资源引进；利用此机会中国应加快推进中印缅孟经济走廊和中巴经济走廊建设，以能源合作为主线，带动上下游产业、工程建设、技术装备和相关服务业发展，重视技术进步，加大对企业的研发投入力度，加快技术转移，提高转化效率，形成以自主创新和人力资本为基础的新的竞争优势，努力提升中国在全球产业价值链中的地位。通过深化产业合作，为中国企业打造投资合作平台，培育一批有国际竞争力的跨国企业，在更高层次上参与国际产业分工。

中国现阶段能源装备制造水平已显著提升，水电、核电领域部分产品已经达到世界先进水平，火电装备生产能力突出。利用中国能源装备可以帮助合作国以较低的成本实现能源供应的增加及能源高效清洁利用。故中国应该积极向相关国家出口风力发电塔、太阳能光伏板、水轮机等可再生能源设备，同时鼓励有关能源装备制造企业积极参与沿线国家页岩气、煤层气的开发和设备招标。

同时，在能源建设中要发挥中国工程建设和能源服务的优势。[①]中国工程建设企业拥有丰富的施工经验和高素质的施工队伍，能源服务企业也已逐渐掌握了具有自主知识产权的专业技术和服务产品，应积极推动能源工程建设企业参与"一带一路"沿线各国油气管网、港口油气接收站、电网等能源基础设施，以及火电、核电、可再生能源电站的建设；推动节能服务公司参与"一带一路"沿线国家高耗能企业用能管理和能效提升项目；鼓励中国油气勘探服务公司参与中东、中亚、南亚等油气资源富集地区的地质勘探、储量评价、钻井、完井、生产等各个环节，从而深化产业合作程度，实现互利共赢。

(三) 加强资金支持

能源项目的建设工期长，前期投入巨大。"一带一路"沿线国家大多是新兴经济体和发展中国家，受财政能力的限制，很多国家短期内不具备投资基础设施建设和大规模能源建设的能力。因此，能源企业若开展合作项目，则短期内融资需求较大，这就需要充分发挥各类金融机构的作用，设置合理的融资方案，以保障"一带一路"能源建设的资金需求。

在金融机构层面，中国政策性银行在支持发展中国家基础设施

---

① 高世宪，杨晶. 依托"一带一路"深化能源国际合作 [J] . 宏观经济管理，2016 (3)：55–58.

建设方面积累了丰富的专业知识和经验。在"一带一路"建设中，政策性银行仍然可以发挥重要作用，增加扩大项目贷款协议的数量和规模，建立相关项目储备库，协同沿线国家共建互联互通的基础设施。亚洲基础设施投资银行是政府间的区域多边开发机构，全面投入运营后，将运用一系列方式为亚洲各国的基础设施项目提供融资支持——包括贷款、股权投资以及提供担保等，以振兴包括交通、能源、电信、农业和城市发展在内的各个领域投资。丝路基金作为一个开放式的投资平台可以容纳民间资金、保险公司和社保基金等多种资金来源，也将为"一带一路"沿线国家基础设施建设、资源开发、产业合作等有关项目提供投融资支持。

在融资方式层面，一方面，应该鼓励信用资质较好的境内投资者、外国政府、境外金融机构、外资企业或联合组建项目投资主体，发行丝路债券；另一方面，可以借鉴发达国家的金融创新成果，结合基础设施项目的特点和风险，将标的物收益证券化、开发贷款证券化、资产证券化等创新金融产品，提供满足项目需求的多样化、多层次的直接融资工具和金融产品，为"一带一路"基础设施投资筹集建设资金。

另外，对于财政能力不佳的国家，可以采用基础设施换能源的模式。这种模式在中国和安哥拉的石油合作中获得了良好效果。一方面，这些财政能力不佳的国家在这种模式下为能源开发获得了基础设施建设投资的启动资金和技术支持；另一方面，中国也可获得支撑国内经济高速发展所需的能源资源，在一定程度上可以减小投资风险，达到双方互利共赢的显著效果。

第十二章

高新技术领域合作

　　"一带一路"是"丝绸之路经济带"和"21世纪海上丝绸之路"的简称。作为目前中国最重要的中长期发展战略，提出以来受到国际社会的广泛关注和沿线各国的积极响应。"一带一路"作为世界上跨度最长的经济大走廊，贯通中亚、东南亚、南亚、西亚乃至欧洲部分区域，东牵亚太经济圈，西系欧洲经济圈。实施这一战略构想，就是通过中国和周边国家实现政策沟通、设施联通、贸易畅通、资金融通、民心相通，构建区域利益共同体和命运共同体，这其中蕴藏着巨大的发展机遇和潜力。

　　丝绸之路也是科技交流之路，"一带一路"建设需要科技创新引领和驱动。从地图上看，丝绸之路经济带涵盖中亚、南亚、西亚和欧洲的部分地区，连接亚洲和欧洲两大经济圈，该区域包含60多个国家，是世界上最具发展潜力的经济带。与此同时，由于丝路沿途各国国情、自然地理条件、发展阶段和科技水平差异较大，特别是大部分国家地处内陆，干旱荒漠化等生态脆弱问题严重，生产力发展落后，经济总量小，区域性贫困显著等，这些问题均需在贸易兴盛的过程中依靠科技创新支撑丝路各国发展模式创新和实现可持续发展来解决。从历史上看，古丝绸之路的发展史表明：丝绸之路不仅是一条贸易之路，更是一条不同科技、文化的交流融合之路。现代丝绸之路经济带建设更是对科技发出强劲的需求召唤，亟须吸引丝路沿线国家联合开展科技合作，面对发展中的共性科学问题，以提供基础性科技为支撑，共同研究应对策略。①

第一节　高科技产业孵化平台建设

一、高科技产品的概念及特点

高科技产品是指用于商业目的并且采用高科技和高科技手段生产的知识密集、技术含量大的高附加值创新产品。高科技产品具有产品生命周期呈现棘轮效应、产品附加值更高、产品价值很难精确测量等特点。

二、"一带一路"框架下的高科技产业孵化平台建设成果

"一带一路"框架下的高科技产业孵化平台建设已取得成果，本节重点介绍兰州新区紧抓"一带一路"倡议机遇，打造高科技新材料产业基地以及广东"一带一路"高科技产业孵化平台的建设。

截至2015年9月底，兰州新区已完成工业产值99.8亿元，该地区紧抓"一带一路"倡议机遇，努力打造高科技新材料产业基地。据悉，2016年，兰州新区将依托科天水性科技产业园，重点引进8000万米/年革基布生产线、箱包生产线、体育用品生产线等产业链延伸项目，打造500亿元水性科技产业集群。同时依托四联光电、厦门润晶等企业，重点引进高纯度氧化铝生产线、LED封装、蓝宝石切片精抛光、集成电路生产等项目，打造百亿级蓝宝石深加工产业集群。在新能源项目方面，依托吉利汽车新能源纯电动车生产项目，

① 杨星科. 为"一带一路"建设提供科技支撑和创新驱动［N］. 陕西日报，2015-05-19.

重点引进能源汽车关键零部件、电动车用大功率电动机、高性能动力电池、电动汽车充电桩生产等项目，打造新能源汽车生产基地。同时，围绕和盛堂、新兰药、正威等龙头企业，引进上下游配套企业，培育形成生物医药、电子信息、高端装备产业集群。

2016年"一带一路"倡议在多个领域进入行动年。1月30日，丝绸之路基金会与广东多家企业在广州进行战略合作签约仪式，共同打造"一带一路"空间走廊和"一带一路"高科技产业孵化平台。丝绸之路基金会是由波兰爱国华侨领袖招益华等商界精英和金融界联合发起设立，旨在以民间的力量支持"一带一路"顶层国策的实施，专注于投资"一带一路"的落地项目。此次战略合作，丝绸之路基金会将向广东大京世控股集团股份有限公司、广东我的家电商贸易有限公司及深圳酉信金融控股有限公司投入共计2亿元人民币，专用于创建"一带一路"空间走廊和搭建"一带一路"高科技产业孵化平台。丝路基金会为了使"一带一路"平台落到实处，与广东大京世控股集团股份有限公司共同发起设立了"南沙大京世上市企业加速港"，并专门设立了"一带一路"高科技产业孵化平台，为南沙产业园的落地做好前期准备。

第二节　高铁、核电等高端装备制造领域的合作

一、"一带一路"与中国高端装备制造品

2015年3月，《推动共建丝绸之路经济带和21世纪海上丝绸之路的愿景与行动》发布，国家"一带一路"倡议进入实质性推进阶段。同年5月，国务院印发了《关于推进国际产能和装备制造合作的指导意见》，中国装备制造业走出去被正式提上重要日程。当前，中国应抓住"一带一路"倡议所带来的新机遇，有效应对装备制造

企业走出去过程中可能面临的风险和挑战，通过健全不同层次的双边与多边合作机制、加大对装备制造企业走出去的政策扶持力度、发挥各类中介机构的支撑引领作用、加强装备制造业走出去的人才保障等一系列政策措施，促进本国装备制造业走出去，进一步开拓广阔的国际市场。

　　"一带一路"的东端是繁荣的亚太经济圈，西端则是发达的欧洲经济圈，而中国和中亚地区则正处于中间的经济凹陷带。这些国家和地区之间的发展差距较大，但是差距越大，未来的发展潜力也越大。当前，"一带一路"沿线的许多新兴经济体和发展中国家渴望搭乘中国经济快车的意愿十分强烈，其中技术需求旺盛。经过多年发展，中国高端装备制造业发展日趋成熟，已经拥有一批具有较强竞争力的新技术和新产品。与此同时，国内一些重点领域内的中国制造技术已经从原来的完全依靠从国外引进转变为主动向国外输出，中国制造的技术溢出效应开始显现。上述优势均成为推动中国装备制造业走出去与"一带一路"沿线国家开展技术交流与合作的动力。[①]

　　在出口方面，高端装备制造出口是"一带一路"倡议中的重要一环，也是产业升级的需要，而中国制造传统形象是劳动密集型、低附加值产品输出，这就迫切需要明星产品来改变国际市场对中国制造的认知。由此，受益于国家"一带一路"区域经济战略和400亿美元丝路基金的落地实施，中国高铁、核电、工程机械等高端装备产品出口增速将大大提高。[②]

---

　　① 张厚明. "一带一路"战略下我国装备制造业"走出去"研究［J］. 工业经济论坛，2015（6）：9-15.

　　② "一带一路"全面推进 高端装备优势突显［J］. 电源世界，2015（1）：13.

二、"一带一路"倡议下的高铁合作

(一)"一带一路"倡议下高铁合作现状

在"一带一路"倡议下，中国高铁凭借性价比高、工期短、适应性强等优势成功地在海外签订了多份建设合同，如土耳其安卡拉—伊斯坦布尔高速铁路二期、委内瑞拉迪阿铁路、利比亚沿海铁路、伊朗德黑兰—库姆—伊斯法罕高速铁路，以及与俄罗斯、印度尼西亚分别签署的莫斯科—喀山、雅加达—万隆高铁建设合同。此外，中国与非洲、亚洲、欧洲、北美洲其他国家还有许多潜在的高铁合作项目，中国高铁走出去的步伐已经呈现出逐步加快的态势，在国际市场中彰显了"中国高铁"品牌。[①]

目前，中国高铁走出去在促进"一带一路"互联互通上已经初见成效。在东南亚方面，2014年12月19日，李克强总理在曼谷会见泰国总理巴育，两国总理共同签署《中泰铁路合作谅解备忘录》，拟建设的中泰铁路连接泰国北部的廊开和南部港口马普达普，总长800多公里，是泰国首条标准轨铁路，该铁路将全部使用中国的技术、标准和装备建设。中泰铁路的建成将有力提升本地区基础设施建设水平，加快区域间的互联互通，更好实现物畅其流，更好地便利人员往来。据悉，泰国已经批准了连接中国的铁路项目，计划建设两条高速铁路。此外，由中国铁建、铁三院和南车青岛四方（全称：南车青岛四方机车车辆股份有限公司）组成的财团，正积极参与马来西亚吉隆坡至新加坡高铁项目的国际招标，如果获得吉隆坡至新加坡的高铁建设合同，将极大推进中国泛亚铁路的建设。按照规划，泛亚铁路包括中东西三条线路，中路从中国云南的昆明出发，经过景洪、磨憨，到达老挝首都万象，沿途经过泰国首都曼谷和马来西亚首都吉隆坡，直达新加坡；东路从昆明出发，经河内、

---

① 谢海燕."一带一路"战略下中国高铁走出去的现状、风险及对策［J］.全国商情（经济理论研究），2015（20）：35–38.

胡志明市、金边到曼谷；西部从昆明出发，经瑞丽、仰光到曼谷。东、中、西三线在泰国曼谷交会后经吉隆坡直达终点新加坡。早在2003年12月15日，中国北车大连机车车辆有限公司就获得马来西亚20台电传动干线内燃机车的合同，这是中国交流传动内燃机车首次进入国际市场。2010年3月26日，中国北车唐车公司获得马来西亚20列混合动力有轨电车的合同。2014年10月底，中国北车长客股份公司又在马来西亚机场线的轻轨车辆招标中胜出。中国在东南亚的铁路合作将有力推动泛亚铁路建设，加强中国一些欠发达的内陆省份与东南亚其他国家的经贸往来和互联互通，促进双方的共同发展。

除了东南亚之外，近期中国与中亚、西亚和印度的铁路合作，也多有收获。2014年9月18日，在习近平主席访印期间，交通运输部副部长、国家铁路局局长陆东福与印度铁路委员会主席阿鲁南德拉·库玛尔在中印两国领导人的共同见证下，代表双方政府签署了中印铁路合作备忘录和行动计划。2014年12月15日，第一期印度重载铁路高层管理人员研修班在北京交通大学开班，迈出了中印合作的重要一步。2015年中国铁路总公司、国家铁路局都把"服务国家'一带一路'战略，推进铁路对外交流合作"作为年度工作的一个重要内容，积极深化落实中蒙、中印已签署的铁路合作项目，积极参与推进中俄高铁合作和中老、中泰、中巴、中哈等铁路合作项目，促进中国与周边国家铁路互联互通建设。[①]

2016年，中国高铁将走进美国、印度尼西亚、俄罗斯、巴西等国家，在高寒气候条件和复杂地质条件下展现先进的高铁技术。2016年1月21日，由中方设计承建的印度尼西亚雅万高铁项目正式在印度尼西亚瓦利尼开工。这是中国铁路走出去战略的里程碑事件。除了雅万高铁，根据2016年1月中铁总公司召开的铁路工作会议，中国还将攻克、推进更多的海外铁路基础建设项目，包括俄罗斯莫斯科—喀山高铁、美国西部快线、马来西亚—新加坡高铁、横跨南美

---

① 陈安娜. 中国高铁对实现国家"一带一路"战略构想的作用［J］. 商业经济研究，2015（9）：4–6.

洲大陆的两洋铁路、坦赞铁路等。

另一个重点攻克项目为俄罗斯莫斯科—喀山高铁项目。2015年6月，中国与俄罗斯正式签署合约，中国中铁二院工程集团有限责任公司将与诺夫哥罗德地铁设计院共同承担勘测设计工作。这条高铁大部分位于高寒地区，而中国在高寒地区的高铁建设施工和高寒动车组的装备制造方面有相当丰富的经验。2012年12月，世界上第一条穿越高寒地区的高速铁路的哈大高铁正式通车，该列车能在零下50摄氏度极限条件下正常运行。除了高寒气候的限制，复杂的地质条件也是一大难题。由中国、巴西、秘鲁合作规划的横跨南美洲大陆的两条铁路需要穿越高大的安第斯山脉，从秘鲁的港口连接太平洋和大西洋。中国在这一项目中起关键的作用，因为穿越安第斯山脉的施工技术方案正是这一项目成功的关键，而中国拥有全球顶尖的高原铁路工程设计建设能力，施工周期短且平均造价低，可以较好地设计并完成这一技术方案。这条铁路的建设与实施具有重要的意义，一方面，目前连接太平洋和大西洋的巴拿马运河长期处于美国控制下，两洋铁路建成后将成为一条巴西通往亚洲的便捷通道，打破对国际物流的垄断；另一方面，铁路网的建设也将大大拉动拉美国家自身的经济发展。

除了2016年即将动工的高铁项目，目前在建的重大项目包括中老铁路、中泰铁路、匈塞铁路、巴基斯坦拉合尔橙线轻轨、印度尼西亚雅万高铁等。通过整理分析 "一带一路" 倡议下高铁合作现状，可以预见未来中国国际高铁走出去形势大好。一方面，国际高铁市场需求庞大，在目前国际能源及钢材价格走低的背景之下，越来越多的基础设施建设将适时启动，这对中国来说是一块巨大的经济蛋糕。另一方面，中国铁路及地铁相关技术世界领先，且拥有在各种地质条件和极端条件下建造铁路的经验，铁路技术输出将使铁路出口迎来广阔的市场空间。①

---

① 张殷荧，习曼琳. 2016年中国高铁 "走出去" 有哪些项目值得关注 [J/OL]. 高铁网. 2016-02-13. http://news.gaotie.cn/guoji/2016-02-13/305105.html.

与此同时，可以预见随着中国高铁走出去步伐的加快，其对"一带一路"建设的促进作用将得到明显体现。在多位中国轨道交通业内人士看来，"一带一路"区域是中国铁路装备走向世界的起点，在新格局下，不仅"21世纪海上丝绸之路"新囊括的国家和地区对铁路交通有巨量需求，而且"丝绸之路经济带"所涵盖地区的铁路也处于待新建阶段或待更新阶段。在"互联互通""一带一路""亚洲基础设施投资银行""400亿美元丝路基金"等战略措施下，中国高铁走出去前景广阔，将发挥其对实现"一带一路"倡议构想的巨大促进作用。

（二）高铁合作对实现"一带一路"构想的意义

中国高铁走出去有利于促进"一带一路"的互联互通。实现互联互通，道路联通是保障，而铁路将是重中之重。铁路在打通渠道，实现资源、人才、市场互动交流上有足够的先例可循，其强势带动各行业、各地区协调发展的前景也被世人公认，所以铁路势必为实现互联互通的美好蓝图搭建最稳固的桥梁，并让这一天加速到来。

目前，中国高铁在工程建造、高速列车、列车控制、客站建设、系统集成、运营管理等领域掌握了核心技术，形成了具有自主知识产权的核心技术体系，成为世界上高铁系统技术最全、集成能力最强、建设成本最低、运营里程最长、运行速度最快、在建规模最大的国家。中国高铁的试验列车甚至已经跑出605公里的最高时速。作为现代高新科技汇总结晶的中国高铁，其项目建设不仅能大幅度提高交通运输能力，同时还具有强大的产业拉动能力。中国高铁所具有的独特优势使得它能够成为实现国家"一带一路"互联互通国际战略的最佳选项，中国高铁必将在促进"一带一路"倡议上发挥重要作用，促进"一带一路"倡议构想的早日实现。[①]

---

① 陈安娜. 中国高铁对实现国家"一带一路"战略构想的作用［J］. 商业经济研究，2015（9）：4-6.

（三）"一带一路"倡议下中国高铁走出去的风险

1. 政治法律风险。

政治风险主要表现在项目所在国家的政局状况、战争风险、国家政策、专制行为、腐败程度、对外关系、行政效率等方面。如政局不稳、战乱频发、政权更迭、行政效率低下等会直接影响到装备制造项目实施的效果及成败。首先，政治风险表现为大国战略的挑战。在"一带一路"倡议布局当中，并不只有中国一国拥有国家战略，不同国家基于不同诉求都有其各自的国家战略，这其中甚至还涉及"一带一路"以外的一些国家的战略利益问题。中国的国家战略可能会与"一带一路"上个别国家甚至是个别大国的国家利益、国家战略存在一定程度的不兼容、不匹配，甚至存在一定程度的冲突。如美国、日本等国的国家战略与"一带一路"倡议都有一定的利益冲突。其次，一些国家的政局变化存在较大风险。"一带一路"沿线的一些国家始终存在着反华势力，如印度尼西亚、越南等国。随着社交媒体的广泛运用，这些国家的政治过程越来越受底层民粹意识的裹挟，其一些领导人可能会以中国因素来解释经济失败，以排华的方式来谋求个人政治利益。再次，许多"一带一路"沿线国家正处于政治转型的过程中，未来政府倾向甚至政权性质都存在着不确定性。①

法律风险方面，高铁项目建设投资金额巨大，政府招标居多，因此中国在竞标时要面对不同国家的招标规则和法律程序；同时，发展中国家大多法治不完善，中国的对外投资法律也处于不成熟阶段，这都给高铁走出去埋下了法律风险。②

2. 经济风险。

经济风险主要表现在债务国违约风险、项目泡沫化风险、经济

---

① 张厚明. "一带一路"战略下我国装备制造业"走出去"研究［J］. 工业经济论坛，2015（6）：9-15.

② 谢海燕. "一带一路"战略下中国高铁走出去的现状、风险及对策［J］. 全国商情（经济理论研究），2015（20）：35-38.

转型迟缓风险和信用风险等方面。高铁建设除了时间周期较长，对投入的资金需求也比较巨大，东道国往往难以筹集修建高铁的全部资金，通常要求承建国能够提供该项目的融资或带资承建。但是，中国高铁走出去如果都采用提供融资或带资的方式，那么资金的压力将足以把中国高铁压垮。同时"一带一路"沿线国的投资环境整体上不如中国与欧美发达国家，中国无论是投资于其基础设施还是第二产业，投资回报率都不容乐观，其中一部分投资很可能成为坏账。相关资料显示，部分参与"一带一路"倡议的国家存在着巨额的经常项目赤字、较差的经济基本面，这就已经使其成为高风险债务人。这意味着如果中国的装备相关企业向这些国家提供资本和融资项目，将面临较大的违约风险。如果债务国无法偿付银行贷款，项目无法收回投资，将使中国经济承受巨大的额外压力。在中国经济下行压力加大的背景下，"一带一路"已成为一些地方政府想抓住的最大一根稻草，都寄希望于以此来振兴当地经济，这就使得"一带一路"国家战略被项目化、泡沫化的风险大幅提高，从而给中国装备制造企业走出去开拓国际市场带来诸多不确定性因素。

3. 国外舆论风险。

首先，中国高铁投资过程中，难免会被其他国家指责为霸权扩张行为，可能在世界产生中国高铁威胁论，形成不必要的羁绊。其次，东道国当地民众对中国高铁的反映、当地媒体和利益集团的声音，也会是中国高铁能否持续走进这些国家和地区重要的影响因素。高铁项目要在投资国建设并且成功，必须取得当地舆论的支持。

4. 竞争风险。

中国高铁虽然已经在全球市场份额中占有重大比重，拥有量、高铁运营里程均已走到世界前列，但却面临激烈的竞争。在高铁领域，中国主要面临德国、法国、日本、加拿大等高铁发达国家的竞争。而中国高铁自身仍然存在一些问题，如尚未形成成熟的中国标准，尚未完全摆脱对国外核心技术和关键零部件的依赖，基础工业体系对轨道交通装备产业的支撑不足等问题。

5. 环境风险。

环境风险主要是指项目面临的环境约束条件，包括当地的各种环境法规约束、环保许可办理、各种生产施工资质许可等方面。一些国家和地区的环境法规政策多变，环保许可条件苛刻，办理周期长，对有关装备制造项目的按期建设投产具有较大的影响，使其产生一定的风险。同时，"一带一路"沿线国家的生态环境较为脆弱，进行高铁建设会对沿线国家的原有生态造成影响。但是，中国装备制造企业对这些生态环境保护问题缺乏足够的重视。近年来，中国企业在境外的投资因多次造成东道国生态破坏和环境污染而被称为"掠夺性发展"、"中国环境新殖民主义"、"中国环境威胁论"、"中国生态倾销论"等，类似声音不绝于耳。中国许多装备企业的投资大多集中在非洲、拉美等自然资源丰富的地区，而这些地区的生态环境系统极其脆弱，这些国家自身环保法律制度不甚健全，环境监督机制也不够完善，再加上中国企业的环保意识淡薄，导致很多地区的生态环境遭到了不可逆转的破坏，[①]引发了一定的环境风险。

（四）"一带一路"倡议下中国高铁走出去的对策

1. 针对政治风险的对策。

针对上述的政治风险，在对"一带一路"沿线国家进行高铁投资时，首先，必须充分了解这些国家的国情，对其政治格局、经济环境、法律文化、投资国高铁建设发展规划，以及合作伙伴的选择等方面进行仔细研究、全面分析。其次，充分了解对方国家相关法律条款、竞标程序、环保制度、劳工政策，并完善中国对外投资法，加大相关人才培养，建立企业专门机构负责境外风险管理。中国政府相关主管部门应积极筹划，主动加强与"一带一路"沿线国

---

① 张厚明."一带一路"战略下我国装备制造业"走出去"研究［J］.工业经济论坛，2015（6）：9–15.

家的沟通与联系，与上述国家建立多层次的双边与多边合作机制，通过"一带一路"沿线各国政府间合作机制的建立，为中国高铁走出去提供相关的服务和支持。同时，中国政府应尽可能通过公共外交手段为本国高铁走出去创造有利条件。

2. 针对经济风险的对策。

针对上述的经济风险，首先，中方在选择高铁投资对象和投资项目前，一定要对该项目进行全方面分析，尤其要对项目前景和投资回报等做可行性分析，其中东道国的资金能力、人口密集度、电力供应是三个必须考虑的经济门槛。针对东道国实际情况，选择项目融资的方式，对于一些资金充裕的国家，可以采用东道国贷款的方式，做BT（建设—移交）；对于一些人口稠密、车站密度设置合理的发达国家或新兴市场国家且预期收益好的高铁项目，可以考虑BOT（建设—经营—移交）或BOOT（建设—拥有—经营—移交）等方式融资；对于一些能源和自然资源丰富但资金实力又有限的国家，可进一步探索高铁换资源的灵活方式。其次，国家应提供高铁走出去专项资金支持，设立高铁走出去专项基金，准许金融机构设立一些与高铁相关的金融产品，给予中信保专项风险限额及配套政策，完善资金筹集和融资风险分担机制。同时提升在国际市场的筹资与融资能力，争取更多的国际金融机构，如世界银行、亚洲开发银行和金砖国家新开发银行等机构的资金支持。再次，对外投资的同时，也应增加对国内尤其是不发达地区的基础建设投资。

3. 针对国外舆论风险的对策。

针对上述的国外舆论风险，首先，国家建立高效协助机制，鼓励企业通过建立企业联合体或企业联盟走出去。中国政府作为高铁的义务推销员，一旦牵线成功，应迅速改变角色，让企业成为主体进入具体操作环节，充分发挥企业各自优势，从而突出中国高铁走出去的市场性。中国企业形成企业联盟或联合体，避免国有企业一家独占，共同面对国外市场，从而让外国民众或政府看到这是市场行为，无关政府的意图。其次，在投资国选择与投资国的企业合资或合作、共同开发建设。成立合资企业，除了待遇上会不同之外，也可避免被一些党派以"霸权扩张，影响国家安全"为由而审查，甚至长期搁置项目的情况发生。再次，走出去的企业要熟悉投资国的经济政治和社会文化，尊重投资国的法律和社会风俗，坚持走本土化的道路，如本地建设物资采购，雇佣本地员工就业，对本地员工进行技术培训，树立中国企业的良好形象，实现走出去由工程建设、生产成本等传统优势向以技术、品牌、质量、服务、标准等为核心的新优势转变，使中国高铁走出去真正成为入乡随俗、落地生根的走进去。

4. 针对竞争风险的对策。

针对上述的竞争风险，在激烈的竞争环境下，作为后来者的中国要发展高铁，首先，必须完善中国高铁标准体系，走高铁产品国际认证道路，并推动其成为世界高铁标准，同时也要努力保持技术领先优势，增加科研投入力度，增强对关键技术和核心零部件的原创能力和研发能力，使其达到和超过国际先进水平，并注重技术创新体系建设和技术创新人才队伍建设。其次，在关注产品研发、制造、销售的基础上，进一步提升面向国际竞争的行业服务及管理体系，增强配套企业的技术装备，支撑高铁产业长远发展。再次，通过竞争合作、联合共赢的方式，积极参与并主导国际分工与合作，联合发生争议、拥有相关知识产权和专利技术的外国企业，共同合作参与国际项目，形成利益共同体，并加快自身产品的国际化认证，减少贸易壁垒，增强中国高铁走出去的抗风险能力。[①]

5. 针对环境风险的对策。

针对上述的环境风险，中国高铁走出去也要注意与"一带一路"沿线国家展开环保合作，减少对沿线生态的影响和破坏。"一带一路"倡议下中国走出去的装备制造有关企业要提高环保意识，履行环境保护社会责任；将环境影响评价、协议保护机制、生态补

---

① 谢海燕."一带一路"战略下中国高铁走出去的现状、风险及对策［J］. 全国商情（经济理论研究），2015（20）：35–38.

偿（生态服务费）和企业社会责任纳入其中；倡导企业树立环保理念，尊重"一带一路"沿线东道国的宗教信仰、风俗习惯，保障劳工合法权益，实现自身盈利与环境保护的双赢；同时投资合作项目必须依法取得当地政府环保方面的许可，履行环境影响评价、达标排放、环保应急管理等环保法律义务；鼓励有关装备企业与国际接轨，研究和借鉴国际组织、多边金融机构采用的环保原则、标准和惯例，如此将有利于提高企业竞争力，降低企业经营风险，也有利于降低装备企业在环境、法律、劳工福利等方面的风险，一举多得。[①]

三、"一带一路"沿线国家核电合作

（一）"一带一路"沿线国家核电合作的现状与前景

在能源日益紧张的当今世界，核能因其清洁、高效、成本低廉等优势成为很多国家能源开发的重要选择。一方面，许多国家的经济发展催生了持续增长的电力需求；另一方面，核电已被证明是清洁高效的新能源，面对控制大气污染的现实需求和国际上日益迫切的减排压力，许多国家把发展核电作为减排治污的重要举措。

在"一带一路"的建设中，我们既要看到机遇，也要清醒认识核电走出去面临的困难。除了资金量非常大、核工业属于敏感技术等困难外，核电合作战线很长，短期很难见成效也是其困难之一。核电合作是出口国和接受国长期合作的一个项目，从开始谈合作，到合同签订、建造完工，需要10年左右；建成以后，需要运行60年，如果改造之后甚至可能达到80年；退役以后，还需要设备拆除、乏燃料处理等，这也需要时间，由此项目战线时间很长。与此同时，核电走出去还面临强大的国际竞争。美、俄、法、加、

---

① 张厚明．"一带一路"战略下我国装备制造业"走出去"研究［J］．工业经济论坛，2015（6）：9-15.

日、韩等核电强国已有走出去的经验，目前也都在不遗余力地开拓国际市场，这些核电强国对中国开展核电合作形成强有力的竞争。

（二）"一带一路"倡议下中国核电走出去的挑战

1. 品牌效应。

品牌既是口碑也是质量保障的代名词。与美、俄、法等核电强国相比，中国的核电正处在品牌塑造期，品牌效益还未显现，需要在技术创新和提高质量等方面不懈努力。如CAP1400和华龙一号作为全新的三代核电机型，作为国内的示范项目还没有开工建设，但目前各方面条件已经具备，建议国家尽早启动示范项目建设，这会大大加快中国核电品牌的树立。

2. 知识产权问题。

中国之前走的是"引进—消化—吸收—再创新"的路径，在核电技术、装备制造等方面可能会遇到或多或少的知识产权问题。中国应该在继续加大自主创新力度、力争掌握更多核心技术的同时，要未雨绸缪、提前布局，通过交叉授权、专利共享等方法有效应对知识产权的相关问题。

3. 相关法律法规的配套支持。

中国相关部门要加快核能相关立法建设，研究出台《原子能法》以及《核电管理条例》，梳理完善其他涉核法律法规，为核电走出去扫清法律障碍。

（三）"一带一路"倡议下中国核电走出去的建议

针对中国核电合作的现状与问题分析，中国政府应加强顶层设计和统筹协调，形成合力"造船出海"。核电走出去是高起点建设核电强国的题中之意和必由之路。经过30多年的快速发展与持续创新，中国目前既是在建核电规模最大的国家，也是拟建规模最大的国家，在许多方面已经由学生变成了老师。对于核电走出去的路径，国内核电业界已经达成共识："借船出海""拼船出海""造船出海"。在国际市场竞争方面，俄罗斯与法国以全国一个超级核电集团的形式争夺市场，美国、日本的核电技术公司、核电工程公司及核电业主均有一个很好的协调机制。借鉴国际上这些核电强国的经验，中国国内核电企业应该尽快建立行之有效的协调机制，在国际竞争中形成合力。面对竞争强手，应上下同心、联合起来"造船出海"。同时，国家应尽早搭建一个强有力的指挥平台，根据走出去项目的需要，打包形成技术输出、人才培训、资金支持等方面的集装箱，着力解决政策的碎片化问题。[①]

第三节　跨境电商与物流合作

从定义上来看，跨境电子商务是指分属于不同关境（实施同一海关法规和关税制度的境域，又称"税境"或"海关境域"）的交易主体，通过电子商务平台达成交易、进行支付结算，并通过跨境物流达成商品交易的一种国际商业活动。因此从跨境电子商务的定义来看，其具有全球性、无形性、匿名性、即时性、无纸化、快速演进等特征。从跨境电子商务的发展模式上可分为B2B与B2C贸易模式，不同贸易模式对应的物流、支付结算、海关等方式不同。此外，跨境电子商务又可分为出口跨境电子商务与进口跨境电子商务两种。在"一带一路"经济建设的背景下，跨境电子商务获得了更为广阔的空间，得到国家政策的大力支持。

一、中国电子商务发展现状

一方面，中国电子商务发展的现状主要表现为信息基础设施建

---

① 湛丽. "一带一路"引领核电企业"走出去"[J]. 当代电力文化，2015（6）：34.

设速度快，但是网络建设相对于发达国家而言较为滞后。目前，中国的宽带用户在互联网用户中的比重不断提高，其使用率已经仅次于美国。所以，现代网络技术的发展为互联网与电子商务的发展提供了强有力的保障与发展平台，而这种技术性质的保障是以往任何时候都不具备的。

另一方面，中国电子商务在发展中出现了种类繁多的现象；由于中国上网企业的迅速增加，网上交易额也逐渐增大，其用户主要结构已经发生变化。相关报告显示，2005年中国的网上购物人群为2000万人，而在2014年的“双十一”一天的淘宝网交易额就已经达到了350.19亿元，其中手机淘宝消费53.5亿元。而马云所持股的阿里巴巴也因为多次在经营之中的迅猛发展，超越了万达企业，成为中国首富。由此可见中国电子商务发展的巨大潜力与发展空间。①

二、“一带一路”对中国跨境电子商务发展的作用

首先，“一带一路”对于中国电子商务的发展，可以逐渐地消除贸易上的壁垒。其次，“一带一路”可以全面优化电子商务的通关服务。中国在提出“一带一路”倡议之前，就已经开始实施国际化的、互联网性质的电子商务，碍于相关海关条约，其发展相对来说比较缓慢。但是，在“一带一路”倡议实施以后的电子商务跨境发展中，中国开始全面建立跨境电子商务企业认定机制，确定其交易的主体为真实有效的，同时进一步建立交易主体与报关服务的关联体系，逐步建立与完善直购进口、网购保税等新型通关监管模式。再次，“一带一路”可以推进电子商务为基础的跨境物流业的发展。最后，“一带一路”倡议可全面促进中国电子商务相关企业的发展，自2001年中国加入世界贸易组织，在发展之中一直以相关的国际组织的标准与协商为体系、为榜样，同时也逐步地规范了中

---

① 管理要.“一带一路”对中国跨境电子商务发展的思考［J］.东方企业文化，2015（22）：194–195.

国国内对于跨境商务纠纷的处理过程。中国各项商业的发展模式逐渐地形成了规范化的现象与过程。所以，当中国在电子商务全面发展以后，即使面对新的发展条件与发展形势，中国的各个企业也能较为从容地应对。①

三、"一带一路"倡议下跨境电商与物流合作的对策与建议

对中国来说，通过支持跨境电商等新兴产业，帮助沿线国家输出产能，带动物流和互联网金融，可以打造出以中国为主的"一带一路"产业集群。具体来说，可以从如下方面入手：首先，通过跨境电商业构建新的产业生态系统。跨境电商提供购物、服务、旅游等消费项目，重新对沿线数十亿消费者、零售商、制造商、服务提供商和投资者组成的生态系统进行组合，打造符合中国经济利益的产业生态模式。其次，利用跨境电商提升中国商品品牌的知名度。当前中国许多企业特别是中小企业生产的产品质量和性能都很优异，但品牌并不为国外消费者所认可，跨境电子商务恰恰能够有效打破渠道垄断，为中国企业创建品牌、提升品牌的知名度提供有效途径。

第四节　空间信息走廊建设

一、"一带一路"与空间信息走廊建设

2015年3月，国家发展改革委、外交部、商务部联合发布《推动共建丝绸之路经济带和21世纪海上丝绸之路的愿景与行动》。该文

---

① 管理要."一带一路"对中国跨境电子商务发展的思考 [J]. 东方企业文化，2015（22）：194–195.

件提出了"一带一路"建设的主要内容,即政策沟通、设施联通、贸易畅通、资金融通、民心相通(简称"五通"),并强调"基础设施互联互通是'一带一路'建设的优先领域"。

2015年2月15日,国家推进"一带一路"建设工作领导小组办公室下发《关于印发推进"一带一路"建设工作领导小组第一次全体会议审议通过的有关文件的通知》(第1号),"一带一路"空间信息走廊应用和建设工程项目纳入三年(2015~2017年)滚动计划项目中2015年力争新开工项目之一,由科工局牵头,联合国家发展改革委、工信部和外交部开展《"一带一路"空间信息走廊建设与应用工程实施方案》论证工作。

空间信息走廊工程未来将实现三大目标:一是天观地测,运筹帷幄。针对"一带一路"建设的需要,结合APSCO(亚太空间合作组织)多任务小卫星星座的建设,满足中国和"一带一路"沿线国家空间遥感应用需求。二是西进东拓,经略子午。在国家民用基础设施规划建设、天地一体化网络工程规划的基础上,在中国东、西方向建设两个重要的静止轨道宽带通信节点,保障中国在"一带一路"倡议通信干路传输和遥感信息的境外传输。三是借力北斗,精耕细作。在"一带一路"遥感信息获取能力和通信传输能力的基础上,中国目前正在推广北斗国际化,同时也结合高精度、导航定位、信息融合应用,建设服务国家战略安全、产业推广、企业保驾护航的应用服务系统。①

关于互联网在"一带一路"建设中的作用,学界普遍认识到了互联网对沿线国家的经济和社会建设的重要性,并注意到了"互联网+物流""能源互联网""互联网+"等能服务于"一带一路"倡议的产业新形势。

---

① 严洲.专家通过"一带一路"空间信息走廊建设工程方案[J/OL].中国证券网,2015-07-31. http://news.cnstock.com/industry,rdjj-201507-3513732.htm.

二、"一带一路"沿线国家网络信息建设现状与合作机遇

1."一带一路"沿线国家互联网普及率较低。

在网民数量方面，沿线国家总人口超过43亿人，互联网普及率仅为33%，未上网人数约为29亿人，占全球未上网人数（约38亿）的3/4，其中人口大国印度的未上网人数超过10亿人。目前，全球网民已达30亿人，初步完成以发达国家为中心的互联网全球化的上半场；而刚刚启动下半场的30亿网民则大部分将来自"一带一路"沿线国家。这些国家互联网发展空间巨大，是未来10~20年新增网民的主要来源，具有影响全球互联网产业格局的战略性价值。

2."一带一路"沿线国家网络基础设施建设水平较低，市场前景广阔。

在网络基础设施方面，2013年全球人均带宽为53048bps，而绝大部分"一带一路"国家低于该水平，而且大部分国家低于10000bps，其中包括人口最多的中国和印度。每百人中固定宽带订用数水平也较低，相当一部分国家在10户以下。越靠近中国的地区，如东南亚、南亚和中亚，这两项指标的水平越低。

在手机终端使用方面，沿线国家表现出良好的发展水平，大部分国家每百人手机终端量在100部以上。这些数据说明，"一带一路"沿线国家互联网基础设施建设的市场空间还很大，虽然手机终端普及率良好，但南亚、中亚和西亚一些国家还有很大的市场挖掘空间，而且手机属于更换频率较高的产品，因此中国智能手机企业仍可以大有作为。

3."一带一路"沿线国家的本土互联网产业呈现空心化。

在互联网企业方面，"一带一路"上网人数TOP10的国家（除中国以外）中，流量较大的网站大部分来自美国，中国的网站寥寥无几，基本无大型的本土互联网企业。沿线各国流量TOP10的网站大部分为美国互联网网站（Google.com，Facebook.com，You-tube.com，Yahoo.com，Wikipedia.org等），该项数据在菲律宾、印度、印度尼

西亚、土耳其、俄罗斯等表现得尤为突出。中国进入该行列的网站仅有2家，即在巴基斯坦，Alibaba.com流量排名第10位；在俄罗斯，Aliex-press.com排名第9位。在世界流量500强网站中，“一带一路”国家只有19家（不计中国网站）。这项统计数据说明，“一带一路”沿线国家的本土互联网产业呈现空心化。

三、“一带一路”沿线国家进行网络信息建设合作的挑战

在“一带一路”框架下展开互联网领域的合作，既有来自“一带一路”倡议本身面临的挑战，也有互联网领域的挑战。

其一，传统的“一带一路”建设思路面临三大风险，即投资风险、传统基础设施建设风险与产能转移风险。造成该风险的主要原因有两个，一是政治和经营环境的不确定性，即沿线地区国际政治环境的复杂性以及沿线国家内部政局的不稳定性，造成整体经济环境的不确定性；二是沿线国家对“一带一路”的疑虑，中国经济体量庞大、资源消耗巨大、发展快速，让许多国家在亲近中掺杂着畏惧和担忧。在这种背景下，大规模投资行为存在的风险较大，民间资本也不愿意投入。传统基础设施建设投资大、周期长、回报慢，设施和产能均易被对方锁定，风险剧增。单纯的过剩产能转移，一方面，容易引起所在国舆论反对；另一方面，中国企业的适应和创新能力尚难克服沿线国家经营环境的复杂性和不确定性。

其二，挑战来自于发达国家的网络霸权。当今世界最大的挑战之一，是美国在网络空间占据一家独大的霸权地位，滥用网络霸权监控全球，推行越来越明显的进攻型网络空间国际战略，为追求自己的绝对安全，而牺牲全球各国的网络安全。如果“一带一路”倡议使得中国在全球网络基础设施建设中迅速崛起，改变网络空间的力量平衡，改变网络空间中美两强博弈的不对等局面，改变网络空间美国一家独大的霸权格局，形成与美国分庭抗礼的对等博弈格局，那么就可以破解“美国霸权”这一个大多数国家都面临的共同

困境。这对于在全球网络空间尽快建立起开放、包容的规范，建立全球的健康良性的秩序，具有更加重大的意义。

其三，挑战之一是沿线国家的网络安全保障问题。大多数"一带一路"沿线国家的网络信息安全保障能力很弱，中国互联网先行战略必须要把网络信息技术安全问题放在极为突出的位置，才能保障网络信息建设合作的顺利进行。

四、"一带一路"沿线国家进行网络信息建设合作的建议

1. 采取互联网优先战略。

"一带一路"互联网优先战略是指中国主导参与"一带一路"建设时，把互联网信息设施建设摆在其他产业建设之前，即在互联网信息投资建设前，其他产业建设缓行，最终以互联网信息建设带动其他所有产业的发展。

"一带一路"互联网优先战略的行动原则是开放、合作、市场与共赢。开放是指通过发起基金，组建联合投资集团，鉴于"一带一路"沿线国家网络信息技术建设的现状与合作机遇和红利分享向区域内所有国家开放，不采取大国或中国垄断的策略；同时，也向区域外的国家和组织开放，特别是发达国家，如美国和日本等。合作是指建设项目不是一国承担，也不是各自为政、各划一块，而是鼓励多边或多方参与和共同建设。市场是指遵循市场规律和国际通行规则，淡化意识形态和政治色彩，充分发挥互联网企业的主体作用。共赢是指让共建成果惠及更广泛的区域，不是几个大国的双赢或多赢，而是整体共赢；不仅让中国和区域内国家受益，也让区域外国家乃至全球均受益，最大限度地打造利益共同体。

2. 推进云计算和数据中心的建设。

云计算和数据中心是面向未来的互联网软性基础设施建设，需进行前瞻性布局，保障网络信息跨越式发展。首先，建议将云计算和数据中心建设纳入"一带一路"基础设施建设规划，打通沿线

国家网络数据流和信息流。可优先在节点性的国家或地区建立若干中心，使其成为中国在沿线节点的信息中枢和当地信息产业的聚集区，支撑沿线国家的信息互联互通。其次，国家支持国内企业承接沿线国家云计算和数据中心的建设与运营。可选择国内领先的大型企业在沿线国家建立云计算和数据中心示范工程，通过示范带动中国技术、装备、方案在海外市场的拓展；支持中国企业承担中国支持的云计算中心运营，由中国互联网企业负责云计算中心的运营。

3. 加强"一带一路"沿线国家的网络安全保障合作。

大多数"一带一路"沿线国家的网络信息安全保障能力很弱，中国互联网先行战略必须要把网络信息技术安全问题放在极为突出的位置。

首先，加强中外网络安全公司合作。中国国内优秀的网络安全公司如奇虎360、安天等，可以和沿线国家的安全公司如俄罗斯的卡巴斯基等合作，进行联合投资和参股，形成聚合效应，打造国际化网络安全产业竞争力。

其次，中国网络安全公司走出去。中国安全厂商可以以"一带一路"网络先行战略为契机，为沿线国家用户和企业提供信息安全服务，参与全球竞争。

再次，中国需在安全产品规则和测评方面掌握主动权和话语权。为此，需要中国尽快建立并扶植中国自主的云安全时代安全软件评测机构，建立安全软件的评测标准，掌握国际安全市场话语权。

最后，中国必须培育发展并鼓励国内企业掌握网络安全领域的杀手锏技术，如光纤骨干网络的反入侵预警技术等安全防御技术，并以此为核心推动"网络通"的建设。

4. 支持跨境电商等新兴产业的合作发展。

从推动产业和国内经济发展角度来看，互联网优先战略的产业政策发展重点是支持跨境电商等新兴产业的发展。对中国来说，通过支持跨境电商等新兴产业，帮助沿线国家输出产能，带动物流和互联网金融，打造以中国为主的"一带一路"产业集群。

　　因此，如果能够加大与"一带一路"沿线国家的网络信息建设合作力度与投资力度，为"一带一路"沿线国家和地区优先大力建设网络基础设施，将会在这个云计算、大数据的时代产生更长远、更深层的国家战略价值。所以，中国的"互联网+"可以部署国内和国际两个大局，互联网优先战略将极大地提升中国"一带一路"倡议的时代性和前瞻性，极大地丰富其内在的意义和价值。①

---

　　① 方兴东，邬克，张静."一带一路"互联网优先战略研究［J］.中国传媒大学学报，2016，38（03）：122–128.

第十三章

园区国际合作

第一节　"一带一路"倡议下园区合作的新形势

一、集群的力量

（一）产业集聚的效应

产业的空间集聚是经济活动最突出的地理特征，也是一个世界性的经济现象。大量研究认为产业空间集聚是推动产业发展和促进经济增长的重要因素。[①]

首先，产业集聚一旦形成，就会吸引更多的相关产业或者同类产业企业在集聚区域布局，因为新进企业在此布局中能获得专业化的中间产品和服务等集聚经济效益，集聚经济成为企业区位决策的一个重要影响因素。

其次，产业集聚能够使企业更有效率地获得配套的产品和专业化服务，共享劳动力市场，及时得到本行业竞争所需要的信息，这些都使集聚区域内的企业能以更高的生产率来生产产品或提供服

[①]　张华，梁进社. 产业空间集聚及其效应的研究进展［J］. 地理科学进展，2007（2）：14-24.

务。此外，集聚还能推动企业创新，为将来的生产率提高作准备。同时，集聚还能够强化同一产业内部企业之间的竞争，生产效率低的企业将会在激烈的市场竞争中被逐步淘汰。通过这样一个市场选择的过程，整个产业的生产率将会得到提高，从而能够促进产业增长。

再次，产业集聚有非常强的积聚能力，它对区域外的资本、技术以及劳动力等经济资源有着较强的吸引力，集聚能促进区域劳动力要素、资本要素、土地要素等供给质量和数量的提高，能促进区域产业结构的升级转换，从而促进区域经济发展。同时，产业集聚导致的人口集中和工资的提高能扩大市场需求，也能促进出口，从而拉动区域经济增长。

（二）产业园区——产业集聚的重要形式

产业园区往往由政府主导，以先行规划建设的基础设施、运营模式和政策优惠招商引资，吸引企业入驻，依次历经"聚核（核心企业和主导产业）、聚链（横向服务链和纵向产业链）和聚网（内部和外部合作网络）"三个阶段，达到较高的产业集聚水平。产业园区因集聚速度快、集聚效益高和可复制等优势，成为世界各国，特别是发展中国家实现产业集聚的重要形式。

中国国内产业园区的发展已积累了一定经验，具体形态包括经济技术开发区、高新技术产业开发区、经济开发区、技术示范区等创新示范园区，物流、工业、农业、旅游和商业园区等特色产业园区，以及经济特区、边境自由贸易区、出口加工区和保税港区等特殊政策性区域。总体来看，各类产业园区基于规模经济和集群经济的基本理论，通过资源共享和集聚效应，发挥着效率提升、技术创新、企业孵化、示范带动和外部辐射的基本功能。

二、"走出去"的新阶段

(一) 从"引进来"到"走出去"

中国自改革开放打开国门后，对外经贸合作不断增强。经过了改革初期"引进来"，吸引外国资金、吸收国外先进技术和管理经验，中国取得了快速的发展。在经济实力不断增强的背景下，中国从"引进来"转向"走出去"，更加快了"走出去"利用外部资源、开拓国际市场的步伐。目前，"走出去"主要有产品出口和海外直接投资两种方式。

自加入WTO以来，中国迅速发展成为全球制造业大国和产品出口大国。WTO数据显示，2015年中国出口总额2.27万亿美元，排名世界第一。在世界500种主要工业品中，中国有220种产品产量位居世界第一。可以说，中国产品在走出去方面已经取得巨大成绩。与此同时，对外直接投资在走出去中也发挥着日渐重要的作用，主要形式有海外并购、在海外建立国际合资企业、独资建立海外子公司或分公司。近年来，中国海外直接投资保持了快速增长势头，已经连续3年位列全球对外投资国榜单第三位。据商务部《2014年度中国对外直接投资统计公报》统计：2014年，中国对外直接投资1231.2亿美元；到2014年年底，中国1.85万家境内投资者设立对外直接投资企业近3万家，分布在186个国家和地区。这都显示出中国已经从"引进来"进入"走出去"的新阶段。

(二) 园区"走出去"

有学者将中国"走出去"分为三个阶段。[①]第一阶段是产品"走出去"。时间为1979~1997年，主要涉及的是货物贸易。这一战略对当时中国的经济结构产生了重要影响，贸易总额随着产品"走出

---

① 任浩，甄杰，仲东亭，等.园区"走出去"与"一带一路"战略［N］.解放日报，2015-10-13.

去"不断增长，进一步优化了中国的进出口结构，也使中国产品快速地融入了国际市场。与此同时，这一阶段的"走出去"遇到了市场壁垒、运输半径等问题。

第二阶段是企业"走出去"。自1997年开始，中国外汇顺差增加，市场壁垒和资源不足等现象出现。当时，中国中央政府提出了支持中国企业以境外加工贸易方式走出去的具体政策措施，其主要目的是突破市场壁垒。实践证明，这一战略有效解决了市场壁垒、运输半径、资源瓶颈等一系列问题。当时很多企业采取了并购重组方式，其中国有企业占据主体地位，而后民营企业也有所增加。

目前，中国进军国外的企业遇到上下游产业链条不够完整、企业所获得的东道国配套政策不足等问题，企业走出去的局限性也逐步凸显。因此，现阶段中国有条件的企业应当以园区为载体，实现"抱团走出去"的模式，即"走出去"的第三阶段——园区"走出去"。

（三）新时期的产业园区战略

国务院发布的《中国制造2025》中提出："在有条件的国家和地区建设一批境外制造业合作园区"，"坚持政府推动、企业主导，创新商业模式，鼓励高端装备、先进技术、优势产能向境外转移"。国家发展改革委、外交部和商务部联合发布的《推动共建丝绸之路经济带和21世纪海上丝绸之路的愿景与行动》中提出，"根据'一带一路'走向，陆上依托国际大通道，以沿线中心城市为支撑，以重点经贸产业园区为合作平台，共同打造新亚欧大陆桥、中蒙俄、中国—中亚—西亚、中国—中南半岛等国际经济合作走廊"，"探索投资合作新模式，鼓励合作建设境外经贸合作区、跨境经济合作区等各类产业园区，促进产业集群发展"。以上两个国家层面的文件，明确了产业园区在产业走出去和"一带一路"建设中的重要作用。

三、园区合作在“一带一路”建设中的作用

境外产业园区是对外产业集聚化合作的重要平台，根据商务部2015年统计数据，中国已经在50个国家建立了118个经贸合作区，其中有77个处于“一带一路”沿线的23个国家。在“一带一路”建设中产业园区的作用和优势将会得到进一步放大。在经济方面，园区合作对于拉动中国优势产能输出、加快企业走出去具有重大意义；政治文化方面，境外产业园区可以带动沿线国家发展，促进民心相通，增强中国软实力。

（一）助力企业走出去，实现产能转移

经历21世纪前10年的黄金增长期后，中国逐步进入经济新常态，出现周期性产能过剩。过剩产能主要集中于钢铁、煤炭、运输设备制造以及皮革纺织等周期性行业。据中国国际金融股份有限公司测算，2013年过剩产能行业的总资产占中国制造业总资产的比重高达27%。然而，这种过剩产能仅是相对于中国现阶段的国内需求而出现的过剩，在全球市场尤其是许多“一带一路”沿线的新兴经济体中仍然是具有竞争力的优势产能。产业园区不仅是实现中国优势富余产能迅速、批量转移的最佳途径，也是消除国内产业升级和经济发展长期障碍的突破口。

首先，利用产业园区的形式集中企业，集中“出海”，有助于中资企业迅速形成规模，抢占市场先机。[①]“一带一路”沿线多为新兴经济体，中国一些已进入生命周期中成熟和衰退阶段的产业，在“一带一路”沿线国家可能正在兴起。这些行业进入壁垒较低，市场需求尚未完全开发，技术仍不健全，因此企业在产品、市场和服务等策略选择上有较大的主动权。“一带一路”沿线的新兴市场国家已经受到包括欧美企业在内的全球资本的关注。在这种背景下，

---

① 吴志峰，赵阳，宋科，等. 以产业园区推动人民币国际化 // 中国人民大学国际货币研究所. 2015人民币国际化报告——“一带一路”建设中的货币战略［C］. 2015.

如果中国企业能够通过产业园区批量进驻当地市场，在国内已积累的相对较成熟的技术和市场经验的基础上，抓住有利的时机，更容易抢滩当地市场，形成先发优势。

其次，产业园区更有利于吸引相关产业或者同类产业企业在园区布局，创造规模效益。由于拥有产业运作最佳条件与相对便利化的环境，园区较之于园外分散、单一的项目式产业投资方式具有相当的制度和空间优势，由此增强了这一区域的产业吸引力，使得企业热衷于傍园而居，谋求产业规模化运作，从而使得园区极易形成产业规模化格局与规模效益。

再次，产业园区还利于实现和深化现代产业价值链。[①]因为企业集群化走出去更容易在境外形成主动的产业链接，实现双方产业投资从环节输出向链条输出的转变，使产业运作关系更为契合，各个产业的优势才能在市场竞争中得到凸显。在一个产业园区内，集聚来自研发、生产与流通环节的相关企业，同时配套完善与先进生产经营条件和生活设施，将有助于形成一个相对独立的产业集群，营造出良好的产业生态系统。

最后，园区产业合作易于更多地争取到投资国与驻在国的政策倾斜。境外园区属于合作国双方认可并给予扶持的区域合作项目，拥有政府层面的沟通和推进优势；同时企业集聚本身也增加了企业对于当地政府的话语权。因此产业园区相较于单个企业利于赢得更大的关注面和扶持力度。

（二）带动合作国经济发展，促进民心相通

大部分"一带一路"沿线国家的经济发展水平低下，道路、桥梁、水电、通信等基础设施建设投入长期不足，投资环境较差。而受制于经济条件，当地政府及投资者无力在短期内投入巨额资金以改善投资环境，这就制约了这些地方对外部资金的吸引力，陷入恶

---

① 荀克宁. "一带一路"时代背景下境外园区发展新契机［J］. 理论学刊，2015（10）：46–51.

性循环。而中国在进行境外园区建设必然会对建筑、物流、运输以及输配电等基础设施进行投资建设。毫无疑问，基础设施建设产业对当地资源能源开发和城市建设具有重要的辐射效应，能够带动园区内外工业和社会的发展。生产与生活服务等配套建设有助于合作国外部投资吸引力的提升和内部出行、联络、用水用电等生活质量的改善，能使当地政府和民众在较短时间内看到明显效果。

通过雇用大量当地员工，可帮助化解居民长期就业问题，增加居民收入，维护社会安定。相对先进的企业可为当地批量培育技术及管理人员，提升劳动力素质与生产能力。随着收入的提升，居民的需求结构也会升级，并刺激产业升级需求，从而进一步带动园区内外的工业化发展和城市化进程。同时，各国人民在园区内共同生产生活、和谐共处，有助于增进双方民众的深入了解和文化交流。产业园区的产品、服务和社会经济关系辐射园外广阔区域，中国的国家价值观和文化影响力将由此潜移默化地传递至"一带一路"沿线区域。这对消除习俗、传统与文化方面的误解，增进民心相通有重要作用。

（三）以投资带动出口，开拓新增长点

自2008年金融危机以来，世界经济复苏缓慢，国际市场需求不振，加之国内人口红利消退、各项成本上升，"中国制造"的廉价优势减弱，中国的外贸正在并将长期处于国际、国内的双重不利环境中。而作为新兴经济体，"一带一路"沿线国家普遍具备人口规模较大，工业经济欠发达，社会生产生活对于轻工、重工业基础产品的需求潜力较大的特征，是中国未来外贸发展的一个重要方向。

但目前中国和"一带一路"沿线国家商品贸易面临着边境贸易管理机制尚不成型、贸易壁垒较高、沿线居民收入水平仍较低、购买力有限等问题。在"一带一路"沿线建设产业园区，推动中国企

业在当地批量投资建厂可以有效地降低政治摩擦，消除运输、通关等环节的关税壁垒；通过促进合作国经济发展、人民生活水平提高可以带动双边经常账户交易，优化贸易结构，进而促进中国与"一带一路"沿线国家的多层面互联互通，形成商品、资本和金融共荣的新外贸格局，拓展新的增长点。

（四）同舟共济，抵御经营风险

对"一带一路"沿线国家的境外投资，国情和经济发展层次不同，市场、政策、民俗、宗教等方面的差异化较大，投资风险尤为严峻，企业依靠自身单打独斗都会面临较大的市场风险。而境外园区作为产业合作新的运作模式和经营平台，是以土地成片开发、产业与企业集中而居为基本特征的，因而有利于形成一体化联系和协同化经营，有效发挥伙伴关系和邻里效应。同时，以特定的产业园区为平台形成利益共同体，自然会首尾相望，在应对风险方面形成合力，有利于降低企业风险系数，减少企业投资顾虑。

四、产业园区在"一带一路"建设中的机遇

"一带一路"倡议的主旨，就是要开展更大范围、更高水平、更深层次的区域合作，共同打造开放、包容、均衡、普惠的区域经济合作架构。所谓的经济合作，核心就是产业合作，而作为其载体的产业园区起着举足轻重的作用。[①]

（一）产业结构转型升级

中国经过30年的发展，依托资源和劳动创造发展红利的路径已经走到尽头。如何开辟蹊径，重铸产业竞争力是中国当下的重要关切。目前，一些制造业产业向中西部和东南亚等周边国家转移的

---

① 郝帅，杨建国."一带一路"园区建设应"抱团取暖"［N］.中国企业报，2015-10-13.

趋势明显，进程加快。这些企业对所在开发区的投资环境认知度很高，非常希望转入地具备与转出地相同、相近的投资环境条件，通过建设境外园区、合作共建、管理输出以及基础设施建设等形式为企业发展搭建良好的发展平台，引导企业有序转移。[1]

（二）中国与"一带一路"沿线国家产业互补性强

"一带一路"沿线国家同属于发展中国家，经济发展水平基本保持在同一层面，但又各具特点与优势，彼此产业互补性明显。通过分析中国与沿线国家的主导产业结构和产业分布格局可以看出，彼此产业发展既有不同优势，也有较好的产业耦合性，这就为园区产业合作准备了基础条件，昭示了双方合作的广阔空间和良好前景。[2]从中长期来看，"一带一路"倡议将拉动投资、贸易，促进全球新一轮的产业转移和产业合作。产业园区作为中国经济最活跃、产业最聚集的区域之一，在参与"一带一路"分工中会占据重要位置。[3]

（三）"一带一路"沿线国家合作意愿强

在经济全球化和区域一体化驱动下，沿线国家对外开放的大门日趋敞开，并希冀通过开放提升经济发展水平，改善国家落后状态，因此各国谋求互利共赢的主观意愿不断深化。[4]进入21世纪后，中国十几年的高速发展引起了世界的关注。特别是发展中国家，希望从中国吸取经验实现自身发展，而产业开发区作为中国经济腾飞的重要推动力和创新模式，也引起了许多发展中国家的关注。近几年，很多"一带一路"沿线国家已派出政府官员和企业家队伍赴中国参观学习，希望仿照中国模式兴建产业园区，以此推动本国的工

---

①③　师荣耀. 融入"一带一路"战略推动园区"走出去"［J］. 中国经贸导刊，2015（30）：19-20.

②④　荀克宁. "一带一路"时代背景下境外园区发展新契机［J］. 理论学刊，2015（10）：46-51.

业化和产业化进程。而中国多年来坚定不移地秉持对外开放战略，对南南合作十分重视，这为双方推进园区合作注入了重要的内在动力。

第二节 "一带一路"倡议下推进园区合作

在"一带一路"框架下进行园区合作，需要在国家层面协调一致，构建园区建设的良好的制度环境，同时准确把握中国与"一带一路"沿线国家经贸合作战略的对接性、产业合作的互补性、基础设施的完备性、政治环境的稳定性，认真规划和布局园区。在此基础上，有针对性地引入经营主体，以可持续发展的观念培育园区的发展能力，从而构建中国与"一带一路"沿线国家有效的经贸合作载体和了解交流平台。

一、构建制度环境

（一）明确发展方向①

与之前的境外园区建设不同，在"一带一路"倡议下推进园区合作，需要有国家层面的统筹规划，坚持互利共赢的原则，建设新型园区，重视辐射带动作用，明确园区发展的方向。一是坚持统筹规划在先的方向。根据国家"走出去"整体战略的要求，统筹考虑各地不同经济发展实力和"走出去"特色，设计境外园区整体布局与发展规划方案或指导性意见。二是坚持互利共赢的方向。"一带一路"沿线国家境外园区合作要共担风险、共享收益，这是保证园

---

① 荀克宁."一带一路"时代背景下境外园区发展新契机［J］.理论学刊，2015（10）：46-51.

区合作顺利和可持续的核心原则，也是"一带一路"建设的基本原则。因此，要在规划中突出强调合作共赢，在合作实施中要关照合作双方彼此的切身利益。三是坚持集约化发展方向。集约化发展是园区生命力所在，也是园区特色所在。为此，园区建设要坚持高起点打造集约化发展方向，充分释放其产业对接、资源共享、风险同御的优长，彰显园区的集约效应。四是突出园区辐射带动力培育。境外园区作为中国对外合作的窗口，应具备辐射带动力，为中国境外投资合作确立样板模式，为产业输出提供最佳选择，引领和带动合作双方国家经济的发展和产业实力的提升。

（二）完善"走出去"支持机制

中国在过往的发展时期对海外投资、"走出去"的重视程度不足，甚至存在限制企业走出去的思维。目前，中国的机制体制并不适应中国企业对外投资和境外园区建设，因此有必要改革先行的机制体制，从顶层设计上给予支持。首先，政府应该把境外产业园区建设纳入整体战略中，凭借国家的资源整合能力，挖掘具备投资潜力的国家和地区，与当地政府共同商讨合作框架，[①]争取东道国政府制定相关法律法规鼓励中国产业园区引进来。其次，相关协会、商会应该制定相关措施为园区的国际化合作提供信息、融资等方面的便利。[②]再次，应该成立跨部门的"一带一路"产业合作领导机构。[③]例如，成立跨部委的"一带一路"产业合作及园区建设工作小组，统筹协调产业合作及产业园区的规划、开发、建设与运营，形成有效的磋商协调和管理机制。

---

① 吴琳.建境外产业园区助"一带一路"建设 ［N］.光明日报，2016-03-14.
② 任浩，甄杰，仲东亭，叶江峰.园区"走出去"与"一带一路"战略 ［N］.解放日报，2015-10-13.
③ 郝帅，杨建国."一带一路"园区建设应"抱团取暖" ［N］.中国企业报，2015-10-13.

（三）政策支持①

就中国国内来说，可以进一步完善投资贸易和通关便利化，增加走出去企业进口返销配额，积极推动海关、检验检疫、边防等执法部门与相邻国家口岸深入合作，减轻境外产业园区及入园企业的运营成本；政府还可以搭建高校、科研院所、培训机构与企业间的人才培养合作平台；银行应加强与园区建设企业的合作力度，应为开发企业使用混合资金提供便利。国家还可以倡导建立多层次资本市场，支持企业在境内外发行股票和债券。

境外园区作为两国投资合作的重要载体，符合两国的利益和意愿，因此较一般经济园区容易获得合作国的政策支持。可以通过在合作国争取以下一些优惠，获得更好的环境：一是土地政策，在土地位置、土地价格、土地使用面积、使用年限等方面进行积极的洽谈，减少园区在用地方面的困扰和限制；二是投资贸易条件，按照自由化便利化需求积极争取园区投资贸易的相关政策；三是物流合作优惠，包括提高彼此物流合作开放度，在道路、堆场、物流范围、车船载重等方面尽可能减少限制，减少物流费用的支出；四是金融合作政策关注，合作双方要尽可能放开金融合作限制，帮助园区企业积极开通境内外融资渠道。②

二、合理选址布局

（一）园区选址条件③

首先，由于产业园区与基础设施建设之间是相辅相成、相互促进的关系，因此，产业园区与基础设施配套，有利于二者产生合力，共同促进"一带一路"倡议的有序推进。考察园区驻在国的产

---

① 吴琳.建境外产业园区助"一带一路"建设［N］.光明日报，2016-03-14.
②③ 荀克宁."一带一路"时代背景下境外园区发展新契机［J］.理论学刊，2015（10）：46-51.

业环境，评判其产业发展水平与中国输出的优势产业对接程度，选择那些经济发展水平较高、基础社会相对完备、承接中国产业转移能力较强的国家和地区率先建设园区。

其次，充分考察园区驻在国的政治环境，选择那些政治稳定、社会治安状况良好的地区作为投资建园目的地，将那些与中国有传统友好关系的国家与地区列为首选，尽可能降低园区运行的风险，保证园区发展有一个稳定的社会环境。具体来说，对于中亚国家可以发挥新疆地区民族文化相近的先天优势，对于中东欧国家可以利用历史上社会主义国家的友好传统来推进产业园区的建设。

再次，充分考虑园区驻在国地缘条件，实行先周边后外延策略，优先考虑与中国接壤的一些国家和地区实行园区合作，尽可能降低园区建设的物流成本和文化沟通成本，通过在周边国家先行建设的园区发展壮大，不断向外扩展园区发展空间。

（二）具体布局

《推动共建丝绸之路经济带和21世纪海上丝绸之路的愿景与行动》提出："以重点经贸产业园区为合作平台，共同打造新亚欧大陆桥、中蒙俄、中国—中亚—西亚、中国—中南半岛等国际经济合作走廊"，"中巴、孟中印缅两个经济走廊与推进'一带一路'建设关联紧密，要进一步推动合作，取得更大进展"。可以看出，产业园区要打破原有点状、块状的分散化布局模式，依托经济合作走廊建设，根据不同走廊的建设重点，以及沿线国家的资源禀赋和区位优势，在经济合作走廊的重要节点城市、沿线港口、边境口岸等地兴建工业园区、科技园区、物流园区、自贸区等各色园区，促进政治、经贸合作及人员交流，发挥园区对周边地区的带动作用，最终形成以点带线、以线带面的全方位合作格局。具体来说有以下一些重点经济合作走廊。

1. 中巴经济合作走廊。

中国和巴基斯坦是传统的友好国家，但两国经济合作不多，双边贸易额较低，建设中巴经济合作走廊将改变这一局面，中国或将成为巴基斯坦的最大投资国，并为当地创造大量就业机会。中巴经济合作走廊将不仅包括通道的建设，更重要的是以此带动中巴两国在经济合作走廊沿线展开一系列有关基础设施、能源电力、纺织业及工程业等多方面合作，在走廊沿线还将设有经济特区，为两国企业带来巨大发展机遇。

2. 孟中印缅经济合作走廊。

孟中印缅四国之间贸易量大，四国是相互重要的贸易伙伴。印度与孟加拉国分别是中国在南亚的第一大和第三大贸易伙伴。据印度PHD商会报告显示，2013~2014年度中印贸易额达到495亿美元，中国已超越阿联酋成为印度首位贸易伙伴；自2009年以来，中国与孟加拉国的双边贸易一直保持两位数增长，2014年两国贸易额达到125.47亿美元，同比增长21.98%。孟中印缅四国在基础设施、能源电力、制造业、服务业等领域的合作也在不断加深。中国与孟印缅三国都处于经济发展的关键时期，中国正大力推进产业升级，鼓励企业对外投资和产业转移，孟印缅三国谋求提升制造业水平、引进外资、加强基础设施建设。因此，中国与三国之间存在巨大的产业合作空间，形成一条主要的经济走廊。

3. 中蒙俄经济合作走廊。

2014年9月，习近平主席在上海合作组织峰会期间提出将丝绸之路经济带建设与俄罗斯跨欧亚大铁路及蒙古国草原之路战略进行对接，共同打造中蒙俄经济合作走廊。中蒙俄经济合作走廊将东北经济最活跃的地区连在一起，在中国境内与京津冀经济圈相接，有利于承接首都的产业转移，境外向东可进入海参崴出海口，向西可与亚欧大陆桥相连，货物可以通过"粤满欧""苏满欧""津满欧""沈满欧"等国际货物班列直接运抵欧洲。

4. 新亚欧大陆桥。

这条大陆桥是一条东起连云港，向西经过江苏、山东、河南、陕西、甘肃、新疆等地区，由新疆西北边境阿拉山口出境，再经哈萨克斯坦、俄罗斯、白俄罗斯、波兰、德国，直到荷兰北海边的鹿特丹港的东西铁路大通道，全长约10900公里，是横跨亚欧大陆，连接太平洋和大西洋的国际大通道。近年来，沿桥国家、地区积极推进贸易投资便利化，推进区域经济和交通领域的合作，统一标准，消除交通运输等环节上的关税壁垒，确保新亚欧大陆桥物流畅通无阻。同时，以陆桥运输为主业的各重点运输、物流企业加强了与东北亚、东南亚、中亚各国运输领域的合作，开发了国内外新市场、新货源、新客户，拓宽了过境运输渠道和运输方式，延伸了港口服务功能，建立了良好的一体化营销、网络化经营、规范化服务等大陆桥运输体系及平台，营造了良好的陆桥运输软硬环境和绿色通道。

三、优化园区治理

（一）重视产业配套

产业配套环境是园区产业发展的基本条件，没有产业发展相应的资源、人力、设备，以及上下游条件，产业将孤掌难鸣。因此，园区建设要充分考虑驻在国的产业发展水平与对接能力，打造适宜当地企业进入的配套环境，其可以选择通过"三聚"路径[①]来实现。一是确定主导产业并吸引核心企业以"聚核"，即依据各方国情与资源匹配状况，规划主导产业，在全球范围内培育核心企业群；二是拓展纵向产业链和横向服务链以"聚链"，通过交互促动与合作竞争逐步建立起信任机制，形成规模效应；三是打造公共平台并进行功能体系建设以"聚网"，形成产业园区商业生态系统的整体环境。

---

① 司建楠. 园区"走出去"成"一带一路"战略重要路径［N］. 中国工业报，2015-11-26.

（二）打造绿色生态园区

当前世界绿色发展成为潮流，生产消费的安全性和环境的清洁性成为全球关注的问题。因此，境外园区建设也要以绿色化为导向，坚持生态立区、环保为先的正确理念。首先，要制定绿色发展中长期行动规划。要明确综合园区发展的战略目标、发展重点和发展步骤，着力提升区域经济发展质量，促进资源能源有效利用，推动污染减排和生态环境保护。其次，建立绿色创新体系。要积极实施园区创新驱动战略，加快形成绿色科技工作机制，积极构建科研与人才培养有机结合的知识创新机制，加快科技成果转化，扩大科技成果应用范围；积极引导社会力量投资绿色技术、参与绿色产品的研发与推广，构建产学研结合的创业体系。再次，培育新兴战略产业集群。要发展新兴支柱产业，以绿色产业为主导，培养耦合共生的产业集群。

四、融入当地发展

本土化战略是市场主体走出国门并能立足国外必然选择的战略举措。[①]充分了解和尊重当地民风民俗，尊重驻在国法律与文化，使园区企业和个人行为符合当地规范，以消除偏见，融洽关系。园区企业要学会运用本土思维方式，更多地培养和接纳本地员工，发挥本地员工的联通与人和的优势，减少由于沟通障碍与文化差异造成的误解和摩擦。根据当地习俗与消费偏好，有针对性地开发企业产品，充分融入当地元素与民族特色，并在产品的宣传与销售上，也充分尊重当地习惯与方式，使产品能顺利得到市场接纳与推崇。同时，要注重社会服务的本土化。园区企业应担负起企业对当地的社会责任，将追求对社会有利的目标融入企业战略中，在劳工利益维

---

① 荀克宁.“一带一路”时代背景下境外园区发展新契机［J］. 理论学刊，2015（10）：46-51.

护、生态环境保护、社会公德守护等方面作出积极贡献，塑造起良好的园区形象。

第三节　创新园区模式

在"一带一路"建设和万众创新的引领下，园区建设的模式也有新发展，除了传统的经济开发区、特色园区和特殊政策园区，值得注意以下两种模式。

一、港口—园区—新城联动模式①

《推动共建丝绸之路经济带和21世纪海上丝绸之路的愿景与行动》明确指出："海上以重点港口为节点，共同建设通畅安全高效的运输大通道。"从中国改革开放的发展经验看，从港口、道路等基础设施入手，通过改善交通联系条件，带动能源、信息等基础设施水平全面提升，在此基础上，着力改善投资软环境，吸引集聚生产要素，发展壮大产业。在形成产业集群的基础上促使产业区转型升级成为具有吸纳人口和经济活动载体功能的城市新区，能够显著放大港口等交通基础设施的势能，并与产业发展整合成为保证地区经济持续增长的动力。因此，在与"一带一路"沿线国家合作推进21世纪海上丝绸之路建设过程中，按照陆海统筹发展思路，在做好港口等先导性项目的基础上，通过规划建设园区平台及时跟进产业发展项目，夯实地方经济基础，进而借鉴中国产业园区发展的经验教训，以产城融合方式谋划与园区配套建设的新型城市，同步推进工业化和城市化进程，把产业发展的动力及时转化为促进本地现代

---

① 史育龙. 以港口—园区—新城联动模式推进海上丝绸之路建设［N］. 社会科学报，2016-01-14.

化进程的力量，有利于尽快形成联动开发效果，实现区域整体持续稳定发展。

港口—园区—新城联动模式已经在周边沿线国家取得一定的实践成效。巴基斯坦南部漫长的海岸线上，在进入21世纪之前的漫长岁月，长期只有卡拉奇港一个海港，限制了国内经济的发展。在瓜达尔港开通之后，巴基斯坦有了新的海上门户，岸线资源得到开发利用，对外交通联系紧缺问题得到显著缓解。进一步，通过在港口后方配建产业园区，带动当地产业发展，不仅可以为港口提供更加充裕的货源，支撑港口不断发展壮大，还可以充分发挥港口优势，加快加工工业发展，创造就业岗位。在斯里兰卡首都科伦坡，中国企业从2006年起建设科伦坡港南集装箱码头，并参与了科伦坡港口城项目。据媒体报道，科伦坡港口城规划建设生态公园、居民区、办公楼、豪华酒店、购物中心、水上运动等设施，建设规模超过530万平方米，目标是建成一个可容纳17万人的现代化新城。项目建成后，将为斯里兰卡提供8万个就业岗位。从港口到港口城，这一项目将成为斯里兰卡工业化和现代化进程中重要的标志性项目。

在建设21世纪海上丝绸之路过程中，充分发挥中国与沿线很多国家在港口建设、运营等方面已经开展的不同程度合作的优势，在推广中国企业在巴基斯坦瓜达尔、斯里兰卡科伦坡和缅甸皎漂等地的开发合作模式，以港口建设为起点，开展区域综合开发。在港口建设的同时，充实完善功能，在港区后方规划设立产业开发园区，同时配套规划建设新型城市，港口为园区和城市提供服务，园区依托港口和城市，城市支撑港口和园区发展，形成港口—园区—城市联动的综合开发模式。

二、智慧园区建设

园区作为城市的重要组成部分，一直是中国经济的一种特殊产业形态和经济建设的重要支柱。在建设智慧城市背景下，智慧园区建设也被提出来。园区主要通过云计算、物联网等信息技术手段，合理配置园区内的资源，时刻感知园区动态，提高园区运行效率，降低运营成本，是建立在数字化园区基础上的智能化园区。①"十三五"规划建议全文中，提出须把创新摆在国家发展全局的核心位置，形成促进创新的体制架构。在条件成熟的产业园区、自贸区基础上，创建"一带一路"智慧园区，以此进一步推动创新产业的发展和企业的"走出去"、"走进去"和"走上去"战略。②

当前各地的产业园区大多存在发展战略不清晰、规划不合理、产业结构趋同、同质化竞争激烈、创新能力不足和产业化水平有待加强等问题。在此背景之下，无论是在原有的自贸区，还是在产业园区基础上创建"一带一路"智慧园区，并非为叠床架屋，再新设园区，而是要推动当前的产业园区转型升级，使之更加市场化、智慧化，达至聚智、聚新和聚金的效应，为"一带一路"的科学决策提供有效建议，为该战略的真正落地提供宝贵经验。③

在聚智方面，地方政府应在"一带一路"智慧园区内提供扶持与便利化政策，吸纳大量新型智库以及国内外知名智库前来进驻以充分发挥中国人才红利。推动国内外技术专家加强"一带一路"的科研合作，共建联合实验室（研究中心）、国际技术转移中心、产业合作中心、新产品孵化中心等，合作开展重大"一带一路"的学术与科技攻关，共同提升科技创新能力。智库研究以"一带一路"的政策研究咨询为主攻方向，以改革创新为动力，以中国企业国际化以及制度性话语权打造为方向，开展"一带一路"的前瞻性、针对性、储备性政策研究。

① 刘鸿雁.建设智慧园区助推传统园区升级［J］.经济研究导刊，2016（4）：113-114.
② 赵磊，梁海明."十三五"规划下的"一带一路"智慧园区建设［N］.企业家日报，2015-11-15.
③ 赵磊，梁海明."一带一路"智慧园区建设要聚智、聚新、聚金［J］.信息系统工程，2015（12）：8-9.

　　在聚新方面，地方政府应在"一带一路"智慧园区内，为未来将要制定和实施的《境外投资法》、中国标准"走出去"工作专项规划，以及推进和国际间的产能合作、规则合作、经济技术合作，探索出一条更新、更方便实施的以及可复制、可推广的具体路径。可考虑扶持新项目，特别是轻资产项目的发展，吸引更多诸如动漫影视、美食文化、中医药、现代农业、中华民俗和日用品等资本投入相对较小、具有文化创新属性的产业在智慧园区落地生根。

　　在聚金方面，融资难、融资贵、融资慢、融资渠道少已成为大多数企业走出去的一个掣肘，银行本身也面临融资成本高、汇率波动频繁等风险因素。面对两难局面，条件成熟的地方政府可在"一带一路"智慧园区之内考虑金融创新，尝试让企业自身创新融资渠道，允许企业以海外项目本身权益作为担保；对于一些金融发达，在政策方面能先行先试的地方，可考虑在"一带一路"智慧园区之内组建新型上市交易平台。

第四节　典型园区

一、中非莱基自由贸易区[①]

（一）基本概况

　　莱基自贸区位于尼日利亚拉各斯州东南部的莱基半岛，2007年9月正式动工兴建，距拉各斯市区约50公里，距离现有的国际机场约70公里，距西非最大的拉各斯阿帕帕港口约50公里。总体规划面积

---

　　① 　白鹏. 中国境外经贸合作区—莱基自贸区开发战略研究［D］. 石家庄铁道大学，2014.

为165平方公里。由中国铁建股份有限公司（含中国土木工程集团有限公司）、中非发展基金有限公司和南京江宁经济技术开发总公司合资组建的中非莱基投资有限公司，与拉各斯州政府共同组建了莱基自由区开发公司共同投资开发莱基自由贸易区。其中，中方股份为60%，尼方股份为40%。

（二）规划定位

莱基自贸区由最初的整体工业区块调整为现在的具有独立城市功能的综合性园区。根据规划，园区中将包含居住、旅游度假、游乐服务区，城市中心区，工业区，仓储石油化工区，创业产业园区，商贸物流区6大板块。其产业定位为，依托尼日利亚的资源优势与现有产业基础，大力发展生产制造业与仓储物流业，打造石化、装备制造、机械组装、产品制造等产业链，形成完善的产业链体系。进行产业细分，强化发展多类型的产业功能，提升培育创新产业，发展循环经济。同时注重商贸功能的配套建设，加速和扩大发展生产性服务业与城市服务业、房地产业，实现重工业与轻工业并举，生产制造业与现代化服务业齐头并进，打造产城融合的、高起点的自贸区，并使之成为拉各斯国际化大都市的新经济功能区，成为跨国企业在西非区域的采购配送中心。

（三）产业体系

园区重点发展第二、三产业，并着重按照将第二产业第三产业化的思路，确定产业体系设计的核心：对工业和生产性服务业的选择与规划。其中各产业定位为：优势产业——产品加工业，依托中国产业优势，整合尼日利亚相关产业基础，将家具加工、服装鞋帽、中高端建筑装饰材料、家电及通信产品制造等产品加工业发展成为自贸区的第一优势产业；支柱产业——仓储服务业、产品装配业，抓住尼日利亚资源优势，顺应市场发展趋势，建立仓储服务、石化、产品装配产业基地，构筑自贸区现代工业新型支柱产业高地；特色产业——石油化工业，延伸尼日利亚石油产业链，依托丰富的石油资源，加大力度发展石化产业；配套产业——生产性服务业，加快生产性服务业的发展，在大力发展现代商贸物流业的同时，加快发展通信、金融保险、会展、中介、商务服务、法律等面向生产者的服务业，促进生产性服务业与制造业的互动互融，争取形成较为完整的现代生产性服务产业链。

（四）运营情况

莱基自贸区受到了来自世界各地投资商的关注。截至2014年8月，在园区开发公司办理营业执照的企业共有95家，签订正式投资协议的共有30家，已经入园正式生产经营的企业有8家。目前在莱基自贸区已经正式投产运营的企业主要集中在标准厂房区，涉及的行业主要有家具制造、汽车配件销售及售后服务、灯具生产、服装加工、水箱生产、水泵销售、假发销售、开关五金销售等。目前，这些企业的原材料、产品进出园区基本顺利，企业的日常经营基本正常。不过，莱基自贸区开发公司依旧面临很多尚未解决的问题：稳定的电力供应、集中供水、更好的住宿环境等问题；另外还有企业反映较为强烈的问题：更快的清关和交税速度的问题。

二、泰中罗勇工业园区

（一）基本概况

不同于中非莱基园区由两国政府主导开发，泰中罗勇工业园区是由中国华立集团与泰国安美德集团在泰国合作开发的面向中国投资者的现代化工业园区。园区位于泰国东部海岸，靠近泰国首都曼谷和廉差邦深水港，总体规划面积12平方公里，其中一期规划占地1.5平方公里，二期规划占地2.5平方公里，三期规划占地8平方公里。计划投资2亿美元，实际投资1.96亿美元。包括一般工业区、保税区、物流仓储区和商业生活区，主要吸引汽配、机械、家电等中国企业入园设厂。它是获得中国商务部批准的19个境外工业园区之一，迄今已有10年。

（二）园区优势

园区享受泰国最优惠的第三区政策，外籍人士可以拥有土地所有权。地理位置较好，紧邻第二区，靠近泰国首都曼谷，位于罗勇府331号高速公路旁，周边水、陆、空立体交通网络十分发达，距离泰国最大的深水港廉差邦仅27公里，非常适合加工转口型企业。园区按照现代化工业园的高标准进行基础设施配套，为世界500强企业所认可。园区是与泰国工业区管理局（IEAT）签约合作的工业区，园区客户可享受泰国工业区管理局提供的园内一站式服务，以及园区提供的包括BOI证书、法律政策咨询、员工培训等服务。企业在入驻以及后期运营过程中，将享受园区提供的全中文服务，极大地方便了投资者。

（三）发展现状①

泰中罗勇工业园区充分发挥中国传统优势产业的集群效应，截至2015年已有超过60家来自中国的新能源新材料、机械电子、汽摩配等企业入驻，实现产值37.5亿美元，向当地政府累计缴纳税收超过7000万美元。园区基础设施完善，园区土地开发经切割填充，紧密度达到80%。平整后的土地海拔90~105米，具有坚实的地基，适合安置重型机械和建筑厂房，可节省一定的打桩费用。其水库蓄水量350万立方米，年可供水600万立方米；园区变电站可提供22千伏的电力，泰国地方电力局提供110千伏的专线；泰国石化局铺设的天然气管道直接通到园区，可以充分供应给需要天然气的用户；园区备有2048线的光纤电信系统和ISDN/ASDN，可保证高效通信需

① 高潮. 投资泰中罗勇工业园抱团开拓东盟市场［J］. 中国对外贸易，2012（9）：82–83.

求；园区所有道路均由钢筋混凝土铺设，主干道宽52米，8车道；园区活化淤泥废水处理系统可接受来自各个工厂符合排放标准的废水，目前处理量18000立方米/日；同时园区可提供垃圾回收服务，焚化炉日处理垃圾能力达33吨。此外，园区环境优美，绿化率达到30%。

目前已经入驻的企业包括浙江盾安环境、重庆力帆摩托、杭州中策橡胶、无锡西姆莱斯钢管、富通集团、河北立中车轮、重庆宗申摩托等一批中国著名企业，以及美国菲利普、韩国Monami等国际知名企业。投资领域涉及汽车零部件制造、摩托车组装、电子电气产品加工、建材、机械产品加工等。未来泰中罗勇工业园将重点吸引机械、建材、汽配、电子、电气等领域的企业前来投资，形成一个年生产规模达15亿美元，集制造、仓储物流、转口贸易和商业生活区于一体的现代化综合园区。

三、马中关丹产业园区

（一）基本概况

2012年4月1日，马来西亚总理纳吉布与时任中国国务院总理温家宝在出席中马钦州产业园区开园仪式时，提议中国在马来西亚创建马中合作产业园。对此，时任总理温家宝予以积极回应。同年6月，中马双方共同在吉隆坡签署了《关于马中关丹产业园合作的协定》。自此，由中马两国总理亲自推动、两国政府合作共建的马中关丹产业园区与中马钦州产业园一起，成为世界上首个互相在对方建设产业园区的姊妹区。在中马双方的共同努力下，2013年2月5日，马中关丹产业园区在马来西亚关丹隆重开园。目前，关丹产业园区已被列入中国国家"一带一路"倡议重大项目和跨境国际产能合作示范基地，该产业园区也是中国在马来西亚设立的第一个产业园区，也是马来西亚政府重点扶持的第一个国家级特区。

关丹产业园区由中马两国企业共同投资建设，大马公司占股份51%，中国公司占股份49%。参与建设的大马投资公司为彭亨州经济发展局、实达集团及常青集团，中方投资公司是广西北部湾国际港务集团、中国港湾工程有限责任公司、钦州投资机构等。园区规划了装备制造、电子信息、食品加工、材料及新材料、生物技术和现代服务业等多个产业园区。

（二）优势条件

关丹产业园区优势条件明显。第一，作为两国政府共建项目，马中关丹产业园区受到中马两国领导人的高度关注，中国4位政治局常委出席园区重要活动或通过其他方式支持园区建设，马来西亚总理纳吉布更是直接参与园区建设的决策。第二，马来西亚地处太平洋和印度洋之间，位于东南亚中心，借与中、日、新、印、澳和巴基斯坦等多国签署的自由贸易协议和相关经济合作协议，覆盖总人口数量达35亿以上的广阔市场。关丹市交通便利，高速公路与全国各个地区直接相连，关丹港面向中国南海，是直接通航钦州深水港和其他中国南部港口的最佳位置，海陆相连，通达世界各国主要港口。第三，马中关丹产业园区是马来西亚国家级园区，是东海岸特区中的特区，除完全享受东海岸经济特区所有优惠政策外，马中两国将从财政、税收、金融、进出口管理等方面出台更为优惠的政策。第四，在马中关丹产业园区临近区域约有100多家跨国公司和中小型企业投入运营，初步形成了以汽车、石化、棕榈油、电子、清真食品等为主的产业群，与关丹产业园区将形成潜在的协同发展效应。第五，园区将秉承"客户至上"的招商理念，专设一支熟练华语、英语等多语种的专业服务团队，为入园企业提供24小时全天候免费一站式服务，保障入园企业相关业务可在无语言障碍的环境下轻松完成。

（三）开发进展

马中关丹产业园区作为中国在马来西亚的第一个产业园区，受到两国政府高度重视。从2013年至今园区建设取得重大进展，园区基础设施、产业项目初具规模，"开始从'打基础'转向'质提升'的跨越发展新阶段"。[①]

园区配套基础设施建设进展顺利。截至2015年12月，马来西亚政府为园区配套基础设施投入已经累计约11亿元人民币，为项目入园提供了完善的配套基础设施保障。马中关丹产业园配套的外部道路、桥梁、水电等基础设施建设工程已于2014年8月动工，园区入口处的高架立交桥、通往关丹港口道路的升级改造工程预计在2016年第一季度完成，上半年将完成供水和供电等其他配套基础设施的建设。

关丹港建设运营顺利推进。马来西亚政府为了加快其东部沿海地区的发展，已经将关丹港列为其重点发展的港口之一。关丹港新港区一期规划已经获得马方政府批准，计划建设两个15万吨级码头，首个15万吨级泊位工程已于2015年5月开工，计划2017年下半年建成投产。与此同时，新港区第二个深水码头工程计划也于2016年下半年开工。

招商引资工作初见成效。中马双方采取联合招商机制，多种招商方式并用，招商工作顺利推进。在2015年第12届中国—东盟博览会期间，中马"两国双园"暨马来西亚商机推介会上，关丹园签署的入园项目包括陶瓷龙头企业仲礼集团5亿美元轻工产业园项目、湖南中科恒源科技股份有限公司5000万美元绿色产业园项目。除此之外，包括杭州杭氧集团、广西投资集团、桂林国际电缆集团、三一重工等多家企业也表示了入园意向，正在积极洽谈当中。

入园项目初具规模。联合钢铁（大马）集团公司年产350万吨钢

---

① 马中关丹产业园区建设从"量变"到"质变". 中国商务新闻网儒商频道，2016–03–24.

铁项目于2014年12月正式开工，该项目占地约280公顷，总投资约14亿美元，主要生产各种型号的H型钢、耐腐蚀建筑用钢等高端钢铁产品。项目将直接创造就业岗位约4000个，间接带动就业上万人，还可以带动众多上下游产业，形成产业集群，为两国以产业园区为平台推动深化国际产能合作起到积极的示范作用。2015年11月，该项目成功被列为中国国际产能合作重点项目。

第二编

可持续发展问题

第十四章

"一带一路"与新型城镇化

    自2014年中共中央、国务院印发了《国家新型城镇化规划（2014—2020年）》，中国的新型城镇化战略明确了到2020年的发展纲领，"十三五"规划中的推进新型城镇化是这一纲领的全面落实，新型城镇化推行机制与改革方向的探索是专家学者关注的重要内容。2013年9月和10月，中国国家主席习近平分别提出建设"新丝绸之路经济带"和"21世纪海上丝绸之路"的战略构想；2015年国家发展改革委、外交部、商务部联合发布了《推动共建丝绸之路经济带和21世纪海上丝绸之路的愿景与行动》，完成了"一带一路"建设的初步构想；2016年，推进"一带一路"建设合作列为中国"十三五"规划的重要内容。

    根据中国人民大学人文社会科学学术成果评价研究中心2016年发布的《学术关照社会：人文社会科学论文社会价值分析报告》，2015年经济学的关注重点主要集中在两个领域：对"一带一路"的关注和对"三农"问题的思索和探讨。两大战略一个立足于构建对外开放格局，一个立足于国内区域发展新布局，两者是否可以相互借力，互为支撑，如可以，以何种机制结合等一系列问题已引起了一些学者的关注，对这些问题的探索随着"十三五"规划的出台将成为进一步的研究方向和重点。本章将从推进"一带一路"建设与新型城镇化战略的内在关系、"一带一路"沿线区域及国家城镇化发展状况，以及"一带一路"建设如何助推区域新型城镇化几个角度对现有相关文献进行综述，并对研究现状进行分析，同时对这一领域未来的研究方向提出观点和建议。

第一节　"一带一路"沿线国家城镇化发展状况

一、"一带一路"沿线国家城镇化现状及与中国城镇化道路的比较

东南亚是"一带一路"海上丝绸之路的重要地区，东南亚城市化水平过去几十年发展速度较快，这既有历史原因，也有第二次世界大战后实行的工业化政策移民的因素。[①]但东南亚国家在城市化进程中面临的主要问题是人口和经济活动过分集中在大城市，影响了东南亚国家城市的可持续发展。为解决这个问题，东南亚国家政府制定了适当的城市化政策，综合开发落后地区，实行人口和工业分散化举措，但实施效果不佳。[②]

从地域上，中国新疆地区与中亚的经济、宗教、文化、安全都息息相关。中亚五国的城市化发展速度和整体水平参差不齐，目前基本上处于城市化的中期阶段，其城市发展强度不大，速度也较慢。[③]文亚妮、任群罗从对新疆和中亚五国城市化水平的比较研究得出，哈萨克斯坦已经达到世界城市化水平，而中国新疆和其他中亚国家还低于这个水平。马惠兰、张姣认为塔吉克斯坦城市化综合水平处于中亚五国最低，主要是受经济发展水平低下、吸引外资能力

[①]　[美]丹尼斯·德怀尔.东南亚地区城市化发展的人口因素与面临问题[J].黄必红译.南洋资料译丛，2000（1）：22-27.

[②]　王小民.东南亚国家的城市化：原因与可持续发展[J].东南亚研究，2002（4）：42-46.

[③]　阿里木江·卡斯木，唐兵，安瓦尔·买买提明.近50年来中亚五国城市化发展特征研究[J].干旱区资源与环境，2013（1）：21-26.

不足、工业经济增长缓慢、第三产业发展滞后、基础设施建设状况差、人口增长速度缓慢等因素影响和制约。①

苏联解体至今的20余年间，俄罗斯的城市建设推进缓慢，但以农村人口向城市流动为重要标志的城市化进程已基本处于结束阶段，郊区化已初露端倪。整体而言，当今俄罗斯城市发展主要由规模因素决定。②冯春萍研究发现，俄罗斯城市发展具有大城市较少、结构单一的市镇较多、城市化进程中的伪城市化现象、城市规模等级体系发育不够完善和城市群发展不成熟等主要特点，其未来城市人口会进一步向大城市集聚，大城市趋势明显，以莫斯科为首的特大城市发展优势领先。③

19世纪下半叶，伴随着工业化进程，德国经历了巨大的城市化浪潮。20世纪90年代，在婴儿潮时期出生的人成家生子，很多人搬到城市边缘居住，造成城市人口流失。自2000年开始，德国出现再城市化浪潮。④德国的城市化采用了以大城市为核心、建立互补共生的区域城市圈的模式；在城市圈内，大中小城市均衡发展，中小城市成为城市体系中的主体。⑤通过研究分析，王银安认为，德国城镇化建设对中国的启示是把产业发展放在第一位，注重城市功能建设，注重城市文化建设，注重环境和自然资源保护，慎重选择城市化模式。⑥

在印度城市化发展的进程中，城市化所带来的问题日益突出，究其根源，是由于印度城市化进程中缺乏有效的城市管理机制、城

---

① 马惠兰，张姣.塔吉克斯坦城市化水平综合评价［J］.干旱区地理，2013（4）：742-748.

② 高际香.俄罗斯城市化与城市发展［J］.俄罗斯东欧中亚研究，2014（1）：38-45，96.

③ 冯春萍.俄罗斯的城市化演进及发展趋势［J］.上海城市规划，2014（5）：72-78.

④ 黄发红，郑红.德国城市化和再城市化的经验与启示［N］.中国改革报，2013-05-07.

⑤ 王伟波，向明，范红忠.德国的城市化模式［J］.城市问题，2012（6）：87-91.

⑥ 王银安.德国城市化对我们的启示［J］.经济研究参考，2014（21）：46-48，100.

市发展规划等。①宋立辉针对印度城市化的研究发现，城市化通过加大对城市和农村基础设施的投入，改善城乡居住环境，增加就业机会，可以改善贫民区的生活水平。②熊杰则发现种姓制度对印度城市化有重要影响。③关于中印两国的城市化比较也有很多研究。印度和中国两国的历史、国情、独立后的经济基础都有相似之处，但两国的城市化进程和发展水平却出现了明显的不同。曹骥赟认为是政策原因起了作用，中国实施了"效率优先，兼顾公平"的经济政策和发展都市集群（圈）的城市化政策；印度则采用均衡发展的经济政策和优先发展大城市的城市化政策。④姜乾之则认为，因制度因素造成的城市化动力不同导致人口迁徙的原因不同，印度依靠服务经济拉动就业而中国则依赖制造业的崛起带动就业，中国政府在城市基础设施和公共服务供给方面比印度政府做得更好，而印度人口政策设计显得更为民主；中国工业化带动城市化的道路，受到工业内部结构升级和制度因素的困扰，印度人口自由迁徙的城市发展战略则需要更多考虑城市基础设施建设的硬约束问题。⑤

张大勇、孔建勋、李培以及王琛均对泰国城市化进程中出现的问题和启示有所讨论。泰国在城市化过程中出现了城乡发展不协调、城市规模等级体系畸形化、贫民窟等严重的城市问题。⑥张大勇认为泰国人口和经济在空间分布上的失衡是导致泰国城市化问题的原因，并直接或间接导致了贫富差距等其他问题。⑦李培、王琛认为，泰国的城市化进程并没有解决好各方的矛盾，反而突出了二元

① 任冲，宋立军.印度城市化进程中存在的问题及原因探析［J］.东南亚纵横，2013（8）：75-79.

② 宋志辉.试析印度的城市化对农村减贫的影响［J］.南亚研究季刊，2012（3）：47-51+5.

③ 熊杰.试论种姓制度对印度城市化进程的影响［J］.社科纵横，2012（4）：176-178.

④ 曹骥赟.印度城市化进程对中国城市化的启示——兼比较两国城市化进程［J］.延边大学学报（社会科学版），2006（2）：63-67.

⑤ 姜乾之.中印城市化比较研究［J］.亚太经济，2012（2）：91-95.

⑥⑦ 张大勇.泰国的城市化问题［J］.南洋问题研究，1995（3）：69-74.

社会的矛盾冲突，成为导致社会动荡、政局不稳的直接原因。关于启示，李培认为对于发展中国家城市化而言，政府更应该重视优化城市层级，赋予城市一定的自治权，尊重农民的地方性知识并努力缩小城乡教育水平的差距。[①]

越南城市化进程中失地农民问题是研究关注的重点。韦红研究发现，越南在城市化进程中，出现了城市发展不均衡、城市贫富差距拉大、城市环境恶化、农地流失等问题。[②]阮世坚认为，为解决对失地农民就业的消极影响，提出政府应该采取对失地农民进行劳动技能培训，提高其再就业能力、鼓励其自主创业等优惠政策。[③]

徐继承、王泽壮对以色列城市化进行了研究，发现以色列结合本国特殊国情形成了别具一格的城市化发展道路，创立了以工业化推进与现代高效农业发展相结合的发展模式，在其发展过程中形成以大城市为主导、中小城市协同的城乡一体化趋势，成为当今世界城市化成功的典范。[④]

曾璇在老挝城市化研究中总结老挝城市化的特征主要表现为：城市化发展起步晚，总体水平偏低；高首位度现象突出，区域发展不平衡；对外依赖程度高等。老挝城市化在为乡村居民增加收入和促进乡村开化、发展方面发挥积极效应的同时，也带来了城乡分裂、生态环境恶化和不公平加剧等社会问题。[⑤]

范冲浪认为，战争与阿富汗城市和城市化发展有着重要的内在

---

① 李培. 泰国城市化过程及其启示［J］. 城市问题，2007（6）：86–91. 王琛. 泰国城市化进程的教训［J］. 中国中小企业，2013（12）：72–73.
② 韦红. 越南革新开放以来城市化进程中的问题及其解决措施评析［J］. 东南亚研究，2013（4）：17–24.
③ 阮世坚. 越南失地农民就业的问题与解决对策［J］. 市场周刊（理论研究），2014（1）：3–4，36.
④ 徐继承，王泽壮. 以色列城市化解读［J］. 山西师大学报（社会科学版），2010（6）：105–108.
⑤ 曾璇. 对外开放以来老挝的城市化特征及其对乡村发展的影响［J］. 社会主义研究，2015（1）：132–138.

联系，证明安全性是城市存在和发展的根本属性。①

刘秋皇提出了柬埔寨城市化发展战略主要是从三个层面来同步推进的，即通过发展核心区域的功能聚集以强化辐射能力，通过卫星城和边缘组团的要素聚集以提高郊区城市化水平，通过小城镇重点发展与完善城市化发展战略。最后，通过政策、资金以及民众多方面积极的支持与参与，促进柬埔寨城市化发展进程。②

其他关于"一带一路"沿线国家城市化问题的研究还有：第二次世界大战后缅甸社会城乡结构的变迁及其走向研究；③新加坡城市化进程中绿色城市的发展；④韦红、窦永生对菲律宾城市化进程中的粮食安全问题研究；NasimBarham、HorstG. Mensching、赵鹤平对约旦首都安曼城市化的农业地理研究；张惠兰对尼泊尔城市化进程中基础设施落后问题的研究；⑤姜敏、王奕威对波兰、匈牙利市政道路问题的研究；⑥贺成全对乌克兰城市化问题的研究以及李秀环对罗马尼亚城市化问题的研究等。⑦

二、"一带一路"沿线国家城镇化合作

2015年，在中欧城镇化伙伴关系论坛上，李克强总理表示，中国正进行人类历史上最大规模的城镇化建设，欧洲是人类城市建设发源最早的区域之一，中国愿学习借鉴欧洲在城市地下设施、智慧

① 范冲浪. 战争对阿富汗城市发展的影响（1979-2011）［D］. 山西师范大学，2012.
② 刘秋皇. 当前柬埔寨城市化发展的战略定位与策略研究［J］. 商，2016（2）：295-296.
③ 刘军. 二战后缅甸社会城乡结构的变迁及其走向［J］. 学术探索，2015（6）：56-62.
④ 万婧，武星宽. 论城市化进程中绿色城市发展的机遇与挑战——以香港和新加坡为例［J］. 城市建筑，2015（32）：301-302.
⑤ 张惠兰. 尼泊尔的城市化建设［J］. 当代亚太，2002（12）：32-35.
⑥ 姜敏，王奕威. 考察波兰、匈牙利市政道路的启示［J］. 交通与运输，2013（3）：74-76.
⑦ 贺成全. 乌克兰城市及城市化［J］. 城市，1994（1）：55-56.

城市、低碳城市建设等方面的经验，在城镇化进程中与欧洲结伴而行。国家发展和改革委主任徐绍史在2015年中欧城镇化伙伴关系论坛上指出，要把中欧城镇化合作融入"一带一路"建设中，支持中方企业参与"容克投资计划"，共同打造中欧城镇化合作平台，携手推动中欧城镇化合作继续深入发展，为中欧全面战略合作伙伴关系注入新动能、作出新贡献。

第二节 "一带一路"助推中国新型城镇化发展

一、"一带一路"助推新型城镇化的内在关系、意义与价值

"一带一路"与新型城镇化两者共同作为未来5年中国国家区域发展战略，前者主外，后者主内。从两者内在关系的辨析来看，夏显力、王婷认为，新型城镇化为丝绸之路经济带发展提供支撑，而丝绸之路经济带建设为新型城镇化发展提供新机遇。[①]从城市群发展的角度来看，蔡继明认为，两大战略不仅构成新常态下新经济增长点，二者也共同推进经济结构优化，拉动基础设施建设，同时均对世界经济产生重大影响。[②]从城市规划的角度来看，上海交通大学城市科学研究院院长刘士林教授认为，可以从以下三个方面将二者进行融合：一是以城市群规划建设驱动"一带一路"的经济振兴；二是以智慧城市规划建设助推"一带一路"的社会转型；三是以人文城市规划建设引领"一带一路"的文化复兴。[③]

---

① 夏显力，王婷. 加快新型城镇化建设 助推新丝绸之路经济带发展［A］. 陕西改革与新丝路新城镇建设研究2014年优秀论文集［C］，2014：6.

② 蔡继明. "一带一路"与"新型城镇化"的战略耦合［N］. 深圳特区报，2015-10-20（B09）.

③ 刘士林. 中国城市群的发展现状与文化转型［J］. 江苏行政学院学报，2015（1）：26-32.

目前两大战略互相影响的主要关注点是："一带一路"沿线国家城市化水平对"一带一路"国际合作推进的影响。如温雪、赵曦发现区域与城市经济发展水平参差不齐、沿线一些城乡的社会现代化水平较低、源远流长的区域文化传统萎靡不振是现阶段影响中国国内"一带一路"倡议实施的主要问题和突出矛盾，这些问题的解决需要研究和建构一个内容更为丰富、目标更为全面的"一带一路"倡议理念。[①]

如何使得两者互相促进？应该将两者有效地结合，集中抓好五项工作：一是要因地制宜，注重发展特色产业；二是要加强基础设施与公共服务设施建设，重点是沿线农村地区；三是要实施梯度城市化，形成互补互惠的城镇发展新格局；四是要以人为本，关注人的能力发展；五是要"五通"促开放，"五措"聚发展。[②]

中国新型城镇化道路的核心是以人为本，具体来说就是要解决城市市民与农村村民身份二元分割的问题，让农民享受市民待遇，实现农民市民化。魏后凯认为，市民化主体包括农民市民化和农民工市民化，前者是与市民相对的概念，后者是劳动力的概念，市民化是社会结构的转型过程，而不仅是劳动力的转移。[③]这里讨论的"一带一路"助推区域新型城镇化应当包括农民和农民工的城镇化。刘静认为，"一带一路"理念作为中央战略部署的重要环节，其发力点在于城市基础设施改造与区域一体化建设。[④]而在后城市化进程中，迫切需要解决的问题即城市基础建设与城市融合，包括市民化进程中市民经济补偿方面的问题、市民化进程中社会保障方面

---

① 温雪，赵曦. 中国西部地区收入差距的实证研究与政策调整 [J]. 社会科学家，2015（9）：66-70.

② 夏显力，王婷. 加快新型城镇化建设助推新丝绸之路经济带发展 [A]. 陕西改革与新丝路新城镇建设研究2014年优秀论文集 [C].2014：6.

③ 魏后凯，武占云，冯婷婷. 东亚国家城市化模式比较及其启示 [J]. 徐州工程学院学报（社会科学版），2013（2）：39-44.

④ 刘静. 浅析"一带一路"战略中市民化问题 [J]. 商业经济，2016（1）：36-37.

的问题、市民化进程中社会沟通方面的问题。[①]从住房问题来看，"一带一路"倡议的实施将带来地区产出水平的变化，并引起劳动力的迁移及与之相伴随的农民工住房问题的变化。"一带一路"倡议下产业的区域转移将引起农民工就业的区域转移，会使东、中、西部地区外出农民工数量的不均衡现象得到缓和，并引起住房问题的转移。"一带一路"倡议及相关政策措施、规划的推进将使中国的城镇化形态和布局变得更加均衡，以人为核心的城镇化趋势将变得更加明显。

从城市群发展的角度来看，"十三五"规划中提出"优化城镇化布局和形态"，其中提出要"培育中西部地区城市群"。优化经济发展空间格局就是要完善区域政策，促进各地区协调发展、协同发展、共同发展。张占斌等人认为，"一带一路"将加快产业向中西部转移，中西部可以抓住有利时机，形成新的发展动力。[②]同时，王颂吉等认为，建设丝绸之路经济带有助于西部地区加快经济发展和提升对外开放水平，为西部地区夯实产业发展基础、促进空间结构协调、加强公共服务供给、保持生态环境美好创造有利条件，西部大中城市的自生发展能力和辐射带动作用将逐步增强，由此推动西部地区由"被动城镇化"向"主动城镇化"升级。[③]关于"一带一路"框架下城市和城市群的空间结构问题，王战认为，21世纪的"一带一路"和历史上的"一带一路"实际上是不同的，因此长江经济带和"一带一路"在今天是有交汇点的，"一带一路"今后的出海口不光是连云港，北边应该包括青岛港、日照港，南边包括盐城港、上海港，因为铁路是可以互联互通的，如果这样考虑的话，又可

---

① 王琨，胡总."一带一路"战略下外出农民工住房问题研究——基于包容性发展的视角[J].宁波大学学报（人文科学版），2016（2）：70-76.

② 张占斌，孙志远.区域经济建设与城镇化发展的结合——丝绸之路经济带如何带动中西部城镇化发展[J].人民论坛，2014（26）：22-24.

③ 王颂吉，白永秀.丝绸之路经济带建设与西部城镇化发展升级[J].宁夏社会科学，2015（1）：51-59.

以得出一个结论，两边的通道不只是长江，还有欧亚路桥。①

从促进城市经济发展的角度来看，刘西文认为，"一带一路"可通过推动农产品内外贸易，推动民营企业走出去，推动县域工业升级形成县域经济的新格局。②

二、"一带一路"助推中国新型城镇化战略结合的路径探讨

从世界各国城市化经验来看，城市化的动力基本来源于两类：政府与市场。欧美是典型市场主导城市化的发展模式，英国的工业革命推动中小城市发展成为大城市，美国的扇形模式和多中心模式也是基于地租理论而形成；政府主导则是中国城镇化的动力，中国政府将城镇化问题列为国家战略的一部分。当前，"一带一路"倡议和新型城镇化战略都是国家发展重点。2015年3月，国家发展改革委、外交部、商务部联合发布的《推动共建丝绸之路经济带和21世纪海上丝绸之路的愿景与行动》对西部民族地区在新战略下的定位提出了具体要求，涵盖了绝大部分西部民族地区，并明确提出"发挥新疆独特的区位优势，将新疆打造成丝绸之路经济带核心区"，"发挥广西与东盟国家陆海相邻的独特优势，打造西南、中南地区开放发展新的战略支点，形成21世纪海上丝绸之路与丝绸之路经济带有机衔接的重要门户"，"使云南建设成为面向南亚、东南亚的辐射中心"。在政府引导下，加强顶层设计，发挥区域优势是两大战略结合的关键。

广西作为"一带一路"有机衔接的重要门户，在其实施中具有区位、平台载体、交通便捷等优势。"一带一路"倡议通过促进多领域互联互通、产业聚集、资源要素有序流动与市场高度融合等，深刻改变广西城镇化发展格局并赋予诸多新机遇。基于"一带一路"框架，广西新型城镇化发展应树立全区发展的大局观和合作

---

① 王战. 中国进入高水平开放发展新阶段 [N]. 人民日报, 2015-12-09 (7).

② 刘西文. "一带一路"催生县域发展新格局 [J]. 西部大开发, 2015 (10)：62-65.

观，构建资源要素自由流动通道，强化产业带动与支撑功能，完善县域城镇体系并与大中城市发展互动衔接。[①]

其他中小城市也在研究进入"一带一路"的路径，如新疆昌吉借助区位优势进入；[②]喀什在"一带一路"倡议中作为重要的桥头堡，对整个大喀什地区的发展都有着尤为重要的作用；[③]重庆在"两带一路"上的作用，不仅仅体现在重庆地理位置是"两带"的交汇点，更体现在重庆是"两带一路"上经济增长的核心、资源配置的核心、贸易往来的核心，重庆的城市群发展让重庆在"两带一路"的资源配置中占据核心的一环。[④]

第三节　总结与评论

对于推进"一带一路"建设与新型城镇化战略两者的契合，从《推动共建丝绸之路经济带和21世纪海上丝绸之路的愿景与行动》以及"十三五"规划大纲来看，两大战略结合的着力点可体现在两个方面：一是地域的结合，即六大经济走廊与城市群建设的结合。如表14-1所示；二是内容的结合：基础设施联通是"一带一路"建设的优先领域，而加强城市基础设施建设也是新型城镇化建设的重要内容；投资贸易合作是"一带一路"建设的重点内容，其中包括拓展互相投资领域、推动新型产业合作、优化产业链分工布局，从产业发展角度与建设新型城镇化中，发展特色县域经济，加快发展

---

① 王政武."一带一路"框架下城镇化发展战略布局研究——以广西为例 [J]. 领导之友，2016（3）：23-29.

② 高江. 新疆昌吉融入丝绸之路经济带建设的路径 [J]. 中国国情国力，2016（1）：54-56.

③ 高艳. 主动作为抢抓"一带一路"大发展机遇——促进伽师城镇化发展升级 [J]. 环球市场信息导报，2015（23）：12.

④ 蒋正. 城市群发展推动重庆在"两带一路"中发挥核心作用 [J]. 重庆与世界，2015（2）：52-53.

中小城市和特色镇，建设智慧城市。

表14-1 推进"一带一路"建设与新型城镇化战略布局地域比较

	推进"一带一路"建设	推进新型城镇化
西部	建设新疆丝绸之路经济带核心区	规划引导天山北坡城市群发展，促进以喀什为中心的城市圈发展
	陕西、甘肃综合经济文化和宁夏、青海民族人文优势，形成面向中亚、南亚、西亚国家的通道、商贸物流枢纽、中药产业和人文交流基地	培育中西部地区城市群，规划引导兰州—西宁、宁夏沿黄城市群发展
东北	黑吉辽与俄远东地区陆海联运合作	发展壮大东北地区
	发挥内蒙古联通俄蒙的区位优势	规划引导呼包鄂榆城市群发展
西南	加快北部湾经济区和珠江—西江经济带开放发展	规划引导北部湾城市群发展
	推进云南与周边国家的国际运输通道，打造大湄公河次区域经济合作新高地，建设成为面向南亚、东南亚的辐射中心	规划引导滇中城市群发展
	推进西藏与尼泊尔等国家边境贸易和旅游文化合作	促进以拉萨为中心的城市圈发展
东南	建设福建"21世纪海上丝绸之路"核心区	提升海峡西岸城市群开放竞争水平
内陆	依托长江中游城市群、成渝城市群、中原城市群、呼包鄂榆城市群、哈长城市群等重点区域互动合作和产业集聚发展，打造重庆西部开发开放重要支撑	发展壮大东北地区、中原地区、长江中游、成渝地区、关中平原城市群
沿海	深化长三角、珠三角、海峡西岸、环渤海等经济区的辐射带动作用、开放合作区租用以及港口建设	建设京津冀、长三角、珠三角世界级城市群，提升山东半岛、海峡西岸城市群开放竞争水平

目前已有研究成果中主要存在三个问题：一是较多地研究关注"一带一路"如何助推西部地区城镇化发展，而对东北、西南等地区研究较少；二是对丝绸之路经济带的区域发展研究多于对海上丝

绸之路区域发展的研究；三是对相邻国家区域的贸易互补性研究较多，对“一带一路”沿线国家城镇化全方位的合作关注较少。根据这些情况，未来关于该领域的研究和建议如下：

（1）从国际角度来看，“一带一路”的本质是基础设施建设，而基础设施是城镇化问题的重要部分。目前，我们对“一带一路”沿线国家城镇化状况及基础设施发展掌握不够全面。俄罗斯、印度、德国、泰国、越南、中亚和东南亚地区研究较多，而中东欧国家较少。我们倡议与“一带一路”沿线国家合作，就要充分了解这些国家城市化状况尤其是基础设施的发展现状，找出合作互补性和空间，根据实际发展情况提供帮助并开展合作。

（2）从国内研究来看，中小城市如何融入“一带一路”建设，如何借“一带一路”建设特色中小城镇应该作为研究的重点，不是片面地为了城镇化而城镇化，而是借力“一带一路”改善中小城市就业结构，同时也为农村的就地城镇化提供机遇。

（3）对于边境省份，突出了新疆和中亚的城镇化合作、中欧城镇化合作，其他城市的合作研究可以进一步加强，尤其是“一带一路”沿线国家与中国的省、市城镇化合作。

（4）“一带一路”国内沿线城市的产业转移问题。“一带一路”沿线国家以及中国境内的各省份、城市的城镇化发展情况参差不齐，需要了解各个国家城市化现状，比较其城市化发展水平及效率，根据其所处不同的城市化发展阶段，因地制宜，制定相应的产业合作模式。

"一带一路"中的环境保护

2013年9月，习近平同志在哈萨克斯坦纳扎尔巴耶夫大学发表演讲时提出"既要绿水青山，也要金山银山"，阐明中国生态文明建设尊重自然、顺应自然、保护自然的理念。2015年3月，《推动共建丝绸之路经济带和21世纪海上丝绸之路的愿景与行动》进一步明确指出："在投资贸易中突出生态文明理念，加强生态环境、生物多样性和应对气候变化合作，共建绿色丝绸之路。"

中国正在走出粗放发展模式，努力克服"先污染后治理"的弊端，充分认识到生态文明建设的现实紧迫性。2015年3月，中共中央政治局会议明确提出"绿色化"发展要求，将党的十八大提出的"四化同步"充实为"五化协同"，表明中国在生态文明建设上又前进了一步。因此，中国在"一带一路"建设中绝不会沿袭发达国家主导的原有国际合作模式，即以低廉的经济利益换取宝贵的资源、环境和生态价值，而会充分考虑各国人民对良好生态环境的期待，与合作伙伴共同探索经济效益与生态效益并重的合作模式。①

---

① 周亚敏. "一带一路"是绿色发展之路——经济效益与生态效益并重的合作模式[N].人民日报，2015-08-25.

第一节　实现"一带一路"环保战略的重要意义

"一带一路"倡议在深化与沿线各国和地区在资源、能源、基础设施、产业项目以及金融等领域合作的同时，不可避免会涉及生态环境问题，从中国过去的对外投资与合作来看，环境问题一直是国际各方最为关注的问题，生态环境问题如处理不当，将严重影响中国国家利益和负责任大国的形象。因此，推进实施"一带一路"绿色战略，对中国产业转型升级、国家形象的提升、有效防范产业投资走出去的生态环境风险具有十分重要的意义。

一、助推中国产能顺利走出去

随着中国经济的发展，尽管目前国内仍然需要大规模有效投资和技术改造升级，但已经充分具备了要素输出的能力。在中国国内，因为市场供求变化，要素成本的上升使得一些产业、产品失去了价格竞争力，成为过剩产能。而在其他国家，较低的要素成本使得一些产业仍具有竞争力，在其发展建设的过程中能被合理利用，这就为中国产业的转移和转型升级提供了契机。但"一带一路"输出的产能不能是"黑色"的，沿线国家经济发展、民众生活水平提高的同时，应该加入绿色元素，遵循绿色化主线。绿色"一带一路"倡议是通过以基础建设为载体，可持续发展为准则的区域整体发展模式，加大自然生态系统和环境保护力度，将中国的优质绿色的产能输送出去，让沿线发展中国家和地区共享中国发展的成果，汲取中国过去先污染后治理的经验教训。①

"一带一路"环保战略主张充分尊重沿线各国的历史和现实，坚持"共商、共建、共享"原则，努力将"绿色"真正转化为各国

---

① 董战峰，葛察忠，王金南，等."一带一路"绿色发展的战略实施框架[J].中国环境管理，2016（2）：31-35，41.

共同的福祉，而非少数国家的私利。"一带一路"环保战略维护沿线国家的生态利益，有利于增强发展中国家在环境保护和应对气候变化等重大国际问题上的整体谈判能力，进而推动形成更加公正合理的全球治理体系。

二、树立中国负责任的大国形象

联合国后2015发展议程涉及17个领域169个发展目标，与环保主题高度相关。"一带一路"绿色战略不仅可以巩固和发展中国同沿线各国的经贸关系，在发展的同时注重环保合作与交流，重视与当地的减贫、就业、基建等相结合，推进当地的绿色可持续发展，更有利于赢取沿线国家的支持，进一步扩大中国的影响力，树立中国的对外负责任大国形象。

"一带一路"沿线不少国家和地区生态环境相对脆弱，环境管理能力相对薄弱。"一带一路"沿线国家和地区范围广、项目多，承接产业转移或者基础设施建设，以及重大工程项目的实施对脆弱的区域生态环境带来的压力将进一步增加区域环境风险。这类风险主要有：经济资源开发对生态的破坏、产业转移相伴的污染转移、经贸活动产生的固废垃圾、海上运输中的溢油污染、油气管道运输的土地占用与环境风险等。[①]从中国过去的对外投资与合作来看，环境问题一直是国际各方最为关注的问题，炒作生态环保问题也一直是西方用来攻击中国境外投资的手段，不可忽视的是很多贸易摩擦也源于中国对外投资的环境责任不到位等因素，以至于很多环境问题甚至演化为敏感的政治问题。为此，"一带一路"需要环保来保驾护航，这样既可以避免敌对势力以环保为口实的反对与破坏，同时也可以占据国际道德制高点。

---

① 李晓西，关成华，林永生. 环保在我国"一带一路"战略中的定位与作用［J］. 环境与可持续发展，2016，41（1）：7-13.

第二节　实施“一带一路”环保战略的风险与挑战

在“一带一路”经贸合作往来中，沿线各国为了保护资源和环境会设置不同层次的绿色贸易壁垒，以污染为由对外来投资进行抵制和排斥。环境往往容易成为各国实施贸易保护主义的借口，从而影响了“一带一路”经贸合作的自由开展。

“一带一路”沿线各国的政治、经济、文化和社会情况存在较大差异，如果前期准备不足，缺乏必要的政策和市场调研，容易使中国企业的投资活动出现偏差。特别是部分国家政局复杂、社会动荡、不确定因素较多，各方势力极易通过炒作环保议题对投资进行政治操控，使投资企业被动卷入当地纷争，产生巨大经济损失。此外，很多国家的非政府组织和当地社区具有较大影响力，如在信息透明和社区沟通等方面处置不当、应对不足，环境问题往往容易引起关注甚至被放大。

一、“一带一路”沿线国家生态环境脆弱

“一带一路”沿线不少国家和地区是人类活动比较集中和强烈的国家和地区，同时不少国家和地区的生态环境脆弱，这导致中国与“一带一路”沿线各国的投资与合作面临较大的生态环境风险。“一带一路”沿线的东南亚地区，快速工业化和城市化的环境压力、空气的跨国污染、水资源破坏、热带雨林锐减以及生物多样性减少、人口膨胀和资源消耗量飙升等问题，严重地影响了区域可持续发展。陆上丝路有北、中、南三条主路，途经地带多雪山峻岭、戈壁沙漠，从陕西开始，到西亚地区沿线非常容易产生沙尘暴；中亚五国里面最大的咸海已经缩减1/3，而且盐分很高，一旦刮风，就会有严重的沙尘暴。海上丝绸之路沿岸国家几乎全是发展中国家，气候变化、自然海岸线大量丧失、陆源污染排放过量、生态灾害频

发、渔业资源枯竭等海洋生态问题长期存在。

"一带一路"沿线国家和地区国土面积不到世界的40%，人口却占世界的70%以上，人口密度比世界平均水平高出一半以上。这些地区除了是世界上自然资源的集中生产区外，其境内年水资源量只有世界的35.7%，但年水资源开采量占世界的66.5%，同时使用了世界60%以上的化肥，因此对水资源和水环境的压力高于世界平均水平。该地区还排放了世界55%以上的二氧化碳和温室气体，其中有不少国家处于干旱、半干旱环境中，其森林覆盖率低于世界平均水平。除此之外，这些地区的人均生态足迹虽然低于世界平均水平，但生态承载力却超出了世界平均水平的80%以上，而且该地区有世界39.1%的哺乳类物种、32.2%的鸟类、28.9%的鱼类和27.8%的高等植物，它们都已受到威胁。如此脆弱的生态环境状况易转化为项目实施和运营的经济和社会风险。

"一带一路"沿线国家和地区自然资源丰富，环境敏感度较高，投资活动也存在着较高的风险。中国对各国直接投资的增加，在促进当地经济发展的同时，也增大了对相关资源的开发，由此产生的污染物排放若不妥善处理，容易产生负面的环境影响。近年来，特别是采矿业等资源性行业投资比重呈现日益上升的趋势，这些资源密集产业的投资，如果不重视环境保护问题，将不可避免地对当地环境产生负面影响，使中国企业的经济活动面临生态环境风险。

二、"一带一路"沿线各国环保诉求与发展阶段不同

"一带一路"沿线部分国家经济发展水平落后、发展方式粗放。这些国家单位GDP能耗、原木消耗、物质消费和二氧化碳排放高出世界平均水平的一半以上，单位GDP钢材消耗、水泥消耗、有色金属消耗、水耗、臭氧层消耗物质是世界平均水平的2倍或2倍以上。在"一带一路"沿线的65个国家中，有人均GDP超过1万美元的

经济强国，如新加坡、卡塔尔、文莱、以色列；也存在人均GDP不足1000美元的经济弱国，如塔吉克斯坦、尼泊尔、阿富汗。一些国家对环境质量改善与人民群众健康的追求已经超过GDP增长，而另一些国家还处于追求经济快速增长的阶段。经济发展阶段不同，对经济发展与环境保护的诉求也不同，这些国家对经济增长与环境保护的认识和实践差异性较大，给中国实施"一带一路"倡议增大了难度。

"一带一路"沿线不少国家和地区环境管理基础薄弱。由于"一带一路"沿线一些国家发展水平较为落后，或者对环境问题重视不够，中国对这些国家的投资极易诱发环境风险与投资风险。一是"一带一路"沿线各国环境管理法规制度不一致，有的标准高于中国，如俄罗斯、哈萨克斯坦等国家；也有些发展中国家的法律法规标准不够完善，水平比较低，更加注重经济的发展，环境保护力度不够，容易诱发在这些东道国的投资风险。二是有些沿线国家对环境管理的基础信息和不清楚风险底数，环境监测监管、预警应急、管理能力存在着较大的差距，环境风险预防预警和管控能力低，这也使得在这些东道国和地区的投资合作存在风险，甚至在当地环境项目合规的情形下，仍存在较大隐患。①

三、环境技术发展和制度沟通存在困难

在环境治理方面，"一带一路"沿线各国应该超越狭隘的国家利益理念的束缚，朝着人类追求的国际合作、集体安全、共同利益、理性磋商的方向发展。然而，在具体的操作过程中，往往又很难挣脱个体利益的束缚。许多国家一方面支持国际合作，但另一方面又将环境责任推卸给其他国家和地区，都希望能在维护个体利益的同时尽量享受全体利益的好处。这就会造成各国的个体利益与

---

① 董战峰，葛察忠，王金南，等."一带一路"绿色发展的战略实施框架［J］.中国环境管理，2016（2）：31-35，41.

沿线整体利益的冲突，很难做到牺牲个体利益去维护整体利益，如此，各国在各自利益上的不同分歧也难以将国际环境合作推向一个实质性的高度。

各国在环境责任的承担和具体实施方式上经常经过多轮谈判后仍难以达成一致的意见，环境制度创新严重滞后于环境技术的发展。迄今为止，"一带一路"沿线国家和地区还没有形成一个区域性的环境组织和联盟，没有达成双边和多边的环境合作机制，在节能减排和应对气候变化方面也没有达成统一的共识。这就造成"一带一路"倡议实施过程中环境技术发展缺乏环境制度创新的支撑。

同时，"一带一路"诸多国家的法律存在巨大差异。每个国家都有自己的法律体系、法律程序和司法体制，经贸合作必须遵守东道国法律。"一带一路"建设中的合作，从投融资到项目建设，都要依当事国法律办事，这就需要熟悉各国环保法律与环保标准，[①]这也成为环境战略实施的问题之一。

第三节 实施"一带一路"环保战略的行动措施

一、"一带一路"环境矛盾的化解路径

"一带一路"环境矛盾的化解从根本上就是在生态文明理念的引领和约束下，沿线各个国家和地区重新寻求经济利益与生态效益之间的平衡。要从根本上化解环境矛盾，加强环境合作是各国的必然选择。但毕竟不同国家和地区的经济发展水平不同、利益诉求不同，若想化解环境矛盾，顺利开展环境合作，需要妥善处理好利益

---

① 叶琪."一带一路"背景下的环境冲突与矛盾化解［J］.现代经济探讨，2015（5）：30-34.

的分配、各国政策制度的衔接、统一平台机制的建设、经济与环境的关系等关键节点。

（一）开展多种形式的环境合作

由于环境矛盾的解决会涉及生态环境、资源环境、环境承载、环境管理、环境协调等多个方面，因此，"一带一路"沿线各个国家应该在从生态环境保护到环境管理等多个层面开展全方位、多形式的环境合作。当前，中国和新加坡正合力打造生态城，中国与欧洲携手共建清洁能源中心，瑞士有关部门也在和贵州共同规划生态乡村蓝图，这些都表明多种形式的国际合作已经陆续展开。除此之外，"一带一路"沿线各个国家和地区可以在陆域生态信息和海洋信息共享上合作与对接，共建沿线气候灾难综合防御体系；在各国之间构建排污交易体系，严格控制污染物直接排放，重点划定几个区域，共建国际生态保护区；在"海上丝绸之路"沿线各国开展海洋渔业合作，顺应海洋生物的生长规律，共建休渔制度和进行渔业养殖合作等。多种形式的环境合作也有利于各国形成共同的环境利益。

（二）构建环境利益共享机制

沿线各个国家和地区在"一带一路"建设中已经形成了联系紧密的环境利益网，要加强这些国家之间的环境合作就要协调好利益的分配与平衡。处于不同发展阶段的国家应该担负不同的责任，经济发展较快的国家，应加强对环境基础设施建设的投入，加强对资源可持续管理与保护，并无偿地提供给其他国家使用。例如，可以从资源开发得到的收益中拿出一部分来，通过设立专项资金、帮扶资金等方式帮助资源少的国家和地区；发展较为落后和不发达国家要积极推动产业转型，构建新型产业体系。此外，要确保环境利益面前各国平等。各个国家和地区共同约定，如果有哪个国家或地区不履行相应的责任，那么其他国家可以在国际贸易、投资等方面对其进行相应的惩罚，从而形成自觉维护的机制。如此，通过利益的合理分配与共享，共同推动经济的持续发展。

（三）建立统一的环境协调机构

由于环境治理需要沿线国家和地区的一致行动和共同努力，重视国别间和区域间合作机制和平台建设工作，建立统一的协调机制或对话机制显得至关重要。"一带一路"沿线国家可以建立类似于G20峰会这样的国际合作机制，提供生态安全风险方面的保险产品，推出具体的环境保护措施，充分发挥协调机构或对话机制作用，定期或不定期地开展主要领导人会晤，对"一带一路"倡议实施中基于生态环境问题而产生的矛盾和摩擦共同协商，和平解决。商议构建通过合理开发利用自然资源和生态环境保护的统一行动纲领，建立奖惩机制，加强分工合作，使沿路各个国家能将维护生态安全转化为自觉行动。

（四）积极推动环境制度创新

加强生态环境保护已经成为沿线各国和地区的共识，很多国家就如何更好地开发利用海洋资源和加强海洋环境保护设立专门的组织机构，制定专门的规章制度，形成自上而下有序的环境治理模式。由于各国和地区的环境政策安排是基于本国的环保需要而建立起来的，带有国别特色和区域特色，因此，各国的环境治理制度缺乏沟通和衔接，各自为政。要积极推动"一带一路"沿线各国环境制度创新，加强各国政策规划的沟通衔接，要制定出共同治理生态环境的时间表和路线图，更好地指导各国形成一致的行动。面对着生态环境这一公共物品，在制度设计上针对不同的国家也要有所差异，发达国家应该积极承担更多的责任和义务，率先开展减排的示范，同时向发展中国家和不发达国家提供资金和技术上的援助，通过更加合理的制度安排，指导环境保护行动更有效率地开展。

（五）协调推进环境与经济的发展

"一带一路"倡议的经济意义、政治意义和生态意义并存的特征需要各国更加重视环境合作和协同发展。[①]重启丝绸之路，除了继续承载着沿线各国经贸合作往来的传统重任外，还要坚持经济合作和人文交流共同推进，更重要的是要转变以往掠夺式的经济发展模式，建立完善的基础设施互联互通，通过开拓港口、海运物流和临港产业等领域合作，发展产业双向投资，共同建立良好的产业转型升级运行机制；积极开展技术创新与合作，实施创新驱动，提高产业发展的技术含量，以先进技术推动产业结构升级，构建现代化产业体系，通过合理的产业分工体系，实现共赢，走出一条经济与环境协调发展之路，使"一带一路"成为全球发展方式转变的典范。

二、"一带一路"框架下环保产业的国际合作

（一）加强政策沟通，奠定制度基础

"一带一路"沿线国家的环境保护法规与制度标准大多比较健全，有的标准甚至高于我国；有的国家法律法规标准不够完善，需要进一步加强。政策沟通要求中国与这些国家加强政策对话与交流，了解这些国家的环境保护法律法规、政策标准，为中国环保产业走出去提供政策基础。对于第一类国家，走出去之前需要全面了解掌握其政策标准，政府支持的研究咨询机构可以做好这方面的服务工作；对于第二类国家，可以通过合作机制，介绍本国经验，帮助其进一步完善标准，为进入其市场占得先机。同时，需进一步推动完善中国环保产业相关标准（包括基础设施建设标准、污染物排放标准、相关环境服务标准等），为环保产业走出去提供制度支撑。[②]

---

① 叶琪. "一带一路"背景下的环境冲突与矛盾化解. 现代经济探讨［J］. 现代经济探讨，2015（5）：30-34.

② 陈阳. "一带一路"项目投资环保重要性凸显［N］. 中国经济导报，2016-04-20.

（二）政府先行市场主导，搭建环保产业国际化发展平台

目前，"一带一路"环保领域国际化合作平台支撑不足。一是区域多边或者双边的合作，在跨区域的信息共享、资源共用、协同共保等方面力度不够，机制不到位，平台不完善，对"一带一路"倡议的实施提出了挑战；二是实现政策互通仍面临多方面的挑战，如区域绿色供应链管理机制未建立，区域环境标志互认未能实现有效沟通等；三是区域合作形式较单一，合作基本上都是由政府主导推动的，社会公众、有关非政府组织（NGO）等相关方交流合作严重不足，主体参与不充分，影响了绿色化合作的成效。若创新区域合作形式，特别是在社区减贫、可持续发展、再就业等社会层面进行合作推动会更有意义。

"一带一路"倡议将涉及大量项目投资，为打造绿色"一带一路"，建议建立国家环境保护对外援助计划，与沿线国家共同开发一批环境保护基础设施建设和示范项目；由政府搭建合作交流平台，为中国环保企业走出去提供相关信息、政策需求等支撑，企业和NGO等社会机构紧随其后，提供服务与技术支撑，承担其中的环境保护基础设施建设；充分发挥市场机制作用，提升龙头企业产业链整合能力，建立、健全环保产业市场机制，为中国环保产业发展提供良好的发展环境。

此外，通过建立公共服务平台，为外国企业在中国建设示范项目提供支持，也为中国环保产业优秀技术和产品提供宣传服务；利用公共服务平台，通过第三方技术筛选，制定适用的环保技术清单，并根据清单上的技术，建设一批对外环保示范项目，提升中国环保企业的知名度，推动中国环保企业走出去。[①]

---

① 周国梅. "一带一路"战略背景下环保产业"走出去"的机遇与路径探讨［J］. 环境保护，2015（8）：33—35.

（三）以区域环境合作机制为支撑，打造环保产业技术转让平台

中国与"一带一路"沿线国家之间有多个稳定活跃的环境保护区域国际合作机制，如中国—东盟、上海合作组织、中阿、中日韩、大湄公河次区域等，都是区域环境合作的重点机制，技术交流与产业合作是其重要内容之一。特别是东盟国家，已经成为中国环保产业走出去的重要目标国。目前，与东盟的产业合作已经纳入了中国—东盟环境保护合作战略。2013年，李克强总理在第16次中国—东盟（10+1）领导人会议上提出中国与东盟的"2+7"合作框架，其中在环保领域提出中国—东盟环保产业合作倡议，建立中国—东盟环保技术和产业合作交流示范基地。对此，建议将东盟国家作为中国环保产业走出去的重点领域，支持中国—东盟环保技术和产业合作交流示范基地在广西和中国宜兴环保科技产业园的试点工作；在中日韩环境部长会议机制下，结合中国企业的实际需求，广泛吸纳中日韩三国环保企业参与其中，推动中日韩三国环保技术转移与联合开发；对上海合作组织成员国的绿色经济与环保产业现状进行调研，开展产业政策交流，为双方合作开展顶层设计，推动建设中俄环保技术与产业合作示范基地。[①]

此外，经过多年环保技术开发实践，中国企业在环保工程施工等领域已具有成本优势，特别是类似于脱硫脱硝除尘的大气处理设备、工程，以及污水管网领域已经达到了相应的技术水平，而成本又比欧洲等一些发达国家低。特别是，中国炉排炉垃圾焚烧技术已实现国产化，超滤膜水处理技术领先，在污水处理、再生水利用、海水淡化、污泥处置、垃圾焚烧以及烟气脱硫脱硝等方面，积累了丰富的建设运营经验，拥有了门类齐全、具有自主知识产权的技术装备。如此，应该以中国环保产业发达的东部沿海地区为依托，打

① 周国梅."一带一路"战略背景下环保产业"走出去"的机遇与路径探讨［J］.环境保护，2015（8）：33-35.

造"一带一路"环保技术转移与产业合作示范基地，筛选一批适用型技术，集聚一批有竞争力的环保企业，推动大气污染防治、水处理、固体废弃物处理等技术的国际间转移，加强中国环保企业在这些领域的技术储备，推动中国实用型环保技术和产品在发展中国家的推广，服务"一带一路"倡议的环保需求。①

---

① 姚文萍.区域经济与生态环境和谐发展高峰论坛.2015–8–16.

第十六章

"一带一路"与教育

第一节 "一带一路"与教育国际化

随着习近平总书记提出共建"丝绸之路经济带"和"21世纪海上丝绸之路"的重大倡议与国家重要政策的出台,"一带一路"的春风吹到了教育行业。当前赴海外留学与来华留学市场不断扩张,推动着教育国际化的步伐。中国与沿线国家教育交流的持续开拓,赢得了周边国家对中国教育的信任。教育国际化是经济全球化衍生的概念,是一种实现教育资源的国际流动现象。教育国际化在"一带一路"的带动下方向更加明确,市场更加开阔。

基于当前教育国际化如火如荼的形势,需要深入研究教育国际化的相关状况,本节主要选用"一带一路"倡议框架下的相关学术论文及书籍,围绕教育国际化的背景、教育国际化的现状及措施、教育国际化的困难、教育国际化的意义等四个方面,整理分析当前教育国际化的进展程度及相关问题。

一、教育国际化的背景

"一带一路"倡议引导教育走向世界,教育国际化成为时代发展的潮流，诸多因素造就当前的国际化趋势。

其一，领导讲话。习近平主席指出推进"一带一路"建设，"要坚持经济合作和人文交流共同推进，促进我国同沿线国家教育、旅游、学术、艺术等人文交流，使之提高到一个新的水平"。在这一世纪性的系统大工程中，中国教育肩承使命，须以更加主动的姿态推动沿线国家间的教育交流与合作，积极培养人才，适应和引领"一带一路"建设。[①]

其二，政策要求。白鹭认为，"扩大教育开放"在《国家中长期教育改革和发展规划纲要（2010-2020年）》中独立成章，可见国家已经十分重视教育的国际交流与合作；"一带一路"倡议作为进一步提高中国对外开放水平的重大战略构想，也为进一步推进中国高等教育国际化、深化高等教育领域综合改革、提高教育质量提供了重大战略机遇；其立足国际视野，主张跨区域文化交流、人才培养国际化、学术组织国际化、校际合作国际化等新型理念与模式为中国高等教育由单向的"请进来"为主导转变为"请进来"与"走出去"相结合的双向发展提供了巨大机遇，同时也与中国高等教育领域"创建世界一流大学和高水平大学"的奋斗目标紧密契合，为推进中国高等教育国际化进程创造良好的发展机遇。[②]

其三，留学规模。2015年3月18日，教育部公布了《2014年全国来华留学生数据统计》，中国攀升为世界第三大留学生输入国[③]，外国留学人员达377054名，而同年的出国留学人数却超过了41万人；中外学习费用上也不平衡，国内一流大学的来华留学生的最高学费每年一般在4万元人民币以下，但中国赴外留学的学费高的一年超过

---

① 郑刚，刘金生."一带一路"战略中教育交流与合作的困境及对策［J］. 比较教育研究，2016（2）：20-26.

② 白鹭."一带一路"战略引领高等教育国际化的路径探讨［J］. 新西部（理论版），2015（15）：121，125.

③ 蔡清辉. 对接"一带一路"和"自贸区"战略 厦门构建"国际留学文化城"的战略思考［J］. 厦门特区党校学报，2015（4）：66-70.

了4万美元。①

其四，战略推广。"一带一路"成为重要契机，随着"一带一路"倡议的推进，随着中国企业路桥在国外重大工程项目的建设成功，将会吸引越来越多国家的学生来到中国学习土木工程专业，土木工程专业高等教育的留学生必将得到较大发展。②

其五，国际认可。中国社会经济的高速发展得到了诸多国家的认可。例如，中国的经济发展对于正处于转型和变革中的缅甸形成了样板效应，缅甸民众认可中国所取得的经济成就；缅甸政府也意识到本土人才的缺失已成为制约缅甸现在与未来经济发展最重要的因素之一，如何保障入学率、提高教学质量是缅甸高校面临的重要问题，③如此的发展需求也亟须教育的国际化发展。

二、教育国际化的现状及措施

"一带一路"的春风带动教育走向世界，教育国际化的部署也在有条不紊地开展。

其一，人才培养。段从宇、李兴华通过对"一带一路"与云南高等教育发展关系的分析认为，应该走开放型高等教育发展的道路，深化云南—东盟高等教育国际合作，推动国际人才培养模式创新，构建多主体协同的人才培养新机制，从而形成政府、高校、社会在国际化人才培养上资源整合、优势互补和多元联动。④由此可知，人才培养与科技合作是高等教育国际化的核心内容，制定人才培养计划，着力培养国际化人才，制定高层次国际化人才培养计划

---

① 文思君，齐亮亮."一带一路"背景下高等教育服务贸易的发展策略思考［J］.中国商论，2016（7）：123-125.

② 姜旺恒.一带一路战略下土木工程专业高等教育的国际化发展［J］.科技视界，2015（34）：203.

③ 刘静."一带一路"战略背景下推进滇缅教育合作的现状、挑战与前景［J］.印度洋经济体研究，2015（4）：123-139，144.

④ 段从宇，李兴华."一带一路"与云南高等教育发展的战略选择［J］.云南行政学院学报，2014（5）：133-135.

是培养国际化人才的战略组成部分。

其二，政校行动。推动教育国际化应率先开展教育交流与合作，发挥文化桥头堡作用；增强校际合作，扩大教育国际影响力，坚持引进来，扩大来华留学教育；培养适需的境外人才，在"一带一路"沿线国家建立境外大学和教育基地，开展跨境教育，培养一大批适应"一带一路"基础项目建设的高素质技能人才，以产业合作相关布局、项目建设作为合作办学的着力点和方向。段从宇、李兴华在对云南高等教育发展战略的分析中认为，推动国际人才培养模式创新，构建多主体协同的人才培养新机制，形成政府、高校、社会在国际化人才培养上资源整合、优势互补和多元联动；实施国门大学振兴行动计划，政府可考虑统筹建立"云南国门大学国际化人才培养联盟"。[①]

杨小卜在对"一带一路"倡议下的高等教育人才培养进行研究时认为，应继续推广孔子学院；继续推进境外办学，经教育部批准的境外办学有厦门大学马来西亚分校、老挝苏州大学、云南财经大学曼谷商学院和北京语言大学东京学院；目前，"一带一路"沿线国家已有巴基斯坦、哈萨克斯坦、约旦等10多个国家向中国发出境外办学邀请；同时，应持续培养国际人才，探索国际创新合作，建立集人才培养培训、产学研合作和资源战略管理为一体的高水平智库。[②]

其三，战略规划。相关学者提出，教育国际化要加强战略规划研究，立足全球视野，实施"南下、北上、东扩、西进"战略，争夺全球生源。对于教育国际化，郭晓、张斐然认为，第一要加强教育顶层战略部署，第二要加强电影研究工作，第三是人才培养必须

---

① 段从宇，李兴华."一带一路"与云南高等教育发展的战略选择［J］.云南行政学院学报，2014（5）：133-135.

② 杨小卜."一带一路"战略下的高等教育人才培养［J］.科技与企业，2016（1）：170，172.

面向市场，要加强与"一带一路"相适应的人才模式建设。[1]郑刚、刘金生则认为，教育合作需要企业的深度参与，应该调动民间资本积极性，发展教育贸易合作。[2]此外，在法律层面上，相关法律体系初步建立，中国制定颁行了《中外合作办学暂行规定》。21世纪以来，中国同"一带一路"沿线国家的教育交流日益频繁，已基本形成了三套工作机制：决策机制、协调机制、合作机制。

其四，教学规划。姜旺恒在对"一带一路"倡议下土木工程专业高等教育的国际化发展进行研究时认为，在教学规划方面应实行小班制，大土木专业教学改革迫切需要实行小班制教学。[3]这是因为，专业课程的方向多样化给学生的学习带来了较大的难度，唯有因材施教的小班制教学方式才能够充分地适应学生的接受能力；加强教师的国际化水平，教师国际化既包括教师的专业知识水平国际化，又包括教师外语水平的提高；实行留学生教育标准化，包括编制英文版教材、建设一批全英文或双语教学精品课程；实现留学生培养管理国际化，与国际教育管理接轨。

三、教育国际化的困难

中国教育在加速走向世界，与沿线国家合作，国际化进程面临不同层面的压力和困难。

其一，教育国际化竞争。刘静提出，中国的教育国际化面临两项困难，一是发达地区和周边省份的激烈竞争，"一带一路"沿线省份与发达省份相比，教育投入较少；二是欧美等发达国家加强对

---

① 郭晓，张斐然."影花路放"——"一带一路"背景下的电影艺术教育［J］. 艺术教育，2015（7）：6-14.

② 郑刚，刘金生."一带一路"战略中教育交流与合作的困境及对策［J］. 比较教育研究，2016（2）：20-26.

③ 姜旺恒. 一带一路战略下土木工程专业高等教育的国际化发展［J］. 科技视界，2015（34）：203.

亚洲国家的教育援助，构成了外在的国际竞争。[①]

其二，复杂的国际环境。郑刚、刘金生认为，世界多极化、经济全球化、区域经济一体化深入发展，各类全球性问题更加突出，影响人类社会存续发展的不稳定因素剧增，都为教育的国际化发展提供了复杂的国际政治经济环境。[②]

其三，文化体制差异大。郑刚、刘金生认为，民族文化差异及宗教渗透的干扰，民族的多样性、宗教的复杂性以及相伴而生的文化差异性，都给沿线国家间的教育交流与合作带来挑战。[③]

四、教育国际化的意义

教育国际化的前进步伐给中国带来了国际国内的双重影响。对国内而言，一是探索了新的合作模式和渠道，如以国门大学联盟形式开启新的区域合作，将国际化水平提升到新高度；[④]二是提升了国家科技教育软实力。对国际而言，一是开展了应用型教学；二是强化了宣传意识；三是培养了国际化人才。通过文化协同创新、大学联盟、学术交流等路径，紧密结合各自的研究领域和方向，积极参与各个层面的创新合作研究。[⑤]

五、小结

通过对"一带一路"倡议下的教育国际化研究状况整理，我们总体把握当前教育国际化的发展状况。教育国际化重点突出人才培养模式的创新，加强政企合作、促进产学研相结合，大力开展战略

① ④ 刘静."一带一路"战略背景下推进滇缅教育合作的现状、挑战与前景［J］.印度洋经济体研究，2015（4）：123-139，144.

② ③ 郑刚，刘金生."一带一路"战略中教育交流与合作的困境及对策［J］.比较教育研究，2016（2）：20-26.

⑤ 白鹭."一带一路"战略引领高等教育国际化的路径探讨［J］.新西部（理论版），2015（15）：121，125.

规划研究，完善相关制度机制，健全法律体系，同时教育也落在实处，加强专业教学规划，强化教师队伍建设。但是，国际化推进过程中也面临一系列问题：教育国际化在国内和国际的双重竞争、复杂的国际环境、文化体制差异较大等。但还是可以看出教育国际化对中国教育合作模式和创新机制起到的作用，有利于培养国际化人才、发挥宣传作用。

本研究仍存在一定的不足之处，国内研究缺少对教育国际化的分类研究，从而缺失对留学教育及相关政策措施的整理和整体性把握。此外，教育国际化面临的现实问题还需要深入挖掘，如此才能有助于相关部门有针对性地提出对应措施。

第二节 "一带一路"与专业人才培养

"一带一路"倡议中，中国与沿线国家之间的合作密切，其中教育合作处于重要地位；同时，"一带一路"的发展需要新型人才，人才在数量和种类上，处于需求较大的状态。为了顺应"一带一路"倡议实施和沿线国家协调发展的需要，应当加强对"一带一路"建设中人才培养需求的研究。

本节选用"一带一路"倡议以来的相关论文专著，对人才培养市场需要、人才培养问题、人才培养种类、人才培养方案等四方面问题进行探讨，总结"一带一路"沿线国家与相关市场对于人才的需求，同时分析不同人才的培养方案，对"一带一路"相关专业和部门进行指导分析。

一、人才培养市场需要

"一带一路"建设中教育发挥重要作用。根据市场需要，教育需要培养的人才种类繁多。

其一，英语人才。段晓聪提出，随着对外贸易的进一步扩大，商务英语人才需求稳定；国际交流更加深入，英语专业人才需求更加专业化；国际交流更加多元，商务英语人才人文素养要求提高。[①]杨云升认为，在"一带一路"建设过程中，需要一大批高水平的外语人才应对笔译口译、文化交流、问题处理等工作，这是对外语水平的集中检验，任何闪失都可能造成损失，不仅使项目受阻，而且损害中国的国际形象。不仅需要专业外语水平高，还需要高端外语人才。[②]王艺静认为，中国目前外语人才尤其是高端外语人才的储备极为匮乏，大多数缺乏外语语言能力。[③]

不仅在语言上有要求，还需要附加技能。刘曙雄认为，"一带一路"建设中要做到语言文化融通，既要大量培养语言人才，包括专门语言人才和"语言+专业"的复合型人才，也要充分发掘和利用"一带一路"相关国家和民族的历史、文化资源，为民心相连、相通服务。[④]

其二，基建人才。李佳朋、宋佳洁认为，输电线路网、公路网、铁路网、油气管道、跨界桥梁、光缆传输系统等基础设施建设将长足发展，相关受益行业令人关注和期待，相关基建人才也是迫

---

① 段晓聪."一带一路"背景下高职院校商务英语人才培养研究——以广东省职业院校为例［J］.西部素质教育，2015（7）：53，55.

② 杨云升."一带一路"建设与外语人才培养［J］.海南师范大学学报（社会科学），2015（9）：130-134.

③ 王艺静."一带一路"背景下国际化外语人才培养研究［J］.高教学刊，2016（9）：1-3.

④ 刘曙雄.与"一带一路"同行的"非通人才"培养［J］.神州学人，2016（1）：12-13.

切需求。^①蒋斌、胡晗认为，中国高铁一方面应逐步加强硬件建设，不断提升竞争力；另一方面需要紧抓人才队伍建设，争取尽快培养出一批高素质、高水平、与国际化接轨的高铁运营管理人才。^②

此外，胡邦曜、郭健认为，高铁技术人才培养具有较强的紧迫性。"一带一路"建设催生了亚洲基础设施投资银行的诞生和丝路基金的设立，这一融资平台和专项基金的创设为"一带一路"沿途发展中国家基础设施建设解决了最困难的资金问题。很大一部分地处亚欧陆路的发展中国家缺乏高铁建设高精尖的技术和人才储备，缺乏建设、管理与服务的专业技术技能人才，再加上职业教育基础设施比较落后，在一定的时间段内难以培养出高铁建设与管理急需的人才，故应加强基建人才的培养。^③

其三，外贸人才。薛鹏、武戈、邵雅宁认为，2010年以来，中国的对外直接投资（OFDI）开始出现大规模增长，中国正在从对外经济贸易大国向对外经济贸易强国转变；综合素质要求全面提升，不仅需要掌握最新的专业知识，有一定年限的实务操作经验的人才，还需要这些人才持有国家颁发的资格证书，具备市场维系、开发和业务拓展与创业能力。^④邓春、张先琪、李灿认为，经贸关系与产业发展需要跨学科、技术型人才；技术标准差异问题需要高技术、创新型人才；人文交流、人才流动要求人才培养国际化、社会化。^⑤

其四，航运相关人才。杨大刚认为，"一带一路"的建设将影响海工装备、港口航运、期货、银行、互联网金融等盘面的走势，

---

① 李佳朋，宋佳洁. 融入"一带一路"建设，强化实用型电气人才培养［J］. 内江科学，2015（7）：7，15-16.

② 蒋斌，胡晗. 浅析"一带一路"战略体系下高铁人才培养［J］. 人才资源开发，2015（18）：49-50.

③ 胡邦曜，郭健."一带一路"建设背景下高铁技术人才培养探究［J］. 广西教育，2016（7）：76-77.

④ 薛鹏，武戈，邵雅宁."一带一路"背景下国贸专业国际化人才培养模式探析［J］. 对外经贸，2015（12）：143-145.

⑤ 邓春，张先琪，李灿."一带一路"战略下高等学校国际化人才培养模式及路径探析——以海南高校为例［J］. 海南广播电视大学学报，2015（4）：107-111，145.

航运金融人才在"一带一路"的新背景下面临更多的机遇；货币流通将更加频繁和广泛，人民币的兑换和结算活动增多，相应的金融风险日益增大，亟须航运金融人才来应对这些风险和挑战。①

杨宇清认为，从人才培养方向来看，仅仅注重应用型人才培养是不够的，近几年乃至未来10年，航运专业人才随着港口企业发展和造船业的迅速扩大需求量也在增加；同时，港口码头、造船厂对电焊工、吊机工、钳工等专业人才需求旺盛。②专业人才匮乏将严重制约"一带一路"倡议下港口、航运业的快速发展。

其五，财会人才。杨宝、李春华认为，"一带一路"沿线及周边国家亟须掌握社会文化、经济状况、财税法律制度、财务会计准则的"涉外高级复合型财会人才"，该类人才应具备果断的决策能力、制度设计能力、战略执行能力、风险规避能力、价值创造能力等。③孙穗认为，区域发展、战略环境、产业升级都对财经类人才培养有较强的要求。④

其六，综合型人才。文君、蒋先玲认为，"一带一路"倡议对国际化人才的需要不仅仅体现在其语言技能上，更多的是反映在全面、复合型的特点上。⑤安巍认为，人才需求数量激增，俄罗斯以及中亚五国都使用俄语，需要熟悉所学语言国的文化，具有基于国家命运之上的个人就业志向，具有较强的商务综合实践能力的综合型人才。⑥此外，徐胜男、吴法重视青年人才的教育，提出推进"一带

---

① 杨大刚."一带一路"国家战略下航运金融人才培养思考［J］.上海金融，2015（6）：109–110.

② 杨宇清."一带一路"战略下港口船舶机电专业人才培养存在的问题与对策［J］.广西教育，2015（38）：15–17.

③ 杨宝，李春华.服务"一带一路"的高端财会人才培养路径研究［J］.人才资源开发，2015（12）：70–71.

④ 孙穗."一带一路"背景下广西财经类院校人才培养模式改革路径探析［J］.人力资源管理，2016（1）：112–113.

⑤ 文君，蒋先玲.用系统思维创新高校"一带一路"国际化人才培养路径［J］.国际商务（对外经济贸易大学学报），2015（5）：153–160.

⑥ 安巍."一带一路"国家发展战略背景下的商务俄语人才培养模式研究［J］.中国俄语教学，2016（1）：74–76.

一路"建设,青年人才是主力,各个行业无一不需要高等教育提供青年人才支撑。①

二、人才培养问题

"一带一路"倡议的人才培养中,在与相关产业匹配的过程中,人才培养也出现了一系列问题。

其一,人才素质不够。蒋斌、胡晗通过对高铁人才培养的分析认为,高铁人才储备及培养速度不能满足需求量的快速增长,而且高铁从业人员素质及业务水平还不能达到国际化高铁人才的水平和标准。②

其二,教学质量一般。薛鹏、武戈、邵雅宁认为,主导进出口产品特点的应用型国贸人才的培养教学环境相对单一,教学条件相对落后;实践教学效果差;评价体系不科学;不重视跨语言交流能力的培养,不重视相关国情民族文化课程,致使学生跨语言文化交流能力偏弱,难以应对复杂的国际经贸环境。③

安巍在对"一带一路"倡议背景下的商务俄语人才培养进行分析时认为,商务综合实践表面化于专业实习,缺乏对学生树立正确的就业志向的引导,教学质量一般。④

其三,复合人才缺乏。段胜峰、彭丽芳认为单一型人才过剩,复合型人才短缺,行业企业更希望招聘专业技能和外语能力兼备的

① 徐胜男,吴法."一带一路"战略实施中青年人才培养模式的构建研究[J].山东青年政治学院学报,2016(2):60-66.
② 蒋斌,胡晗.浅析"一带一路"战略体系下高铁人才培养[J].人才资源开发,2015(18):49-50.
③ 薛鹏,武戈,邵雅宁."一带一路"背景下国贸专业国际化人才培养模式探析[J].对外经贸,2015(12):143-145.
④ 安巍."一带一路"国家发展战略背景下的商务俄语人才培养模式研究[J].中国俄语教学,2016(1):74-76.

复合型人才。①

其四，人才流失严重。段胜峰、彭丽芳认为，人才流失现象严重，回国人数仅占出国留学总数的47.22%，过半人才流失在外。②徐胜男、吴法认为，国家对人才问题认识不够，顶尖人才流失严重。③

其五，高端人才匮乏。李佳朋、宋佳洁认为，"一带一路"倡议下高素质实用型电气人才缺口较大。④徐胜男，吴法认为，外国通人才奇缺，中高级技术人才缺乏。⑤

其六，人才需求转变。杨宝、李春华认为，"一带一路"倡议要求会计人才从"核算型人才"向"沟通型、管理型、决策型人才"转变。⑥戴雅萍提出，在培养过程中没有与对外工程建设、对外投资管理等的市场需求衔接，现有的人才还是不能满足当前对外工程的需求，应该加强这方面的培养转变。⑦

三、人才培养种类

人才培养需求分类，如表16-1所示。

---

① ② 段胜峰，彭丽芳."一带一路"背景下国际化人才培养路径［J］.长沙理工大学学报（社会科学版），2016（1）：103-107.

③ ⑤ 徐胜男，吴法."一带一路"战略实施中青年人才培养模式的构建研究［J］.山东青年政治学院学报，2016（2）：60-66.

④ 李佳朋，宋佳洁.融入"一带一路"建设，强化实用型电气人才培养［J］.内江科学，2015（7）：7，15-16.

⑥ 杨宝，李春华.服务"一带一路"的高端财会人才培养路径研究［J］.人才资源开发，2015（12）：70-71.

⑦ 戴雅萍.加强对外工程人才培养服务一带一路［J］.建筑，2016（6）：15-16.

表16-1　人才培养需求分类

作者	李佳朋、宋佳洁	文君、蒋先玲	邓春、张先琪、李灿	周谷平、阚阅
人才种类	通、专结合的复合型人才；开拓性的创造型人才；一专多能的应用型人才	国际化资本运作人才；具有创造性的新型国际贸易人才；新型复合型、文化素质高的外向型人才	一是工程建设和经济贸易；二是区域政治和秩序；三是人文交流与合作	创新创业人才；国际组织人才；海外华人华侨人才；非通用语言人才；急需领域专业人才

作者	陈静、张敏、王周红	王艺静	陈相芬	周莹
人才种类	培养厚基础、强能力、高素质、具有创新精神和国际视野的国际化应用型人才	综合能力高的外语人才；创造力强的外语人才；管理能力强的外语人才；专业性强的外语人才	培养国际化人才的机遇；培养复合型人才的机遇	区域性国际型人才；海外留学人才赴孔子学院教学；企业创新型人才；复合型人才

资料来源：根据表中作者的相关著作整理而得。

四、人才培养方案

面对当前"一带一路"倡议的人才市场需求，我们应当制定相应的培养方案，有目标、有方法地培养相应人才。

其一，培养模式。杨宝、李春华认为，"一带一路"倡议下的人才培养应组建"跨学科、开放式"的教学队伍；建立"一带一路"沿线国家财会人才的协同培养机制；建立培养模式设计和总结与完善机制，并不断改进培养模式。①韩蕾、王晓静认为，应以成

---

① 杨宝，李春华. 服务"一带一路"的高端财会人才培养路径研究［J］.人才资源开发，2015（12）：70–71.

果导向教育理论为指导，建立合理可行的评估手段，培养适应社会
发展和"一带一路"建设需求的人才；以任务型教学模式为原则，
课堂教学与课外实践有机结合，调动学生的学习积极性，充分发挥
学生的主体性，促进学生全面发展；应利用地方资源优势，建立实
践基地，多渠道、多途径地开展翻译技能训练和实践，强化学生的
职业意识，提高职业素质，使学生获得全面发展。[①]徐胜男、吴法
关于青年人才培养模式的分析认为，一定要以"一带一路"建设的
需求为导向，以促进"一带一路"建设和深化战略的全面实施为目
标；开启校企联合模式、校校联合模式、出国办学模式、多方联合
模式、人才吸引模式来推动教育国际化。[②]孙穗通过分析认为，人
才培养目标从"功能本位"到"素能本位"发展；人才培养结构从
"卖方市场"向"买方市场"转变；人才培养方案从"学科为本"
向"人才为本"完善。[③]

其二，教学队伍。李佳朋、宋佳洁认为，放眼"一带一路"
建设，确立人才培养目标；顺应"一带一路"建设，完善强化培养
措施，人才要一专多能，课改要精而新，应用是人才培养的根本
目的，师资队伍建设是专业建设的基础工程；融入"一带一路"建
设，紧扣培养关键点。[④]杨秀波、许丹丹认为，加强外语教育，教育
资源的差距源于教师素质；提升英语教育首先要引进高层次人才，
提升教师素质，加强教学队伍建设。[⑤]

其三，课程设置。薛鹏、武戈、邵雅宁认为，在教学理念、目

① 韩蕾，王晓静."一带一路"背景下，陕西以市场为导向的翻译人才培养模式探微 [J].考试周刊，2015，A4：157.
② 徐胜男，吴法."一带一路"战略实施中青年人才培养模式的构建研究 [J].山东青年政治学院学报，2016（2）：60-66.
③ 孙穗."一带一路"背景下广西财经类院校人才培养模式改革路径探析 [J].人力资源管理，2016（1）：112-113.
④ 李佳朋，宋佳洁.融入"一带一路"建设，强化实用型电气人才培养 [J].内江科学，2015（7）：7，15-16.
⑤ 杨秀波，许丹丹."一带一路"视野下广西外语人才培养蓝图 [J].英语广场，2016（4）：79-80.

标和课程设置上，应该兼具特色性与针对性，有针对性地开设"一带一路"沿线国家的小语种课程和相关国情民族文化课程等，以提高学生的语言沟通能力。①杨秀波、许丹丹认为，进行多语种人才的培养，小语种专业教育可增加英语授课量，增加学生英语语境浸润时间，增加对英语的熟悉度，并适当设置一些英语阅读课，尝试从低端加强英语输入，使学生掌握基础语汇；同时尝试外语与专业结合的人才培养模式，课程设置宜多元化。②段胜峰、彭丽芳认为，在人才培养中应重视精神文明教育，学校和政府重视学生民族自信心的培育、重视学生思想道德教育，传承中华传统美德；应加快高校课程改革，打造高水平国际化师资队伍，为适应"一带一路"发展战略对国际化人才的需求，高校应重视跨文化交际课程，重视非外语专业类学生专门用途英语课程的设置，重视外语专业类学生小语种课程和国际规则、国际惯例、国际法律课程的设置并鼓励学生了解其他专业知识。③

其四，校企结合。王文轩认为，国家应建立相关政策与制度，将各大高校与"一带一路"经济沿线上知名的企事业单位联合起来，建立企校合作机制。④

杨大刚通过对"一带一路"倡议新背景下航运金融人才要求的分析，提出了产学研结合基地化培养，认为这是国内外高等学校在人才培养模式上的共同观念。⑤蒋斌、胡晗通过对高铁人才培养的分析认为，应联合高铁运营相关企业，创新高铁人才培育模式；结合

---

① 薛鹏，武戈，邵雅宁．"一带一路"背景下国贸专业国际化人才培养模式探析［J］．对外经贸，2015（12）：143-145.

② 杨秀波，许丹丹．"一带一路"视野下广西外语人才培养蓝图［J］．英语广场，2016（4）：79-80.

③ 段胜峰，彭丽芳．"一带一路"背景下国际化人才培养路径［J］．长沙理工大学学报（社会科学版），2016（1）：103-107.

④ 王文轩．"一带一路"引领下加强外语人才培养的意义和措施初探［J］．内蒙古科技与经济，2015（14）：35-36.

⑤ 杨大刚．"一带一路"国家战略下航运金融人才培养思考［J］．上海金融，2015（6）：109-110.

高铁相关专业，全面推进自主研发，铁路高职院校应联合兄弟院校及铁路相关大型企事业单位、研究所及科研机构，解决技术应用领域迫切需要解决的难题。[①]

安巍认为，在人才培养中应树立校企合作理念，制定适合校企合作的教学计划，建立校企合作的组织机构，签订校企合作协议。[②]戴雅萍认为，教育国际化中的中国对外工程大学可由国家主要部委联合牵头，由对外投资建设的大型央企共同参与建设和管理。[③]

陈相芬（2016）认为，在国际化人才培养中应加强市场调研，调整办学模式，借助协同创新的模式将行业、企业、兄弟学校及科研单位联合起来共同开发专业课程，形成人才"供、产、销"一条龙服务的模式；通过企校协同，多渠道培养师生的能力，企校协同是避免人才培养与市场需求脱节的最好办法；实行企校合作投资，提高实训与实践的教学能力，通过"园中校"的方式将一部分实训内容放到企业中完成，以"校中厂"的方式将企业引入学校，实现紧密合作关系；更新教学模式，优化职业教育评价体系，在优化评估体系上，采用协同评价体系，实现企业、学校、社会的共同评价，围绕共同的人才培养目标，实现多元合作和共谋发展的愿望。[④]

其五，精英教育。杨云升通过对外语人才的培养分析认为，应该选择潜力人才，采用精英式教育，培养外语精英。[⑤]文君、蒋先玲在用系统思维对创新高校"一带一路"国际化人才培养路径进行分

① 蒋斌，胡晗.浅析"一带一路"战略体系下高铁人才培养［J］.人才资源开发，2015（18）：49-50.

② 安巍."一带一路"国家发展战略背景下的商务俄语人才培养模式研究［J］.中国俄语教学，2016（1）：74-76.

③ 戴雅萍.加强对外工程人才培养服务一带一路［J］.建筑，2016（6）：15-16.

④ 陈相芬."一带一路"背景下高职院校协同创新人才培养模式研究［J］.中国职业技术教育，2016（4）：42-45.

⑤ 杨云升."一带一路"建设与外语人才培养［J］.海南师范大学学报（社会科学），2015（9）：130-134.

析时认为，应选拔具有创新潜力的国际化 "苗子" "英才" 而育，招到一流生源是高素质国际化人才培养的最基础工程，强调进行精英式教育。[①]

其六，国际人才。陈静、张敏、王周红在对服务于 "一带一路" 倡议的国际化人才培养进行构想分析时认为，应该确立国际化人才培养目标，提高教师国际化素质，加强多语种教师队伍的建设。[②]

其七，民间热情。邓春、张先琪、李灿在对 "一带一路" 倡议下高等学校国际化人才培养模式及路径进行探析时认为，充分利用地缘优势展开国际教育合作，组建研究团队，以项目为载体，可以提升中国文化软实力；同时，充分利用历史文化基础，激发人才培养国际化民间热情，来加强人才培养。[③]

五、小结

总结现有文献对 "一带一路" 人才培养的分析，可以认识到市场需要英语人才、基建人才、外贸人才、综合性人才、航运人才等。这些人才符合国家战略安排，满足市场需求，可以保障经济的长效发展。但是，在人才培养过程中存在六方面的问题：人才素质不够、教学质量一般、复合人才缺乏、人才流失严重、高端人才匮乏、人才需求转变。这些问题导致人才培养机制还需要进一步完善。针对当前的人才培养模式，相关专家提出了一些培养方案，即建立适应社会发展的培养模式，努力建设完整的师资队伍，开展丰富多样的课程，进行政企合作改革，集中培养精英人才，培养专业

---

① 文君，蒋先玲.用系统思维创新高校 "一带一路" 国际化人才培养路径 [J].国际商务（对外经济贸易大学学报），2015（5）：153–160.

② 陈静，张敏，王周红.服务于 "一带一路" 战略的国际化人才培养构想——以云南师范大学文理学院为例 [J].课程教育研究，2016（2）：1–2.

③ 邓春，张先琪，李灿. "一带一路" 战略下高等学校国际化人才培养模式及路径探析——以海南高校为例 [J].海南广播电视大学学报，2015（4）：107–111，145.

型国际化人才，激发民间合作热情。

本节在对已有理论的总结中，仍发现一些领域需要不断完善和探索。目前，缺少对人才培养机制的深入研究，尤其是对"一带一路"相关人才培养机制的研究。同时，还需要加强研究政府层面对人才培养的作用。

第三节 "一带一路"与职业教育走出去

"一带一路"倡议引导的教育合作，在推动教育走向国际化的过程中，也推动了职业教育走出去。伴随着中国制造业大国的崛起，职业教育也日益成熟，在教育模式和教育成绩上取得了一定的成就。在"一带一路"倡议下，职业教育在沿线国家大有可为，对中国对外企业的发展也大有帮助。职业教育走出去在企业、学校的支持中开始大力推广，但也需要不断总结、学习走出去的经验。

本节主要选择"一带一路"倡议实施以来的相关学术论文，主要围绕职业教育走出去的背景、职业教育走出去的现状、职业教育走出去的措施、职业教育走出去面临的问题与挑战、职业教育走出去的意义等方面，整体理解并把握职业教育走出去，总结相关的经验。

一、职业教育走出去的背景

中国的"一带一路"倡议得到沿线国家的积极响应。职业教育走出去与企业走出去相辅相成，也契合教育国际化、文化输出的要求，职业教育走出去因此存在一定的必要性和可能性。

其一，现有职业教育规模。在国际职业教育规模方面，程宇、刘海认为，共建"一带一路"顺应世界多极化、经济全球化、文化多样化、社会信息化的潮流；当前，中国兴办着世界上最大规模的职业教育，而职业教育则是为制造业和工程建设等产业培养输送技术技能人才的主渠道和主阵地。[1]在国内职业教育规模方面，张健认为，陕西高等职业教育无论从规模、规划、设施、人员、应用覆盖上有资格成为丝绸中陆的 "职教中心"，中陆沿线除北京外的其他主要城市和经济区在上述指标上均无法与陕西比肩。[2]

其二，"一带一路" 产业需求。刘海、荣国丞认为，随着 "一带一路" 倡议的启动，大量基础设施的建设、众多企业的落地、区域性贸易的往来等方面，无一不需要职业教育为之提供大批高素质技能人才的支撑。但是，国际化人才队伍在数量和质量上都无法满足企业海外业务快速拓展的需要，这已经成为制约企业国际业务进一步发展的瓶颈。[3]

邱同保认为，在 "一带一路" 推进过程中，无论是面向国内还是国外，都离不开人才需求，尤其是高技术高技能人才的需求。因此可以判断，职业教育将在 "一带一路" 建设中大有作为、大有发展机遇。职业教育要应对 "一带一路" 倡议，就必须面向国际市场、面向国际通用规则，开展人才培养改革。[4]

其三，职业教育与发展关系密切。龙德毅认为，职业教育是与经济、社会发展联系最为紧密，反应最为灵敏的一类教育，它同经济、社会、文化紧密相连。[5]

程宇认为，《推动共建丝绸之路经济带和21世纪海上丝绸之路的愿景与行动》提出 "一带一路" 合作的重点，就是要实现 "五

① 程宇，刘海. 愿景与行动："一带一路" 战略下的职业教育发展逻辑 [J]. 职业技术教育，2015（30）：11-17.

② 张健. 一带一路战略对陕西高等职业教育发展的启示 [J]. 陕西广播电视大学学报，2015（2）：57-59.

③ 刘海，荣国丞. "一带一路" 战略下职业教育的机遇与挑战——中国职业技术教育学会 "一带一路" 战略与职业教育研讨会综述 [J]. 职业技术教育，2015（30）：18-21.

④ 邱同保. 广西职业教育在服务 "一带一路" 战略中的机遇和作为 [J]. 广西教育，2015（39）：7-8.

⑤ 龙德毅. "一带一路" 触发下的职业教育发展随想 [J]. 天津职业院校联合学报，2015（7）：3-9.

通"，即政策沟通、设施联通、贸易畅通、资金融通和民心相通。作为与经济社会联系最为密切的一种教育类型——职业教育，与"一带一路"建设联系更为密切。[①]

其四，政府政策推出国门。李梦卿、安培认为，政府重视职业教育走出去，还可通过制定政策予以支持。2015年10月，教育部发布《高等职业教育创新发展行动计划（2015-2018年）》，将引进境外优质资源、支持优质产能走出去、配合"一带一路"倡议、扩大与"一带一路"沿线国家职业教育合作、扩大职业教育国际影响力作为持续推进的任务。[②]

二、职业教育走出去的现状

伴随着职业教育的逐年发展，走向国际步伐的加快，职业教育走出去的现状呈现极大特色。

其一，教育结构变化。程宇、刘海认为，改革开放近40年来，中国职业教育快速发展，目前中国职业教育结构已经由中等职业教育为主转化为中等职业教育和高等职业教育并重。以2014年全国职业教育会议为界，经历了以扩大规模为重点的大力发展，进入到了丰富内涵、提升作用的新阶段。[③]

其二，教育理念变化。张健认为，现代高等职业教育强调"云平台制高点"建设，职业云教育突破了传统的先学习、后就业的传统职业教育模式，呈现出边学习、边择业的全新学习与职业景观；强调四边专业群的构想，对人才的需求也必然是四类：建筑类、机械应用类、物业服务类、管理类，高等职业教育必须以上述财富生

---

① 程宇.宁波职业技术学院职业教育援外培训助力国家"一带一路"战略［J］.职业技术教育，2015（26）：1.
② 李梦卿，安培.职业教育耦合"一带一路"战略发展的机遇、挑战与策略［J］.职教论坛，2016（7）：46-51.
③ 程宇，刘海.愿景与行动："一带一路"战略下的职业教育发展逻辑［J］.职业技术教育，2015（30）：11-17.

产及人才需求为前提，构建四边专业群；强调"职业智慧教育"理念，高等职业教育不仅要培养岗位应用人才，而且要培养具有一定职业智慧集成的职业人。①

其三，教育机制变化。龙德毅认为，过剩产能转移和劳动力输出意味着"一带一路"为职业教育就业带来极大利好机会；职业教育的新常态就是主动跟进"一带一路"倡议，抓住新机遇，推向国际市场。坚持实施走出去战略，加强国际交流与合作，完善合作机制，以此促进中国与"一带一路"沿线国家更多元的互联互通；职教院校必须树立与"一带一路"一致的发展思路，努力提升走出去、融进去的能力与水平；建成一批世界一流的职业院校和骨干专业，形成具有国际竞争力的人才培养高地。②程宇通过实例对职业技术教育发展逻辑的分析认为，在"一带一路"建设中，可以以援外培训服务产业发展展示"中国制造"的魅力，宁波职业技术学院迄今共承办了50期援外研修班，1000余名参训学员遍布缅甸、泰国、坦桑尼亚、赞比亚、肯尼亚、埃及等100多个"一带一路"沿线的发展中国家；以援外培训增进价值理解和认同，传播中国文化，学校特别引进对外汉语等相关专业教师，为援外研修班学员特别开设了"中国历史""中国国情""中国人与哲学""中文学习"等课程；以援外培训凝聚发展共识，组建发展中国家职业教育研究机构，学校以开展援外培训为平台，与教育部职业技术教育中心研究所、宁波市教育局，三方合作成立"发展中国家职业教育研究院"，以"中国职业技术教育援外培训基地"项目为基础开展相关工作，反映出教育机制的变化。③

---

① 张健.一带一路战略对陕西高等职业教育发展的启示［J］.陕西广播电视大学学报，2015（2）：57-59.

② 龙德毅."一带一路"触发下的职业教育发展随想［J］.天津职业院校联合学报，2015（7）：3-9.

③ 程宇.宁波职业技术学院职业教育援外培训助力国家"一带一路"战略［J］.职业技术教育，2015（26）：1.

三、职业教育走出去的措施

针对现有的职业教育人才培养方式，为配合"一带一路"需要采用相应的措施推动职业教育走出去。

其一，国际化人才培养。程宇、刘海关于国际化人才培养的观点是，要树立国际眼光。一方面，从政府到学校的决策者和管理者自身要树立面向国际的意识；另一方面，更重要的是要将国际化维度渗透到课程、教学和学习的过程之中，培养学生从事国际交往所必须具备的爱国精神、专业精神和尊重多样性等核心价值观，提升服务能力，加强质量保证。同时，还要开展国际合作，中国优质的职业院校还要利用好各种资源和渠道，加大境外办学力度；加强政府统筹、对外加强政策沟通，是促进"一带一路"职业教育共同发展的重要保障。①

李梦卿、安培也认为，应该树立国际化战略理念，强化具有国际视野的创新人才育成；加强沿线省（市）职业院校内涵建设，提升职业教育供给水准；优化职业院校专业设置，实现职业院校与"一带一路"的联动。《教育部关于深化职业教育教学改革全面提高人才培养质量的若干意见》提出，要紧密对接"一带一路"、京津冀协同发展、长江经济带等国家战略；多方协力多措并举，协同保障职业教育服务"一带一路"倡议的推进，建立"一带一路"人才需求预测数据库，职业教育研究者包括小语种学习者，可加强对"一带一路"沿线国家职业教育发展状况的研究。②

其二，校企联合开展教育。陈桂福认为，职业院校或者培训机构可以与企业进行联合培养，签订各项协议，建立广泛的合作，进

---

① 程宇，刘海. 愿景与行动："一带一路"战略下的职业教育发展逻辑［J］. 职业技术教育，2015（30）：11–17.
② 李梦卿，安培. 职业教育耦合"一带一路"战略发展的机遇、挑战与策略［J］. 职教论坛，2016（7）：46–51.

行个性化定制化培训。[①]

翟帆认为，可以联系校企挽手组建联盟，踏上"一带一路"征程，在中国职业技术教育学会的召集下，铁路、有色金属、路桥、电力、通信等行业的巨头企业汇聚在丝绸之路经济带核心区乌鲁木齐，与数十家职业院校展开交流。[②]

李梦卿、安培提出应该推进职业院校提质增效，职业院校毕业生高就业率与就业质量有待提升的矛盾加剧了职业院校内外部状况的不协调，在实践层面"一带一路"倒逼职业院校不断进行改革，反思学校运营管理过程中存在的问题，认为应该密切加强校企合作，合理设置专业，从而提高人才培养质量。[③]

四、职业教育走出去面临的问题与挑战

职业教育走出去并不是一帆风顺的，面临着前进乏力、外有风险的境地。总体来看，目前推进职业教育走出去存在以下七大问题。

其一，专业人才缺口大。相关专业人才培养能力不足，人才缺口极大。例如，受惠于"一带一路"，到2020年，中国海运人才资源总需求量将超过300万人，但是此类人才紧缺。

其二，沿线生源不足。翟帆认为，生源不足、教学资源利用率不高是职业院校走出去办学面临的主要问题，同时学校建设、设备购置、教师派遣和聘用等方面还存在着诸多不便。[④]

其三，高素质教师薄弱。李梦卿、安培认为，高素质专业化的"双师型"教师队伍是职业院校办学不可缺少的人力支撑，是职业院校助力"一带一路"倡议实施的关键要素，但是目前"一带

① 陈桂福. 浅析中等职业教育如何服务"中国制造2025""一带一路"和企业"走出去"[J]. 职业，2016（6）：20-22.

②④ 翟帆. 企业"走出去"期盼职业院校跟上来——透视"一带一路"战略下职业教育的机遇与挑战[J]. 云南教育（视界综合版），2015（9）：24-25.

③ 李梦卿，安培. 职业教育耦合"一带一路"战略发展的机遇、挑战与策略[J]. 职教论坛，2016（7）：46-51.

一路"沿线部分省（市）职业院校发展基础薄弱，教师整体素质不高，制约着其走出去。①

其四，国际化水平较低。职业教育的国际化水平越高，职业院校参与国际化办学的经验越丰富，越有利于职业院校助力"一带一路"建设。但是目前"一带一路"沿线部分省（市）职业教育国际化水平相对较低。

其五，人才培养流失多。"一带一路"沿线部分省（市）职业院校的社会服务能力有待提升，人才培养流失多，高流失率表明"一带一路"沿线部分的西部地区省份职业教育对人的服务能力明显不足。

其六，走出去经验不足。目前，职业院校总体国际化办学水平不高，中职经费占比甚至低于20世纪90年代中期，高职生经费仅相当于普通本科高校的50%左右，经费的不足也导致了走出去经验不足。

其七，沿线国家风险高。程宇、刘海认为，中国职业教育与沿线国家职业教育合作交流存在着诸多风险。一是在投资准入壁垒等因素的作用下，项目投资活动面临被迫取消的风险；二是项目的收购或投资过程已完成，但仍然存在着项目经营因政治动荡、社会不稳定或市场环境变化而失败的风险。②

五、职业教育走出去的意义

程宇、刘海认为，作为与经济社会联系最为密切的一种教育类型，职业教育与"一带一路"建设联系更为密切，而这一战略的实施也必然深刻地影响职业教育的发展，为职业教育带来前所未有的

---

① 李梦卿，安培. 职业教育耦合"一带一路"战略发展的机遇、挑战与策略［J］. 职教论坛，2016（7）：46-51.

② 程宇，刘海. 愿景与行动："一带一路"战略下的职业教育发展逻辑［J］. 职业技术教育，2015（30）：11-17.

宏大发展空间和难得的历史机遇。它可以激励中国职业教育自信、提升中国职业教育品牌的竞争力、促进中国职业教育吸引力的提升、推动中国职业教育结构转型升级。[①]

六、小结

本节通过对"一带一路"沿线职业教育状况的总体认知，了解到现有职业教育规模较大、"一带一路"产业需求旺盛、职业教育与其他因素关系密切、政府政策助推职业教育走出国门。在上述因素引导下，中国应该加强国际化人才培养、促成校企联合开展教育。伴随着职业教育的外在环境变化以及时代需求的转变，职业教育结构发生了变化，教育理念、教育机制也发生了相应的变化。同时，职业教育在走出去的过程中也面临着多方面问题，专业人才缺口大、沿线生源不足、高素质教师薄弱、国际化水平较低、人才培养流失多、走出去经验不足、沿线国家风险高，这些问题无一不是困扰职业教育工作者走出国门的关键因素。

本节对职业教育走出去问题的分析鞭辟入里，但还需要研究职业教育对沿线国家的切实作用，把握走出去带来的国际效用；同时也需要分析职业教育的具体措施，多方面共同努力，推动职业教育走出国门。

---

① 程宇，刘海. 愿景与行动："一带一路"战略下的职业教育发展逻辑 [J]. 职业技术教育，2015（30）：11–17.

"一带一路"的智库合作

2015年1月，中共中央办公厅和国务院办公厅联合印发了《关于加强中国特色新型智库建设的意见》，旨在形成中国特色新型智库体系。2015年3月，《推动共建丝绸之路经济带和21世纪海上丝绸之路的愿景与行动》正式发布。一大批聚焦"一带一路"建设的智库开始涌现。如何发挥"一带一路"的智库咨政建言、理论创新、舆论引导、公共外交等方面的功能，建设符合中国特色的新型智库，已经成为一个重要的课题和任务。建设"丝绸之路经济带"和"21世纪海上丝绸之路"的核心内容是"五通"：政策沟通、设施联通、贸易畅通、资金融通、民心相通。深化沿线国家智库的交流合作，充分发挥智库的专业研究能力及民间外交的影响力，对促进各国政策沟通、民心相通具有重要意义，也是增进对现代丝绸之路建设"和平合作、开放包容、互学互鉴、互利共赢"理念历史认同的基础和保障。同时，"一带一路"倡议为建设中国特色新型智库体系提供了机会。

目前，已从事"一带一路"研究的智库平台力量日益强大，类型包括政府智库群体、企业智库、高校智库以及民间智库。如国务院发展研究中心作为中国的重要智库，一直在深入开展"一带一路"的相关研究，2014年开始搭建共商共建"一带一路"的高端交流合作平台——"丝路国际论坛"。继2014年在土耳其伊斯坦布尔首次成功举办后，2015年10月28~29日在西班牙马德里举行第二届年会，2016年6月20~21日在波兰华沙举行第三届年会。同时，智库联盟也是"一带一路"研究的重要力量。如由中共中央对外联络部牵头，国务院发展研究中心、中国社会科学院、复旦大学、中国人民大学重阳金融研究院等单位联合发起的"一带一路"智库合作联盟，旨在"搭建平台、解读政策、咨政建言、推动交流"。

目前政府部门以及智库机构较为关注"一带一路"的智库合作问题，学术性文章涉及较少。本章就"一带一路"智库发展与智库合作现状及问题作一个脉络梳理。

第一节 "一带一路"与智库合作的概况与意义

现代智库起源于西方，公共政策智库则以创始于1916年的政治研究所为代表。[①]根据美国宾夕法尼亚大学智库研究项目《2013年全球智库报告》（英文版）可知，2013年全球智库有6826家。从区域上来看，以北美和欧洲地区的智库数量最多，约占全球智库总量的56%。从国家来看，美国智库以1812家位居全球第一，中国以426家次之，英国以287家排名第三。在影响力方面，美国依旧是全球智库领域的领导者。全球十大顶级智库中，美国占有6席，布鲁金斯学会更是连年夺得"全球第一智库"称号。中国大陆地区仅有中国社会科学院、中国国际问题研究院和中国现代国际关系研究院3家智库入围。可以看出，全球智库体系目前仍以欧美智库为主导，欧美智库的影响力和发挥的作用越来越大。中国智库发展起步较晚，并且正处于发展关键时期，我们应该有效吸取欧美智库发展的经验，明确

---

① 张长春.开展智库合作 共谋"一带一路"建设［J］.中国投资，2016，425（4）：1-2.

全球智库的发展方向，确定中国智库在全球智库体系中的定位。

2012年11月，中国共产党的十八大报告提出："坚持科学决策、民主决策、依法决策，健全决策机制和程序，发挥思想库的作用。"2013年4月，习近平首次提出建设"中国特色新型智库"的目标，将智库发展视为国家软实力的重要组成部分，并提升到国家战略的高度。同年11月，中共十八届三中全会提出建设中国特色新型智库，建立健全决策咨询制度。2014年3月，习近平在访问德国时，把智库建设提上了国家外交层面。2015年1月，中共中央办公厅和国务院办公厅联合印发了《关于加强中国特色新型智库建设的意见》。如此，中央的一系列举措体现了中国特色新型智库在未来发展的重要战略地位。

智库不仅具有专业研究能力及对政府和公众影响力方面的优势，而且具有独立、超脱的地位，是政府与公众、政策与学术研究之间的桥梁。[①]因此，智库合作是实现"一带一路"建设互利共赢的重要路径。"一带一路"是国家战略，这决定了智库在政府双边或多边合作中需要发挥决策咨询作用。

国务院发展研究中心副主任隆国强认为，智库可以通过互相交流发挥独特作用，如智库与智库之间交流合作可以分享发展理念、经验，做到互学互鉴；智库有利于各国之间政策沟通，实现政策协调；智库可以培养人才，有利于能力建设。[②]国务院发展研究中心国际合作局局长程国强认为，不仅要充分发挥智库的政策沟通作用，深化智库合作也是时代发展的要求。[③]中国（海南）改革发展研究院院长迟福林认为，智库合作在"一带一路"建设的服务决策、促成多层次政府间宏观政策沟通交流中，在沟通民心、凝聚"一带一路"共识中，在推动区域经济一体化新格局中，在改进全球治理、

---

①③　程国强.深化智库合作共建现代丝绸之路［J］.对外传播，2015，222（3）：13–14.

②　隆国强.扎实推进"一带一路"合作［J］.国家行政学院学报，2016（1）：19–22，29.

完善治理结构中都将发挥独特作用。①"一带一路"倡议及亚投行作为长期的国家战略，将会一直需要中国智库体系强大的智力支撑，并且这一支撑作用将会在国与国、地区与地区、组织与组织及企业与企业之间的博弈中得到大大增强。②

第二节 "一带一路"与智库合作现状及存在的问题

一、"一带一路"的区域智库合作

（一）中阿智库合作建设情况

中国与阿拉伯国家智库论坛为务实推进中阿经贸关系提供了决策参考和理论依据，对中阿间开展高水平研究具有重要现实意义。论坛中，学者们针对中阿智库建设进行讨论并提出建议，讨论重点主要集中在智库定位、研究重点，以及建立合作机制等问题上。中国社会科学院西亚非洲研究所杨光研究员认为，在中阿智库建设方面，一要处理好基础研究与应用研究的关系，二要处理好底学和彼学的关系，三要处理好智库建设中的国际交流问题。③中国社会科学院西亚非洲研究所国际关系研究室王林聪研究员建议，中阿智库应将研究的重点放在"彼此"，探索共同发展的路径；在中阿"一带一路"共建上，围绕双方关切的议题开展智库合作，通过合作研究提出解决问题的方法和途径；加强智库之间的协同与合作，推动建

---

① 迟福林.为社会智库发展提供良好制度环境［J］.理论学习，2015（3）：57.
② 佚名.构建智库支撑，智慧护航"亚投行"［J］.环球市场信息导报，2015，594（16）：28–32，96.
③ 杨光.中阿关系与中阿智库建设［J］.宁夏社会科学，2015（6）：103–105.

立中阿智库联盟等平台和机制。①上海社会科学院西亚北非研究中心王健建议，中阿智库要加强政策沟通、促进文明对话和公共外交。②

（二）中蒙俄智库建设情况

中蒙俄智库建设的关注点主要在以下几个方面：一是更加注重研究的创新性。"一带一路"和中蒙俄经济走廊是创新型的区域合作模式，中蒙俄智库有必要深刻认识这个创新性，完善创新针对区域合作的研究；二是更加注重研究的协同性，中蒙俄智库不仅要实现三国发展战略对接的润滑剂，同时也要积极促成地方政府和企业层面的对接合作；三是要注重研究的开放性，中蒙俄智库建设要站在促进亚欧融合的高度上来作好研究和咨询服务；四是注重研究的整体性。

二、"一带一路"智库发展现状

从定位上来讲，国家发展改革委国土开发与地区经济研究所所长史育龙认为，智库要抓准五方面的定位：一是客观理性，讲好"中国故事"；二是中国智库要不断完善"一带一路"框架；三是求真务实，细化"一带一路"建设实施路径；四是防患未然，加强风险和预警研究；五是融通中外，深化开放型经济体制研究。③内蒙古自治区发展研究中心主任杨臣华认为，智库目前存在导向和媒体走向的问题，需要规范"一带一路"研究导向，避免智库研究方向的偏离。④中央政策研究室秘书长林尚立指出，研究"一带一路"的

---

① 王林聪.智库建设与中阿"一带一路"共建［J］.宁夏社会科学，2015（6）：105-106.

② 王健.中国智库发展与中阿智库合作［J］.宁夏社会科学，2015（6）：106-107.

③ 史育龙.以智库为支撑推进"一带一路"建设［J］.中国发展观察，2016（1）：27-28，39.

④ 杨臣华.在中俄蒙智库合作联盟成立暨首届三方智库国际论坛上的致辞［J］.北方经济，2015（9）：10.

智库应更多地面向企业，在加强海外项目调研的同时，分层次、分内外开展企业海外事业人才培训。①

从智库研究来看，国家发展改革委西部开发司巡视员欧晓理认为，长期以来，中国关注更多的是欧美等发达国家，对于发展中国家研究得还远远不够。②西北政法大学民族宗教研究院院长穆兴天认为，在"一带一路"的研究中应避免"撒胡椒面式"研究，应利用有限资源做自己擅长的事。③零点研究咨询集团董事长袁岳认为，当前研究最迫切要解决的是绝大部分的智库研究和政府决策、企业决策之间存在着严重的信息不对称，智库研究成果的转化率不高等问题。④此外，国内智库研究上主要关注的国内问题，对全球性和国际性问题的关注相对不够，这就导致中国智库在国际上的知名度不高，话语权缺失。⑤

从国内外智库合作研究来看，中国社会科学院亚太与全球战略研究院院长李向阳认为，"一带一路"研究中首先要解决八对关系问题：政府与企业的关系、中央与地方的关系、历史与现实的关系、经济目标与非经济目标的关系、机制合作与非机制合作的关系、利益让渡与利益获取的关系、比较优势与创造新优势的关系、对外开放与国家安全的关系。⑥

智库合作的机制问题是当下讨论的重点，中国人民大学经济学院胡霞教授在分析"一带一路"倡议机遇与西部地区智库面临挑战的基础上，提出西部智库机构人员应更多到"一带一路"国家开展实地调查研究，并注重吸收和培养"一带一路"沿途国家的留学生来帮助解决实地调研过程中的语言等问题，同时要加强相关国家和

①③④⑥ 黄蕊.吸纳全球智慧 助力"一带一路"——"一带一路"智库合作联盟理事会成立大会暨专题研讨会述评［J］.当代世界，2015（5）：35-37.

② 欧晓理.智库担当起构建"以我为主"话语体系的历史重任［J］.留学生，2017（13）：25.

⑤ 王健.中国智库发展与中阿智库合作［J］.宁夏社会科学，2015，193（6）：106-107.

地区的学术交流。[1]史育龙认为，要打通国内智库与国际智库合作通道，促进智库间开展务实合作，形成国际智库与国内政府智库、社会智库和民间智库各有侧重，共同推进"一带一路"倡议研究的格局，为"一带一路"建设持续提供重要的智力支撑。[2]

第三节　关于"一带一路"智库合作的建议

一、研究要以政策为导向

中共中央对外联络部副部长郭业洲认为，关于"一带一路"智库合作首先要坚持政策导向，推动政府决策与智库研究的良性互动，同时推进信息共享，最后加强与国外智库尤其是沿线国家智库的交流，推动政策的沟通。[3]国家发展改革委投资研究所所长张长春也持同样的看法，认为公共政策智库合作还可以促进沿线国家政府间宏观政策的沟通协调，推动相关国家创新发展思路，对接发展战略，提升合作发展效率。[4]

二、建立"一带一路"智库合作网络

"一带一路"智库合作需致力于搭建国际化网络，推动国内和国际智库联合开展研究。2014年12月12日，在土耳其伊斯坦布尔举办"共建'一带一路'：历史启示与时代机遇国际研讨会"，国务

①③　黄蕊.吸纳全球智慧 助力"一带一路"——"一带一路"智库合作联盟理事会成立大会暨专题研讨会述评［J］.当代世界，2015（5）：35-37.
②　史育龙.以智库为支撑推进"一带一路"建设［J］.中国发展观察，2016，（1）：27-28，39.
④　张长春.开展智库合作 共谋"一带一路"建设［J］.中国投资，2016，425（4）：1-2.

院发展研究中心在会上重点讨论了建立"一带一路"智库网络的构想和途径，希望推进智库之间、智库与政府部门、智库与企业等合作的机制化建设，共建"一带一路"智库国际合作网络。程国强认为，构建智库合作网络的思路有四点：一是建立开放型智库网络，统筹利用国内国外智库资源；二是转变和创新智库国际交流合作方式；三是建立常态化智库对话、人员交流与合作研究机制；四是举办"一带一路"国际发展高层论坛。①迟福林认为，应尽快建立合作网络，合作构建"一带一路"沿线国家智库间多层次交流联动机制，合作研究多边双边"一带一路"共建规划和工作机制，为沿线国家多边双边合作提供决策咨询服务，合作研究沿线国家有关"一带一路"建设的重大问题。②史育龙认为，应该搭建有助于国内智库深度参与国家重大战略研究的工作平台。③

三、促进专业型智库的建立

"一带一路"不仅仅是一个空间的概念，它更是建立在历史文化概念影响基础之上的综合影响力。有的学者提议建立文化战略智库，通过文化影响力来淡化地缘政治效应，逐步形成共识与相互信任，达成谅解，更易架构"一带一路"中国全方位的对外开放格局。专业智库的建立可以使得智库就共建领域开展合作研究，正如有学者认为，智库合作可以发挥各自的地理优势和信息优势，实现研究资源上的优势互补，避免对同一问题的重复研究。

---

① 程国强. 深化智库合作 共建现代丝绸之路 [J]. 对外传播, 2015（3）.
② 迟福林. 为社会智库发展提供良好制度环境 [J]. 理论学习, 2015（3）：57.
③ 史育龙. 以智库为支撑推进"一带一路"建设 [J]. 中国发展观察, 2016,（1）：27–28, 39.

四、促进民间智库的发展

共商共建过程中必然涉及双方或多方利益，智库合作研究应该本着不偏不倚的中立态度，统筹考虑各方利益与关切，提供能够平衡各方权益、能够为各方认可的高质量决策咨询意见。[①]在未来的智库体系建设中，要首先理顺政府与智库之间的关系，要大力发展民间智库，努力实现智库格局的多元化，以平衡不同类别智库的力量，建立良性的竞争机构，保证它们能够独立地研究，客观地表达自己的观点。[②]

第四节　总结与评论

通过上文关于"一带一路"智库的研究分析，可以回答以下三个问题。

"一带一路"智库的机制建设如何实现？一方面，发挥智库的平台作用，以研究为桥梁，为政府提供政策建议的同时为企业项目提供咨询，加强政府政策、学术研究与企业项目实施三者对接，实现智库信息交流、规划协调、政策研究、成果上报等机制的运转；另一方面，促进智库优势互补，互利共赢，协调智库机构与其他"一带一路"机构共同运作，同时，注意与其他国际智库机构建立交流机制，以学术合作、人文交流促进民心沟通。

"一带一路"智库合作关键何在？"一带一路"智库合作涉及很多区域合作，会遇到新问题和新情况，研究智库合作更要理清问

---

① 张长春.开展智库合作　共谋"一带一路"建设［J］.中国投资，2016，425（4）：1-2.

② 佚名.构建智库支撑，智慧护航"亚投行"［J］.环球市场信息导报，2015，594（16）：28-32，96.

题所在，明确双方关注重点，明确服务对象，以解决问题为导向而进行学术交流、政策研究和经贸合作。

智库如何做好"一带一路"研究？第一，研究需专业化、务实化，对"一带一路"沿线各国开展全面研究，建立数据支撑，发现问题，并形成以解决实际问题为导向的研究体系；第二，参考国外智库研究模式，提高智库研究水平，借"一带一路"契机，通过智库的国际化网络搭建，与国外智库建立联合研究，全面提高智库发展水准，形成符合自身发展特点的中国特色新型智库的标准和模式；第三，从对政策解读转化为政策建议，从国家政策角度进一步推动"一带一路"的实施。

第十八章

"一带一路"中的人文交流

第一节　人文交流助推"一带一路"建设

建设"一带一路"是以习近平为总书记的党中央提出的重大战略构想，是实现"两个一百年"奋斗目标和中华民族伟大复兴中国梦、协调推进"四个全面"战略布局的重要举措。文化传播与人文交流是实现"一带一路"沿线国家民心相通的基础，是与政策沟通、设施联通、贸易畅通、资金融通"四通"相辅相成的重要软实力。2013年10月，习近平在周边外交工作座谈会上强调，为"巩固和扩大我国同周边国家关系长远发展的社会和民意基础要全方位推进人文交流"。[①]此外，2016年8月17日，习近平在北京出席推进"一带一路"建设工作座谈会，会中再次要求重视人文合作，加强"一带一路"建设学术研究、话语体系建设。[②]同时，"一带一路"文化传播与人文交流的领域、内容及方式具有多样性，并涉及不同的主体、因素，在此战略推进之初亟须立足长远作出战略部署，构

---

① 习近平在周边外交工作座谈会上发表重要讲话. http://news. xinhuanet.com/politics/2013-10/25/c_117878897. htm.2013-10-25.

② 吴秋余.习近平出席推进"一带一路"建设工作座谈会并发表重要讲话［N］.人民日报，2016-08-18.

建相应的机制，采取切实可行的对策与措施。

一、实施"一带一路"倡议需要文化先行

人文交流是建构国家间关系的一项长期的基础性工作，其本身也是"一带一路"发展倡议的主要内容之一。中共十八大报告把人文交流放在更高的战略地位，明确提出扎实推进公共外交和人文交流。在"一带一路"进一步深化合作的大背景下，为了实现各个领域的密切合作，"必须得到沿线各国人民的支持，必须加强人民友好往来，增进相互了解和传统友谊，为开展区域合作奠定坚实民意基础和社会基础"。通过人文先行，争取民心，增强沿线国家的命运共同体意识，夯实双方关系的社会土壤，深入推进"一带一路"建设的务实合作。①

（一）文化先行增强"一带一路"倡议吸引力

"一带一路"是中国提出的倡议，是国际合作公共产品；既面临着全方位开放机遇、周边外交机遇、地区合作机遇，也面临着地缘风险、安全风险、经济风险、法律风险；既要依托现有的体制性合作以及未来可能发展出的新的机制性合作，同时也要依赖和借助众多非机制性的交流传播。这就不仅需要文化软实力、巧实力，而且需要在文化传播与交流中以"尊重差异、包容多样、互鉴共荣"的原则对待人类文化，通过跨文化传播与交流把文化的差异性当作互鉴繁荣的资源，并使之成为政治、经贸、军事、社会等各领域交流与合作的润滑剂、催化剂。"一带一路"文化先行，不仅是对古丝绸之路精神的继承与发扬，更重要的是通过文化交流传播可以增强"一带一路"倡议的吸引力，从而促进各领域的合作共赢、互利共荣。

---

① 孙存良，李宁."一带一路"人文交流：重大意义、实践路径和建构机制［J］．国际援助，2015（2）：14-20.

（二）文化先行助推民心相通工程建设

"一带一路"沿线跨度大、地域广、人口多、文化差异大，多民族、多宗教集聚，政治立场、利益诉求、行为模式都存在差别，这就决定着在"一带一路"倡议实施过程中，与技术、设施、规划等因素相比，思想、认识是最为困难的，最大的挑战来自于民心工程的建设。而实现民心相通，首要而有效的手段就是文化传播与交流合作。文化的涵化、聚化、内化和转化功能，使之对内可以增强国家的凝聚力、向心力，从而汇聚共识、积聚力量，对外可以塑造国家形象，提高我国在国际社会的影响力和亲和力。发挥文化传播与交流合作的向导力、融合力、创造力、想象力、感染力，可以全面反映"一带一路"沿线各国的历史文化、政治现状及利益诉求，从而起到消除偏见、化解歧见、增进共识的效果。可见，各国关系发展既需要经贸合作、基础设施建设等硬支撑，也离不开文化传播的软助力，而且文化传播与交流合作先行可以更好地为政策、贸易、设施、金融等各领域的相通扫除心理障碍，奠定更加坚实的民意基础和社会基础。①

二、构建文化交流机制在"一带一路"建设中的重要性

（一）构建文化交流机制是"一带一路"各国智力资源共享的基本前提

"一带一路"沿线各国均有自身的文化与智力优势，中亚地区在精密机械制造、航空航天技术等方面资源丰富，更在宗教文化、音乐、绘画等方面有极高的造诣。然而，由于国家发展受限、市场需求以及产业结构等多方面的原因，这些先进的文化与科技成果并

---

① 隗斌贤."一带一路"背景下文化传播与交流合作战略及其对策［J］.公共外交季刊，2015（4）：214-219.

没有在广阔的国际社会中发挥出充分的作用。而“一带一路”文化交流机制的构建，能够使各地区的文化潜能得到深入的挖掘，帮助沿线国家打开文化市场，使各国家的智力资源得到国际共享、互通有无，共同推动社会文化的繁荣发展。在“一带一路”文化交流机制的引领下，将东亚至欧洲的广大地区紧密地联结起来，使广阔的文化贸易市场成为“一带一路”发展的国际桥梁，使沿线国家的先进技术在当代为人类社会的发展创造更多的财富。在“一带一路”的作用下，国际的文化合作与技术互通，会使沿线各国的文化遗产重新焕发生机，因此，发展“一带一路”必须要加强文化交流机制的建设，这是“一带一路”得以获取多方智力支持的基本前提。

（二）构建文化交流机制是不同文明交互发展的迫切要求

“一带一路”的战略构想必然无法脱离文化的根基，古丝绸之路不仅是一条商业发展之路，更是一条文明对话之路。例如，中国古代的科学发明以及文化艺术在经由丝绸之路传递到世界之后，对于西方的现代科学发展起到了重要的推动作用，而西方的先进文明传入中国之后也激发了中国社会的无限活力。“一带一路”文化交流机制的构建能够将不同民族文化的‘异质性’转化为民族特色，将‘同质性’进一步升华和优化，更能用开放、包容的文化交流心态，让形态不同、风格各异的文明成果能够通过“一带一路”这一发展平台得到继承和弘扬，使沿线各国的文化底蕴得到丰实和补充，使其拥有吸收、融汇外来文化的机会，从而促进不同文明的交互发展，为“一带一路”的政治与经济发展提供良好的条件。

（三）构建文化交流机制是为“一带一路”争取国际合作基础的必由之路

“一带一路”的发展涉及沿线的数十个国家，它的顺利实现在很大程度上要依赖各国人民的信任与支持，使各国人民因为文化的交融而亲密无间、诚信友爱，这是“一带一路”得以成功的民意保障。文化交流机制的构建是为"一带一路"争取国际合作群众基础的必由之路，民间文化的沟通可以使沿线各国人民产生共同语言，增强文化亲近感。古丝绸之路的历史发展成功地奠定了人们的情感基础，这是当前发展"一带一路"进程中难能可贵的历史财富，而当前这一群众情感基础需要通过文化交流机制的构建加以巩固和扩展。因此，必须要加强文化交流机制的建设，只有如此才可使"一带一路"沿线国家的高层交往更加密切，民间文化交流更加频繁融洽，合作内容更加丰富多彩，从而夯实"一带一路"倡议国家合作的民心基础。

第二节 "一带一路"建设中开展人文交流的挑战与应对

一、构建人文交流机制的挑战

"一带一路"的构想与实践是当前中国经济产业升级和产业转型的客观需要，其能够极大地促进中国大国地位的提升，并进一步加深中国的对外开放程度，使中国社会主义建设事业与改革的成果得到巩固和增强，对中国社会发展的方方面面都将带来极大的机遇。然而由于沿线国家文化的复杂性，仍然会有许多挑战，这些挑战是"一带一路"发展进程中迫切需要解决的问题。

（一）沿线国家文化产业发展基础薄弱，导致文化交流沟通不畅

"一带一路"沿线国家有着各自的国情、社情与民情，各国所处的发展阶段也各不相同，经济发展模式、社会制度、文化基础都存在巨大差异，因此必然有一些国家的文化产业发展存在着基础

设施薄弱的问题，有的国家尽管有文化软件但却缺少文化发展的硬件，如通信系统、交通建设、文化产业园等，还处于起步甚至空白阶段，基础设施的薄弱是阻碍"一带一路"文化交流机制构建的重要因素。对于这些国家而言，健全的文化产业体系的建成还需要一定的时间，虽然中国已做好了文化交流与互动的充分准备，却要面临友国文化产业发展基础设施不足的客观现实，硬件条件的匮乏已经成为"一带一路"进程中中国与沿线国家深化合作的薄弱环节。尤其是中亚、东南亚地区在基础设施建设方面的进一步加强，致使后续的政治、经济以及文化的交流出现短板，使各国资源的开发遭遇瓶颈。此外，"一带一路"沿线各国的国家法律以及文化产业发展政策存在不兼容的问题，"一带一路"兴起的时间较短，许多沿线国家还没有对此作出反应，在政策与法规方面还缺少针对"一带一路"发展的具体细则，大量基础矛盾亟待解决。因此，"一带一路"的发展首先面临的是合作国家基础设施薄弱的现实挑战。

（二）沿线国家间互信体系根基不牢，导致文化交流范围受限

信任是合作的基础，而合作是发展的前提，发展"一带一路"首先需要各国之间诚信体系的支撑，只有各国相互扶持、相互信任、相互负责，才能够使"一带一路"的战略决策获得成功。"一带一路"沿线地区的地缘政治环境十分复杂敏感，各个国家的利益交织、安全风险以及不同宗教文化并存，加之各地区经济发展的失衡、国家间信任度不足等问题，使"一带一路"文化交流机制的构建面临着国家间互信体系根基不牢的挑战。目前，"一带一路"沿线的中亚、东南亚、南亚、中东以及西亚、北非等地区，在宗教、法律、体制、文化、风俗等多方面存在极大的差异，各个国家都有固守的原则与底线，另外由于地缘环境和社会形势的复杂，各国间互信体系的建立仍然困难重重，这意味着在"一带一路"的发展道路上必然要途经大国角逐、区域局势紧张、极端恐怖主义活动以及

国际犯罪高发的高风险地带，在此种环境下建立文化交流机制将会受到多种因素的干扰和威胁。而中国作为一个迅速崛起的东方大国，沿线国家必然会对中国的大国势力有所忌惮，中国在文化交流过程中的话语斟酌需更加谨慎，一旦因误会致使沿线国家为自保而拒绝合作，那么"一带一路"便存在夭折的风险；另外，"一带一路"沿线上的一些国家内部存在着民族冲突、政府权力对峙等多种问题，这些问题又将牵扯到国际上的其他利益国，国内环境的动荡以及背后利益关系的复杂致使社会群众的安全感匮乏，这必然会导致民众在参与"一带一路"文化交流时持保守态度，这些不信任因素的存在在一定程度上限制了"一带一路"文化交流的发展。

（三）中国对外文化输出缺乏健全的发展与管理机制

当前中国正在积极提升国家的文化软实力，相比于西方发达国家，中国在文化产业的发展上起步较晚，还缺少成熟的对外文化输出发展与管理机制。尽管中国的文化投资已经遍及世界多个国家和区域，国内的文化市场也潜力巨大，但是在文化对外输出和投资方面还缺少理性、科学的行业制度、指导与经验。近几年来，中国的文化输出得到了一定程度的发展，探索国际文化市场的步伐开始加快，国内的发达地区已经建立了文化产业园，内容涵盖音乐、动漫、艺术设计、舞蹈、表演等多个方面，更有以传统文化为主题的中国风文化发展机构正在中国的文化舞台上崭露头角。但是目前来看，中国的文化产业发展仍然乱象丛生，缺乏规范的体系，文化输出方面还缺少高质量的成熟的产品，而"一带一路"构想的提出时间较短，中国的文化产业还没有针对"一带一路"的特色与需求制定具有针对性的文化输出营销和发展策略，相关法律法规、信用评价以及风险管理办法还不完善，还缺少健全的对海外投资和海外资本的保护体系。此外，中国的文化产业发展在审批方面屡遭困难，这主要是源于相关制度的错综复杂以及工作流程的烦冗拖沓，再加之国际沟通不力、政府支持不足等问题，使中国的文化企业在国际市场的发展中频频受阻，这为"一带一路"文化交流机制的构建制造了一定的障碍。

（四）中国缺少与"一带一路"沿线各国深化交流的共同文化

建设"一带一路"文化交流机制需要合适的切入点，这意味着需要拿出与沿线国家共同的、能够产生文化和精神共鸣的交流内容。从文化独立角度而言，不同的国家与民族都有着自身的文化特色，因此在跨文化交流的过程中会碰撞出无限的文化火花，衍生出更多丰富多彩的文化现象。但是，在发展"一带一路"文化交流的初期，我们仍然需要找寻一个稳定、成熟的文化交流切入点。由于各国在语言、文化、社会环境、价值观念等方面的巨大差异，因此在寻求文化交流机会的过程中不可避免地会产生分歧，两个民族之间的认知框架如果不能更好地吻合，就无法实现文化信息的互传，而缺少了共同文化的根基，必然会使不同民族和文化背景的受众产生困惑，由此产生的文化空缺也必将成为"一带一路"发展的瓶颈。目前，中国与"一带一路"沿线国家的地域差异、文化差异以及思维差异巨大，加之历史渊源与审美情趣大相径庭，因此要想寻求沿线各国共同的文化内容根基并非易事。构建"一带一路"文化交流机制，必须要找到文化共同点，在不同文化体系的异质文化中探索各国文化的交叉地带，如宗教文化、古丝绸之路的商道文化等。①

当前，伊斯兰教、印度教和佛教的信仰人群主要聚居在"一带一路"沿线国家及地区，由宗教分歧、教派矛盾、民族纷争、部落冲突等诱发的人文风险日益增多。中国应重视实施"一带一路"与亚非战略合作中的宗教人文风险，在命运共同体意识构建中进一步发挥宗教认同的特殊作用，在人文交流合作中进一步发掘宗教资源的比较优势，在人文交流机制的创新性建设中进一步完善宗教对

---

① 郑士鹏."一带一路"建设中文化交流机制的构建［J］. 学术交流，2015（12）：112-117.

话机制等，力争使宗教因素在丝路亚非战略合作中成为助力而非阻力，借以提高中国的全球治理能力。[①]

二、构建人文交流机制的战略构想

（一）助力沿线国家文化基础设施建设

由于"一带一路"沿线的部分国家在文化产业发展方面相对闭塞和保守，与文化发展相关的基础设施相对薄弱，中国要想推进"一带一路"的顺利发展，就必须要与这部分国家共同提高、共同进步。这就必须要弘扬国际精神，帮助沿线国家建立具有自身特色并具有时代文化产业特征的新型文化产业园，与中国的文化产业加强贸易对接，形成点对点的文化交流与互助产业基地，这对于丝绸之路精神的延续、中华文明重回国际而言有着高度的现实意义与战略价值。

文化产业的发展与其他新兴产业相同，都需要一定的基础设施和财政资金的扶持，同时还需要构建文化产业发展与交流的积极互动与良性循环机制，这是"一带一路"文化交流机制构建的关键之所在。为此，我们需要将文化产业发展过程中所积累的经验、教训以及成熟模式传递给"一带一路"沿线急需发展文化事业的国家，同时提供必要的财力、物力以及人力、智力的支持，切实帮助沿线国家实现文化与经济发展的同步，使中国的文化产业发展能够在帮助沿线国家文化产业园的建设中获得更加宝贵的经验。此外，还需要通过多种国际援助组织深入到"一带一路"沿线需要帮扶的国家和地区，要在国际国内广泛募集志愿团队和社会资金，发挥个人捐助、团体捐助以及名人效应的力量，为"一带一路"沿线国家基础设施的发展提供货真价实的帮助。同时也应认识到，在发展"一

[①] 马丽蓉."一带一路"与亚非战略合作中的"宗教因素" [J]. 热点透视，2015（4）：4-20.

带一路"进程中，要想突破重重阻碍，仅依靠对外输血性的援助是远远不够的，还应积极扩大双边经贸联系的范围，拓宽在贸易、投资、债券、基础设施建设等领域的经贸合作。只有实现了多角度的深入发展与合作，才能真正让包括中国在内的"一带一路"沿线国家在这一伟大进程中真正获益，这是"一带一路"发展有力克服现实挑战的立身之本。

(二) 树立友好大国形象，争取国家互信

尽管中国始终在国际交流与发展中坚持和平与友爱，然而中国的大国事实是客观存在的，为了消除合作国家的疑虑和担忧，建立国家间的宝贵信任，中国需要在发展文化交流机制的过程中积极地转变话语体系，形成全新的话语风格，在文化交流机制构建时必须要在话语体系中加入带有"一带一路"特色的柔性因素，要改变以往大国的权威形象，避免对于中华民族多种优势的过分、夸大宣传，要虚心、潜心向"一带一路"沿线国家学习，在各国宝贵的文化积淀中获得新的文化发展启示。在文化交流的过程中，要在"一带一路"最初的构想基础上，更多地考虑沿线各国受众的认知基础与思维逻辑，从而建立一个平衡、完整、科学的文化交流话语体系，营造国际合作的良好话语环境。作为一个崛起中的大国，中国在拥有了更高的国际地位的同时，也承担了更艰巨的国际责任，中国需要转变大国话语塑造良好的形象，用更亲切的姿态去践行大国责任。中国的文化包罗万象，有着丰富的亟待挖掘的话语题材，有着适应和兼顾国际受众审美习惯的文化创意作风，更有衔接中外文化交流的独特文明，中国需要依托文化优势，降低沿线国家民众对于中国大国形象的顾虑，从而激活民族文化的创造力，顺利推进"一带一路"文化交流机制的建设。

（三）建设国内文化产业，健全文化输出发展机制

第一，要重点加强中国文化产业的多元化发展，出台有利于文化输出的扶持政策，加强文化产业的财政投入，重点打造一批具有中国文化特色与时代特征并迎合市场需求的新型文化产业园，全力配合国家的对外文化交流活动，将"中法文化年""中俄文化年"以及汉语桥等文化交流模式的先进经验运用到发展"一带一路"沿线国家的文化交流之中，广泛建立"一带一路"中国文化域外基地，如孔子学院、景德镇陶瓷研究所与敦煌研究院等，其中要重点发挥孔子学院在"一带一路"建设过程中的交流作用。第二，加强文化贸易往来，依托国内文化贸易基地以及自贸区文化开放平台等，全面建立"一带一路"的文化交流新模式，重点鼓励中国境内具有特色民族文化的新疆、青海、贵州等具有浓郁民族风格的文化省份加强与沿线国家的交流，同时借助中国发达城市如北京、上海以及珠三角地区的文化产业园优势，加强创意型文化产品与服务的输出，鼓励国有龙头文化企业提高跨国经营管理和贸易能力，吸纳广泛的民间力量投入到"一带一路"的发展之中。第三，要开辟丝绸之路的特色旅游路线，建立完整的旅游产业链条，不仅要发展丝绸之路经典旅游线路，同时还要带动红色旅游、生态旅游等新型项目的发展，使"一带一路"沿线国家的经典文化经由旅游路线实现全面的融合，提升各国人民相互的了解，增进民众情感。第四，要根据沿线国家各自的文化特点与优势，加强影视、音乐、绘画、武术、设计、舞蹈、陶艺等文化的交流与合作，以青年群体为核心，加强各国青年的互动，在中国各地开展动漫节、游戏展、交换学习、"创客"交流活动时，广泛邀请沿线国家的青年积极参与，使各国青年相互学习、取长补短。此外，还要鼓励社会组织、各类文化集团主动承担文化交流项目，争取留学生、华人华侨的纽带力量，增进各国之间的情感交流，要更多地联合沿线国家的力量拍摄紧扣各地区风土民情的影视作品，使各国人民都能够在文化作品中

感受到文化交融的魅力，从而通过文化交流进一步扩大"一带一路"的影响。①

三、构建文化交流与传播机制的具体路径

（一）加快文化传播与交流合作基础设施及产业发展平台建设

要在对"一带一路"沿线国家文化基础设施建设进行调查、研究与整合的基础上，推动相关技术标准对接和示范性规则的制订，加快文化传播与交流合作基础设施，特别是互联网的互联互通，以文化创新、投融资和交易平台为核心，推动创意研发、投融资与市场交易、遗产保护与利用、贸易与资源配送等文化传播服务平台建设，为促进沿线国家间文化传播与交流合作的深入开展提供基础支撑。同时要根据合作交流国家的文化资源特性，在资本聚合过程中构建不同价值形态的文化产业合作发展平台。

（二）丰富文化传播与交流合作的内涵与形式

"一带一路"文化传播与交流合作的精髓在于发掘、弘扬和传播好面向未来的丝路文明，为此要把握好复兴、包容、创新三部曲，除文艺展演、新闻出版、影视交流、文物博物等传统文化领域交流外，还要拓展教育、科技、旅游、医药医疗、公益慈善、学术往来、知识产权保护和网络安全等人文传播与交流合作新领域，深化传播与交流合作的内容，搭建新的传播与交流合作平台，创新传播与交流合作的形式。不仅要深度挖掘沿线各国的人文资源、弘扬人文传统，而且要围绕全球共融时代和人类文明发展的潮流，另辟蹊径，开创新局面，特别是要把文化传播与交流合作作为传播而非传统的宣传来创新内容与形式，从而在平等的基于普遍符码的双向

---

① 郑士鹏."一带一路"建设中文化交流机制的构建［J］. 学术交流，2015（12）：112-117.

互动中制造同心，构筑民心工程的文化基础。

（三）推进文化传播与交流合作品牌建设与创新

打造并形成富有特色又形式多样的跨文化精品是文化传播与交流合作的重要载体，关键是要以产品为轴心创新技术、创新业态、创新资源，实现传播与交流合作内容与渠道的有机统一。为此，中国要在请进来、走出去中培育品牌文化传播与交流合作产品和富有内涵、形式多样的文化论坛、展览、演出、贸易等活动。同时还要注重利用网络等新媒体手段，通过影视、图书、音乐、动漫、网游、文博等业态传承"一带一路"历史渊源、文化精神，让中国的文化伴随产品共同走向世界。①

（四）加强顶层设计和战略部署，推动政府间文化交流与合作

发挥地方政府作用，对地区的文化交流资源进行深度挖掘，并围绕丝绸之路历史上的人文事件进行资源整理，举办"丝绸之路文化联展"，加深彼此国家民众对古代双方文化交流的全面了解。要深化地方政府同沿线国家、地区文化互访和交流，举办文化活动，发展文化贸易，实现文化资源互通共享。除了相关部门的协调机制、高层磋商机制构建的组织平台，还要充分发挥中国驻外使领馆、海外中国文化交流传播机构以及双边或多边合作机构的作用，并抓紧推动沿线国家中国文化传播交流中的建设。要加快面向"一带一路"人文交流传播的相关领域与专业的人才培养，加强文物、文博等对外软文化援助人才的储备与交流，加大熟悉国际组织、国际惯例、适应国际文化交流传播竞争需要的外向型文化人才的引进力度，为具体实施文化传播与交流合作提供智力支持。还要加强网络与传播人才的培养与引进，以适应互联网带来的人文交流

---

① 陶斌贤. "一带一路"背景下文化传播与交流合作战略及其对策［J］. 公共外交季刊，2015（4）：214-219.

机遇与挑战。^①

（五）加强民间人文外交，发挥华侨领导作用

民间人文交流传播不仅是公共外交的重要组成部分，也是推动"一带一路"倡议实施不可或缺的重要力量。要把公众作为民间人文交流传播受体的同时，更广泛地依托社会组织、科研机构、高校和企业，以及一切有机会、有能力从事对外交往与对话的机构、个人，包括利用议会、政党、宗教的平台，以更加开阔的视野、更加多元的形式开展更加广泛多样的民间人文交流与传播。

在"一带一路"建设过程中，华侨华人是一股不可忽视的力量。例如，国务院侨办可在博鳌亚洲论坛框架内举办"华商和华人智库圆桌会议""世界华侨华人工商业高端峰会"；也可以利用好诸如在印度尼西亚举行的"世界华商大会"等现有平台，通过各种场合和方式将"一带一路"宣传开来、推介出去。将华侨华人作为"一带一路"文化交流传播的桥梁和纽带，或直接参与其中，不仅可以极大地淡化国家色彩，有效地减少或规避政治性障碍，而且因为他们了解熟悉住在国的语言、宗教、法律、习俗等，又有助于减少或消除住在国对中国企业和文化走出去的不安和恐惧，有助于中华文化更加顺利地融入国际规则之中。中国要加强海内外中华文化传播与交流合作人才队伍的建设，通过凝聚侨心、汇集侨智、维护侨益，更好地发挥侨商、侨社、侨校、侨媒在文化传播与交流合作中的独特作用。^②

---

① 尚虎平编著."一带一路"关键词［C］.北京：北京大学出版社，2015.
② 隗斌贤."一带一路"背景下文化传播与交流合作战略及其对策［J］.公共外交季刊，2015（4）：214–219.

第三节 "一带一路"推进中的文化产业发展与合作

文化自信是一个国家、一个民族对自身文化价值的充分肯定，是对自身文化生命力的坚定信念。当今世界，西方国家凭借强大的经济、政治、军事、传媒实力，掌控着国际话语权，以普世价值为旗号输出西方价值观念，以影视作品和信息网络为载体推广西方生活方式，形成了西方的文化霸权。它冲击着以中国为代表的发展中国家传统文化的传承，动摇着意识形态的稳固，损伤文化自信，威胁文化安全。我们要促进文化产业的有序健康发展，积极实现全球化和文化产业的协调发展，利用文化例外原则，采取措施保护民族文化产业。[①]

一、文化产业在"一带一路"推进中的战略功能

(一)凝聚软实力，驱动全方位对外开放

优先发展文化产业，促进对外文化经贸活动，借助价值观念、习俗传统和行为准则的软实力，在制度的边际上发生作用，形成有利于"一带一路"建设的文化共识，有助于将沿线国家的过去、现在和未来联结起来，化解不同民族和区域之间的差异。通过文化交流、贸易和投资，增强周边国家对中国的稳定预期，建立各国对"一带一路"建设的文化认同，找到共同的利益需求和发展机遇，最大限度降低中国构建全方位对外开放格局的代价和成本。

文化产业具有展示国家文化形象、拉动经济增长、增强文化软实力等多重功能。在"一带一路"建设中促进文化产业发展，加强文化服务和文化产品的对外输出，有助于推动民族文化的传承、

---

① 赵磊.一带一路：中国的文明型崛起［M］.北京：中信出版社，2015.

传播和创新，促进中华文化的再全球化，增强中国对周边国家的政治、经济和民心影响力，进而提升中国在国际事务中的话语权。①

（二）扩大文化出口，改善对外贸易结构

文化贸易的基础是文化资源禀赋和比较优势，文化产品和产业最大的特性就是具有经济和文化双重属性，同时实现经济诉求和文化诉求，是文化贸易战略的终极目标。在国家战略设计中，从经济属性上应关注贸易总量和比重；从文化属性上要关注核心文化产品的竞争力。在企业层面上，从经济属性上应关注文化贸易对企业发展的利益，如解决规模性发展和消费者差异之间的矛盾；从文化属性上应关注文化附加值和国家文化政策导向等问题。虽然中国的文化贸易近几年规模不断扩大，但是总体上依然没有形成与美国、日本、韩国等文化产业大国的竞争实力。② "一带一路"是中国扩大对外经贸的新型战略通道。过去较长时期以来，中国依赖低要素成本和资源环境耗损，以输出低附加值物质产品形成外贸优势。而内蕴中华文明、民族价值和行为模式的文化产品和知识产权输出则长期处于劣势。虽然中国已经成为全球对外投资的大国之一，对外文化贸易的规模不断扩大，但文化进出口占对外贸易总额的比重较低，且长期处于贸易逆差格局。"一带一路"沿线文化资源富集，文化消费市场广阔。促进文化产业发展，活跃文化经贸活动，不仅有利于拓展"一带一路"沿线国家和地区之间经贸合作的广度和深度，而且有利于扩大中国对外文化投资，改善对外贸易结构，提升外向型文化企业的国际竞争力，形成对外文化贸易新优势，在更大范围、更广领域和更高层次上参与国际分工。

---

① 尹宏."一带一路"文化产业发展研究［J］.中华文化论坛，2015（8）：138-142.

② 金巍.梅花与牡丹："一带一路"背景下的中国文化战略［M］.北京：中信出版社，2016.

（三）优化发展动力，扩大开放型经济

"一带一路"倡议中的"丝绸之路经济带"在中国境内主要涉及西部地区部分省（市、自治区），包括古代丝绸之路沿线的陕西省、甘肃省、青海省、宁夏回族自治区、新疆维吾尔自治区、内蒙古自治区、重庆市、四川省、云南省。在"一带一路"建设中，这些地区凭借独特的地缘优势，源远流长的历史文化，丰富的民族文化资源，将成为中国对外开放和文化发展的前沿地带和热点区域，也是西部走向外部世界的重要通道和桥梁。相对于东部地区，西部地区总体上国际化水平不高，外向型经济发展缓慢，急需开拓对外开放和经济发展的新平台。西部地区文化输出是推动中国文化走出去战略的重要组成部分，优先发展文化产业，加强与"一带一路"沿线国家的文化交流和经贸往来，有助于整合西部地区文化资源，增强吸引国际投资的竞争力，扩大文化消费，优化发展动力，带动西部地区开放型经济发展。

二、"一带一路"建设中文化产业合作的障碍

"一带一路"沿线多数国家的现代化进程还比较缓慢，服务经济发展相对滞后，文化基础设施薄弱，文化消费需求不足，文化管理体制和文化多样性等方面存在较大差异，加之中国境内沿线地区文化产业发展的整体水平不高，文化产业发展还面临着诸多障碍。

（一）结构同质化导致竞争大于合作

沿线国家多数是发展中国家，经济发展水平相近，依托文化资源优势发展劳动密集型产业，有助于解决就业问题，成为各国文化产业发展的主要方向。因此，中国与沿线各国文化产业结构的同质化程度较高，文化旅游、民族工艺品、歌舞演艺等劳动密集型和资源密集型行业的优势相对突出，创意设计、数字媒体等技术密集型

和创意密集型行业的竞争力较弱，文化产品输出多，版权输出少。文化经贸以低成本、低价格获取竞争优势，而在技术标准的先进性、产品品质层次等方面竞争力较弱。如果中国与沿线国家不能错位竞争、突出差异、取长补短，则可能出现市场争夺，既不利于中国文化产业有序发展，更不利于沿线国家文化产业的互利共赢。

（二）体制差异影响文化产业合作效率

"一带一路"沿线国家社会制度不同，文化管理体制差异较大，文化产业发展存在组织效率较低、决策机制落后、投资机制不健全等弊端，使得沿线国家之间文化产业合作以及中国对外开拓文化市场面临诸多限制，对外文化投资和贸易存在许多困难。如中亚各国的法律制度不够完善，存在非关税壁垒、投资壁垒、人力资源壁垒、政府强权干预市场等一系列问题，对外开放制度和管理体制不能满足市场的要求。又如俄罗斯文化管理采取行政干预机制，文化产业是俄罗斯传统的拨款行业，国家级文化机构很大程度上依赖国家预算拨款，文化产业管理模式陈旧，政府与文化企业的沟通协调不畅，文化市场发育缓慢。再如印度文化产业在管理体制上按传统行业划分，各自为政，且对中国的投资、外汇管理、自然人流动等均采取了限制措施，直接影响文化产业合作效率。

（三）文化产业发展的软硬件支撑不足

沿线各国基础设施、产业发展水平相对落后，是文化产业发展面临的共性问题。由于资金投入不足，中亚地区文化基础设施建设较为滞后，如文化旅游服务设施的标准化、国际化程度低，服务能力和水平较低，文化贸易和文化投资梯度转移的成本较高，不利于文化生产要素的流动。同时，中国西部地区文化产业竞争力不强，人才缺乏，技术和管理较为落后，文化资源开发效率不高，文化经济开放度低，文化产业对外合作模式单一，参与行业不多，尚未凭借地缘优势占据与"一带一路"沿线国家文化产业合作的主要份额。

(四)沿线政治局势不稳和语言交流不畅

"一带一路"沿线一些地区政治经济局势还不稳定,文化产业合作还面临一定风险。中国社科院《中亚国家发展报告(2013)》认为,2012年中亚地区形势总体稳定,但仍然发生了一系列安全事件,影响当地的投资环境。美俄对中亚地区的争夺,以及中亚国家内部长期积聚下来的宗教、民族矛盾和内部斗争,给"一带一路"的文化产业合作制造了大量不稳定因素。沿线各国分属印欧语系、汉藏语系、南亚语系等不同的语系语族,语言的多样性在一定程度上对文化交流造成阻滞。中国与沿线地区的交流,需要通过英语作为中间语言,再翻译为汉语的间接途径,直接交流的困难在一定程度上影响沿线各国的文化交流和信息传递。

(五)中国西部地区文化产业竞争力不强

文化产业竞争力总体上与地区经济发展具有一定同步性。"丝绸之路经济带"在中国境内沿线地区,人均消费水平和科技发展水平相对落后,文化产业的投入产出效率低。一方面,文化产业的微观生产效率低。与东部和中部地区相比,西部地区技术进步对文化产业发展的贡献较低,丰富的文化资源并未得到充分利用。另一方面,文化产业对产业结构的优化作用不明显。文化产业还处于相对封闭的自我发展状态,融入区域经济的程度不深,对创新性要素流动的促进作用较弱,所获得的资源重新配置效率低。[1]

---

[1] 尹宏. "一带一路"文化产业发展研究 [J]. 中华文化论坛, 2015(8): 138–142.

三、文化产业在 "一带一路" 建设中的发展策略

(一) 深化沿线国家和地区人文交流,加强文化植入

文化交流的重要内容是通过开放型区域合作,在行为、制度、价值观层面传播中国文化。文化交流的深化可从文化援助、人才交流、城市合作三个层面展开。首先,借助地缘优势,加强对周边欠发达国家的教育、卫生等文化援助。积极开展 "一带一路" 沿线国家的教育交流与合作,加快推动沿线地区孔子学院的建设,拓展多元化教育国际交流平台。其次,完善中国西部沿线地区参与 "一带一路" 建设的人才支撑机制,加强对文化产业合作急需人才的引进和培养,如小语种人才、国际化文化经贸人才、文化科技人才等,给予政策倾斜。再次,推动中国西部沿线地区与 "一带一路" 沿线国家的友好城市建设,搭建城市人文交流平台。充分利用 "欧亚经济论坛"、"中国—亚欧博览会"、"孟中印缅经济合作论坛" 等现有的合作机制和平台,在 "一带一路" 沿线国家举办 "中国文化周" 活动,派遣和鼓励文化团体对外交流演出,开展不同主题的文化展览,加强民间艺术交流。①

(二) 探索建立文化产业合作机制,强化制度保障

当前,丝绸之路沿线地区对发展丝绸之路文化产业热情很高,纷纷从局部视野出发制定发展规划。这些规划从某个地区来看,无可厚非,但从全局来看,地区特色和区域合作体现不够充分,竞争讲得多、合作讲得少。因此,从实践来看,至少应在西部陆上丝绸之路沿线地区、南方陆上丝绸之路沿线地区和海上丝绸之路沿线地区等三大丝绸之路文化产业带形成区域合作机制。②

---

① 尹宏. "一带一路" 文化产业发展研究 [J]. 中华文化论坛, 2015 (8): 138-142.
② 曹伟. 丝绸之路文化产业战略规划需探讨的几个问题 [J]. 浙江工商大学学报, 2015 (3): 113-115.

与此同时,建立跨国、跨区域文化产业合作机制,形成有效的制度安排,降低合作的交易成本,是推动"一带一路"文化产业发展的重要制度保障。首先,要建立沿线国家文化产业合作的国际协调机制,包括信息传递机制和利益协调机制。建立"一带一路"文化经贸合作数据库,及时传递各国文化发展规划、文化基础设施、文化产业项目建设信息,加强各国政府间文化产业发展方向的对接与耦合。结合沿线国家参与文化产业合作的意愿和条件,建立多边文化融资平台,推进区域内文化贸易互联互通和投资便利化,消除贸易壁垒,降低文化贸易和投资成本。其次,要建立国内沿线地区文化产业跨区域协调机制,包括统筹协调机制和企业联合机制。由国家文化职能部门牵头,建立国内沿线省市参与"一带一路"文化产业合作协调机制。将国内沿线地区视为一个整体,对参与"一带一路"的文化产业合作活动进行统筹,形成互联互通、优势互补、整体联动、利益共享对外合作格局。建立国内西部沿线地区文化企业联合机制,通过品牌合作、资源合作、服务合作,搭建联合采购、技术研发、信息系统、人力资源开发等平台,共同开拓中亚、南亚、俄罗斯和中东欧文化市场。

(三)积极发展外向型文化产业,实现优势互补

在"一带一路"建设中,中国文化产业发展应突出产业结构互补性强、产品相互需求空间大的特点,找准文化产业合作的战略指向,积极发展外向型文化产业。在发展重点上,中国西部地区与中亚、南亚多数国家,文化产业优势主要集中在资源性行业和劳动密集型行业,如文化旅游业、工艺品等,处于文化产业价值链的低端;俄罗斯、印度的文化产业优势集中在技术密集和创意密集型行业,如出版业、影视业、表演艺术和文化创意等,知识含量和创意含量较高。可通过文化资源主题开发、文化创意产品的相互输出,扩大文化消费市场,带动中国文化产业整体水平的提升。

在战略指向上,发挥中国西部沿线地区在地缘格局、发展潜

力等方面的比较优势，确定差异化的目标指向。新疆、内蒙古、云南等西北、西南沿边省份及自治区可利用有利区位条件，加强与俄罗斯、中亚、南亚国家及地区的文化旅游合作，深化孟中印缅旅游圈建设，拓展新兴文化旅游市场；甘肃、宁夏、青海等省区发挥古丝绸之路历史文化和民族资源密集的优势，加强与中亚各国、俄罗斯在歌舞、演艺、工艺品等领域合作，打造丝绸之路民族文化产业园，提高国际知名度和认知度；陕西、四川、重庆等省市可利用良好的文化创意产业基础，加强与印度、俄罗斯、白俄罗斯、乌克兰等国家的版权进出口合作，在出版物、音像视听产品、文艺演出、动漫游戏等领域，扩大对外文化出口，缩小版权贸易逆差。

（四）布局对外文化经贸合作区，突出集聚带动

首先，依托边境经济合作区，与周边国家合作共建文化经贸市场。与中国边境接壤的周边国家开展合作，依托中国西北地区塔城、伊宁、博乐、吉木乃4个边境经济合作区，西南地区东兴、凭祥、河口、瑞丽、畹町、临沧6个边境经济合作区，共建"一带一路"文化经贸合作区，扩大视听、表演艺术、创意服务等领域经贸合作，培育边境对外文化市场。其次，依托中国境内沿线地区国际化程度较高的节点城市和重点经济区，规划建立国家对外文化贸易基地，形成内陆地区对外文化贸易企业集聚中心，国际文化产品展览展示及仓储物流服务中心、国际文化商品交易服务中心，构建基于数字技术的版权贸易平台和机制。以文化产品和版权贸易为重点，开展出版、传媒、视听、表演艺术，以及动漫游戏、创意设计、新媒体等领域的经贸往来，合作销售音像制品、拍摄影视剧、开发动漫游戏等具有原创知识产权的文化产品，促进中国版权输出在质和量上的突破。

（五）加大对沿线国家对外文化投资，注重整体提升

准确定位"一带一路"沿线对外文化投资的重点领域，制定

符合当地民众文化消费习俗、消费习惯的影响策略，注重"一带一路"沿线文化产业水平的整体提升。首先，开拓境外文化市场。鼓励文化企业从事对外文化贸易业务，推动国内文化资本和中华文化品牌走出去；鼓励国内文化企业通过新设、收购、合作等方式，在沿线国家开展文化领域投资合作，扩大境外优质文化资产规模。其次，加大资金支持和技术输出。沿线国家正处于文化产业上升期，文化基础设施投资需求旺盛，依托亚洲基础设施投资银行，为中国文化企业参与"一带一路"沿线国家重要城市文化基础设施共建提供投融资支持；引导企业参与中亚、南亚等地区文化旅游、影视、设计等文化产业项目，探索文化产业合作园和境外文化经贸合作区等载体建设，鼓励国内文化企业集群式走出去；支持国内企业借助电子商务等新型交易模式拓展国际业务，拓展"一带一路"文化出口平台和渠道。再次，加强文化投资的政策引导。收集整理沿线各国文化投资需求，制定"一带一路"文化产业投资项目指南，有重点、有步骤地引导国内企业对外文化投资活动；不断完善和优化境外文化投资的相关政策法规，引导和鼓励沿线国家对中国西部地区的文化投资。①

---

① 尹宏."一带一路"文化产业发展研究［J］.中华文化论坛，2015（8）：138–142.

第三编

区域一体化

第十九章

"一带一路"与欧亚经济联盟热点问题综述

第一节 "丝绸之路经济带"与欧亚经济联盟的比较分析

"丝绸之路经济带"与"欧亚经济联盟"作为一种地区经济合作倡议和地区一体化的组织，都是欧亚跨地区发展的方式，都以发展经济、提高民生、内外联通、互联互通为主要内容。欧亚联盟体现了俄罗斯的南向发展，方向大体是自北向南，丝路经济带体现了中国的西向进取，发展的方向是由东向西。两者都包括亚欧中心地带——中亚和俄罗斯。建立自由贸易区是欧亚联盟的基础，同时也是丝路经济带的目标。两者都有历史和现实基础，具有陆权思维；两者分别是中、俄的国家大战略，有利于促进亚欧合作和南南合作；两者都受到交通基础设施、三股势力的掣肘，以及乌克兰危机的负面影响；美国均不支持；两者发展都任重而道远。

两者也有不同之处。从机制上看，欧亚联盟是一体化机构，具有国际机制的特点，而丝路经济带不是实体，是具有一定灵活性的软机制，其实质上是便利化，没有机制保障，所以具有一定的脆弱性、不确定性。因此，欧亚联盟工作的深度、难度比较大，丝路经济带工作的广度、容量比较大。从内容的性质来看，欧亚联盟有经济政治内容，经济一体化到一定程度就可能形成政治联盟，丝路经济带则主要是经济内容，不突出"政治带"。从两者的目标来看，欧亚联盟是经济力量和政治力量的整合和扩大，是以欧洲联盟为标准，以寻求世界经济政治重心一极为目标，因而与欧洲联盟有竞争关系；而丝路经济带致力于经济总量的扩大和质量的提升，以TPP和TTIP为参照，是欧亚经济合作的平台，因而与TPP有竞争影响力的一面。[①]

中国提出加快"丝绸之路经济带"沿线地区自贸区建设战略，俄罗斯提出欧亚经济联盟对所有邻国开放的发展战略，二者之间的博弈是客观存在的，然而这种博弈是多层次博弈、重复博弈、正和博弈。但是两个战略目标一致，合作可以大于竞争，机遇可以大于挑战。中俄从宏观的国际战略协作，到具体的地区战略对接，是两者有望并能够成功合作的基础。[②]

第二节 "一带一路"为欧亚经济联盟注入新内涵

一、欧亚经济联盟内部松散，一体化动力不足

从制度转型和重构的角度考察，欧亚一体化进程的快速推进与主导国俄罗斯的大力推动直接关联，但这种强制性的、快速的制度

---

① ［哈］康·瑟拉耶什金. 丝绸之路经济带构想及其对中亚的影响［J］. 俄罗斯东欧中亚研究，2015（4）：13-24. 俄罗斯在欧亚经济联盟框架内，没有将精力用于增强地区经济实力、现代化和建设现代化的交通运输线上，而是向欧亚经济联盟成员国及潜在成员国推介其欧亚项目的优势及加强其政治分量的必要性以及在俄罗斯的"特殊利益区""挤压"地缘政治竞争对手。中国只是在外围搞投资和现代化的交通基础设施建设，不仅不向当地政府提出任何政治条件，而且中国关注中亚国家现行制度和公认游戏规则的稳定性问题。

② 李兴. "丝绸之路经济带"与欧亚经济联盟：比较分析与关系前景［J］. 中国高校社会科学，2015（6）：64-72.

变迁并未带来预期的效果，没有产生预期的贸易创造和贸易转移效应，反而表现出先天不足。迄今欧亚经济联盟内部仍然是松散和脆弱的一体化，主要原因是：俄罗斯在推进一体化时操之过急，难免形式与内容不符；作为主导国，俄罗斯经济能力不足，能够提供的经济投入有限；俄罗斯在多个领域市场规范并未真正确立起来；各成员国经历苏联解体后20多年的转型与发展，不仅经济实力提升，且不同程度参与了该地区的次区域合作安排，谈判要价能力大大提高，对俄罗斯的经济依赖变弱。①

从发展阶段看，欧亚经济联盟成员国经济水平存在着明显差距。按照钱纳里多国模型评判标准，2014年俄罗斯和哈萨克斯坦处于发达经济初级阶段，白俄罗斯处于工业化高级阶段，亚美尼亚处于工业化中级阶段，而吉尔吉斯斯坦尚处于初级产品生产阶段。吉尔吉斯斯坦和亚美尼亚早于1998年和2003年加入世贸组织，属于典型的主动开放性小型经济体，俄罗斯和哈萨克斯坦于2012年和2015年才加入世贸组织，属于被动开放性大型经济体，而白俄罗斯囿于现实经济条件制约，入世之路尚无准确时间表。②由此可见，欧亚经济联盟内部经济实力不平衡，各成员国在一体化进程中受益不均。

从经济的互补性和利益诉求来看，独联体国家基本上没有找到在经济一体化中自己所处产业价值链的地位和环节，在经济一体化中没有清楚的发展定位和产业竞争优势。③成员国要素禀赋相似、产业结构同质化现象突出，这导致在关税同盟内部，成员国之间实际相互无法提供所需要的产品和市场。现阶段，俄罗斯及其欧亚经济联盟主要伙伴国的一体化进程主要建立在能源基础上，这表明它们

① 李建民.欧亚经济联盟：理想与现实 [J].欧亚经济，2015（3）：1-4.
② 金瑞庭.加快推动 "一带一路" 战略与欧亚经济联盟对接 [J].宏观经济管理，2016（3）：41-43、54.
③ 黄孟芳，卢山冰，余淑秀.以 "欧亚经济联盟" 为标志的独联体经济一体化发展及对 "一带一路" 建设的启示 [J].人文杂志，2015（1）：36-44.

之间的相互贸易潜力已近枯竭。①与此同时，成员国均采取鼓励出口并吸引外商投资的增长模式促进经济发展，在争夺国际市场份额和提升区域竞争力方面存在着明显竞争，这对一体化显然不利。

二、欧亚经济联盟外部环境恶化，为合作再添变数

乌克兰危机、亚努科维奇总统被推翻、俄罗斯规避国际法收回克里米亚、西方对俄实施制裁，以及乌克兰东部冲突升级为有俄罗斯参与的混战，这一切都极大地改变了联盟内部的经济现实和政治关系。不仅如此，受西方经济制裁和国际油价下跌的影响，2014年年底，俄罗斯卢布大幅贬值、通胀高企、资金外逃加速，俄经济衰退态势明显。欧亚经济联盟外部局势动荡，重创了俄主导的欧亚一体化，为合作再添变数。②

首先，俄软硬实力严重下滑。俄目前的经济困境不仅影响其对欧亚经济联盟的持续投入能力，也影响到其他独联体国家的货币和经济发展。如果俄经济形势长期得不到改观，独联体国家的向心力将会下降，欧亚经济联盟建设势必受到影响。其次，欧亚经济联盟成员国不愿深度一体化。在政治上，克里米亚入俄使独联体国家对俄更为警惕，白、哈等国作为新独立国家，在参与独联体一体化进程中，对国家主权独立问题极为敏感；在经济上，俄对西方实施反制裁后，身为关税同盟成员的哈、白两国也拒绝跟进。再次，乌克兰脱俄入欧重创欧亚经济联盟。乌克兰的"西去"对俄罗斯和欧亚经济联盟来说均是重大损失。③在乌克兰问题短期内难以出现转机的情况下，来自美欧的压力也会对独联体国家的政策决策产生影响，从而增加了欧亚经济联盟发展的压力，减弱了其他原苏联成员

---

① ［俄］A. A. 古辛. 欧亚经济联盟：理想与现实［J］. 徐向梅译. 欧亚经济，2015（3）：1-62.

② 陈玉荣. 欧亚经济联盟：理想与现实［J］. 欧亚经济，2015（3）：14-18.

③ 李东. 欧亚经济联盟：理想与现实［J］. 欧亚经济，2015（3）：36-40.

加入的愿望。[①]

三、"一带一路"为欧亚经济联盟注入新内涵

(一) "一带一路"框架下,产业产能可互补

如果能够将"一带一路"与欧亚联盟形成有效对接,必然将有效增强欧亚联盟成员国资源配置和产业配合的能力,促进各方在经贸合作中实现更好的互补。尽管当前欧亚经济联盟已经覆盖了原苏联重要的加盟共和国,但毕竟还有很多国家未覆盖,在资源保障、生产技术和人力支持等方面并不完整。相比而言,"一带一路"涉及国家众多,产业更为多元,更容易找到合作的机会,中国制造业的对外投资有助于大幅提升"一带一路"沿线国家制造业的发展水平。同样,欧亚经济联盟国家在能源资源产业、重工业、某些高科技领域等方面优势明显,市场容量和影响力不容忽视。如果能够将"一带一路"与欧亚经济联盟形成有效的对接,将必然有效增强欧亚经济联盟成员国资源配置和产业配合的能力,促进各方在经贸合作中实现更好的互补。[②]"一带一路"恰好成为国内产能过剩企业"走出去"战略与中亚国家"引进来"战略实现对接的纽带,中国可以利用积累的外汇储备作为拉动中亚地区乃至全球增长的资本,同时通过资本输出带动消化过剩产能。[③]

(二) "一带一路"框架下,能源合作可互补

在能源领域,欧亚一体化进展并不如意。俄、哈都是能源指向型经济,油气出口是国家GDP的重要来源,相似的发展模式导致两

---

①② 周密.欧亚经济联盟,"一带一路"的重要节点 [J].世界知识,2015(4):54-56.

③ 黄孟芳,卢山冰,余淑秀.以"欧亚经济联盟"为标志的独联体经济一体化发展及对"一带一路"建设的启示 [J].人文杂志,2015(1):36-44.

国在国际能源市场上存在一定的竞争关系，这种竞争关系反过来又影响两国的一体化战略。而在丝路经济带上，则明显并存三个世界上最丰富的产油区——中东、中亚、西伯利亚，以及世界上主要能源消费和进口大国及地区，如中国、欧盟、印度等等，这就存在着极大的合作互利空间。

（三）"一带一路"框架下，资金可保障

中方建议创办注册资本为1000亿美元的亚洲基础设施投资银行和400亿美元的丝绸之路基金，对"一带一路"倡议的实施具有支撑作用。[①]中国为"一带一路"设计了总共900多个项目，涉及资金8900多亿美元。同时，在融资方面，中国有丝路基金、亚洲基础设施投资银行、上合组织开发银行、金砖国家新开发银行等。在资金方面显然中国比俄罗斯充足，可以提供一定的保障。

近来，俄罗斯卢布、哈萨克斯坦坚戈、中国人民币不同程度地贬值，从反面为欧亚经济、金融领域的协调与合作提供了必要性和增长点。[②]在俄看来，参与亚洲基础设施投资银行将会进一步推动中俄在多边领域的金融合作，亚洲基础设施投资银行不仅能够对俄的实体经济进行投资，而且能够成为俄中在国际金融体系中加强合作的平台，为其提供资金保障。[③]

（四）"一带一路"框架下，基础设施建设可完善

习近平在《关于丝绸之路经济带建设与欧亚经济联盟建设对接合作的联合声明》中指出，在物流、交通基础设施、多式联运等领域加强互联互通，实施基础设施共同开发项目，以扩大并优化区域

---

① ［哈］康·瑟拉耶什金. 丝绸之路经济带构想及其对中亚的影响［J］. 俄罗斯东欧中亚研究，2015（4）：13–24.

② 李兴. "丝绸之路经济带"与欧亚经济联盟：比较分析与关系前景［J］. 中国高校社会科学，2015（6）：64–72.

③ 祖立超. 俄罗斯对21世纪海上丝绸之路的战略认知与政策选择［J］. 太平洋学报，2015（11）：64–72.

生产网络。丝绸之路经济带沿线国家本身对基础设施项目就很感兴趣。中国主要控股参与建设的交通基础设施以及对区域内国家经济而言重要的项目,其数量正在扩大,区域内国家从中国的贷款量也在增加,[①]可以预期基础设施建设有希望得到完善。

(五) 面向 "一带一路",可缓解西方压力

俄罗斯 "转向东方" 战略,目前关注与中国的经济合作。一方面,将俄中经济合作作为化解美欧制裁的重要手段;另一方面,着眼于世界经济中心东移的趋势,将深化俄中经济合作作为充实两国战略关系的主要途径,[②]从而缓解西方压力。

第三节　中国与欧亚经济联盟合作的重点领域

一、能源合作

(一) 深化中俄能源战略合作

要发挥中俄能源合作的龙头作用,充分落实已有协议,继续扩大贸易规模,加强能源互联互通建设,深入开展能源技术合作,协调中俄能源资源上中下游产业合作和中俄能源价格的分歧。[③]能源产业涉及上游的勘探开发、中游的运输、下游的炼化与销售等高附加值产业,能源贸易只是国际能源合作中较为初级的阶段。通过向俄

---

① 　[哈] 康·瑟拉耶什金. 丝绸之路经济带构想及其对中亚的影响 [J]. 俄罗斯东欧中亚研究,2015 (4):13-24.

② 　祖立超. 俄罗斯对21世纪海上丝绸之路的战略认知与政策选择 [J]. 太平洋学报,2015 (11):64-72.

③ 　石泽,金立群,林毅夫等. "一带一路" 中的大国合作 [M]. 北京:中国文史出版社,2015.

方开放一定量的下游产业，中国实际上为俄方留出了更多的高产业附加值空间，将双方利益捆绑在一起。而上游合作对于中国获得长期、稳定、价格合理的能源供给非常有益。上下游产业链的深入合作将大大提升中俄能源合作水平。①

（二）深化与欧亚经济联盟成员国的能源合作

中国与欧亚经济联盟成员国要尽快建立上海合作组织能源俱乐部，统筹推进成员国能源上下游项目合作，并着力将其打造成新时期成员国能源对话交流的重要平台。深化与成员国传统能源合作，打造更多标志性合作项目。同时，积极推进太阳能、核能和风能等清洁能源合作，实现符合国别发展特征且多元化能源解决方案。②

二、基础设施互联互通

俄罗斯的专家学者高度评价基础设施互联互通对"一带一路"与欧亚经济联盟对接的意义。俄罗斯工商会物流委员会主席杜纳耶夫指出，加强"一带一路"与欧亚经济联盟对接，首先应推进物流建设，打造物流合作平台，发展合作，消除障碍，保证俄罗斯和中国运输物流公司在欧亚经济空间与丝绸之路经济带中的竞争优势。莫斯科大学经济系著名经济理论学家尤吉娜教授从理论上探讨了"一带一路"与欧亚经济联盟的对接，她认为构建欧亚经济联盟和丝绸之路经济带的统一经济空间，其目的是建设欧亚空间的走廊，建设交通运输干线，其中包括高铁、物流和旅游中心，并在欧亚经济联盟和丝绸之路经济带的经济空间内，在完善金融外汇环境的条

①　杨晨曦. "一带一路"区域能源合作中的大国因素及应对策略［J］. 新视野，2014（4）：124–128.

②　金瑞庭. 加快推动"一带一路"战略与欧亚经济联盟对接［J］. 宏观经济管理，2016（3）：41–43，54.

件下，从总体上使生产多元化。^①

欧亚经济联盟其他成员国也都希望借助丝绸之路经济带建设实现区域基础设施互联互通，改善经济发展环境。哈萨克斯坦总统纳扎尔巴耶夫提出的"光明之路"计划，其基本思路与丝绸之路经济带倡议几乎不谋而合。吉尔吉斯斯坦在2015年5月份完成了加入欧亚经济联盟的全部手续，但是依然希望分享丝路经济带的发展成果。吉国家战略研究院院长苏尔丹诺夫曾经在有关国际会议上就相关国家参与丝绸之路经济带建设提出建议，其中包括建立"中国—蒙古—俄罗斯"与"中国—中亚—西亚"两条经济合作走廊，主要合作方向包括实施增进互信措施、编制国际法律框架，推动公私合营，提高集装箱运输与商品供应链的安全性，保障护照及其他跨境证件的可靠性等。他同时建议，推动区域交通走廊建设，挖掘中亚的联通潜力。如吉尔吉斯斯坦作为中国与欧洲交通走廊的中转站，应充分发挥其地理位置优势，通过吉尔吉斯斯坦连接中国与乌兹别克斯坦、塔吉克斯坦、哈萨克斯坦和阿富汗等。^②道路联通是跨境经贸和人员流动的硬件基础，在尊重成员国安全关切和国家主权的基础上，中国与欧亚经济联盟成员国要重点实施基础设施共同开发项目，并加快建立统一的运输协调体系，促进通关、换装和多式联运无缝衔接，尽快建成便利化程度高、通关速度快和物流成本低的国际大通道。^③未来重点发展的关键项目包括中俄高速铁路、哈萨克斯坦经欧亚大陆桥到东端出海、油气管道和工业园项目。^④

① 刘波."一带一路"与欧亚经济联盟对接暨第二届中俄经济合作高层智库研讨会纪实［J］.西伯利亚研究，2015，42（5）：94-95.

② 李永全.和而不同：丝绸之路经济带与欧亚经济联盟［J］.俄罗斯东欧中亚研究，2015（4）：1-6，95.

③ 金瑞庭.加快推动"一带一路"战略与欧亚经济联盟对接［J］.宏观经济管理，2016（3）：41-43，54.

④ 周密."一带一路"与欧亚经济联盟合作空间巨大［J］.中国经济周刊，2015（18）：22-24.

三、金融合作

习近平在《关于丝绸之路经济带建设与欧亚经济联盟建设对接合作的联合声明》中指出，要通过丝路基金、亚投行、上合组织银联体等金融机构加强金融合作。推动区域和全球多边合作，以实现和谐发展，扩大国际贸易，在全球贸易和投资管理方面形成并推广符合时代要求的有效规则与实践。具体层面上，中国与欧亚经济联盟成员国要在不断完善金融基础设施基础上，着力深化与成员国信贷、保险和融资等领域的合作，并逐步扩大人民币直接结算规模，积极发展人民币离岸市场，尽快与境内金融市场形成良性互动。相应地，破除合作制度障碍，加快设立上合组织开发银行，为与成员国经贸合作提供新的结算平台和融资保障。①

四、产业园区及跨境经济合作区合作

习近平在《关于丝绸之路经济带建设与欧亚经济联盟建设对接合作的联合声明》中指出，促进相互投资便利化和产能合作，实施大型投资合作项目，共同打造产业园区和跨境经济合作区。有学者认为，跨境经济合作区与产业园区将成为丝绸之路经济带与欧亚经济联盟对接的主要平台。这可以推动与成员国关联产业和上下游行业融合发展，促进生产要素的高效流动和商品市场的跨境深度融合。有学者提议，可以将中白工业园（中国—白俄罗斯工业园）作为优先推进方向，并以基础设施、工业、电力三大类项目为导向，着力将其打造成"一带一路"沿线上的国与国合作新典范。②

---

① ②　金瑞庭. 加快推动"一带一路"战略与欧亚经济联盟对接［J］. 宏观经济管理，2016（3）：41–43，54.

五、中俄海洋合作

加强海洋战略合作能够成为充实中俄战略协作伙伴关系的重要途径，加强海洋合作可分担美施加的地缘战略压力。俄加强与中国在海上丝绸之路框架下的海洋合作，对俄而言有以下好处：第一，中俄加强合作可以扩大俄在太平洋海洋地缘战略格局中的影响，巩固俄在太平洋地区的海洋权益，维护俄开发和利用太平洋海洋资源的权利；第二，将俄北方航线与中国海上丝绸之路进行对接，此举既能够避免两国海洋运输的竞争，降低俄对中国进入北冰洋的戒心，减轻中国对俄参与南海能源开发的疑虑，又能相互借助对方的影响，保障俄在太平洋以及中国在北冰洋的战略利益；第三，中国海上丝绸之路建设的重点是基础设施建设，俄远东地区的扎鲁比诺等港口需要进行现代化改造，海上丝绸之路项目可以为俄提供资金，这些合作又能激活中俄朝三方的图们江合作计划，使中国珲春口岸、俄罗斯远东地区以及朝鲜半岛共同构成"东北亚海上丝绸之路"的前沿。[①]

对中国来讲，俄的参与能够从外部促进"一路"与"一带"统筹推进。国内有学者认为，海上丝绸之路的关键在海陆统筹。而俄参与海上丝绸之路恰恰能够促进"一带一路"的外部统筹。第一，俄同时参与"一带一路"能使俄成为陆路与海上丝绸之路的战略枢纽，使"一带一路"形成更有力的向外扩展势头；第二，在"一带一路"落实的过程中，中国需要在立足于陆路经济发展的基础上，积极开发海洋、开拓新的增长极，也需要海洋在能源供给、贸易通道、生存空间等方面提供有力的支持。[②]

---

① 祖立超. 俄罗斯对21世纪海上丝绸之路的战略认知与政策选择［J］. 太平洋学报，2015（11）：64–72.

② 左风荣. 俄罗斯海洋战略初探［J］. 外交评论，2012（5）：138.

六、其他方面的合作

首先，中国可推进与欧亚经济联盟成员国的产能合作。成员国正处于基础设施升级改造和工业体系完善优化的关键时期，对于机械、建材、钢铁和水泥等需求较大，而中国正拥有成员国所需的优质产能和生产能力，特别是在装备制造、工业设计、工程管理以及技术标准等方面有明显优势，未来推进与成员国产能合作潜力巨大。[1]其次，大型水资源和生态项目问题也有助于扩大欧亚经济联盟和丝绸之路经济带之间的合作。中国、俄罗斯和中亚国家都认为有必要在这些领域开展合作，生态领域是最有可能建立科技合作机制和在生产中应用科技成果的合作领域。[2]此外，农业合作也是重点领域。巴兰尼科娃说，多边合作项目可能成为真正的基础，以便于在"丝绸之路经济带"框架内形成支撑性的农业生产中心、物流节点和交通干线，确保成员国粮食安全。[3]欧亚经济联盟国家具有丰富的土地资源和深厚的农业发展潜力。农业将成为欧亚经济联盟开展域外合作的重要领域，可以积极开展与欧亚经济联盟在农产品贸易、农业产业化开发、粮食运输、农机销售等领域的深度合作。[4]

---

[1] 金瑞庭. 加快推动"一带一路"战略与欧亚经济联盟对接 [J]. 宏观经济管理，2016（3）：41-43，54.

[2] ［哈］康·瑟拉耶什金. 丝绸之路经济带构想及其对中亚的影响 [J]. 俄罗斯东欧中亚研究，2015（4）：13-24.

[3] ［俄］巴兰尼科娃，邹秀. 东部丝绸之路经济带与中俄合作前景 [J]. 西伯利亚研究，2015（5）：13-15.

[4] 周密. "一带一路"与欧亚经济联盟合作空间巨大 [J]. 中国经济周刊，2015（18）：22-24.

第四节　中俄区域经济合作战略对接的障碍

一、物质上的显性障碍

哈萨克斯坦学者认为，丝绸之路经济带的构想本身就是欧亚一体化战略的竞争者，因此最大的问题是如何在既不与俄罗斯产生矛盾又不损害中俄关系的前提下建设丝绸之路经济带。中国必须就势力范围的划分与所有有利害关系的国家达成协议，且首先要同依旧将中亚视为其特殊利益区的俄罗斯达成一致。①而且欧亚经济联盟成员国要素禀赋相似、产业结构同质化，导致在经济发展时会出现相似的问题。所以，分析中俄区域经济合作战略对接，就要从中俄两国和中国与欧亚经济联盟成员国两方面入手，两者可以互为对照。

（一）中俄经济合作层次低

从贸易结构看，目前中俄两国属于典型的互补型贸易，中国对俄出口主要以服装、鞋类等传统劳动密集型产品为主，而俄对中国出口则仍旧是石油等资源密集型产品，相应的高附加值和高技术产品比重有待大幅提升。从投资领域看，多数重大项目仍集中在能源资源开发、建筑纺织等传统领域，缺乏现代意义上的高科技类项目投资。这也源于中俄企业在希望合作的领域上存在的差异，中方强调能源之外的贸易、金融、制造业等领域的合作，但俄方目前主要大笔交易仅限于能源行业。②中俄的双边贸易商品结构亟待调整，尤其是中方开始转变经济增长方式，调整经济结构，压缩过剩产能，

①　［哈］康·瑟拉耶什金. 丝绸之路经济带构想及其对中亚的影响［J］. 俄罗斯东欧中亚研究，2015（4）：13-24.

②　项义军，张金萍. 中俄区域经济合作战略对接的障碍与冲突［J］. 国际贸易，2016（1）：33-38.

由此导致中国自俄进口规模大幅度下滑。从合作主体看，目前中国在俄民营企业整体竞争力较弱，开展多层次合作能力不足且大多处于单枪匹马的状态，一定程度上加大了双边经济合作的难度。[①]

（二）合作项目落实难度大

从法律制度看，虽然中俄两国政府已签署了双边保护协定和避免双重征税协定，但还未制定实施细则，这使法律条款难以落实，不利于推动实际投资活动。与此同时，两国在质量标准统一及互相认证方面也存在问题；劳务许可制约两国扩大投资的障碍，俄方限制中方劳务人员进入俄罗斯市场；中国迫切需要加强知识产权保护的执法等问题都不利于合作项目的落实。[②]加之，俄方合作项目推进力度不足，项目从立项到建成周期较长，合作企业建设成本高、风险大，都加大了合作项目落实的难度。[③]与发达经济体相比，目前欧亚经济联盟成员国营商环境存在着明显的差距和不足，并已成为制约双边及多边务实合作的一项重要因素。例如，政策法规风险和一定的政治风险以及在成员国中较为突出的社会治安风险和宗教极端主义风险也给中资企业参与合作带来了极大隐患。

（三）自贸区建设谈判困难

一方面，中国和欧亚经济联盟成员国合作的制度建设明显滞后导致自贸区建设谈判困难。目前合作主要在上海合作组织框架下进行，多数合作仍停留在宏观层面，在具体实践中较少涉及技术标准、投资壁垒、通关流程、关税减免、监管模式、检验检疫、服务贸易等具体内容。虽然2015年中国和联盟已启动经贸合作伙伴关系协定谈判，但在成员国协调困难、决策效率受限和组织行动力被削

---

①② 刘华芹编. 丝绸之路经济带——欧亚大陆新棋局［M］. 北京：中国商务出版社，2015.

③ 项义军，张金萍. 中俄区域经济合作战略对接的障碍与冲突［J］. 国际贸易，2016（1）：33–38.

弱的背景下，短期内建立"中国—欧亚经济联盟自由贸易区"面临着诸多掣肘。①另一方面，成员国并没有与中国建立自贸区的充足动力。哈萨克斯坦的学者认为，俄罗斯在中俄两大战略对接上的原则是欧亚经济联盟的建立，而不是要让丝绸之路经济带破坏其基本思想，即恢复参与国的工业潜力。如若对中国进口不加以限制，则实际上不可能完成这个目标。②因此，不管是俄罗斯还是中亚国家都对推进中亚自贸区建设动力不足。

二、思维的隐性障碍

（一）俄罗斯的担忧

中俄战略对接不单是资金、技术和双边利益协调机制的问题，思维也可能是两国战略对接的隐性障碍。虽然中俄两国高层在丝路经济带和欧亚联盟的相互关系上已经逐渐达成共识，为两大战略的和谐共处与合作奠定了政治基础，但是俄罗斯方面对丝绸之路经济带发展前景仍有许多担忧。通过研究俄罗斯智库的看法，可以发现担忧主要来自三个方面：第一，丝绸之路经济带建设会不同程度地冲击欧亚经济联盟和欧亚一体化进程。现在中国已经成为中亚国家最大的经济伙伴，俄罗斯忧虑中俄在中亚地区可能在某些利益问题上形成正面冲突。2015年1月，莫斯科国际关系学院分析中心主任安德烈·卡赞采夫在《欧亚地区中部：全面的综合性危机》一文中，将中国在中亚地区不断上升的影响力视为俄罗斯在中亚地区面临的威胁。卡赞采夫称，在俄罗斯与西方之间出现危机时，中国在后苏联空间特别是在中亚地区的影响力持续上升。俄罗斯与西方之间的

---

① 金瑞庭.加快推动"一带一路"战略与欧亚经济联盟对接［J］.宏观经济管理，2016（3）：41–43，54.

② ［哈］康·瑟拉耶什金.丝绸之路经济带构想及其对中亚的影响［J］.俄罗斯东欧中亚研究，2015（4）：13–24.

冲突使中国成为主要的受益者。①中国的"一带一路"合作倡议与俄罗斯的欧亚联盟构想有一些重叠之处。在遭受欧美国家制裁、经济陷入困境的背景下，俄担心如果深度参与"一带一路"实施，可能会拖延其重新构建"欧亚帝国"的计划。但是，如果减少对"一带一路"的参与，则又可能错失发展机遇，累及俄罗斯疲软的经济。这令俄罗斯普通民众乃至决策层感到左右为难。②第二，俄方担心远东地区成为中国经济殖民地，或者成为中国的"移民国家"。如果北京至莫斯科的欧亚高速运输走廊建成，在便利俄罗斯人民的同时，也会使越来越多的中国公民前往俄罗斯。在俄罗斯人口老龄化严重和出生率不断降低的背景下，俄民众普遍担心居俄华人将成为最大的少数民族。第三，俄担心中国会对俄罗斯某些基础设施的使用和运行前景造成竞争，主要是西伯利亚大铁路、贝加尔—阿穆尔铁路干线（贝阿干线）和北方海上运输线。③

俄罗斯智库对此也给出了一些较有操作性的意见和建议。主要有：一是中国企业和民众到俄罗斯时，要以实际行动证明中国公民前来投资经商和居住都是在商言商、合法经营、依法办事，并没有政治目的；二是中国在中亚地区寻求自身利益的同时，要兼顾俄罗斯的利益，把握好处理两国利益的原则底线；三是要搁置分歧，求同存异，尽量避免刺激俄罗斯的神经，中国政府可考虑主动提出使欧亚经济联盟建设和"一带一路"建设相对接的方案，以实现两国和两个战略的共赢；四是建议中国妥善处理、协调好两国的利益，使俄罗斯与中国共同推进"一带一路"建设，形成助力，努力将中俄合作打造成"一带一路"沿线国家合作的范例。④

---

① 李秀蛟. 俄罗斯智库专家对"一带一路"的评析［J］. 西伯利亚研究，2015（3）：19-24.

② 项义军，张金萍. 中俄区域经济合作战略对接的障碍与冲突［J］. 国际贸易，2016（1）：33-38.

③④ 王灵桂编. 国外智库看"一带一路"（之一）［M］. 北京：社会科学文献出版社，2015.

中国国内学者也认为，要从中俄战略协作伙伴关系的大局审视两国合作，以构筑海上丝绸之路框架下良好的合作前景。具体来说，中国应将俄作为重要且平等的合作伙伴，两国加强合作是经济发展的客观要求，是两国实现各自经济发展目标的共同战略需求；中方对俄参与海上丝绸之路建设中的基础设施建设和能源合作应持开放姿态，欢迎俄在海上丝绸之路建设中发挥重要作用；在海洋交通、海洋安全等领域都有诸多共同利益的背景下，中国可主动对俄强调倡议的互利共赢原则，主动寻求同俄的利益契合点，在海洋合作、港口建设方面加强务实合作。①

（二）其他成员国的误解

中亚的一些学者认为，对中国来说，中亚仍然是中国商品的销售市场、原料产地和过境国，中国在中亚的投资主要集中在基础设施领域，并不涉及实体经济的发展；虽然中国强调扩大实体经济合作的必要性，甚至讨论在中亚国家境内共建工业企业问题，但是，中国从未将这些企业看作自身经济发展的潜力；"一带一路"构想并不是以沿线国家工业发展为基础的，其首要任务是促进中国西部地区的快速发展，将其打造成为"大中亚"的交通物流和外贸枢纽。②

（三）国内的思维误区

有学者认为，目前中国国内存在两种不正确的倾向。一种是低估了欧亚经济联盟的经济实力和潜力，没有看到俄罗斯与中亚国家之间历史的、天然的经济、政治和文化等方面的紧密联系，轻视了欧亚经济联盟；另一种是高估了丝绸之路经济带的一体化水平和国际影响，以至于附加了原本不该属于它的困难和风险，给自己造成

① 左风荣.俄罗斯海洋战略初探［J］.外交评论，2012（5）：138.
② ［哈］康·瑟拉耶什金.丝绸之路经济带构想及其对中亚的影响［J］.俄罗斯东欧中亚研究，2015（4）：13-24.

了不必要的压力和心理负担。这两种情形都是应该注意并克服的。

针对以上三种思维上的隐性障碍，有学者提议要在欧亚经济联盟中设立中国使团，负责丝路经济带与欧亚经济联盟的沟通和对接事务，以及政策协调问题（包括经济的和法律的），同时要密切关注欧亚经济联盟成员国国内可能会出现的政治和安全风险，以及其他热点重点难点问题（包括人民币国际化）。中方尤其要加强民心工程和公共外交工作，努力做好丝路经济带理论建设和宣传工作。此外，加强学习亚欧语言，研究亚欧国家，培养亚欧意识，深化亚欧合作，也是中国未来一段时期的主要工作内容。①

第五节 "一带一路"与欧亚经济联盟对接路径的思考

一、与欧亚经济联盟成员国单独对接还是整个对接

"一带一路"与欧亚经济联盟对接，大致可以有两种方式：一种是中国与整个联盟的对接，所有协议、文件、谈判也都是与欧亚经济联盟这个地区组织进行；另一种合作路径就是中国与欧亚经济联盟各个成员国分别对接。有学者认为，未来欧亚经济联盟的成功是要以中亚国家自身的一体化为基础的，但是中亚一体化20多年来始终举步维艰。对中国来说，可以考虑与欧亚经济联盟各个成员国单独对接。②也有学者认为，丝绸之路经济带对欧亚经济联盟不构成挑战，中亚国家无须在欧亚经济联盟和丝绸之路经济带之间做出非

---

① 李兴."丝绸之路经济带"与欧亚经济联盟：比较分析与关系前景［J］.中国高校社会科学，2015（6）：64-72.
② 乐明."一带一路"与欧亚经济联盟如何对接［N］.21世纪经济报道，2015-06-20.

此即彼的选择。俄罗斯是欧亚经济联盟的发起国、主导国，但这并不意味着它就是这个国际组织的唯一代表，哈萨克斯坦、白俄罗斯等也是其重要力量。[1]哈萨克斯坦居于欧亚大陆中心，是欧亚经济联盟中最为开放的国家，也是中亚经济实力最强的国家，经其到达欧洲、北非不仅最为便利，基础设施的前景也更加可期，其与中国合作的意愿也很强烈。2015年3月，哈总理马西莫夫访问中国期间，与中方签署了总额240亿美元的合作协定，大部分是"光明大道"和"一带一路"构想共同覆盖的领域。[2]不管是效率还是利益的角度，与成员国分别对接都是很好的选择。

然而俄罗斯的学者却一度认为，中国更愿与联盟成员国单独进行对接的行为将"一带一路"和欧亚经济联盟推向了不可避免的竞争关系，这在一定程度上反映出了俄方的复杂心态和战略焦虑。不过，在习近平主席受邀访问莫斯科参加第二次世界大战胜利日庆祝活动期间，中俄双方签署了《中华人民共和国与俄罗斯联邦关于丝绸之路经济带建设和欧亚经济联盟建设对接合作的联合声明》。俄罗斯外交学院的亚历山大·卢金将此解读为俄罗斯谈判者成功地说服中国与欧亚经济联盟作为一个整体进行合作，而不是与该地区的各个国家分别进行合作。俄罗斯外交与国防政策委员会主席团主席费奥多尔·卢基扬诺夫称，"丝绸之路经济带"与欧亚经济联盟要实现并轨很重要的一点是，中方愿与作为整体的欧亚经济联盟对话。现在所谓莫斯科与北京在中亚地区不可避免的竞争问题至少得到了缓解，因为该地区已不再是目标本身，而已经成为所有各方解决具体现实问题的手段。[3]

---

① 冯宗宪，李刚."一带一路"建设与周边区域经济合作推进路径［J］.西安交通大学学报（社会科学版），2015，35（6），1-9.

② 乐明."一带一路"与欧亚经济联盟如何对接［N］.21世纪经济报道，2015-06-20.

③ 李秀蛟.俄罗斯智库专家对"一带一路"的评析［J］.社会科学文摘，2016（2）：8-10.

二、实体项目合作还是制度合作

目前学者对"丝绸之路经济带"与"欧亚经济联盟"的合作是否要追求规则和标准统一有两种观点。一些学者认为，随着全球化和知识经济的发展，国际经济布局和力量格局也随之变化，过去的很多通行规则已难以适应当前的现实需求，需要在体制、制度和规则等多方面改革，增加发展中国家的制度性权力和话语权，维护好新兴市场国家和发展中国家权益，推动国际秩序朝更加公正合理的方向发展。在这场全球规则的重构过程中，中国和欧亚经济联盟成员国需相互尊重、相互谅解、交流互鉴，不断增进战略沟通与互信，加强战略协调与合作，共同推动全球经济治理和国际体系变革发展，促进世界和平、稳定、繁荣。推动制度合作是参与融合的过程，在此过程中也要注意吸收国际主流的规则制度，不能陷入加拉帕戈斯群岛效应，制定出符合国情又独具特色、避免与国际大市场的主流通行规则越离越远的制度。①

另外一种观点认为，要先拓展合作共赢的空间，注重项目的合作。他们认为，当前的重点是要遵循市场经济内在规律，按照"政府推动+企业主导+社会参与"的原则，不断破除与成员国贸易投资壁垒，以重大项目为载体，将经济效益、贸易政策、投资规则、知识产权和环境保护等内容有机融合，与成员国共谋合作、共享机遇、共赢发展。②欧亚经济联盟成员也认为，在当前国情和承受能力不同的情况下，"一带一路"机制与"丝绸之路经济带"只能是具体项目合作，难以在规则和制度等领域协调和对接，双方合作重点应关注基础设施、工农业的产能、便利化、融资借贷、智库对话等实体项目，而不是规则制度和标准等非实体的内容。一步到位地从

---

① 张宁，张琳. 丝绸之路经济带与欧亚经济联盟对接分析［J］. 新疆师范大学学报，2016，37（2）：85-93.
② 金瑞庭. 加快推动"一带一路"战略与欧亚经济联盟对接［J］. 宏观经济管理，2016（3）：41-43，54.

制度合作入手很困难，最好从具体事务和项目着手，逐步夯实和融合，并在此过程中发现问题、探索经验，待共性增多后再大规模谈制度合作。①

---

① 张宁，张琳. 丝绸之路经济带与欧亚经济联盟对接分析［J］. 新疆师范大学学报，2016，37（2）：85–93.

"一带一路"同中国与中东欧国家经贸合作的区域一体化

第二十章

第一节　中国与中东欧国家合作共赢

一、中国与中东欧经贸合作日益紧密

从地理位置而言，中东欧16国地处"丝绸之路经济带"与"21世纪海上丝绸之路"的拓展区域。中国"一带一路"倡议的提出，得到中东欧国家的积极响应。2014年，中国与中东欧进出口贸易额为602.3亿美元，较2009年（323.9亿美元）增长85.9%，占中欧贸易总额的比重从2009年的8.9%上升至9.9%。其中，中国对中东欧出口额从263.5亿美元增至437.1亿美元，增长65.9%；中国从中东欧进口额从60.5亿美元增至165.2亿美元，增长173%。同期中国与欧盟双边贸易、中国对欧盟出口及从欧盟进口分别增长69%、57%和91.2%。过去5年间，中国与中东欧的贸易结构不断优化，机电和高新技术产品贸易所占比重已超过60%。

从中国与中东欧国家经贸合作的前景来看，2013年11月，中国与中东欧第二次领导人会晤通过的《中国—中东欧国家合作布加勒斯特纲要》，将中国—中东欧合作视为中国与欧盟合作的新增长

点，将互联互通列为中国与中东欧合作的六方面内容之一。2014年12月，中国与中东欧第三次领导人会晤通过《中国—中东欧国家合作贝尔格莱德纲要》，将互联互通视为双方合作的第一要义，将双边合作推向新的高度。中国与中东欧以互联互通为抓手，将进一步扩大双边贸易规模、增加相互投资及拓宽融资渠道，给双方合作带来广阔空间。①

近年来，中国对中东欧地区的直接投资保持了平稳增长，但增长速度较慢，基本保持在2.5%左右的水平，没有出现较大幅度的变化，这与中东欧国家同中国空间相距较远以及中东欧国家集体回归欧洲有一定关系。②但是，中国与中东欧国家都有加强、深化双边合作机制的强烈愿望。从中国方面看，中国经济进入新常态，面临经济下行、产能过剩和经济结构调整等多重压力，需要继续深化改革开放，进一步拓展国际市场。中东欧国家位于欧洲心脏地带，交通便利，是联系东西方市场的纽带，且发展势头良好、前景广阔，与中国经济互补性很强，是中国扩大对外经贸联系的重要区域。中国有意加强与中东欧国家合作，将其打造为中欧合作新的增长点。从中东欧国家方面来看，它们也面临着发展经济和深化转型的艰巨任务，特别是在2008年金融危机和债务危机冲击下，西欧国家投资和购买力下降，中东欧国家需要寻求新的合作机会与融资渠道，而作为新兴经济体代表的中国在世界政治经济舞台上表现出众，加强与中国的合作成为中东欧国家的战略选择。2014年12月，在第三次中国—中东欧国家领导人会晤上，中东欧国家领导人表示愿同中方进一步完善合作机制，扩大合作规模，共同推进"丝绸之路经济带"建设，更好惠及双方人民，推动中欧关系取得更大发展。③无论是经

---

① 姚铃."一带一路"战略下的中国与中东欧经贸合作［J］.国际商务财会，2015（2）：13-15.

② 周五七."一带一路"沿线直接投资分布与挑战应对［J］.改革，2015（8）：39-47.

③ 李克强出席第三次中国—中东欧国家领导人会晤.中国—中东欧国家合作网站.http://www.china—ceec.org/1/2014/12/17/41s5354.htm.

贸联系的不断增加，抑或是政治合作的意愿表达，都表明中东欧国家希望与中国深化合作。①

　　在此背景下，中国可扩大对中东欧地区的直接投资，增强"一带一路"倡议的影响力和辐射力。中国与中东欧国家经贸关系开始得早，但冷战结束后，中东欧国家实行政治体制转型并集体转向欧洲，因意识形态和政治体制的差异，中国与中东欧国家之间的关系出现了政冷经热的倾向。自2012年中国—中东欧国家合作机制开启以来，双边经贸关系发展步入快车道，为中国对中东欧国家直接投资带来了难得的发展机遇。中东欧地区具有独特的地缘优势，是连接中国西部与西欧的中间地带，是联通亚欧大市场的桥梁，是中国陆路产品由亚洲进入欧洲的重要门户。另外，中东欧国家的产业基础好，经济发展水平较高，与中国经济具有良好的互补性，中国扩大对中东欧地区的直接投资，有利于延伸和拓展"一带一路"倡议的影响。中国需要利用中国与中东欧国家双边贸易加快发展的有利时机，加快推进同中东欧地区的铁路、公路、航空和水运等基础设施的建设，以打通中国—中东欧的陆上和海上物流通道，通过物流通道建设促进中欧贸易发展，进一步以贸易发展带动对中东欧地区的直接投资和产业转移，优化中国内地的开放与开发格局。②

　　关于贸易便利化，中东欧地区贸易便利化水平的最大特点表现为区域内水平差异不大且整体便利化程度高，超过1/2的国家位于世界前30%，除波黑以外，全部位于世界前50%行列，显示出中国与中东欧国家贸易投资合作与发展的巨大潜力。③近年来，中国与中东欧国家的贸易投资便利化在16+1合作机制下不断推进。一是双方签署了多项多边经济合作协定，包括经济、工业、科技领域的合作，投

---

　　①　于军.中国—中东欧国家合作机制现状与完善路径［J］.国际问题研究，2015（2）：112-126.

　　②　周五七."一带一路"沿线直接投资分布与挑战应对［J］.改革，2015（8）：39-47.

　　③　张建平，樊子嫣."一带一路"国家贸易投资便利化状况及相关措施需求［J］.国家行政学院学报，2016（1）：23-29.

资保护和避免双重征税方面的合作。2013年，中国与中东欧国家领导人签署《中国—中东欧国家合作布加勒斯特纲要》，为促进双边经贸、金融、互联互通、科技创新环保能源、人文交流等领域深化合作指明方向。二是双方建立了定期沟通磋商机制，以促进贸易便利化的提升。[①]

二、出现的问题及解决建议

(一) 中国与中东欧贸易结构问题与建议

目前，双边贸易呈现稳定发展状态，从细分类情况看，初级品互补性很弱，而典型的资本与技术密集型产品发展呈现上升趋势。基于中东欧国家对欧盟的深度依赖，以及在欧盟国中未形成重要影响地位，中东欧国家需要积极寻求新的对外经贸合作伙伴，这与中国推进"一带一路"倡议不谋而合。但是目前双方贸易结构存在以下问题：首先，中国与中东欧国家的贸易总额较低。一方面，说明中国与中东欧国家贸易合作潜力巨大；另一方面，说明双方需要加深开展务实合作，以扩大双方的贸易合作基础。这不但有利于双方的经济发展，而且对于中国进一步开展"一带一路"沿线经贸合作具有重要战略意义，也有利于中东欧国家摆脱经济上过于依赖欧盟的局面。其次，目前的贸易主要体现在初级的产业间互补，缺乏更为紧密的产业内合作，为此，中东欧国家与中国应该鼓励各自企业开展更为深入的垂直产业链条内的经济合作，不仅仅局限于跨产业之间的商贸往来，产业间合作有利于各个国家充分发挥各自的技术优势与竞争优势，有利于双方的技术溢出。再次，贸易结构比较单一，通过互补性研究发现，贸易量主要集中在中国的高竞争力产品上，而中东欧国家的竞争力产品对中国出口较少，这也造成了长期

---

① 张建平，樊子嫣. "一带一路"国家贸易投资便利化状况及相关措施需求［J］. 国家行政学院学报，2016（1）：23-29.

以来中国对中东欧贸易顺差问题。其实，中东欧国家在初级品上具有较强的竞争力，中国应该充分利用中东欧国家的自然资源，扩大进口。对于贸易失衡问题，中国也可以给中东欧国家提供更优惠的贸易政策，鼓励其加大对中国的出口力度，同时鼓励中国优秀企业到中东欧国家进行对外投资。①

（二）其他相关问题与建议

中国人通常先建立合作框架，然后再通过具体实践去充实框架；欧洲人则习惯先考虑具体合作细节和项目，然后再围绕这些项目去建立制度。由于具体合作信息的不足，一些欧洲人感到"16+1"缺乏透明度，因此进一步加强沟通和交流对于"16+1"合作是极为重要的。具体可通过以下几个途径来实现：首先，发展基层交流最重要。中国和中东欧各国政府应加大对民间组织机构交流的支持。一般由政府组织的文化交流项目只能引起一部分特定人群的关注，很难在更大的公众范围内引起注意，如果能把社会各个层次的民间组织的积极性都调动起来，让更多民众参与进来，就会促进双方更好地交流。其次，中国政府可参考欧盟的"让·莫内讲席教授"项目，在中东欧国家的大学设立"孔子讲席教授"，这有助于在中东欧国家的下一代精英中公正、全面地介绍中国。同时，为加强相互了解，中东欧国家也可在中国的大学设立讲席教授，中东欧地区可以成为中国在全世界推广此类项目的试点地区。再次，双方迫切需要培养区域专家，并成立区域工作组，研究"一带一路"倡议。中东欧国家将不可避免地在新的欧亚通道中扮演十分重要的角色。中国和中东欧国家需要对这一伟大工程进行专业化的研究和分析，这也会为中欧合作开创更好的未来。②

---

① 刘威."一带一路"视域下中国与中东欧国家贸易互补性研究［J］.长春工程学院学报（社会科学版），2015（4）：30-32.

② 任鹏.加强沟通交流推进"16+1"合作——访匈牙利中东亚洲研究中心主席马都亚.今日轨道交通（抢鲜版），2015：2.

自平台建立以来，双边的贸易投资总额并未像预期那样显著增长。导致这一现象的原因，可能是中国在提供100亿美元专项贷款时没有充分考虑中东欧地区欧盟成员国国内的情况，且一些投资计划发展周期较长。以上两个因素使得来自中国方面的投资增长缓慢。目前，欧盟内部出现了一些不同的声音，认为预期的中国大规模投资并没有实现，所以应该更加谨慎对待与中国的合作。不过，大多数中东欧国家仍然认为加强与中国的合作有助于填补金融危机引发的资金空缺，缓解西欧对本地区投资减少的不利影响。同时，中方邀请欧盟有关代表参与系列峰会也有助于缓解欧盟机构对中国将欧盟分而治之的担忧。

双方合作基础不够坚实。双边在台湾、人权等问题上存在分歧，双边经贸往来不对称，双边贸易总额始终处于较低水平，双方对话关系不对称。由此，中国在与中东欧国家开展合作过程中，既要考虑同欧盟的外交关系，又要考虑同单个中东欧国家的外交关系，保持二者的平衡。针对协调其他利益关系带来的压力，要协调好欧盟与中东欧国家的关系，要协调好俄罗斯与中东欧国家的关系。针对中东欧国家已有合作组织和内部关系的协调，要关注中东欧国家内部已有的合作组织，关注中东欧国家内部冲突，关注中东欧国家发展程度差异。

"16+1"合作项目迄今取得的经济成果相对有限。"16+1"合作平台主要致力于推动贸易投资方面的务实合作，中东欧国家也希望通过这一平台吸引中国方面的投资、增加对中国的出口。尽管这两者都是影响力巨大的外交倡议，但其内涵不尽相同。"一带一路"倡议主要致力于亚欧非的互联互通，而"16+1"合作平台则主要是为中国和中东欧国家提供一个更加稳定的合作框架，使中东欧国家成为中国通向欧洲的桥梁。两者的对接固然为"16+1"合作注入了新的活力，但是，对于"一带一路"倡议的期望，可能会对"16+1"合作造成消极影响。比如，这一倡议提出后，中东欧国家积极响应，并对这一倡议与本地区的对接进行了研究，然而中方更为关注的可能是中亚、东南亚及中国西部地区。另外，中东欧16国在发挥中国通向欧洲桥梁的作用上也扮演着不同的角色，其中比较重要的包括连接贝尔格莱德和布达佩斯，以及延伸到希腊比雷埃夫斯港口的铁路建设等，[①]在不同的项目上要适时地发挥不同国家的作用，以更好地开展合作。

第二节 以装备为重点的产业合作

国务院总理李克强在出席中国—中东欧国家第四届经贸论坛开幕式致辞时表示，中国寻求拓展产业合作新空间，将中国在高铁、核电、电信等装备制造和钢铁等原材料生产方面的优质产能与中东欧国家大项目建设的巨大需求结合起来，同时搭建投融资协作新框架，扩大人文交流新领域。

一、中国—中东欧国家产业合作现状

中国企业在基础设施建设方面有成熟经验和技术，铁路、电力、港口、化工机械等装备质量上乘，性价比高，在国际市场上具有竞争力。把中国装备制造与中东欧国家基础设施建设有效对接起来，不仅可以促进中东欧国家经济发展，也可以充分利用中国装备产能，实现互利共赢。尤其在高铁技术方面，双方互补性强，合作有助于打造中欧物流新动脉，产生远大于"16+1"的经济效益。[②]

近年来，双方在经济贸易、基础设施投资、金融合作方面取得

---

① ［斯洛伐克］理查德·图尔克萨尼."16+1合作"平台下的中国和中东欧国家合作及其在"一带一路"倡议中的作用［J］.邴雪译.欧洲研究，2015（6）：3-6.

② 姚铃."一带一路"战略下的中国与中东欧经贸合作［J］.国际商务财会，2015（2）：13-15.

了快速发展。据统计，2001年中国与中东欧国家双边贸易仅为43亿美元，2013年达到551亿美元，12年间增长了近12倍。在投资方面，据不完全统计，截至2014年，中国企业在中东欧国家投资近50亿美元，合作领域涉及机械、金融、农业等领域；中东欧16国在华投资超过11亿美元，涉及机械制造、化工、乳制品等。[①]在基础设施建设方面，从修建大桥、火电站，到高速公路项目的启动建设，基础设施建设正成为双方合作的新亮点。利用中方贷款实施的塞尔维亚贝尔格莱德跨多瑙河大桥项目、科斯托拉茨电站一期改造项目、波黑塞族共和国斯坦纳里火电站项目等顺利启动建设。匈塞铁路、中欧陆海快线等一批合作项目正在积极探讨中。另外，《贝尔格莱德纲要》欢迎塞尔维亚牵头组建中国—中东欧国家交通基础设施合作联合会。在金融合作方面，2014年贝尔格莱德会晤期间，中方鼓励中东欧国家继续充分使用"100亿美元专享贷款"，将设立30亿美元规模投资资金，鼓励中国企业和金融机构积极参与中东欧国家的公私合营合作和私有化进程，同时将启动第二期10亿美元的中国—中东欧投资合作基金，支持对中东欧的投资项目。

农业合作一直以来都是双方的传统合作项目，是双方经贸合作中的一个亮点。中国与中东欧国家农业经贸合作论坛自2006年举办以来，已经成为中国与中东欧国家间重要的农业多边合作机制，到2014年已连续举办九届。在2014年第九届"中国—中东欧国家农业经贸合作论坛"上，与会国家决定在保加利亚首都索非亚建立"农业合作促进联合会"，进一步协调、推动双方的农业务实合作。此外，中国农业部对外经济合作中心负责维护的"中国—中东欧国家农业合作信息网"于2009年开通后一直运行良好。[②]

---

① 中国与中东欧国家贸易额将突破600亿美元. 2014-05-23. http://www.chinairn.com/news/20140523/085706823.shtml.

② 徐刚. 中国与中东欧国家关系：新阶段、新挑战与新思路 [J]. 现代国际关系，2015（2）：39-45，63-64.

二、中国—中东欧国家产业合作的方向

根据不同国别市场要采取有针对性的细分策略，确定重点不同的产业合作方向。中东欧地区按照当地经济发展的同质性及地理位置可划分为三大区域，其中波罗的海三国侧重服务业，维谢格拉德集团与斯洛文尼亚重点是制造业，巴尔干半岛8个东南欧国家特色产业突出，[①]针对这些不同地区采取的有针对性的策略会提升产业合作的效益。

李克强总理从以下三个方面提出了中国与中东欧产业合作的方向[②]：

第一，尽快推动互联互通项目落地。加强区域交通基础设施建设同"一带一路"倡议更好对接，是"16+1"合作的重点之一。中方愿同中东欧国家对接发展规划，全力推动匈塞铁路这一旗舰项目，确保年内开工、两年完成。中方愿在互利共赢的基础上，与有关各方共同推进中欧陆海快线建设，使中东欧成为中国同欧洲贸易联系的快捷通道，欢迎各国企业积极参与，并探讨物流合作的可能性。中国的改革开放是从沿海地区开始的，在港口、港区建设方面有较强的能力，积累了丰富的经验。中方愿意投资中东欧国家的港口和港区建设，加强同地区国家陆上、海上互联互通，同时充分结合中方网络装备技术和性价比好的优势与中东欧国家需求，开展互联网基础设施建设合作，促进网络互联互通。

第二，发挥产能合作的引领作用。目前，中东欧地区交通、电力等基础设施和工业设备面临升级改造的任务，但由于资金短缺等制约，市场需求仍待释放。一些发达国家关键技术装备先进，而成套装备和产品价格较高；中国在汽车、钢铁、造船、化工、港口

---

① 姚铃. 推进"一带一路"建设，深化中欧经贸合作 [J]. 中国远洋航务，2016（2）：10–11，40–41.
② 李克强在第四次中国—中东欧国家领导人会晤上的讲话（全文）[N/OL].
2015.11.25. http://news.xinhuanet.com/world/2015–11/25/c_128464398.htm.

设备、工程机械等领域拥有优质产能，产品性价比高，综合配套和工程建设能力强，符合中东欧国家环保要求；把中国的优势产能同中东欧国家的发展需求、西欧发达国家的关键技术结合起来，开展三方合作，不仅可以支持中东欧国家以较低成本加快发展、扩大就业，促进中国产业转型升级，也有利于欧洲平衡发展、加快一体化进程。中方愿同波罗的海国家探讨开展高铁合作，其中一些关键设备可以考虑从西欧等国家采购。2015年6月，中法双方达成协议，在核电领域共同开展第三方市场合作，把中国较强的装备制造和配套能力同法国先进的核电安全技术相结合，可以提供安全性好、性价比优的核电解决方案。中方愿响应中东欧国家希望连接波罗的海、亚得里亚海和黑海的愿望，可先从三海的港口升级改造开始合作，包括在有条件的港口建设产业聚集区。

第三，打造农产品特色贸易新亮点。中国是农产品消费大国，中东欧地区肉制品、奶制品、葡萄酒等农副产品深加工以及畜牧业育种、养殖、加工等方面合作颇具潜力。中国将创造条件进一步扩大中东欧国家商品特别是农产品进口，欢迎中东欧国家企业参加中国—中东欧国家投资贸易博览会等展会，把更多绿色产品推介到中国市场。中方愿与中东欧国家加强检验检疫合作，共同推动农产品贸易增长，促进贸易平衡发展。[①]

第三节　16+1金融公司

李克强总理在第四次中国—中东欧国家领导人会晤上的讲话中指出，在与中东欧国家的合作过程中，需拓宽渠道解决融资问题。中国与中东欧国家法律制度框架不同，合作项目融资难免因此遇到

---

① 李克强在第四次中国—中东欧国家领导人会晤上的讲话（全文）［N/OL］. 2015.11.25. http://news. xinhuanet.com/world/2015–11/25/c_128464398. htm.

一些困难。中方尊重欧盟相关标准，愿与16国政府共同探讨开辟更多渠道，以更灵活的方式对大项目合作予以优先政策支持。目前，中国银行、中国工商银行、国家开发银行已在中东欧地区设立分支机构或代表处，中方鼓励通过融资租赁、贸易融资、股权投资、公私合营等多种形式，降低合作融资成本。对于使用中国装备和产品的，中方愿提供优惠的融资支持。中方加入欧洲复兴开发银行的申请已获董事会批准，正待理事会通过。双方也正在商谈联合融资，中东欧企业可由此渠道获得更多资金。中方愿通过这个渠道，按欧盟标准加强融资合作。此外，亚洲基础设施投资银行、丝路基金等金融机构也可以为双方项目合作提供支持。

2015年11月25日发布了《中国—中东欧国家合作中期规划》，其中也提到了研究探讨设立中国—中东欧国家金融公司的可能性。此外，上述规划还提到了多项金融合作，具体包括：加快完善投融资合作框架，创新金融合作模式，支持实体经济合作和优质合作项目，为16+1合作提供有力支撑；在2013年宣布给中东欧国家提供100亿美元专项贷款的基础上，探讨充分发挥100亿美元专项贷款的作用、设立30亿美元投资基金和人民币中东欧合作基金的可能性，启动中国—中东欧投资合作基金二期；鼓励中国和中东欧国家开展本币互换、本币结算、金融监管等合作，支持在中东欧国家建立人民币清算安排；支持中国和中东欧国家符合条件的金融机构互设分支和开展多领域业务合作；欢迎和支持同亚洲基础设施投资银行、丝路基金、欧洲投资银行、欧洲复兴开发银行及其他国家、地区和国际金融机构开展合作；支持中方有关倡议与欧洲投资计划进行对接。

第四节　加强与窗口国家的合作力度

中国与中东欧国家有竞争优势的产品和市场方面均体现出互补性，而不是竞争性。贸易潜力测算结果显示，与中国贸易过度的中东欧国家包括波兰、捷克、匈牙利、斯洛伐克、罗马尼亚、保加利亚等国，与中国贸易不足的中东欧国家有斯洛文尼亚、立陶宛、拉脱维亚、爱沙尼亚、克罗地亚、阿尔巴尼亚、塞尔维亚、波黑和马其顿等国。鉴于此，在"一带一路"背景下，中国在重视中东欧老贸易伙伴国的同时，应不断开发新贸易伙伴国的贸易潜力。[①]

一、波兰：扩大对中国出口

（一）中波经贸现状

波兰位于欧洲中心，地处东西欧交汇处，濒临俄罗斯和德国两大国际市场，地理位置优越，是中国通往西欧、北欧国家的桥梁，其交通枢纽地位极其重要。波兰是欧洲最为稳定和快速发展的经济体，2013年其经济实力在中东欧地区名列第一。波兰在欧盟属于经济水平中等靠后国家，是欧盟堡垒的突破口，通过波兰平台进入欧盟诸国和波罗的海沿岸及部分独联体国家是很好的选择。中国国内企业开拓欧洲市场，可以将波兰作为中转站，其是中东欧地区最大的国家和市场。波兰的主要贸易伙伴为欧盟成员，前十大出口市场中的9个是欧盟成员，德国为波兰最大贸易伙伴、最大出口市场和最大进口来源地。目前，中波双方贸易额连续9年居中东欧地区第一位，2013年双边贸易额为148亿美元。2015年前9个月，双方贸易额就超过了127亿美元，增势稳健。2014年，中国为波兰第19大出口市

[①]　龙海雯，施本植. 中国与中东欧国家贸易竞争性、互补性及贸易潜力研究——以"一带一路"为背景［J］. 广西社会科学，2016（2）：78–84.

场和第三大进口来源地。目前，大约800家波兰公司有中国企业的参与，中国在波兰的投资额是4.2亿美元。

尽管存在客观的地缘因素，但中波相互间的贸易投资合作与两国的经济规模及在世界经济中的地位不相称，中波贸易不平衡。2014年波兰从中国进口额达到170亿欧元，而对华出口额仅为17亿欧元，进出口额比例高达10比1。波兰的农产品、矿业设备、化妆品、奢侈品等都被寄希望能更多地进入中国市场。波兰国内经济结构较为多元，具有较好的工业基础和科技实力。波兰是欧洲的制造业基地，航空、汽车、电视机等家电产品、食品加工业等制造都是欧洲第一。中波两国在生物技术、信息与通信、矿山机械、食品贸易及页岩天然气开采等领域的合作有着良好的前景。食品是波兰出口产品的重要组成部分。2015年一季度，波兰食品出口达54亿欧元，同比增长5.5%。2013年，波兰出口到中国的肉类和奶类产品稳步增长。另外，波兰还向中国出口如蔬果、谷类、糖等农产品，以及果汁、蜂蜜、药水、糖果等产品。波兰政府对吸引外资较为支持，为吸引外国直接投资，其出台了一系列激励政策，包括经济特区的所得税豁免、不动产税豁免，以及对购买新技术及研发中心的优惠的税务抵扣。波兰还通过其他机制吸引外国直接投资，即从国家层面及欧盟层面为投资者提供现金补助，以支持新的投资和创造就业岗位，该补助最多可以达到投资总额的50%。波兰政府和欧盟还通过不断的市场自由化、资产私有化、基础设施的改进以及提供投资促进项目，帮助外国投资者在波兰进行投资。目前，波兰国内有14个经济特区，已经吸引了超过1450个项目入驻。

（二）波兰交通运输业与中波物流合作现状

中东欧国家地理区位优势明显，波兰更处于十字路口，有条件成为新亚欧大陆桥的关键一环，完全可以作为"一带一路"上的交通枢纽，在物流、运输、园区建设等方面合作并有所突破。加强基础设施建设合作，将中东欧国家的港口、铁路、公路等交通干线连接起来，打造物流网络，提升通关和人员往来便利化水平，将吸引各国地方政府、企业的深度参与，为扩大投资和贸易规模创造良好的条件。波兰的交通运输业比较发达，其主要铁路运输企业波兰国铁货运股份公司的总货运量在欧盟位居第二，仅次于德国。以总货运量计，波兰北部海岸城市格但斯克港口在整个波罗的海地区位居第二，也是全波罗的海唯一能让最大的远洋集装箱船舶直接靠泊的集装箱码头。此外，波兰拥有环波罗的海的33个港口，海运可直通大西洋。

中国与波兰、中国与其他欧洲国家之间已存在一些铁道路线，如波兰HATRANS Logistics（HATRANS物流）公司自2013年运营的中国成都至波兰罗兹的定期货列，波兰国铁货运物流（PKP Cargo Logistics）公司同样自2013年运营中国苏州集装箱物流基地至波兰华沙物流基地的定期货列。上述货列不仅为波兰本地企业提供运输服务，德国、法国、意大利等欧洲国家的客户也经常使用这些快速高效的运输方式。此外，自中国武汉开往捷克帕尔杜比采（Pardubice）、自中国重庆开往德国杜伊斯堡（Duisburg）、自中国郑州开往德国汉堡、自中国呼和浩特开往德国法兰克福等多次货列都会通过波兰领土，因为波兰是欧洲大陆级骨干运输线必不可少的组成部分。这一点再次说明，波兰具有成为连接中国与欧洲关键物流枢纽的必然潜力。[①]

在"一带一路"建设规划中，波兰是中欧陆路运输路线上中国货物进入欧洲的首个欧盟成员国，同时也是欧洲经济区成员国的第一站。目前，中欧班列跑空率高是亟待解决的问题。2016年一季度，中国全部中欧班列中回程发送箱比例不足15%。回程跑空背后是中国与中东欧国家贸易逆差的问题，中国与中东欧之间亟须解决贸易对等的问题，降低跑空率。欧洲很多产品，尤其是质优价廉的食品，在中国市场具有足够的吸引力和竞争力，中国相关企业要在

---

① ［波］塔德乌什·霍米茨基. 波兰：一带一路重要参与者［J］. 中国投资，2015（3）：42–44.

中东欧国家安排人员长期做采购，来解决进口量少的问题。①

二、捷克：交通基础设施合作

捷克处在欧洲的中心地带，成为中东欧乃至于整个欧洲的交通物流枢纽，它的区位优势非常明显。另外，捷克在第二次世界大战期间没有遭受到战争的破坏，所以它的文化、建筑、旅游等各方面积累是非常深厚的，布拉格城是唯一一个整座城市被列为联合国文化遗产的城市，它的发展水平在整个中东欧地区是比较高的，人民幸福指数也非常高。同时，捷克也是中东欧一个重要的开放窗口，它的开放意识和发展水平在中东欧都是领先的，再加上现在捷克是中东欧率先和中国签订"一带一路"谅解合作备忘录、积极响应"一带一路"倡议的经济体，中捷双边贸易增长迅速。捷克官方数据显示，中国已成为捷克第二大进口来源地及第八大出口市场。所有这些因素综合起来就会发现，在中东欧，捷克已经成为和中国积极发展友好关系，积极推动"一带一路"建设的排头兵。②

在"一带一路"倡议中，捷克能够为互联互通作出的具体贡献可能是可以解决中国某些地域广阔的省份的短途客运问题。在捷克共和国生产并出口到世界很多国家的一种通勤客机——捷克飞机工业公司制造的"L-410"——在中国拥有大量潜在客户，它有望很快成为新丝绸之路的一块基石；在物流中心建设、科技园产业区建设等领域，同样有巨大机遇；能源、科技、健康、铁路运输或环保技术领域的深入协作机会也值得进一步去探索。捷克和中国合作的潜力是无限的。中国和捷克之间未来在农业、制造业以及金融和其他服务业方面可以挖掘到很多新的合作机会。在这个过程当中，中国

---

① 余锦. "一带一路"倡议下的中国与波兰经贸关系 [J]. 中外企业家，2016（1）：4-7.

② 中国—中东欧合作关乎"一带一路"战略实施 [N/OL]. 2016.3.29. http://finance.cnr.cn/jjpl/20160329/t20160329_521740007.shtml.

和捷克之间如果能把产业链和生产网络建立起来，将会进一步辐射到整个中东欧地区，这将会成为未来中国和中东欧深化经济合作的非常重要的支撑。

首先，中国的"一带一路"倡议随着时间的推进而不断具体化。捷克共和国驻华大使表示，就捷克共和国和中国在"一带一路"倡议合作的这个层面，捷克欢迎建立"一带一路"倡议信息数据库项目，这将帮助捷克确定"一带一路"的当前进展，并使其作好相关准备。其次，建议"一带一路"倡议要认真考虑将中欧地区作为进入欧洲其他地区的一个理想投资通道，地处中欧的捷克共和国的交通连接了欧洲的其他主要经济中心，能够为其提供先进的交通基础设施。再次，捷克共和国在丝绸之路基金和其他直接参与"一带一路"的金融机制方面，特别欢迎和中国及其他"一带一路"参与国密切协作。在优质基础设施的建设过程中，融资是一个关键部分，所有参与的各方都需要对融资条件和可能性十分明确。[①]在力争成为欧洲重要的交通枢纽之余，捷克亦希望成为中国面向中欧的金融中心。[②]

"一带一路"倡议提出后，捷克官方反应积极，表示希望能够参与到"一带一路"中，在能源、科技、健康、铁路运输及环境保护领域与中方及沿线国家开展深入合作。目前，中国与捷克在"一带一路"倡议背景下的首个合作项目是建立北京与布拉格直达航线，直飞航班的建立有助于加强中捷、中国与中东欧间的人员往来及经济关系。在工业区转型方面，捷克工业发展经验可为东北老工业基地转型升级提供借鉴。捷克工业体系完整、发达，具有深远历史渊源，并在本国经济中处于支柱地位，这一特征显示其与中国东北老工业基地在资源条件、工业发展水平、在国民经济中的地位与

① ［捷］利博尔·塞奇卡. 捷克：已做好积极参与一带一路的准备［J］. 中国投资，2015（8）：10，64-66.
② 中国—中东欧合作关乎"一带一路"战略实施［N/OL］. 2016-03-29. http://finance. cnr. cn/jjpl/20160329/t20160329_521740007. shtml.

作用、产业结构调整的动因等方面具有较大相似性和可比性。捷克工业转型较为成功，目前产值占国民经济总产值近1/3，是工业占比最高的欧盟国家。积极引进外资是捷克工业持久保持活力、转型成功的关键，捷克主要制造商品牌均为外资企业，其具体发展经验值得东北地区参考与借鉴。[1]故中国应加强与捷克的合作力度。

---

① 苑生龙. 中捷经贸关系发展趋势与政策建议［J］. 中国物价，2015（10）：10-12.

第二十一章

"一带一路"与东盟热点问题综述

第一节 　"一带一路"与南海问题

一、南海问题的症结

关于南海问题的症结，一种观点是，当前跨太平洋地区的问题源于各国安全理念的滞后、安全机制的破碎和安全热点问题的集中发酵。[①]另一种观点是，南海问题是因为美国的深度介入。有人认为，秩序之争是中美博弈的核心。[②]也有人认为，这是美国希望获取地缘政治和地缘经济利益的手段，美国通过搞"离岸平衡"，让域内国家与中国相互争斗，利用矛盾给中国制造麻烦，消耗中国的实

---

① 王鸿刚. 关于跨太平洋安全架构及"一带一路"建设的思考，"现代院论坛2015"发言摘编. 现代国际关系，2015（11）. 各国战略以及国内的思想均不同程度地存在对抗性、零和性和不平等性的安全理念，这在21世纪各国普遍联系的背景下是滞后的；亚洲虽然有一些安全对话和安全合作的机制，但是它们或者有比较明显的重复，或者行动力不够，包容性不够，对各国的约束力和保障力也不够。由于没有像样的机制，所以针对地区很多安全问题没有人真正提供有效的公共产品和充足的安全服务；由于安全理念、安全机制都没有与时俱进，所以导致中日之间、日俄之间、日韩之间、中国同东盟一些国家之间，围绕黄海、东海、台海、南海、朝鲜半岛等一系列地区热点问题展开了比较激烈的安全博弈，安全热点集中发酵。

② 张洁. 南海争端会阻碍"一带一路"倡议的推进吗？［J］. 党员干部之友，2015（9）：40–41.

力，从而确保自己的安全和利益。①

二、南海问题对"一带一路"倡议在东南亚的落实有消极影响

南海问题在一定程度上削弱了中国—东盟的政治与安全信任度，妨碍了"一带一路"倡议在东南亚地区的落实。尤其是在南海问题上与中国摩擦越多的国家，与中国的经贸关系与基础设施合作就越少，对中国"一带一路"倡议的欢迎度就越低。②不仅如此，南海问题对"一带一路"的挑战还具有全局性。东南亚是海上交通要道，在地缘政治上具有独特性和重要性，还是亚洲主要经济体的集中地，从东盟开始推进"一带一路"是必然的选择。但是，南海问题确实造成中国东盟政治互信的削弱，也导致对这个地区投资的政治风险上升。因此，中国要考虑到未来在南海的战略部署，若是以维权为主则势必会增加挑战。③

三、"一带一路"要优先于南海问题的彻底解决

就目前国际国内的形势而言，"一带一路"要优先于南海问题的彻底解决。一方面，中国的经济影响力不足以对南海问题的解决发挥决定性作用，与美、日甚至一些欧美国家相比，中国对周边国家的经济影响力仍然有限。④另一方面，东盟共同体是一个集经济、政治、安全三位于一体的复合型概念，中国与整个东盟共同体谈判会增加中国通过外交渠道解决南海问题的难度。⑤因此，中国应该明确周边战略的目标排序，即区域合作优先于南海问题的彻底解决，以推动"一带一路"倡议为周边外交的重心，通过经贸合作为中国

---

① 何亚非.南海与中国的战略安全［J］.亚太安全与海洋研究，2015（1）：1-8.
②④ 张洁.南海争端会阻碍"一带一路"倡议的推进？［J］.党员干部之友，2015（9）：40-41.
③⑤ 刘慧.东南亚是"一带一路"的重心所在［N］.中国经济时报，2015-06-29.

提供和平的发展环境以及解决领土的政治与安全互信。对此，中国应该发挥经济优势，通过"一带一路"建设，加强与周边国家的区域合作，真正实现互利共赢，构建稳定的周边环境。[①]

四、南海维权建议

由东亚的现实环境与中国的国家利益所决定，中国在短期内应该着眼于岛礁建设主体完工后岛礁的民事利用与国际开放。[②]从中长期来看，应该通过磋商南海行为准则、明确南海断续线性质以及应对南海"国际仲裁案"等，构建有利于中国的地区安全规则秩序。最终，通过以"一带一路"为核心的互利共赢的区域合作机制以及以南海问题为核心的安全秩序的构建，构建有利于中国的周边秩序。[③]正如习近平主席所强调的，推动建设海洋强国对推动经济持续健康发展，维护国家主权、安全、发展利益以及实现中华民族复兴，都具有"重大而深远的意义"。中国坚持走和平发展道路，但"决不能放弃正当权益，更不能牺牲国家核心利益"，在用和平谈判方式解决争端的同时，也要"做好应对各种复杂局面的准备"，提高海洋维权能力，坚决维护中国海洋权益。[④]

关于安全方面支撑的具体操作：第一，中国要增强现代海洋意识，树立现代海洋观和现代海洋战略意识，要把属于自己的海洋当作国土的有机组成部分，增强利用海洋资源为国家谋利益，通过海洋来保障陆地安全。第二，要加强经济和军事实力建设，有效维

---

①③　张洁.南海争端会阻碍"一带一路"倡议的推进吗？[J].党员干部之友，2015（9）：40-41.

②　刘慧.东南亚是"一带一路"的重心所在[N].中国经济时报，2015-06-29.北京军事科学院大校、研究员栗大龙称，中国选择海上主要面对的对象是东南亚国家，在经济强大且制造业能力强的前提下，我们必须在海上扩展岛礁。岛礁建设是基地，无论是从"一带一路"还是从国家安全抑或是未来领土问题的角度出发，这都是必需的。船舶建设也非常重要，以此保障海上丝绸之路的通畅。

④　张洁.海上通道安全与中国战略支点的构建——兼谈21世纪海上丝绸之路建设的安全考量[J].国家安全研究，2015（2）：100-118.

护海洋权益。随着中美在亚太地区的竞争关系将呈现常态化趋势，中国要通过在东南亚地区设点布局，为中国的海上活动提供力量支持，帮助中国逐渐发展远程作战能力。[①]第三，要尽快确立国家的战略目标，制定切实可行的维权时间和空间路线图。要循序渐进地落实这些维权措施，先易后难、先近后远，逐步收回被占岛礁，真正行使管辖权和开发权，根据历史界定合理区分海洋分界线，在行政管理、国防设施、民用建筑、资源勘探及旅游开发等方面，统一规划和逐步实施。第四，鼓励国企民企等多种力量加大、加快对海洋资源、特别是油气资源的勘探和开发，使之成为内陆资源生产的替代区；有条件的岛屿可发展海岛旅游，使南海经济多元化成为国民经济新增长点之一。最后，要力所能及地承担提供南海地区公共产品的责任，为构建公正、公平、合理的海洋秩序作出应有的贡献。[②]

五、与东盟提升政治安全互信

在共同架构跨太平洋安全的过程中，中国和东盟应该形成共同的安全理念、规则意识和多中心的合作模式。安全架构核心的理念是共同体意识；形成规则意识是为了防止冲突；多中心的行动模式是希望中国、美国、东盟、日本、澳大利亚以及其他国家多元共同参与、共同治理，从而获得多赢的结果。[③]

在具体操作层面，首先，中国应该坚持在2013年倡导的双轨思路处理南海问题，即有关争议由直接当事国通过友好协商谈判寻求和平解决，而南海的和平稳定则由中国与东盟国家共同维护。[④]其

---

①　张洁. 海上通道安全与中国战略支点的构建——兼谈21世纪海上丝绸之路建设的安全考量［J］. 国家安全研究，2015（2）：100-118.

②　何亚非. 南海与中国的战略安全［J］. 亚太安全与海洋研究，2015（1）：1-8.

③　王鸿刚. 关于跨太平洋安全架构及"一带一路"建设的思考——"现代院论坛2015"发言摘编. 现代国际关系，2015（11）：1-13.

④　张洁. 南海争端会阻碍"一带一路"倡议的推进吗？［J］. 党员干部之友，2015（9）：40-41.

次，中国应努力增强东盟国家对中国周边睦邻友好政策的认识和理解，继续推进"中国—东盟国家睦邻友好合作条约"的商签进程，为双方关系提供法律和制度保障。对南海等敏感问题，中国与东盟国家应推进落实《宣言》和"准则"磋商，妥善管控分歧，推动务实合作，共同维护南海的和平稳定。[①]再次，中国应该参与和推动东南亚的海上双边及多边合作，充分利用中国—东盟海上合作基金，发挥在技术和人员方面的优势，资助沿岸国家疏浚航道、治理海洋污染，参与东南亚海上通道的管理机制建设等。[②]

第二节　"一带一路"与跨太平洋伙伴关系协定

一、TPP对中国的影响以及对东盟国家的影响

（一）TPP对中国的影响

跨太平洋伙伴关系协定（Trans-Pacific Partnership Agreement）简称TPP。关于TPP对中国的影响，多数学者持谨慎和警惕的态度，倾向于批判地看待TPP机制及其可能的影响，如TPP会带来的贸易转移效应，削弱中国的竞争优势。[③]但也有学者认为，TPP对中国并不构成重大的威胁，中国有能力把自己设计、开发和生产的产品通过

---

① 徐步，杨帆.中国—东盟关系：新的起航［J］.国际问题研究，2016（1）：35-48.
② 张洁.海上通道安全与中国战略支点的构建——兼谈21世纪海上丝绸之路建设的安全考量［J］.国家安全研究，2015（2）：100-118.
③ 邹国勇，吴琳玲.TPP、RCEP背景下的中国—东盟自贸区建设：挑战与应对［J］.吉首大学学报（社会科学版），2016，37（2）：53-61.

其他TPP成员打入美国市场。①

（二）东盟国家的TPP角色分析

面对TPP协定，东盟国家的心态是很复杂的。TPP中的东盟国家希望借助该协定拉近其与美国的关系，避免过分依赖中国，但也担心在实施中难以承受TPP所设的高标准；未加入TPP的东盟国家则害怕东盟的地区主导地位受到威胁。除了TPP缔约国与非TPP缔约国的区分外，按照加入TPP的态度以及TPP为各国带来的贸易效应，还可以将东盟国家分为三类。第一类是新加坡和文莱，其本身经济规模较小，通过加入TPP来提升自己参与经济合作的话语权，继而服务于国内经济发展，对其是非常有利的，在之前的TPP谈判中他们也一直是积极推动的姿态。第二类是已成为TPP缔约国的越南和马来西亚，以及曾经在是否参与TPP谈判问题上前后摇摆不定的泰国、菲律宾和印度尼西亚。对于这些国家，TPP的高标准有助于倒逼国内经济体制改革，也可以获得国外市场机会。与此同时，TPP也会带来强制其开放市场，资金、技术、海外市场甚至是国家政治管理体制都面临着受发达国家影响的风险。第三类是由于经济水平相对落后，加入TPP还为时尚早的缅甸、老挝和柬埔寨。②

---

① 李秋斌. 全球价值链视域TPP与"一带一路"战略格局较量［J］. 闽江学院学报，2016（1）：31-38，104. 中国制造业的优势越来越体现在基础设施完善、产业链完整和规模效应上。中高端产品是重资产、技术密集型产业，中国这部分制造业的能力是不会轻易被TPP所影响的。虽然中国往东南亚出口的半导体、计算机、机械设备、移动电话等高端制造品可能面临日本、美国的挤压，但中国在这方面真正具备竞争力的企业早已有了非常完备的全球化战略；在FDI方面，凭借巨大的市场体量，外国资本很难轻易放弃中国；TPP在亚太地区形成一个封闭式的自贸圈，但TPP不可能离开中国。因为中国在其他发展中国家的投资规模，已经让中国有能力把自己设计、开发和生产的产品通过其他TPP成员打入美国市场。

② 谢法浩. 东盟国家的TPP角色分析［J］. 东南亚纵横，2013（11）：28-31.

（三）东盟推动RCEP与TPP竞争

一般说来，区域一体化进程通常是由本地区的大国所推动的，而在亚洲，由于大国之间在非经济领域的分歧，区域一体化进程长期以来则是由这一地区的小国集团——东盟所推动的。目前TPP、RCEP都处于谈判之中，谈判进程快的一方就可能设立新的贸易规则，推行有利的贸易标准、构建起占据主导地位的亚太经贸秩序。①TPP由于制度高度的自由化，未来有可能成为亚洲最重要的自贸区协定。RCEP的自由化程度较低，且谈判前景存在高度的不确定性。如果东盟无力掌控谈判的进程，未来的亚洲区域经济合作可能不是由区域内的大国所主导，而是由区域外的大国（美国）来主导，②但由于美国推动一体化并不是以整合亚洲为目标的③，这样的结果也不是东盟国家愿意看到的。

二、"一带一路"要借鉴TPP的高标准

（一）TPP的内容对中国战略实施有借鉴作用

事实上，中国FTA的议题深度和广度与TPP相比存在明显的差距。TPP的谈判议题一般主要集中在传统货物贸易问题、交叉问题和新兴贸易形式问题等这几个方面。中国目前签订的FTA议题大多集中在传统范畴之内，较少涉及交叉问题和新兴贸易议题。目前TPP谈判中包含的内容和条款具有高标准和全面自由贸易协定的特征，而且在TPP协议基本框架中还增加了劳工待遇、环境保护等内容，在广

---

① 马岩."一带一路"国家主要特点及发展前景展望［J］.国际经济合作，2015（5）：29.

② 李向阳.论海上丝绸之路的多元化合作机制［J］.世界经济与政治，2014（11）：4-17.

③ 王玉主."一带一路"与亚洲一体化模式的重构［M］.北京：社会科学文献出版社，2015.

度和深度上都比FTA具有前瞻性。①因此，必须全面客观评价TPP的影响，才能缩小与国际新型贸易协定的差距，引领国际自贸区的发展。②TPP是一个具体的协议，有具体条款，内容具有可操作性，而中国战略是宏观的，具有方向性、针对性。换句话说，战略的实施很多方面需要采取协议的形式。因此，TPP这样一个世界上最新颖、最全面的协议，能够对中国战略的实施具有借鉴作用，包括贸易和投资的范围，以及如何协调成员国之间从经济规模到发展水平之间的巨大差异等。③

具体来说，TPP与TTIP谈判中提出了高标准条款，强调全面的市场准入标准，建立以"负面清单"为基础的市场准入政策。其涉及诸多新的贸易问题，如环境问题、劳工标准、信息技术、新电子经济、透明与竞争性的市场环境等。同样，"一带一路"自由贸易协定也应当关注这些新的贸易议题和贸易规则，为进一步推动整合重要经济体参与的亚太自由区的目标实现奠定基础。但同时也应看到沿线国家经济发展水平的差距，应循序渐进扩充自贸协定的领域，逐步理解、接纳与践行基于全球价值链的现代高标准与高质量的贸易和投资政策规则，重新审视与评估传统贸易政策，逐步提高自由贸易协定的质量水平。④在与东盟合作方面，通过中国在东盟在新规则的关键条款上和美国的覆盖率的差别，升级版的中国—东盟自贸区应关注环保、劳工、竞争政策、知识产权、制度机制、国有企业、政府采购等第二代贸易政策，以及电子商务、核安全、采矿业、研发、信息传播、金融服务等领域。未来中国—东盟自贸区应该在服务贸易和投资领域作进一步的承诺，甚至可以考虑把TPP、

---

① 张卉. "一带一路"战略背景下中国参与FTA的现状、问题及对策研究［J］. 财经理论研究，2015（5）：23-30.

② 陈淑梅. "一带一路"引领国际自贸区发展之战略思考［J］. 国际贸易，2015（12）：48-51.

③ 杨国华. 论《跨太平洋伙伴关系协议》（TPP）与我国多边和区域一体化战略［J］. 当代法学，2016（1）：32-42.

④ 张晓君. "一带一路"战略下自由贸易区网络构建的挑战与对策［J］. 法学杂志，2016（1）：29-39.

RCEP中的一些新条款和新议题纳入中国—东盟自贸区升级谈判中，以提高中国与东盟经济整合的深度。①

（二）中国可适时加入TPP或推动TPP与RCEP融合

这些新议题的国际规则是高标准，但从长期和战略视角看，国际高标准规则对中国总体是有利的。因此，中国要以开放的态度参与国际新型区域一体化组织，从而能更快地融入国际规则制定潮流中。TPP中的一些高标准内容与中国全面深化改革的目标是一致的。TPP中的发展中国家能够做到的事情，中国也应该能够做到。中国应周密策划加入TPP的步骤，开展对TPP的全面研究，逐项对照中国的经济现状与战略目标，制订可行的加入谈判方案。这样中国可以通过有效参与控制议程覆盖面、成员范围与进程速度，最大限度减少对中国的不利影响。毋庸置疑，美国是TPP谈判的领导者，将来也会是TPP运作的主导力量。然而中国不是跟随者、旁观者，而是要做参与者、引领者，因此中国应该通过加入TPP，与美国一道承担起全球治理的大国责任。这同样是中美新型大国关系的重要内容。②此外，中国尽快加入TPP谈判有利于中国在规则制定中掌握主动权。中国可以通过加入TPP或积极推动RCEP与TPP融合的战略途径，强化建设FTAAP的努力，在提出FTAAP路线图的基础上，推动RCEP与TPP两条路径融合，③或者在APEC的自贸区框架下实现RCEP与TPP的整合，促进东亚FTA的均衡和协调发展，改变东亚FTA滞后于欧美地区的状况。④

---

① 王金波."一带一路"建设与东盟地区的自由贸易区安排［M］.北京：社会科学文献出版社，2015.

②④ 杨国华.论《跨太平洋伙伴关系协议》（TPP）与我国多边和区域一体化战略［J］.当代法学，2016（1）：32–42.

③ 李罗莎.中国参与全球区域经济一体化战略与对策研究［J］.全球化，2015（1）：84–96.

三、与TPP相比，"一带一路"具有相对优势

（一）"一带一路"的无门槛vsTPP的高标准

TPP和TTIP所追求的高标准并不是所有加入谈判的国家都可以达到的，一些发展中国家如越南等国能在多大程度上满足美国的高标准要求，将是美国实施TPP和TTIP战略能否成功所面临的重大考验。[①]"一带一路"与TPP最大的不同就是前者不设固定的门槛和标准，使各国可以根据自身发展水平和需要选择合适的模式进行合作；"一带一路"既可以单边，也可以双边或多边，合作方式更为灵活多样，囊括了更多内容，包括金融上的亚投行、丝路基金，贸易上的自由贸易区，还有基础设施互联互通等更为丰富的内容，这正是"一带一路"最有活力和吸引力的地方。[②]

（二）突破客观性的物理障碍和突破主观性的制度障碍

从经济自由化向一体化的迈进有一定连续性，仅靠自由化的制度难以实现。TPP可能会消除制约一体化的主观性制度障碍，但不解决基础设施建设等领域的客观性的物理障碍，根本无法实现真正的跨太平洋地区的一体化。[③]东盟也意识到了这一点，在《东盟互联互通总体规划》中，东盟根据自身一体化面临的主要挑战，作出了具有针对性的互联互通战略安排。这与"一带一路"倡议的主要内容不谋而合。"一带一路"是物理性的、实体性的，而TPP更多的是软性的、制度性的。因此，中国的"一带一路"倡议更适应沿线及周边国家经贸发展的具体国情及发展需要。

---

① 申现杰，肖金成.国际区域经济合作新形势与我国"一带一路"合作战略［J］.宏观经济研究，2014（11）：30-38.

② 李秋斌.全球价值链视域TPP与"一带一路"战略格局较量［J］.闽江学院学报，2016（1）31-38，104.

③ 王玉主."一带一路"与亚洲一体化模式的重构［M］.北京：社会科学文献出版社，2015.

(三) 中国的资金和技术优势

东南亚国家在制造业和基础设施等领域均面临着缺乏资金、技术与经验，发展能力较弱等问题。而中国作为世界制造业大国，不仅可以凭借强大的生产供给能力在扩大双边投资和贸易上发挥中国的引领作用，且可以发挥中国的资金、技术等优势，依托双边投资和贸易协定，扩大对沿线周边国家的贸易进口和投资额度，弥补沿线周边国家经济发展在资金、技术、外汇缺口及发展经验上的不足。[①]

四、中国应对TPP的对策

(一) 开展双边FTA，减轻贸易转移压力

中国以 "一带一路" 推动立足于周边国家的双边自贸协定谈判是应对TPP的一个重要突破口。事实上，较多成员国集体进行TPP谈判，虽然谈判质量最高，但同时也是难度最大、阻碍最多的谈判；相反，一些更为务实和灵活的双边FTA谈判的成本更低，成功率更高，时效性更强，因而更容易被别国接受。[②]中国可以利用TPP谈判成员以及APEC成员同美国的分歧，一方面循序渐进地推进以 "10+3"、"10+6" 为主导的亚太自贸区；另一方面加紧推进同亚太经贸伙伴的双边FTA建设，从而构建以中国为核心的FTA网络来抵消TPP的冲击。具体来讲，在TPP压力下，中国应该顺势加速中日韩自贸区谈判。中国以双边自贸区谈判将TPP中相应国家剥离以后，将大大稀释TPP对中国造成的贸易转移压力。从竞争上看，这些国家对美国免税，对我们也免税，抵消了对中国的不利影响；同时中国与

---

① 王玉主. "一带一路" 与亚洲一体化模式的重构 [M]. 北京：社会科学文献出版社，2015.

② 张卉. "一带一路" 战略背景下中国参与FTA的现状、问题及对策研究 [J]. 财经理论研究，2015（5）：23-30.

美国的双边FTA也并非没有可能。中国与TPP之间的关系在很大程度上可以简化为中国与NAFTA之间的关系。美国是NAFTA的关键，因此可以考虑启动中美FTA谈判，使中国对TPP的应对由战略被动转为战略主动。①

（二）推动RCEP谈判，使其与TPP形成竞争

为了避免或缩小TPP可能对中国产生的贸易转移效应，RCEP仍是中国中短期内的最佳选择。中国应加速RCEP谈判，在战略上形成与TPP的平行竞争态势，布好"一带一路"合纵连横之局，提供更丰富灵活的区域一体化安排。因为TPP与RCEP是亚太一体化路径上的"欧美模式"和"东亚模式"，中国要强力推动RCEP谈判，引导RCEP在机制、理念上显示出相对于TPP的优越性。②在RCEP谈判中，中国也要进一步研究和明确自身的攻势利益和守势利益。一方面，主动出击，积极要求其他国家开放市场，利用扩大出口和对外投资推动中国企业的产业链升级，此为攻势；另一方面，对于RCEP谈判中短期难以接受或承诺的议题可以安排过渡期或者在国内进行先行试点（比如说在自贸区内进行试点改革），此为守势。这样一来，才能在打造CAFTA升级版的同时，不致使原先的CAFTA面临妥协和弱化。③

（三）诉诸多边谈判，推动WTO回归正轨

双边贸易协定固然重要，但全球重大问题最好还是采取多边谈判来解决，多边贸易协定更符合中国利益。多边谈判往往就一项议题专门谈判，容易取得成功，也会产生迈向多边协定的推力。中国是全球化进程的受益者，应坚持多边合作，支持WTO在全球贸易治

①② 李秋斌.全球价值链视域TPP与"一带一路"战略格局较量［J］.闽江学院学报，2016（1）：31–38，104.

③ 邹国勇，吴琳玲.TPP、RCEP背景下的中国—东盟自贸区建设：挑战与应对［J］.吉首大学学报（社会科学版），2016，37（2）：53–61.

理中发挥重要作用，可考虑重命名多哈谈判或开展WTO多边全新谈判，尽快使多哈回合谈判回归正轨。[①]

（四）通过香港节点帮助中国内地接轨TPP

香港有望成为TPP与RCEP互动的关键，中国可以在风险可控的条件下，与香港就TPP协议部分条款进行试点，对香港单方开放，积累可推广、可复制的开放经验。香港率先同时加入TPP、RCEP两个协议，观察、对比和沟通，对冲TPP对"一带一路"的冲击，降低"一带一路"实施过程中西方主导的TPP、TTIP等方面的制度阻碍，并推进中国力主的RCEP、亚太自贸区等方面的制度优化，规避政治围堵，实现互联互通。同时，香港不仅连接东盟，也连接欧美，与美国进行TPP谈判的阻力远小于中国内地。与美国就TPP展开磋商谈判，不仅有利于为中美TPP谈判投石问路，也可以缓和TPP对"一带一路"的冲击。此外，作为成熟的独立经济体，香港还可以透过世界贸易组织、亚太经济合作组织、亚行等多边平台，为"一带一路"提供建设经验和宣传推广，做"一带一路"的"超级联系人"。[②]

第三节　打造中国—东盟自贸区升级版

中国和东盟的合作已经进行了20多年，形成了一套行之有效的机制。中国国务院总理李克强在2013年第十届中国—东盟博览会开幕式上提出了打造中国—东盟关系"钻石十年"的倡议，并以"2+7合作框架"为其实现的路线图：在深化战略互信、聚焦经济发展两

---

①　李罗莎.中国参与全球区域经济一体化战略与对策研究［J］.全球化，2015（1）：84-96.

②　刘诚.香港：一带一路经济节点［J］.开放导报，2015（4）：60-62.

点共识的基础上，推进政治、经贸、互联互通、金融、海上、安全、人文七个领域的合作。自2014年9月开始，中国构建21世纪海上丝绸之路的倡议与东盟各国达成利益共识，双方争取在2015年完成"2+7合作框架"的中国—东盟自贸区升级版谈判。中国—东盟自贸区升级版谈判即是着眼于实质性提升贸易投资自由化和便利化水平的新举措，将在现有框架基础上进一步提升双边贸易自由化程度，降低关税与非关税壁垒，缩短敏感行业准入过渡期，降低或取消相互投资的准入门槛，加强区内基础设施和信息互联互通、跨国金融服务以及产业合作，形成较高水平的区域经济一体化新格局。升级后的中国—东盟自贸区将成为拉动区内经济增长的强大引擎，切实加强发展战略对接。[①]

一、中国—东盟自贸区目前的不足

（一）自贸区利用率不高

目前，中国—东盟自贸区的优惠政策被企业利用的水平最高只能达到20%左右，这源于自贸区协定本身过于复杂、企业缺乏利用自贸区的能力、政府提供自贸区协定的信息不充分等因素。企业利用自贸区的主要障碍是一些便利化措施落实不到位，交易成本高；投资、服务市场开放度低，许多领域如知识产权、政府采购、技术与环境问题的开放没有涉及；在互联互通和金融服务等经济发展环境方面还存在融资、法规等瓶颈限制。[②]其根本原因是亚洲自贸区协定的自由化程度较低，整个区域缺少统一的自贸区协定，相互交织的自贸区协定都有自己的原产地规则，致使"意大利面碗"现象突出。[③]

---

① 徐步，杨帆.中国—东盟关系：新的起航［J］.国际问题研究，2016（1）：35-48.
② 魏民.打造中国—东盟自贸区"升级版"：问题与方向［J］.国际问题研究，2015（2）：127-140.
③ 李向阳.论海上丝绸之路的多元化合作机制［J］.世界经济与政治，2014（11）：4-1.

（二）关税削减效应式微

中国与东盟贸易联系和经济相互依赖程度日益加深，这得益于相互关税减让的制度红利。但是随着中国—东盟自贸区协议的逐步落实和实施，单纯的关税削减效应，即贸易创造效应和刺激效应逐渐式微，非关税壁垒和边境内措施的抑制作用却愈发明显。[①]

（三）贸易内容单一

过去10年，中国—东盟自贸区基本完成了传统领域的合作，自贸区定格在货物贸易层面已不合时宜，自贸区需要从单纯的双边货物贸易关系转变为以商品、服务与投资贸易，特别是以投资为基础的综合合作关系。如服务贸易是未来双边经济发展的重点领域。互联互通、金融合作、货币互换等也是下一阶段合作的重点。[②]

（四）基础设施建设不足

从东盟互联互通建设现状看，东盟交通要道质量低劣，公路网不完整，铁路连接中断，海上和港口基础设施落后，数字科技差距明显，能源网络不连贯，缺乏促进东盟互联互通的制度保障。[③]从成因来看，东南亚地区基础设施互联互通的建设步伐明显落后于社会经济发展，主要是受市场狭小、融资困难，以及技术与人才储备不足等客观因素影响。基础设施互联互通建设投资大、施工难、收益慢，规模经济效应明显，因此对东南亚的中小国家而言，很难在缺乏外力支持的情况下启动相关建设。[④]

---

① 王金波. "一带一路"建设与东盟地区的自由贸易区安排［M］. 北京：社会科学文献出版社，2015.

② 魏民. 打造中国—东盟自贸区"升级版"：问题与方向［J］. 国际问题研究，2015（2）：127-140.

③ 曹云华，胡爱清. "一带一路"战略下中国—东盟农业互联互通合作研究［J］. 太平洋学报，2015，23（12）：73-82.

④ 周方冶. "一带一路"视野下中国—东盟合作的机遇、瓶颈与路径——兼论中泰战略合作探路者作用［J］. 南洋问题研究，2015（3）：39-47.

（五）金融体系制约

跨国金融服务能力不足同样困扰着自贸区的升级。东盟国家政治、经济发展不平衡，各国间银行金融政策体系、法制建设水平差异较大，已经严重制约中国与东盟之间的经济往来，形成了新的金融门槛。此外，东盟国家间还没有健全的外汇合作机制，给金融外汇交易造成更大风险。[①]

二、中国—东盟自贸区升级版未来的合作领域

（一）基础设施建设

互联互通和基础设施建设密不可分，对区域经济一体化的作用十分明显。基础设施投资存在乘数扩张效应，有可能拉动更多的社会投资需求，同时也能够通过互联互通扩大各国、各地区的经贸合作，形成网络效应，能够对世界经济形成长久和可持续的支撑。[②]东盟国家有基础设施建设的需求，也做出了具有针对性的互联互通战略安排，这可以与中国提出的"一带一路"倡议形成对接。

（二）产能合作

深入挖掘产能合作潜力。东盟是中国优势产能走出去的优先承接地。中国同东盟开展国际产能合作既服务于中国国内经济转型升级，也契合东盟国家发展需要，有利于把东盟后发优势转化为经济增长的动力。双方应继续以综合产业园区等为抓手和平台推进中国—东盟产能合作，找准机会集中建设装备制造、矿业冶金、通信科技等产业园。中国的铁路、通信、核电、水泥、平板玻璃等

---

① 魏民. 打造中国—东盟自贸区"升级版"：问题与方向［J］，国际问题研究，2015（2）：127–140.

② 冯宗宪，李刚."一带一路"建设与周边区域经济合作推进路径［J］，西安交通大学学报（社会科学版），2015，35（6）：1–9.

产业技术和装备先进，具有国际竞争力，在东盟市场上可以大有作为。[①]

（三）金融合作

中国和东盟国家可以深化金融合作，共同推进亚洲货币稳定体系、投融资体系和信用体系的建设，推动亚洲债券市场的开放和发展，加快构建开发性金融机构并促其健康运作，加快丝路基金组建运营和深化银行联合体的作用。具体路径上，要扩大沿线国家双边本币互换、结算的范围和规模，扩大人民币在"一带一路"的使用范围；[②]共同推进亚洲基础设施投资银行筹建，扩大金砖国家新开发银行的服务对象和范围，推动建立上海合作组织开发银行，推动建立中国—东盟海洋合作开发银行；深化中国—东盟银行联合体、上海合作组织银行联合体务实合作，以银团贷款、银行授信等方式开展多边金融合作。

中国与东盟可以加强金融监管合作，建立亚洲区域性高效监管协调机制。中国与东盟合作参与"一带一路"建设，不仅要解决融资问题，也要解决资金运作的安全问题。因此，需要加强金融监管合作，建立健全高效监管协调机制。双方可以共同完善风险应对和危机处置制度安排，构建区域性金融风险预警系统，形成应对跨境风险和危机处置的交流合作机制；加强征信管理部门、征信机构和评级机构之间的跨境交流与合作；充分发挥丝路基金以及各国主权基金作用，引导商业性股权投资基金和社会资金共同参与"一带一路"重点项目建设。

中国与东盟可以建立金融人才培养合作机制，为中国与东盟

---

① 徐步，杨帆.中国—东盟关系：新的起航［J］.国际问题研究，2016（1）：35-48.

② 吕娅娴."一带一路"背景下人民币区域国际化问题研究——以云南和东盟为例［J］.金融经济，2016（4）：3-5.学术界普遍认为人民币国际化有两条道路：全球路径和区域路径。然而人民币国际化走全球路径要受到当前国际货币体系、中国贸易结构不平衡和金融层面的制约。人民币区域化与周边化的先行俨然已成为未来人民币国际化的基本共识。

合作参与"一带一路"建设提供人才支撑。中国和东盟国家总体上来说仍然属于发展中经济体，因此，中国与东盟合作参与"一带一路"建设需要加强合作，共同培养急需的金融人才。①

（四）能源合作

东南亚国家在能源上都是较强的需求方，这个地区在能源安全通道、能源基础设施的互联互通建设，以及地区能源交易机制，包括石油和天然气的交易上都有共同利益。能源和新能源的合作可能是中国和东盟合作关系中的一个增量。②中国应进一步推进跨东盟输气管道项目建设，把东南亚国家主要的天然气产区和消费中心连接起来；同时，完善油气储备库，调节市场终端价格和井口价格。此外，中国与东南亚在水电和电网建设方面优势互补，具有较好的发展前景。东南亚水电资源的开发，将依托中国西南水电基地的建设与发展，实现中国—东盟电网的互联互通，优化电力资源的配置。③

（五）农业合作与粮食安全

东南亚地区在世界稻谷生产上具有特殊重要的地位，世界上最大的稻谷出口国处在这一地区。今后，中国与这一地区的粮食合作应努力解决以下几个问题：一是尽快采取措施加强政策协调，制定粮食合作规划，着力加强跨国粮食产业的产能合作，引导中国优势粮食企业走出去，与东盟主要产粮国实现粮食产业的对接；二是支持中国企业积极参与东盟国家与粮食产业有关的基础设施建设，和东盟国家共建一批有特色的跨国粮食产业园区，同时推进边境经济合作区和跨境经济合作区的建设，打造跨国粮食产业链；三是积极

---

① 张家寿.中国与东盟合作参与"一带一路"建设的金融支撑体系构建健全金融支撑体系［J］.东南亚纵横，2015（10）：42-46.
② 刘慧.东南亚是"一带一路"的重心所在［N］.中国经济时报，2015-06-29.
③ 李平，刘强."一带一路"战略：互联互通、共同发展——能源基础设施建设与亚太区域能源市场化［M］，北京：中国社科出版社，2015.

稳妥推进与东盟有关国家在租地种粮方面的合作；四是积极开展粮食生产和流通领域的技术合作。①

三、建设中国—东盟自贸区升级版面临的问题与挑战

（一）东盟优先建设东盟共同体，分散了对升级版的关注

2015年是东盟国家较为繁忙的一年，东盟不仅要专注自身共同体建设，还要牵头完成RCEP谈判。并且，东盟国家中有4个国家是TPP成员，TPP谈判争取于2015年达成协议。在这些宏大目标方面的努力，一定程度上分散了东盟对中国—东盟自贸区升级版建设的关注。

（二）个别国家担心进一步开放会给本国产业带来冲击

中国与部分东盟国家的产业结构较为相似，尤其是在一些劳动力密集产业上的竞争仍然非常激烈。从贸易商品结构来看，东盟许多国家对中国的出口都集中在机电、矿产品、化工产品等领域，在拓展欧美、日本、韩国等外部发展空间上，东盟许多国家又与中国存在较强的竞争和替代性，故东盟个别国家担心进一步开放会给本国产业带来冲击。

（三）地区经济发展面临的内外不确定性增强

受欧美等主要经济体经济复苏乏力的影响，东盟的经济增速也在放缓，除柬埔寨、老挝、越南等国外，大多数东盟国家经济增长低于预期。经济结构改革压力增大，国内保守主义倾向上升，不利于贸易与投资的进一步自由化。2015年东盟国家的经济增长前景受制于全球经济不确定性的影响。美国退出量化宽松政策以及国际原

---

① 赵予新，马琼．基于多边合作机制推进"一带一路"区域粮食合作［J］．国际经济合作，2015（10）：69-73．

油价格下跌对东盟经济增长的双重影响将进一步显现。如此内外部不确定的影响因素使东盟国家的经济发展遇到困难。

（四）来自中国国内的阻力和难度加大

从经济层面看，升级版内容正在升级，有些新的贸易规则和领域是过去未触及的，新领域的开放必然会遇到新的阻力。从政治层面看，中国与东盟谈判一直奉行多予少取的原则。过去中国与东盟国家关系顺畅，在谈判中有所让步也合情合理，但近年来与东盟个别国家的关系有所恶化，谈判也需要兼顾国内民众的情绪，[①]这样来自中国国内的阻力和难度必然加大。

四、建设中国—东盟自贸区升级版的政策建议

（一）积极参与自由贸易区谈判

如今的自由贸易协定谈判内容已不仅仅限于关税的减免，而是更加关注区域内争端的解决措施，如RCEP谈判的范围已经延伸至货物贸易、服务贸易、投资、经济和技术合作、知识产权、竞争政策等内容，而美国发起的TPP谈判也将范围扩展至竞争中立、劳工标准等领域。因而中国必须积极参与自由贸易区谈判建设，积累经验，在完善已有自由贸易协定的同时，积极推动高标准自由贸易区的建设。可以考虑采取双边与多边相辅相成的交互式发展路径。一方面，依托"一带一路"建设，积极推进与部分东盟国家的双边探路者合作，并以此为战略支点，通过样板效应引导和激励其他东盟国家参与合作，从而形成以双边促进多边的以点带面态势。另一方面，通过中国—东盟合作的多边磋商平台，将双边探路者合作中取得的相关成果多边化和机制化，从而有效降

---

① 魏民. 打造中国—东盟自贸区"升级版"：问题与方向［J］. 国际问题研究，2015（2）：127–140.

低双边合作的不确定性，避免因对象国政治或安全因素变化引起双边合作进程的倒退。①

（二）发挥海外华侨的桥梁作用

海外华侨华人拥有巨大的经济和政治潜力，能够进一步扩展中国的地缘政治经济纵深，强化中国地缘政治利益，构建稳定的"中国—东盟命运共同体"，丰富中外文化和人员交流。在东盟和21世纪海上丝绸之路沿线地区，华侨华商人数众多，经济实力雄厚、社会影响巨大。初步估计，生活在东南亚各国的华侨华人大概有2400万，占世界华人华侨总数的80%。②华商经济成为东南亚许多国家最重要的经济支柱，在东南亚上市企业中，华人公司要占到70%左右，世界华商企业500强中也约有1/3在东盟国家。③

华侨华人在"一带一路"倡议中的桥梁作用主要表现在两个方面：一是"一带一路"倡议的实施需要华侨华人到中国通过引进先进的技术、参加投资等途径参加"一带一路"项目的开发建设；二是华侨华人利用其在当地政治、经济、文化等领域的影响力，形成更广泛的民意基础，加强相关国家和地区对中国"一带一路"建设倡议的认同与支持。④基于上述考虑，政府应该尽快出台总体规划，制定政策法规，健全体制机制；中国政府、商协会和贸易投资促进机构应面向海外华商，以打造中国—东盟自贸区升级版、21世纪海上丝绸之路建设为主题，举办多种形式的洽谈会、博览会和招商推介会，为海外华商参与搭建有效平台；国务院侨办和政府相关机构应建立与海外华商的常设联系机制，及时了解其参与打造中国—东

---

① 周方冶."一带一路"视野下中国—东盟合作的机遇、瓶颈与路径——兼论中泰战略合作探路者作用［J］.南洋问题研究，2015（3）：39-47.

② 中新."一带一路"带热福建与东盟合作［J］.福建轻纺，2014（10）：1.

③ 杨联民.把打造中国—东盟自贸区升级版作为实施"一带一路"国家战略的重要抓手［N］.中华工商时报，2015-04-01.

④ 盛毅，任振宇.发挥东盟国家华侨华人在"一带一路"中的桥梁作用［J］.东南亚纵横，2015（10）：28-31.

盟自贸区升级版和21世纪海上丝绸之路建设方面的所思所想、所遇到的问题和困难、所提出的诉求和建议，及时准确地传达有关国家发展战略、政策和规划方面的信息，避免因信息滞后和误差造成合作障碍；充分发挥海外华商社团和商会的积极作用，使其成为海外华商积极参与打造中国—东盟自贸区升级版和21世纪海上丝绸之路建设的策划者和组织者。①

（三）企业先行

"一带一路"规划最终要通过中国企业走出去来实行，规范企业的行为、明确中国企业在东盟应尽的社会责任非常重要，这直接关系到命运共同体建设的成败。②为了鼓励优质企业优质产品走出去，政府应制定相应的优惠政策，优中选优，重点培育优质企业优质产品，多方面为其走出去开放绿色通道，提高中国电器产品在东盟市场的占有率，重点重塑中国制造高端质量的形象。

企业先行反映出"一带一路"倡议是以项目为立足点的实施策略，中国可以考虑采取立足项目建设推动规则创新的滚动式发展路径。首先，依托"一带一路"建设的大型基建项目红利，激发东南亚各国新兴利益集团的革新诉求；其次，在项目建设过程中，针对新规则的合理性与可行性进行反复验证，并加以及时修正与调整；再次，将验证有效的新规则融入既有体系，以引导新项目建设，从而形成"项目—规则—项目"的良性循环。③

① 杨联民. 把打造中国—东盟自贸区升级版作为实施"一带一路"国家战略的重要抓手〔N〕. 中华工商时报，2015-04-01.

② 陆建人. "一带一路"倡议与中国—东盟命运共同体建设〔J〕. 创新，2015（5）：44-50.

③ 周方冶. "一带一路"视野下中国—东盟合作的机遇、瓶颈与路径——兼论中泰战略合作探路者作用〔J〕，南洋问题研究，2015（3）：39-47.

(四) 充分发挥次区域合作优势

中国倡导成立的澜沧江—湄公河合作机制是中国同东盟有关国家进行次区域合作的新机制，它有利于发挥有关国家区位及互补优势，是对中国—东盟整体合作的有益补充与拓展。有关国家在2016年举行首次领导人会议，有关方应尽快将相关合作理念落到实处，打造中国—东盟合作新亮点。同时要进一步落实好《大湄公河次区域经济合作计划》，继续推进泛北部湾经济合作、中国—东盟东部增长区等次区域框架下务实的贸易投资合作。①

(五) 实施高标准的开放性政策

推进中国与丝绸之路沿线及周边国家在服务业领域的相互开放和制造业领域的全面开放，大幅度放宽相互间在绿地投资、并购投资、证券投资、联合投资等方面的外资准入限制。

(六) 建设全面性的制度安排

在包括货物贸易、投资保护、原产地规则、海关手续、贸易救济、卫生和植物检疫措施、贸易技术壁垒、竞争政策、知识产权、政府采购、劳工与环境、临时入境、透明度、争端解决、伙伴关系、行政制度与条款、一般与例外条款等领域，建设全面性的制度安排。②

(七) 提高企业对自贸区的利用率

由商务部牵头通过问卷调查法和面谈调查法摸清中国不同地区利用自贸区的实际情况，界定中国不同地区影响企业利用自贸区的关键因素。在"一带一路"沿线国家进行调研和比较研究，找到影

---

① 徐步，杨帆. 中国—东盟关系：新的起航 [J]，国际问题研究，2016（1）：35-48.

② 申现杰，肖金成. 国际区域经济合作新形势与我国"一带一路"合作战略 [J]. 宏观经济研究，2014（11）：30-38.

响不同国家和地区自贸区使用情况的共性和个性因素，以便更好地利用自贸区，提高企业对自贸区的利用率，让更多企业从国际自贸区发展中获益。①

---

① 陈淑梅. "一带一路"引领国际自贸区发展之战略思考［J］. 国际贸易，2015（12）：48–51.

第二十二章

"一带一路"与上海合作组织的区域一体化

第一节　安全合作抑或经济合作

一、初衷是安全合作

上海合作组织起源于1989年，是由中国、俄罗斯、哈萨克斯坦、吉尔吉斯斯坦、塔吉克斯坦组成的关于加强边境地区信任和裁军的谈判进程的组织。一直以来，安全合作都是上合组织的优先发展方向，也是其基本动力所在。其中，以打击恐怖主义、分裂主义与极端主义三股势力为重点的非传统安全合作成效显著，得到了本地区与国际社会的高度认可。当前，上合组织已成为维护中亚区域安全不可或缺的重要支柱，为丝绸之路经济带建设创造了较为稳定的安全环境。①经过10余年的发展，上海合作组织已经走上平稳的发展轨道，但也面临一些问题，如一些中亚地区成员国质疑上合组织解决个体安全问题的能力，认为中国内部安全问题会波及他国，②甚

---

① 陈小鼎，马茹. 上合组织在丝绸之路经济带中的作用与路径选择［J］. 当代亚太，2015（6）：63–81，156–157.

② Marlène Laruelle and Sébastien Peyrouse. The Chinese question in Central Asia: Domestic order, social change, and the Chinese factor［J］. Asian Affairs, 2014, Vol.45（1）：148–150.

至出现组织成员国"逆经济一体化"的情况。①目前舆论普遍认为，上合正在实现从地区安全组织向区域经济共同体的转变，但上海合作组织毕竟是由边境谈判机制成功转型为地区性国际组织的典型范例，②即使要再进行第二次转型，也要坚持把安全合作、维护地区稳定作为第一优先方向的方针。③

二、安全合作仍是首要目标

中亚国家在转型过程中积累了大量因市场、民主和法制不完善所滋生的政治腐败、经济失衡、社会贫困、生态恶化等问题，并伴之历史遗留下来的领土、民族、宗教、水资源分配等方面的冲突。因此，能否平稳实现新老领导人的更替还存在着诸多不确定因素，同时内部稳定也面临严峻挑战。中国和哈萨克斯坦学者则认为，中亚国家实现政权平稳交接有一定的制度保障，而且中亚的宗教影响弱于中东，世俗力量强大。例如，哈萨克斯坦在促进就业，管控民族宗教问题等方面就有一些成功的做法。由此，专家建议上海合作组织各成员应加强治国理政经验的交流。④

2014年美军撤离阿富汗后，西方可能削减甚至取消对阿富汗政府的巨额援助。一旦阿富汗内乱再起，会导致其境内的恐怖活动、毒品贸易和大量武器扩散到周边国家，使上海合作组织面临的外部安全压力加大。同时，中东巨变后伊斯兰极端思想形成新一波狂潮，正向中亚地区扩散，中亚各国都面临着保持世俗化、抵制伊斯兰化的艰巨任务。

---

① 张恒龙，谢章福.上海合作组织区域经济一体化的条件与挑战——基于二元响应模型的计量分析［J］.俄罗斯研究，2014（2）：71-90
② 陈舟，张建平.上海合作组织十年发展回顾及思考［J］.和平与发展，2011（5）：31-36，71-72.
③ 陈玉荣.上海合作组织走过十年辉煌历程［J］.当代世界，2011（7）：41-44.
④ 朱舜，王锋，蒋涛，等."一带一路"建设与空间经济学在中国的理论和实践——中国空间经济学国际研讨会（2015）暨上合组织开放合作论坛综述［J］.经济研究，2015（12）：178-182.

基于上述几点因素，有专家认为，未来上海合作组织的战略定位和发展路径必须立足于本地区的现实情况，充分考虑各成员国在参与地区合作上的资源和能力差异，不能简单效仿欧盟那种紧密的一体化模式，而要从本地区各国最紧迫的利益关切出发务实推进合作，优先考虑加强重点领域的机制建设与合作协议的落实。不过，关于上海合作组织发展的优先任务方面存在着不同看法。普遍意见认为，深化安全合作仍然是上海合作组织的第一要务，打击"三股势力"是上海合作组织各成员面临的共同挑战，是未来发展不可动摇的目标。同时，上海合作组织要加强边境管控，加大对跨国组织犯罪的打击力度，还应加强紧急救灾、大型活动安保合作和油气管道安全机制建设。[①]由此可见，安全合作仍是上合组织合作的首要目标。

三、呼吁"一带一路"框架下上海合作组织的经济合作

2014年9月，习近平主席在上合组织元首杜尚别峰会上第一次呼吁上合组织成员国参与丝绸之路经济带建设。他指出，"目前，丝绸之路经济带建设正进入务实合作新阶段，中方制定的规划基本形成。欢迎上海合作组织成员国、观察员国、对话伙伴国积极参与，共商大计，共建项目，共享收益，共同创新区域合作和南南合作模式，促进上海合作组织地区互联互通和新型工业化进程"。同年12月，李克强总理在上合组织成员国政府首脑阿斯塔纳会议上谈道："中方提出的丝绸之路经济带与上合组织有关国家的发展战略是相衔接的。中方愿同各方加强磋商与合作，共同促进产业转型升级。"此次会议发表的联合公报第一次"对中华人民共和国关于建设'丝绸之路经济带'的倡议表示欢迎，认为上合组织成员国就此

---

① 朱舜，王锋，蒋涛，等."一带一路"建设与空间经济学在中国的理论和实践——中国空间经济学国际研讨会（2015）暨上合组织开放合作论坛综述［J］.经济研究，2015（12）：178-182.

进行协商与合作具有重要意义"。2015年7月，习近平主席在上合组织元首乌法峰会上再次表示："我们希望丝绸之路经济带建设与上合组织各国发展规划相辅相成，将同有关国家一道，实施好丝绸之路经济带与欧亚经济联盟对接，促进欧亚地区平衡发展。"此次会议发表的上合组织《乌法宣言》和《新闻公报》第一次表示"支持中华人民共和国关于建设丝绸之路经济带的倡议"。同年12月，李克强总理在上合组织政府首脑郑州会议上第一次将上合组织的经济合作与丝绸之路经济带建设联系起来，谈促进区域经济合作问题。他表示，"这次会议主要议题是在建设丝绸之路经济带等倡议背景下制定各领域合作新举措……中方愿推动丝绸之路经济带建设同上合组织各国发展战略及欧亚经济联盟等机制对接，促进地区开放、包容、共享发展"，并建议将上合组织打造成丝绸之路经济带建设的"安全合作平台、产能合作平台、互联互通合作平台、金融合作平台、区域贸易合作平台、社会民生合作平台"。此次会议发表的联合公报不仅"重申支持中华人民共和国关于建设丝绸之路经济带的倡议"，并且"相信上合组织成员国与观察员国和对话伙伴国在实施丝绸之路经济带倡议等框架下的通力合作，将促进经济持续发展，维护地区和平稳定"。①

四、与"丝绸之路经济带"的重合性

有观点认为，"丝绸之路经济带"的提出将会对上合组织原有的地位造成影响。它表现在上合组织已从中国最重要的平台变为最重要的平台之一，而且，在某些方面中国对"丝绸之路经济带"的热情有可能超过上合组织。中国是上合组织的主要推动者，一旦中国降低对它的定位，上合组织的政治地位及其重要性自然会在无形之中下降。并且，随着中国对"丝绸之路经济带"的重视，上合

---

① 李新. 上海合作组织：共建丝绸之路经济带的重要平台［J］. 俄罗斯学刊，2016（2）：29-37.

组织的部分功能可能向其转移，特别是在经济领域。两者经济合作的主体、地域和领域都相同或相近。不可否认，两个机制同时推动经济合作有可能更有效，但如果"丝绸之路经济带"发展得更快更好，客观上将是对上合组织的超越和替代，上合组织的经济合作功能将因此被弱化。虽然有此忧虑，但是上合组织在政治、安全、地区关系、国际影响等方面，有着"丝绸之路经济带"难以替代的重要功能。上合组织可考虑进行功能结构的调整，调整的方向是突出上合组织在政治、安全、地区关系、国际问题上的合作功能。

第二节　加强农业合作与能源合作

一、合作现状

中国对中亚地区的直接投资存量保持了较快的增长速度，尤其是2012年出现了爆发性增长，这种变化主要来源于中国对哈萨克斯坦直接投资存量的大幅增长。中国对哈萨克斯坦的直接投资占对中亚直接投资的一半以上。[1]但是整体来看，中亚国家的贸易便利化程度很低，全部名列100名之后，其中中亚四国（吉尔吉斯斯坦、哈萨克斯坦、塔吉克斯坦和乌兹别克斯坦）全部位于倒数水平，贸易便利化程度最高的国家亚美尼亚也不过排名110名。分析可知，影响这一地区贸易便利化程度的最突出因素主要有两点：一是过于漫长的进出口时间，如乌兹别克斯坦长达104天的进口时间；二是高昂的进出口成本，如塔吉克斯坦高达10650美元/箱的进口成本。[2]

---

[1]　周五七."一带一路"沿线直接投资分布与挑战应对［J］.改革，2015（8）：39-47.

[2]　张建平，樊子嫣."一带一路"国家贸易投资便利化状况及相关措施需求［J］.国家行政学院学报，2016（1）：23-29.

对于中国和中亚国家，在深化双边经贸合作中有很多利益契合点，双方分别在能源和矿产资源产业链、基础设施领域、农产品贸易，以及水电资源开发利用四个方面进行了通力合作。近年来，中国政府除了重点落实已有的包括"交通和贸易便利化战略行动计划"、"贸易政策战略行动计划"、"能源领域合作战略"以及"综合行动计划"在内的区域合作框架外，还立足于本国利益，优化经贸合作结构，改革相关机制程序，从而争取实现双方贸易的便利化。

二、扩大农产品贸易，增强农业技术、投资合作

根据海关数据，2008~2013年中国从中亚进口产品贸易规模非常小，并且以边境小额贸易为主，未来应以扩大规模和种类、提升产品层次为目标，积极发展互补型贸易，扩大对中亚地区紧缺的水果、蔬菜等鲜活产品和畜产品、深加工产品的出口，提升出口产品的附加值和技术含量，同时增强对中亚优势农产品的进口。为此应该做好三方面的工作：一是推动贸易便利化，充分利用已开通的中哈边境巴克图—巴哈特口岸农产品快速通关绿色通道，并加快其他口岸的该类通道建设和农产品检验检疫标准互认。二是大力发展加工贸易，做大做强面向中亚地区的农产品生产加工基地建设，依托瓜果、蔬菜、禽肉、水产品等中方的优势农产品和中亚国家的初级农产品，推动在边境省份建设一批标准化生产示范基地和以边境口岸地区为主的区域型农产品出口加工园区，培育和扶持一批外向型龙头企业，发展出口农产品专业合作社和组织，逐步形成集种植、仓储、加工和物流于一体的产业化经营格局。三是要完善亚欧博览会等农产品展销平台，加快跨境农产品市场流通体系建设。

根据中亚国家的产业优势、市场需求，有观点认为对中亚地区农业投资潜力较大的领域为：粮食综合开发与深加工、畜禽养殖及肉类皮毛深加工、果蔬种植与加工、油料与糖类作物综合开发、

棉花仓储物流及加工、农业机械装备，以及农业生产资料的投资合作。深化农业技术合作，主要方式包括开展技术援助和技术合作项目，建设现代农业技术示范园、示范农场；开展示范、推广和人员培训；建立联合实验室，开展重大科技课题的联合研究；广泛开展农业学术交流，加强农业人才的联合培养和人员培训等。[①]

针对当前农业投资项目规模小、层次低、竞争力弱等特点，加强中亚农业投资合作应该做好以下三点：一是扶持和培育大型粮棉油企业投向粮棉收储、加工等产业链的关键环节，引导企业向深加工、资本、技术密集型行业发展，提升投资的层次，增强农业合作中的主导地位。二是鼓励农业企业通过优势组合，组建企业联盟，共同建设农业科技园区、开发园区等方式，打造境外农业生产、加工、物流、营销及贸易全产业链，提高境外农业综合开发能力和产品竞争力。三是充分发挥农业援外项目对农业投资的促进带动作用，按照受援国生产消费习惯进行培育，使其成为农业走出去的技术支撑与服务平台。

三、加强与以俄、哈为主的国家的能源合作

当前中国能源贸易呈现以下特点：一是石油资源的供求缺口逐渐加大，石油进口贸易仍将持续快速发展。二是天然气供求形势趋紧，天然气进口贸易快速增长。天然气属于清洁能源，目前世界天然气贸易快速发展，从区域性向全球发展趋势明显。三是煤炭进口贸易发展加快。中国煤炭资源相对丰富，开发利用主要受环境约束。

习近平表示，中国应该加强各国能源政策的沟通，制定跨国油气管道安保合作具体措施。根据《〈上海合作组织成员国多边经贸合作纲要〉落实措施计划》和《2012—2016年上海合作组织进一步

---

① 张芸，杨光，杨阳. "一带一路"战略：加强中国与中亚农业合作的契机［J］. 国际经济合作，2015（1）：31–34.

推动项目合作的措施清单》，深化能源合作，加强石油炼化、成品油加工、煤化工等能源加工领域合作，同时推进风能、太阳能、水电等新能源项目，共同维护能源安全。"一带一路"主要涉及4个区域：上合组织所覆盖的中亚诸国、俄罗斯和中国；东南亚联盟国家；"10+3"所覆盖的10个东南亚国家和中日韩3国；南亚5国（印巴孟缅和阿富汗）。其中中亚6国是油路建设上最具实力和基础的地区，资源丰富且是油气主要过境国。[①]

中亚是能源开发与合作的核心地区。中亚国家的石油市场存在严重的产出过剩问题，需要通过国际市场进行转移消化，中亚与中国在石油市场上存在极强互补性和现实合作需要。自20世纪90年代以来，中国与中亚国家开展了卓有成效的能源合作。在石油合作和输油管建设领域，中国的国有石油公司——中国石油天然气集团公司（CNPC）、中国石油化工集团公司（SINOPEC），依靠双边政府签署的合同，在中国政府的财政支持下，以政府间协议以及收购股权等方式，对哈萨克斯坦的油田勘探开发与管道建设进行了大规模的投资。2006年第一条由中石油承建的中哈原油管道正式投入运营，从而使中国首次以管道方式从境外进口原油。中哈石油与管道合作不仅在一定程度上提高了中国的石油进口安全，也帮助哈萨克斯坦实现了石油出口渠道的多元化，成为中国与中亚国家能源合作互利双赢的典范。在天然气开发和管线建设方面，中国与中亚国家之间的合作进展迅速，效果显著，中亚—中国天然气管道被誉为"世纪管道"。[②]就进一步加强中亚—中国能源合作的建议而言，第一，以直接投资方式参与中亚国家的能源生产和经营活动，中国对中亚国家的投资方式以直接投资为主，特别是对哈萨克斯坦能源领域。直接投资属于进入国际市场的高级阶段，中国的走出去战略所

---

① 陆如泉，赵晓飞，苏敏，张晶.全力打造"一带一路"油气合作2.0版本［J］.国际石油经济，2015（11）：15-18.

② 孙溯源，杜平."一带一路"与中国在中亚的能源合作：区域公共产品的视角［J］.复旦国际关系评论，2015（1）：152-170.

指的主要就是投资模式。中国企业应充分抓住走出去战略新机遇，利用好国家政策，特别是"一带一路"的重大机遇，继续扩大对中亚国家的能源直接投资，积极通过丝路基金、亚投行等新兴金融机构来获得更多的相关融资，把握好中哈产能合作新机遇，积极以直接投资方式参与中亚国家的能源生产和经营活动。第二，努力构建中国新疆—中亚能源陆上通道。新疆地处亚欧大陆腹地，是中国向西开放的前沿，接近世界最大的经贸、能源、旅游市场，具有开发中亚、西亚、南亚、俄罗斯和欧洲市场的巨大潜力。因此，可以以开发新疆石油、天然气及铺设管道从里海和中亚地区进口能源为中心，充实铁路、高速公路、航空网等跨越欧亚大陆的基础设施，推进沿线地区的经济发展。构建新疆能源大通道，将促进国内外市场的连接，向东西两端延伸和拓展，最终将西接中亚经济圈，东联亚太经济圈，还可使西部地区与内地沿海、沿江、沿边地区联成一体，形成东西南北中全方位开放的格局。同时，充分利用新疆在丝绸之路经济带的区位优势，实现中国与中亚的基础设施互联互通，提高现有中哈石油管道的利用效率。第三，应借助上合组织这一平台，倡导建立能源一体化体系，有针对性地将中亚地区的能源供应国和东亚、东南亚的能源消费国联合起来，吸引更多的能源供应国参与这一体系，以保障能源安全，促进整个地区经济的共同繁荣。[①]

此外，中俄能源开发与合作进程加快。俄罗斯是世界能源大国，能源生产与出口在全球占据重要地位，一直以来，俄罗斯能源的主要消费市场是欧洲和独联体国家。乌克兰危机后，欧洲调整能源战略，进一步降低了对俄罗斯的能源依赖。俄罗斯在2014年年初发布了2035年能源战略草案，计划未来20年对亚太地区能源出口翻倍，这也是中国借助"一带一路"建设加强与俄罗斯油气开发合作的最佳契机。2013年，中石油与俄罗斯石油公司签署增供原油合同。合同规定，俄方将在25年内向中国增供3.6亿吨原油（每年1440

---

① 李淑静，贾吉明."一带一路"战略下我国与中亚国家能源合作的思考［J］.当代经济，2015（23）：6–8.

万吨），合同总价值达到2700亿美元。长期以来，俄罗斯对国内油气资源尤其是上游业务控制严格，中国没有太多的机会参与。直到2014年，两国政府签署了东线对华供气的最终协议，俄罗斯向中国石油企业提供了直接投资上游业务的机会。"一带一路"的能源建设必然推动两国在油气方面加深合作，帮助俄罗斯实现能源出口多元化，同时对中国能源需求提供较多补充。[①]

第三节　上海合作组织开发银行

2010年11月，时任总理温家宝在杜尚别出席上海合作组织成员国第九次总理会议时建议上合组织深化财金合作，研究成立上海合作组织开发银行，探讨共同出资、共同受益的新方式，扩大本币结算，促进区域经贸往来。

一、反对意见

有观点认为，上合组织可考虑进行功能结构的调整，调整的方向是突出上合组织在政治、安全、地区关系、国际问题上的合作功能。在经济领域，则一方面突出重点领域，集中于有最大共识和多边形式领域的合作，诸如规则制度建设、国计民生的项目、消贫减灾、环境保护等；另一方面，上合组织可缩减合作范围，主动放弃一些功能和项目，并可将其转移到"丝绸之路经济带"。可考虑放弃的功能和项目有两种情况：一种情况是已证明在上合组织内难以推动的，另一种情况是可能对未来的发展形成制约的，包括对"丝绸之路经济带"的发展会造成制约的，比如说上合组织开发银行。

---

① 张生玲，魏晓博，张晶杰."一带一路"战略下中国能源贸易与合作展望［J］. 国际贸易，2015（8）：11-14，37.

如果中国未来可能以更大的空间作为操作平台，那么现在上海合作组织开发银行就会成为未来发展的一个问题。①

二、赞同意见

对于考虑成立上合组织开发银行的提议持赞同意见的人士认为，如此可以打破现有融资模式，促进金融合作，助力共同发展。②

（一）实质性金融支持需求

2006年，上合组织银联体开始运作。该银联体遵循市场化原则，凭借上合组织成员国政府的推动作用，各成员共同为上合组织框架下的大型项目提供金融服务。但银联体机制的设计缺陷使其融资效率低下，这主要表现在两个方面：一是融资模式的不可持续性；二是轮值协调效果不理想。中国是银联体的积极推动者和主要出资国，这虽然反映了中国对本组织经济金融合作的重视，但其他成员的参与度不够使得金融风险主要由中国承担，故从长期来看上合组织银联体的融资模式是不可持续的。银联体是一种比较松散的合作形式，采取轮值的办法协调融资合作。当由个别经济实力较弱的成员国担当轮值主席时，其"受援国身份"和"协调国身份"不相匹配，在具体项目中的协调能力受到限制。在上合组织区域内，众多国际性金融机构为本区域合作项目提供融资服务，如亚洲开发银行、欧洲复兴开发银行等。相比较之下，仅仅是松散合作组织的银联体在竞争中一直处于劣势。长此以往，这将极大影响上合组织成员国间的经济合作效果，也必将削弱本组织的影响力和向心力。因此，在上合组织框架下建立一种有效的融资机制为区域合作

---

① 赵华胜. "丝绸之路经济带"的关注点及切入点 [J]. 新疆师范大学学报（哲学社会科学版），2014（3）：2，27–35.

② 韩东，王述芬. 创新上合开发银行建立模式 打造中亚经济发展新引擎 [J]. 新疆社会科学，2015（3）：53–60，169.

项目提供实质性金融支持已迫在眉睫。

(二) 能源投资融资需求

就金融合作对贸易合作的规模和质量的提升而言,上合组织成员国彼此之间的贸易水平呈现不均衡的特征,中亚国家的双边贸易规模还比较小,发展空间极其广阔。以中国与其他成员国的双边贸易为例,按照相关规划要求,2015年,中俄双边贸易额达到1000亿美元,中哈达到400亿美元;2017年,中乌达到50亿美元;2018年,中塔达到30亿美元。为如期完成上述贸易发展目标,上合组织成员国须进一步发掘贸易合作潜力。中亚国家矿产资源丰富,储量位于世界前列,拥有巨大的贸易潜力。能矿资源投资对于发展中亚各国经济,激发贸易潜力,扩大贸易合作规模,提升整个区域的经济合作水平具有重大意义。此外,非资源领域的投资也将对各国调整产业结构,实现经济多元化目标,提升贸易质量产生深远影响。但是,开发能矿资源需要强大的金融支持,中亚各国的财力无法满足庞大的资金缺口,迫切需要外部融资解决资金需求问题,因此加强本区域金融合作已成为深化区域经济合作最为紧迫的任务之一。

俄罗斯与中亚国家的经济结构均以能源为主,以能源投资带动经济增长是其共同的发展路径。单个国家的财力无法支持上述规模的资金投入,在上合组织框架下进一步完善融资机制,寻求区内外资金的优化配置,加大对各国大型项目的投资,已成为促进各国经济发展以及区域经济合作的客观需要。

(三) 互联互通网络的融资需求

不断深化的经济合作为上合开发银行建立后的经营活动提供了重要支撑,当前,构建互联互通网络体系是上合组织提升贸易投资便利化水平的先决条件。未来一段时间,中国与上合组织其他成员国实施电力联网有两个重点:一是建设俄罗斯远东地区向中国输电通道;二是打造"丝绸之路经济带"输电走廊,建设从中国新疆到中亚五国的输电通道。在交通基础设施网络方面，上合组织成员国将进一步深化公路、铁路、航空和管道运输合作，构建贯穿本区域的国际立体运输走廊，开展交通领域人员培训与经验交流，与观察员国和对话伙伴国共同打造上合组织统一交通运输体系。下一步，上合组织将加快建设欧亚洲际公路运输通道，即中国—中亚—伊朗—土耳其—欧洲、中国—哈萨克斯坦—俄罗斯—欧洲、中国—哈萨克斯坦—里海—欧洲。上合组织信息高速公路项目是以光纤通信网络为主、辅以卫星通信，连接6个成员国的商用化信息通信平台，在此平台上用交互方式传输图像、语音、数据等多种信息，为各国政府机构、研究机构、企业或个人提供包括电子政府、视频会议、远程教育、电子商务在内的信息应用服务，从而缩小本地区与发达国家间的数字鸿沟。以上大型项目的融资需求将会为上合开发银行的业务拓展提供广阔的空间。

三、上海合作组织开发银行的模式建议

有观点认为，上海合作组织开发银行应采用"中哈双边—上合多边"的模式。不论从人口、面积还是经济总量上说，上合组织都是一个庞大组织，更要紧的是，其内部政治和经济差异性巨大，各国的想法不完全相同或相异，有的成员国之间关系不顺，要把它们全部整合起来、达成妥协和一致就更加不容易。[①]

而"多边""双边"合作方式符合上合组织经济合作原则。2004年通过的《〈上合组织成员国多边经贸合作纲要〉实施措施计划》中确立了一个重要的合作原则，即采用双边与多边相结合的合作原则。就是说，在组织框架内的合作，单靠多边不行，单靠双边更不行，必须将两者结合起来。[②]2005年10月26日，上合组织成员国政府总理在莫斯科举行第四次会晤时签署了《〈多边经贸合作纲要

---

① 赵华胜.上海合作组织评析和展望［M］.北京：时事出版社，2012.
② 邢广程，孙壮志.上海合作组织研究［M］.长春：长春出版社，2007.

落实措施计划〉实施机制》，实施机制确立了开展经济合作项目的自愿原则，即成员国在自愿的基础上参与研究和实施共同项目。从上合组织的一系列经济合作文件中，可以清楚地看出，就上合开发银行的合作模式而言，采用循序渐进的先双边后多边的合作方式，是符合上合组织多边与双边相结合的经济合作原则的。

可以先由中哈做起，渐次扩展到全员参与，俄罗斯因素是影响上合开发银行组建进程的关键因素，中俄两国无论是经济总量、人口数量、政治军事实力都是在本组织具有关键性影响的国家。然而俄罗斯国内对建立上合开发银行意见并不统一，对中国经济影响力的扩大患得患失导致其态度的消极。上合组织成员国内部担忧上合组织的建立会使俄罗斯和哈萨克斯坦成为影响上合组织的杠杆，且中国人可能在该银行中占据主导地位。与此相反，俄罗斯科学院远东研究所副所长奥斯特洛夫斯基指出，成立上合组织开发银行对于该框架下多边经济合作成员国自身发展都有非常重要的推动作用，"成立上合组织开发银行的构想十分正确。通过这个银行，上合组织框架内的基础性合作能够得到实质性的落实。各国应该就成立这一银行的细节问题进行深入讨论"[①]。可见，俄罗斯对于"中哈双边—上合多边"模式的质疑之声未必会如想象中的那么大，创建上合开发银行正处于难得的历史机遇期。[②]

从中哈双边起步的经济条件来分析，当前，哈萨克斯坦的实体经济正处在金融危机后的复苏阶段，对资金的需求较为旺盛，但一直以来受制于金融业的支持乏力，金融资源供给不足同样制约着哈萨克斯坦经济发展长远规划的实现。因此，在世界经济复苏势头并不明显的当下，哈萨克斯坦调整经济结构的过程将是紧迫而艰难的，对于上合组织框架下经济金融合作需求也将与日俱增。与此同时，吉、塔、乌三国在该组织中经济实力较小，实现各自的发展目

---

① 孙力.上合组织合作潜力巨大［N］.人民日报，2008-08-22.
② 韩东，王述芬.创新上合开发银行建立模式 打造中亚经济发展新引擎［J］.新疆社会科学，2015（3）：53-60，169.

标可谓任重道远，在交通、电力、通信、能源等领域的投资资金缺口巨大，对于创办上合开发银行持非常积极的态度。①结合各国自身情况，在其积极的态度下采取"中哈双边—上合多边"的模式建立上合开发银行具有可行性。

四、促进上海合作组织自贸区建设

（一）政策促进

商务部新闻发言人沈丹阳在2016年5月5日的例行发布会上表示，欧亚地区正处于工业化加速发展和产业结构转型升级期，其经济发展战略及诉求与中国开展的"一带一路"建设和国际产能合作高度契合。下一步，商务部将会持续推进上合组织贸易投资便利化进程，适时开始上合组织自贸区可行性研究等工作。②

上海合作组织作为中国发起成立的第一个国际组织，在地区安全合作领域发挥了巨大作用，但成员国间贸易投资便利化水平依然较低。

根据《上海合作组织成立宣言》的规定和原则，2001年9月上合组织成员国政府签署了《上海合作组织成员国政府间关于区域经济合作的基本目标和方向及启动贸易和投资便利化进程的备忘录》，其设定的区域经济合作的基本目标包括改善贸易和投资环境，为逐步实现商品、资本、服务和技术的自由流动创造相应条件，扩大贸易和投资规模，发展服务贸易，建立和发展实施区域经济合作的机制，促进成员国经济共同发展。这一文件的签署标志着上合组织经济合作的正式启动。2002年通过的《上海合作组织宪章》第三条明确提出上合组

① 哈、吉、塔三国元首表示支持成立上合组织基金与开发银行. 2013-09-23. http://kg. mofcom. gov. cn/article/jmxw/201309/20130900316896. shtml.

② 张梦洁. 商务部：将适时展开上合组织自贸区研究［N/OL］. 2016-05-05. http://m.21jingji.com/article/20160505/herald/07e2962e177ada851130807bb15faafd. html.

织经济合作的方向："支持和鼓励各种形式的区域经济合作，推动贸易和投资便利化，以逐步实现商品、资本、服务和技术的自由流通。"2003年签署的《上海合作组织成员国多边经贸合作纲要》明确规定了合作的优先领域、主要任务和实施机制，标志着上合组织区域经济合作步入实质性阶段。2014年与2001年相比，上合组织对外贸易总额从6897.8亿美元增加到52698.7亿美元。其中，中国和俄罗斯与上合组织成员国贸易额均从100多亿美元上升到超过1000亿美元。为了扩大上合组织成员国之间的经济合作，中方多次提出建设上合组织自贸区倡议。但是，由于成员国经济发展水平和阶段不一致，经济结构差异很大，自贸区倡议一直没有得到主要成员国的同意。

全球金融危机以来，世界经济发展的区域一体化趋势进一步加强。美国正在分别针对中国和俄罗斯的崛起打造两个"经济北约"：吸收东盟和其他亚太地区国家参加的"跨太平洋伙伴关系协定"（TPP）和吸收欧洲国家参加的"跨大西洋贸易与投资伙伴协定"（TTIP），这是两个更高程度的自贸区。面对这种形势，中共十八届三中全会通过的《中共中央关于全面深化改革若干重大问题的决定》明确要求，"以周边为基础加快实施自由贸易区战略……形成面向全球的高标准自由贸易区网络"。2013年和2014年中央政府先后批准了上海、广东、天津、福建四个自由贸易试验区。伴随2014年中国与东盟自贸区升级谈判启动，中韩、中澳自贸协定谈判相继结束，北京亚太经济合作组织峰会决定启动和推进亚太自贸区（FTAAP）进程。中国已经与东盟、韩国、澳大利亚等22个国家和地区签署了16份自由贸易协定，正在商建的自贸区有6个，分别是中国与海湾合作委员会、挪威、斯里兰卡、中日韩自贸区，以及中国东盟自贸协定升级版和区域全面经济合作伙伴关系（RCEP）。通过上述签署和正在谈判的自贸协定，中国自贸区全球布局初步形成。也正是在这一背景下，俄罗斯和中亚等上合组织成员国意识到区域经济一体化发展的重要性和紧迫性。同时，由于俄罗斯卢布、哈萨克斯坦坚戈和乌兹别克斯坦苏姆大幅贬值，劳动力成本下降，竞争力大幅提升，俄罗斯和中亚国家在自贸区问题上的态度有所缓和。"研究推动建立中国与欧亚经济联盟自贸区这一长期目标"已经写进2015年5月中俄两国元首签署的《关于丝绸之路经济带建设和欧亚经济联盟建设对接合作的联合声明》中。哈萨克斯坦总统纳扎尔巴耶夫也建议将自贸区建设纳入上合组织经济合作日程。①

这一系列的政策鼓励正可以促进上海合作组织自贸区建设的推进。

（二）对上海合作组织自贸区建设的质疑

尽管如此，有学者认为目前上合组织自贸区实现的可能性已经很小，其主要原因有三。

一是中国未能准确认识上合组织其他成员国希望得到的经济利益以及它们的政治顾虑，导致中国的许多提议难以得到其他国家的支持和响应。中国之所以与上合组织其他成员国以贸易而非投资为主，就是因为贸易是国际经济合作中难度最小、门槛最低的方式，并非是中国有意而为之的。中国经济大而不强也决定了中国与中亚国家的经济合作将会是一个长期的过程，不可抱有像与东盟那样短期内建立自贸区的想法。②

中国忽视了影响区域经济一体化的政治因素。由于长期以来受中苏关系的影响，中亚国家对中国一直抱有疑虑和担心。对于中国巨大的经济规模，中亚国家也存在矛盾心理，一方面希望通过与中国的经济往来，取长补短，拉动本国经济发展；另一方面又担心自己会成为中国的原材料供应地和商品的销售地，成为中国的经济附庸，从而丧失经济独立。并且这种疑惧心理不仅对中亚国家的普通民众，而且对其政府官员、学者也有着根深蒂固的影响。这种担心

---

① 李新. 上海合作组织：共建丝绸之路经济带的重要平台［J］. 俄罗斯学刊，2016（2）：29-37.

② 王维然，陈彤. 关于建立上海合作组织自由贸易区的回顾与反思：2003—2013［J］. 俄罗斯东欧中亚研究，2014（6）：49-54，94.

如不能被消除，那就如一些学者所指出的："国际政策决定过程中的政治意图和经济利益相互影响……自由贸易协定谈判等诸多案例中，在经济因素之外，政治、外交、安全等非经济因素起到了间接而又至关重要的作用，在一些案例中甚至取代前者成为首要考量。"①

二是由于各国对区域一体化经济福利的认知存在差异，中国仍习惯于从发展中国家的角度来认知自身经济利益、制定贸易政策和发展与其他国家的经济往来。但对于中亚国家甚至俄罗斯来说，中国庞大的经济规模和强大的竞争力不能不使它们产生巨大的压力。中国应阐明俄罗斯、中亚国家如何能够从与中国的经济合作中受益，只有这样它们才能促进与中国的经济合作。

自贸区产生的经济福利与成本因国而异，中亚国家产业结构不完整、工业化水平低下、消费品匮乏以及投资环境不佳，而中国与中亚经济往来主要以贸易为主，特别是以中国对中亚国家出口为主，这对于中亚各国原有产业产生的冲击是极为巨大的。这些产业存在种种不足和缺陷，有的是技术远远落后而难以维系，有的是缺乏资金和管理，有的则是运营成本过高，它们在受到来自国外竞争时面临调整或倒闭的命运。因此，利益受损的产业和工人对与中国建立自贸区的建议持强烈反对态度，而这些国家的国内反对派往往以此为由对政府施压，从而对政府的决策产生影响。

三是中国未能准确把握本国经济对中亚国家产生的影响，中国在经济方面对中亚国家影响力不大的主要原因在于俄、哈吸纳了吉、塔、乌等国的劳动移民，既解决了这些国家的就业又给其带来了宝贵的外汇收入。中亚国家当前的能源供给、基础设施主要还是依赖苏联时期建立的体系，因此尽管俄罗斯经济实力大不如前，但仍然能够在许多层面对中亚国家发挥关键性的影响。尽管如此，中国未能充分意识到中亚国家与中国的贸易为前者带来的经济利益，

---

① 贺平.贸易政治学研究［M］.上海：上海人民出版社，2013.

如边境贸易和巴扎贸易对解决中亚国家就业、企业家培育、资本积累和市场体系发育等方面的潜在作用，往往因相关研究的缺乏而被忽视。[①]中国与中亚国家的贸易不仅满足了中亚国家的国内需求，实现了社会稳定，而且还为中亚国家创造了大量的就业机会，如吉总统府官员曾指出，转口贸易平台为该国创造了50万个就业岗位。[②]

这三大方面的研究导致产生了对上海合作组织自贸区建设的质疑，日后需要注重避免此认识缺陷，从而促进上海合作组织自贸区的建设。

[①]　David Trilling. Kyrgyzstan：Garment Industry Is a Bright Spot in Gray Area［EB/OL］. http://www. eurasianet. org/node/66119，2012–10–29.

[②]　［吉］努尔苏卢·阿赫梅托娃. 吉总统办公厅官员谈吉加入关税同盟问题［N/OL］. http://www. yaou. cn/news/show. php?itemid=7692，2013–10–09.

第四编

战略、模式和机制

第二十三章 "一带一路"沿线国家战略

2013年习近平主席提出"一带一路"倡议，这与沿线国家具有共同发展诉求，从而得到多国的积极响应。"一带一路"是中国与沿线国家、周边国家乃至世界大国共同发展的大事。[①]"一带一路"贯穿亚欧非大陆，是庞大的系统工程，需要相关国家但不限于古代丝绸之路范围的共建。后危机时期，各国在世界经济回升乏力的大环境下提出本国经济发展战略，希望找到本国战略与其他国家战略的契合点。顺应这种客观趋势，中国"一带一路"倡议的提出正是将中国外交的重点放在推进"一带一路"倡议与沿线国家发展战略的对接方面上。

"一带一路"是中国沿着陆海古代丝绸之路，构建亚欧大陆经济走廊，带动中亚、西亚、南亚、东南亚并辐射非洲等区域，推进中国与沿线国家乃至亚欧共同发展的战略构想。[②]致力于亚欧非大陆及附近海上通道的互联互通，构建全方位、多层次、复合型的联通网络，扩大基础设施投资，寻求新常态下的新增长动力。"一带一路"的互联互通项目将推动沿线各国发展战略的对接与耦合，它以

---

① 王海运等."丝绸之路经济带"构想的背景、潜在挑战和未来走势［J］. 欧亚经济，2014（4）：5–58，126.
② 杨红，王晶. 中日韩三国服务贸易技术结构及其演进研究——基于出口复杂度的实证［J］. 国际商务（对外经济贸易大学学报），2014（2）：5–12.

打通中国向西通道等交通网络建设为先导，建立中国与沿线国家间新型经济合作关系，连接拉动世界经济发展的两大引擎。[①] "一带一路"秉持的是"共商、共建、共享"原则，它"不是中国一家的独奏，而是沿线国家的合唱"，"不是要替代现有地区合作机制和倡议，而是要在已有基础上，推动沿线国家实现发展战略相互对接、优势互补"。[②]因此有必要对"一带一路"沿线国家的发展战略及其与中国"一带一路"倡议的契合点加以分析。

第一节 蒙古国"草原之路"

中国提出"一带一路"倡议受到沿线国家的广泛关注，蒙古国是古代草原丝绸之路的必经之地，其提出的"草原之路"战略与中国的"一带一路"倡议形成良好契合。

一、战略背景及主要举措

蒙古国提出"草原之路"战略主要基于两方面背景。一方面，地广人稀的蒙古国具有丰富的煤和铜矿等矿产资源，这些矿产资源成为蒙古国的重要经济支柱。而投入使用现代化铁路等完善基础设施的建设举措将有助于降低矿产出口成本，同时也能有效提升出口能力，有利于蒙古国经济发展。另一方面，作为中国古代丝绸之路通商历史上最为典型的中西方商贸通道之一，草原丝绸之路彰显了陆地草原商路的辐射力，也体现了中蒙两国合作的重要意义，其

---

① 国家发展改革委，外交部，商务部. 推动共建丝绸之路经济带和21世纪海上丝绸之路的愿景与行动［EB/OL］. http://www.qianhuaweb.com/content/2015-03/28/content_5696598.htm.2015-03-28.

② 习近平. 迈向命运共同体 开创亚洲新未来——在博鳌亚洲论坛2015年年会上的主旨演讲［EB/OL］. http://news.qq.com/a/20150329/001371.htm.

核心地带正是中国与蒙古国接壤的草原地带。因此,在传统天然的陆地交通联系的基础上,中国与蒙古国希望扩展战略合作的广度和深度,以进一步推动中蒙乃至整个东北亚地区的合作态势。中国提出"一带一路"倡议规划中强调草原丝绸之路的继发性,对此蒙古国作出积极回应。2013年,蒙古国政府提出建设连接中蒙俄三国的"五大通道"发展战略,包括铁路、公路、电力、天然气、石油等五个方面,这项战略在2014年被改为"草原之路"发展战略。

由于地处欧亚之间的地理优势,以及随着中蒙两国全面战略伙伴关系的确立,2014年11月蒙古国提出准备实施"草原之路"计划,依靠运输和贸易振兴蒙古国经济。这项计划主要由5个项目组成,总投资需求约为500亿美元,项目内容主要涉及高速公路建设、输电线路建设、扩展铁路建设,以及天然气和石油管道扩建等领域。高速公路建设方面计划建设长达997公里直通中俄,输电线路方面计划新建1100公里等。蒙古国的"草原之路"战略可能为其新建交通干道沿线带来更多商机,带动产业升级改造。同时能源产业和矿业作为蒙古国的核心产业也将因"草原之路"战略获得发展机遇。据蒙古国政府的估计,经营中俄间天然气和石油的过境运输业务将在2020年为蒙古国赚取2000亿蒙图收益。[①]

二、与"一带一路"倡议的契合点

蒙古国的"草原之路"战略与中国"一带一路"倡议面临着同样的国际背景,均重视草原丝绸之路的发展历史和理念,也有希望消除合作瓶颈的意愿,双方在这三个方面的契合为推动中蒙关系发展奠定了基础。[②]

---

① 中华人民共和国驻蒙古国大使馆经济商务参赞处网站. 蒙古国启动"草原之路"计划以振兴经济 [EB/OL]. 中国商务部网站, 2014-09-27. http://www.mofcom.gov.cn/article/i/jyjl/j/201409/20140900746042.shtml.

② 华倩. "一带一路"与蒙古国"草原之路"的战略对接研究 [J]. 国际展望, 2015(6): 51-65, 153-154.

　　首先，"一带一路"倡议和"草原之路"战略是中蒙两国在面临同样的国际背景时作出的积极决策。中蒙两国均面临后金融危机时代全球经济复苏乏力和国内经济结构转型的局面。中国方面在改革开放后经济进入全新发展阶段，面临经济调结构和转型升级。"一带一路"倡议是中国深化改革开放的重要一环，也是更好地与欧亚大陆各国乃至世界深化合作的契机。尤其是在目前面临经济发展新常态的背景下，对外开放方式的不断调整更是基于中国经济增速放缓的现实所作出的积极决策。蒙古国经济发展目前也正处于低迷时期，调整政策也是基于其实际需求。2011年蒙古国经济增速达到峰值，达17.3%。此后经济增速明显下滑，2012年为12.3%，2013年为11.8%。受国际大宗商品价格下滑的影响，蒙古国2014年前三季度的经济增速降至7%。2015年上半年，蒙古国与世界122个国家和地区的贸易总额同比减少17.2%。[①]蒙古国政府一直在努力寻求本国经济战略的调整，以实现经济的持续高速增长。而中国作为蒙古国最大的贸易伙伴国，如何巩固中蒙贸易成果必然成为蒙古国考虑的重要问题。因此，如何实现更好的互利合作是中蒙两国的发展共识。

　　其次，"一带一路"倡议和"草原之路"战略均表明双方重视草原丝绸之路的发展历史和理念。历史上，草原丝绸之路的形成与其具有的天然的地理环境优势紧密相关。只有气候地理条件处于北半球中纬度地区的草原地带才最有利于中西方之间的商务交流。欧亚草原地带所具备的温带草原气候条件对于往来商旅的活动最为适宜，而欧亚之间的草原地带主要分布在中国的北方草原地区和蒙古国的草原上。这条天然的草原通道自然而然地成为古代中西方之间最适宜的陆路交流渠道。而这种历史上的必然性也在今天的"一带一路"沿线通道中显示出其独特的优势。无论是中国还是蒙古国都

---

　　① 2015年上半年蒙古国经济发展数据［EB/OL］．中华人民共和国驻蒙古国大使馆经济商务参赞处网站，2015-07-29．http://www.mofcom.gov.cn/article/jmxw/201507/20150701064372.shtml.

认同这条草原丝绸之路的历史价值，并且有意让其重现辉煌，使其在未来发挥更大的作用，也可为中国和蒙古国的经济沟通和文化交流作出更大的贡献。

再次，"一带一路"倡议和"草原之路"战略均体现出双方有消除合作瓶颈的强烈意愿，均有完善经贸合作基础设施建设的愿望。蒙古国自然资源丰富，一直倡导矿业兴国战略，因此对陆路交通的需求极大。除了每年有5000万吨左右的煤炭出口外，还有大量的铜矿、铁矿等出口。虽然中蒙之间的矿产品贸易额逐年增长，但是大部分靠公路运输，这使得运输费用居高不下，自然环境也受到极大污染，通关压力巨大。蒙古国资源的竞争力由于受限于交通运输能力而下降。而在未来三至五年，蒙古国矿产出口可能增加7000万吨。[①]因此，中蒙双方都有意将修建铁路等基础设施作为战略对接中需要解决的首要问题。无论是"一带一路"还是"草原之路"都将基础设施建设，尤其是铁路建设摆在了最突出的位置。作为连接亚欧大陆桥最近的通道，蒙古国希望利用其地理优势，一方面为中俄两国贸易运输提供便利；另一方面也可以建立横跨欧亚的运输走廊。因此建设新的中蒙跨境交通系统，不仅有利于中蒙两国利益，而且也符合东北亚各国的根本利益。

"一带一路"倡议助推"草原之路"战略的实现，后者将成为前者的有力对接伙伴。中蒙双方均有加强区域性经济及各方面合作的诉求。因此，蒙古国提出的"草原之路"战略有针对性地对接了"一带一路"倡议，同时"一带一路"倡议也有力地推动着蒙古国"草原之路"战略的实现。

---

① 华倩."一带一路"与蒙古国"草原之路"的战略对接研究［J］.国际展望，2015（6）：51-65，153-154.

第二节 俄罗斯"跨欧亚发展带"

一、战略背景及主要举措

2012年，普京在其第三个总统任期确定开发西伯利亚和远东为俄罗斯面临的重大战略性任务，目的是将西伯利亚和远东地区打造成亚太能源供应基地、粮食产业基地和木材产业基地，发挥欧亚运输走廊的作用。2013年俄罗斯科学院社会政治研究所所长Г.奥希波夫、莫斯科国立大学校长В.萨多夫尼奇和俄罗斯铁路公司前总裁В.雅库宁共同撰写了《作为国家优先发展方向的互联互通的欧亚基础设施体系》的报告，并于2014年3月11日在俄罗斯科学院主席团会议上提出了欧亚大陆共同发展的地缘经济、地缘政治和地缘文化全新构想，这个综合性规划被称为"跨欧亚发展带"。

"跨欧亚发展带"的依托是石油、天然气生产和加工基地以及新西伯利亚科学城，战略的主干是建立西伯利亚大铁路、东方石油管道、"西伯利亚力量"天然气管道，吸引欧洲和亚洲国家的资金和技术，形成一系列高新技术产业集群，建成从欧洲大西洋到亚洲太平洋的交通、能源、电信一体化发展带，使俄国成为西欧、北美、东南亚三大利益区的核心，从而实现西伯利亚和远东最大限度的开发。"跨欧亚发展带"的提出在会议上得到批准，并得到俄罗斯最高国家领导人的支持。

"跨欧亚发展带"的核心是基础设施一体化，不仅仅指的是西伯利亚大铁路这个俄罗斯所拥有的潜力，还包括共同发展基础设施的设想；既包括交通运输基础设施，也包括能源、科技、教育和社会基础设施等。[①]"跨欧亚发展带"的目标是形成现代科学工业区，使俄国的亚洲部分成为欧亚、欧美货物运输通道，最终实现开发西伯

---

① ［俄］В.И.雅库宁.跨欧亚发展带［J］.钟建平译.俄罗斯学刊，2014（4）：29-35.

利亚和远东的目的。

二、与“一带一路”倡议的契合点

2014年2月6日，习近平主席在出席索契冬奥会期间与俄罗斯总统普京的会晤中正式邀请俄罗斯参与丝绸之路经济带和海上丝绸之路建设。普京总统对此也作出了积极回应，表示愿意将跨欧亚铁路项目与中国丝绸之路经济带和海上丝绸之路进行对接。

2014年9月11日，上合组织杜尚别峰会期间，中蒙俄三国元首会晤时提出共同打造中蒙俄经济走廊的愿景。习近平主席在杜尚别举行的第一次中俄蒙元首会晤时指出，中俄蒙三国发展战略高度契合，可以把丝绸之路经济带同俄罗斯跨欧亚大铁路、蒙古国草原之路倡议进行对接，打造中蒙俄经济走廊，促进互利共赢合作，实现优势互补，共同发展，推动东北亚区域合作进程。[①]2015年7月，三国元首举行第二次会晤，批准了《中俄蒙发展三方合作中期路线图》，推动了中蒙俄经济走廊的进一步发展。中俄蒙有关部门分别签署了《关于编制建设中蒙俄经济走廊规划纲要的谅解备忘录》《关于创建便利条件促进中蒙俄三国贸易发展的合作框架协定》《关于中俄蒙边境口岸发展领域合作的框架协定》。中蒙俄经济走廊将中国的“一带一路”建设与俄罗斯的“跨欧亚发展带”、蒙古国的“草原之路”有机结合起来，通过交通、运输、电网等互联互通基础设施建设促进中俄蒙经济共同发展。[②]

“一带一路”与蒙古国的“草原之路”和俄罗斯的“跨欧亚发展带”契合，三者形成的经济走廊，将会促进地区国家的经济合作与发展，从陆路打开通往欧洲的经济合作大门，以交通、货物运输和跨国电网的链接，打通三国经济合作走廊。同时，这也意味着

---

① 习近平出席中俄蒙三国元首会晤［N］.人民日报，2014-09-12.

② 陈岩.“一带一路”战略下中蒙俄经济走廊合作开发路径探析［J］.社会科学辑刊，2015（6）：133-135.

"丝绸之路经济带"倡议从原来主要依靠亚欧大陆桥发展中国与中亚的合作，向东北拓展到中国与俄蒙的合作。

第三节 土库曼斯坦"天然气出口多元化"战略

一、战略背景及主要举措

土库曼斯坦作为能源出口国，能源安全意味着国家具有能源主权，能够合理确定能源出售价格，并且保证出口通道畅通。天然气是土库曼斯坦国民经济发展的命脉。2014年在天然气、纺织品、成品油、原油等主要出口商品中，天然气出口收入占总出口额的6成以上，占土库曼斯坦政府全年财政预算收入的3成以上。[①]土库曼斯坦国内天然气消费有限，并且相应的加工工业尚不发达，必须加快天然气工业及天然气出口，维持经济增长和民生项目投资。然而自土库曼斯坦独立后确定"能源富国战略"以来，因为历史因素和地缘政治影响，俄罗斯对土库曼斯坦的天然气出口通道和市场具有绝对控制权，形成了"能源权力"。[②]土库曼斯坦在出口数量和价格方面没有话语权，能源出口难以获得利益最大化，为摆脱俄国对土库曼斯坦的"能源权力"，保障出口通道顺畅和能源安全，亟须实现天然气出口多元化。实施天然气出口多元化战略的目的就是通过去俄化摆脱这种被垄断的地位，为摆脱这种权力结构，发展本国经济，土库曼斯坦开始积极推行"天然气出口多元化"战略。

通过与中国、伊朗的天然气合作，土库曼斯坦实施多元化战

---

① 根据土库曼斯坦2014年国家预算法，2014年全年预算国家财政收入941.291亿马纳特，合计约330.2亿美元。

② 俄罗斯的能源储备和能源通道优势使其对许多国家拥有间接的影响力和控制力，俄罗斯在放弃对苏联时期里海国家正式控制的同时仍然保持了对这些国家的权力。孙霞.关于能源安全合作的理论探索 [J].社会科学，2008（5）：46-53，190.

略削弱了俄对土天然气出口的垄断地位，摆脱了俄的"能源权力"控制。在理念上，土所追寻的目标是出口通道多元化，而非一家独大。中土天然气合作是土库曼斯坦天然气出口史上真正的转折点。20世纪90年代末，受俄罗斯中断土库曼斯坦天然气出口的影响，土库曼斯坦被迫加大开辟新的出口路线的力度以冲破俄罗斯的控制，在1998年提出修建通往中国的天然气管道的合作倡议。随着中国经济发展对能源需求的增长，2006年4月，在时任土库曼斯坦总统尼亚佐夫访华期间，中土两国政府签署了《关于实施中土天然气管道项目和土库曼斯坦向中国出售天然气的总协议》。根据协议规定，在未来30年内，土库曼斯坦将通过规划建设的中国—中亚天然气管道每年向中国出口300亿立方米天然气。2007年7月，双方企业在北京签署了中土天然气购销协议。2009年6月，中土两国企业签署增供100亿立方/年的天然气购销合同。为输送来自土库曼斯坦的400亿立方/年天然气（以及来自哈乌的150~200亿立方天然气），需建设中国—中亚天然气管道A/B/C线。[1]在土俄天然气合作遭遇危机之时，2009年底中亚天然气管道A线建成通气。自此，中国取代俄成为土库曼斯坦天然气出口的最大市场，土库曼斯坦天然气出口多元化的战略得以初步实现。

二、与"一带一路"倡议的契合点

天然气出口多元化战略是土库曼斯坦能源发展政策最核心的内容，并已成功修建了通往伊朗、中国的天然气管道，多元化出口格局初步形成。但是，随着国家财政支出的不断增加，为维护经济和社会发展、增加国内投资、改善民生，土库曼斯坦亟待增加天然气出口收入。在国际油价大幅下跌的背景下，土库曼斯坦开辟新的天然气市场、扩大天然气出口、将资源优势进一步转化为经济收入的

---

① 王海燕. 土库曼斯坦天然气多元化出口战略（1991-2015）：一项实证主义分析 [J]. 俄罗斯研究，2015（5）：75-96.

愿望更加强烈。为进一步扩大天然气出口，避免俄罗斯一家独大，近年来土库曼斯坦积极开拓通往南亚的TAPI管道（土库曼斯坦—阿富汗—巴基斯坦—印度）和通往欧洲的跨里海天然气管道等新的出口通道，但是中国和俄罗斯仍将是土库曼斯坦扩大天然气出口的现实可行方向。

土库曼斯坦天然气储量名列全球第四，是目前中国最大的海外气源地，也是"一带一路"建设的重要支点国家。"中国梦"与"土库曼斯坦民族复兴之梦"的目标相同，"一带一路"倡议也与土库曼斯坦关于复兴古丝绸之路的倡议不谋而合。土国倾力践行天然气出口多元化战略，与中国共建能源丝绸之路，助推中国建设丝绸之路经济带。土库曼斯坦践行天然气出口多元化战略的一些具体举措与丝绸之路经济带建设构想所倡导的内涵相契合，有助于打造国际交通枢纽，有益于贯通欧洲、中东、近东、中亚、南亚和中南亚间的交通通道，有利于带动区域经济与社会发展，促进社会和平与稳定，属于为丝绸之路经济带建设添砖加瓦之举。[①]

第四节　哈萨克斯坦"光明之路"

一、战略背景及主要举措

哈萨克斯坦既是上海合作组织成员国，也是丝绸之路经济带建设的优先合作伙伴，与中国互为友邻和全面战略伙伴关系。2013年9月，习近平主席到访哈萨克斯坦首次提出了丝绸之路经济带的构想，哈萨克斯坦成为让世界知晓丝绸之路经济带构想的第一个国

---

① 王四海. 土国天然气多元出口战略助推丝路经济带建设［N］. 中国石油报，2015-03-17.

家。①2014年5月19日，中哈物流合作基地一期工程在连云港投产运营，标志着丝绸之路经济带首个实体平台正式建立。②为了对接"一带一路"，哈萨克斯坦在2014年提出了"光明之路"新经济计划，这项新的经济政策是在国内外环境发生巨大变化的形势下提出的一项中长期战略规划，又称为"基础设施建设计划"，目的是确保实现"2050年战略"，核心目标是通过基础设施建设打造经济增长新引擎。纳扎尔巴耶夫总统表示，哈支持"一带一路"倡议，愿成为丝绸之路经济带建设的重要伙伴，做好丝绸之路经济带建设同"光明之路"新经济政策的对接。③2015年6月25日，中国国务院副总理张高丽访问哈萨克斯坦时强调："中方愿与哈方一道共同推进丝绸之路经济带建设与'光明之路'新经济政策相对接，与欧亚经济联盟相对接，打造中哈利益共同体和命运共同体，维护地区和平与稳定。"④中哈共建丝绸之路经济带将促使哈萨克斯坦对中国进一步实施对外开放战略，尤其是对促进中国西部与中亚国家的合作与发展提供更多的机遇。

哈萨克斯坦提出的"光明之路"新经济政策的核心是国家基础设施发展规划，目的是通过新经济政策激发经济活力和促进就业，由此"光明之路"计划将成为未来哈萨克斯坦经济增长的引擎。计划实施的未来3年，将投入140亿美元在道路建设、电网和通信等行业；计划实施将实现在2019年前哈萨克斯坦的主要城市之间以及与邻国之间的路程时间缩短1/3，并且将创造50万个新的就业岗位，建立起新的经济和基础设施框架等目标。⑤

---

① 杨磊. 习近平哈萨克斯坦发表演讲 提出建设"丝绸之路经济带"［EB/OL］. 国际在线，2013-09-07. http://gb. cri. cn/42071/2013/09/07/6611s4245625. htm.

② 中哈（连云港）物流合作基地项目一期工程启用［EB/OL］. 中华人民共和国科学技术部，2014-05-28. http://www. most. gov. cn/dfkj/js/zxdt/201405/t20140527_113420. htm.

③ 杨相红. 哈萨克斯坦为丝路增光明［J］. 经济，2015（12）：54-56.

④ 张高丽访问哈萨克斯坦［EB/OL］. 人民网，2015-06-27. http://politics. people. com. cn/n/2015/0627/c1001-27215918. html.

⑤ ［哈］沙赫拉特·努雷舍夫. 推动"光明之路"新经济政策和丝绸之路经济带建设的和谐发展和无缝衔接［J］. 大陆桥视野，2015（7）：29-30.

哈萨克斯坦实施"光明之路"新经济政策主要分为两个方面：一方面是基础设施建设，这包括交通物流、工业、电力、旅游、教育等基础设施建设，以及住宅物业现代化和支持经营主体发展等七个重要建设方向。另一方面是新的反危机措施，支持民族机械制造业及其出口，推动农工综合体的发展，并且实施信贷住宅项目，保护投资股份，这些项目已经启动，包括"至2020年商业发展路线图"建设基础设施，积极开展地质勘探等项目。同时，哈萨克斯坦为顺利实施"光明之路"新经济政策，计划从国家基金中拨款支持，2015年7960亿坚戈，2016年3790亿坚戈，2017年30亿美元；以及计划从国际金融机构吸引资金90亿美元，国内企业和开发机构融资2400亿坚戈。[①]

二、与"一带一路"倡议的契合点

"光明之路"新经济政策与"一带一路"倡议有很强的互补性。"光明之路"新经济政策以改善哈萨克斯坦基础设施建设及打造欧亚大陆交通运输枢纽为核心，带动国内交通物流、工业生产和能源等的全面发展。"一带一路"倡议的核心内容是在沿线国家政府机制的协调下，多方向、多路径联通亚欧大陆，最终促进经济要素有序自由流动、资源高效配置和市场深度融合，深化区域合作，共同打造区域经济合作新架构。"光明之路"与"一带一路"的战略目标具有很多契合点，前者可依据其资源丰富的地理优势、欧亚贸易和交通枢纽优势，以及良好的投资环境促进中哈俄及其他中亚国家的互联互通，推动"一带一路"更广泛的区域合作。"一带一路"为哈萨克斯坦实施"光明之路"新经济政策提供资金、技术、设备支持，并且以优质产能合作促进哈萨克斯坦产业发展和经济结构调整，刺激其国家经济的发展。同时也促进中哈及沿线国家建立

---

① 哈萨克斯坦加大力度实施"光明大道"新经济政策［EB/OL］. 商务部，2015–04–09. http://www.mofcom.gov.cn/article/i/jyjl/e/201504/20150400937003.shtml.

互联互通伙伴关系，推进区域经济一体化进程。中哈两国"一带一路"与"光明之路"可以通过发挥两者比较优势，相互扶持和促进，实现共同发展。

第五节　印度尼西亚"全球海上支点"战略

一、战略背景及主要举措

作为东南亚地区最大的经济体，印度尼西亚在近年来的经济增长率维持在5%以上。印度尼西亚是20国集团中唯一的东盟国家，在东南亚乃至亚太地区都具有重要影响力。[①]2014年10月，印度尼西亚新当选总统佐科·维多多（Joko Widodo）提出建设"海洋强国计划"，大力发展"海上高速公路"建设，将印度尼西亚打造成为"全球海上支点"。"全球海上支点"战略旨在振兴印度尼西亚在亚太地区经济与政治地位，倡导将印度尼西亚建成"全球海上支点、全球文明枢纽"[②]。佐科在他的就职演说中提到"我们要努力使印度尼西亚再次成为一个海洋国家；大洋、海域、海峡和海湾是我们文明的未来"。[③]随后，在2014年11月的东盟峰会上，佐科再次阐述其施政目标是将印度尼西亚建成"全球海上支点"，并提出优先考虑建成五个支点，即复兴海洋文化、保护和经营海洋资源、发展海上交通基础设施、进行海上外交、提升海上防御能力。至此，"全球海上支点"战略初具雏形。

---

① 印度尼西亚有"千岛之国"之称，其领土面积的30%为陆地，其余均为海洋，海岸线长达81000公里，其90%的国际贸易依靠海上运输，是东南亚名副其实的海上大国。

② President-Elect Jokowi Calls for United Indonesia. The Jakarta Globe，July 22，2014. http://jakartaglobe. beritasatu.com/news/president-elect-jokowi-calls-united-indonesia/.

③ 印度尼西亚从2004年起实行全民直选总统，每届任期五年，可以连任一届；佐科于2014年就任印度尼西亚总统，其第一任期将于2019年结束。

印度尼西亚提出"全球海上支点"的核心是实施新的国家发展战略，改革经济发展模式，消除长期以来制约印度尼西亚经济发展的瓶颈。为顺利实施"全球海上支点"战略，佐科政府出台的举措包括改革中央和地方关系提高政策执行效率、广泛利用外资推动印度尼西亚经济发展、创新思维和发展模式、重视基础设施建设等方面。[①]

改革中央和地方政府关系，提高政策执行效率。这主要体现在对海洋事务的调整方面，主要整合海洋和渔业部门，合并后升级为新的海洋事务统筹部，主要负责协调海洋和渔业部、交通部、能源和矿产资源部及旅游部的各项事务；考虑到各级政府财力有限，因此必须广泛利用外资为印度尼西亚的经济发展服务。"全球海上支点"战略的目标就是充分利用印度尼西亚庞大的人口基数、丰富的自然资源和重要的地理位置等三大天然优势，同时通过改变现有法律规则来激励对产业和基础设施的投资[②]；采用"新思维、新模式和新做法"以突破经济发展瓶颈。在前印度尼西亚《海洋法》通过的东风基础上，继续大力实施"印度尼西亚经济建设总计划"（简称MP3EI），该计划以开发和利用海洋资源为重点，这也是印度尼西亚经济建设总计划的重点。[③]这项计划是以可持续发展为目标，提升印度尼西亚各产业的附加值，形成以创新型为主的经济发展模式。因此印度尼西亚政府设定了以农业、采矿、能源、工业、海洋产业、旅游业、通信业和战略核心地区发展为重点的"八大项目"，以及建设苏门答腊—爪哇—加里曼丹—苏拉威西—巴厘—巴布亚"六大经济走廊"。"全球海上支点"战略强调重视基础设施

---

① 马博."一带一路"与印度尼西亚"全球海上支点"的战略对接研究［J］.国际展望，2015（6）：33–50，152–153.

② 激励措施包括在关税、税收、进出口补贴、劳动法规、发放牌照和土地购买、流转方面提供优惠并进行改革.

③ 印度尼西亚新政府将继续实施MP3EI规划［EB/OL］.中国驻印度尼西亚大使馆经济商务参赞处网站，2014–9–11. http://id. mofcom. gov. cn/article/ziranziyuan/huiyuan/201409/20140900727570. shtml.

建设，即其"海上高速公路"建设计划，印度尼西亚政府计划在未来5年内兴建49座大型水坝、24个现代化港口、15座机场和1000公里高速公路，[①]预计今后5年内总投资将超过700万亿印度尼西亚盾（约为554亿美元）。该计划一旦实施成功，印度尼西亚物流成本将降至国内生产总值的19%左右。[②]

应该注意到的是，"全球海上支点"战略更偏重于国内政治和经济发展，对外交事务的关注度并未明显高于前几任政府。尽管该战略不可避免会产生周边溢出效应，但由于总统佐科本人缺乏外交经验，该战略对地区影响力的作用仍有待观察。[③]

二、与"一带一路"倡议的契合点

习近平主席强调，中方建设"21世纪海上丝绸之路"构想同印尼方打造"全球海上支点"规划高度契合。两国一致同意，双方要加快发展战略对接，尽快确定经贸合作优先项目，实现互利共赢，中方愿同印尼方加强在产能、电力、钢铁、造船、建材、光伏、金融等领域合作，中方对印尼方的发展潜力和前景充满信心，愿继续扩大对印度尼西亚的投资。2015年3月，佐科访华并出席博鳌亚洲论坛年会，在和习近平会见后，中国和印度尼西亚在联合声明中指出，习近平主席提出的建设"21世纪海上丝绸之路"重大倡议和佐科总统倡导的"全球海上支点"构想高度契合。双方同意发挥各自优势，加强战略交流和政策沟通，推动海上基础设施互联互通，深化产业投资、重大工程建设等领域合作，推进海洋经济、海洋文

---

① 李皓南.2014年印度尼西亚政治、经济、外交形势回顾与2015年展望［J］.东南亚研究，2015（2）：53-61，68.

② 周檬，郑世波，哈尼夫."一带一路"为中印尼关系腾飞带来新机遇［N］.新华每日电讯，2015-04-21.

③ Aaron L，Connell. "Indonesian Foreign Policy under President Jokowi." Analysis，Lowy Institute，October 16，2014. http://www. lowyinstitute. org/publications/indonesian-foreign-policyunder-president-jokowi.

化、海洋旅游等领域务实合作，携手打造"海洋发展伙伴"。
2015年4月22日，中国和印度尼西亚发表联合新闻公报，公报称
双方承诺积极落实《中印尼经贸合作五年发展规划》，尽快签署
优先项目清单。两国重申将全面对接中方建设"21世纪海上丝绸
之路"构想和印尼方"全球海上支点"发展规划。中方重申将积
极参与印度尼西亚铁路、公路、港口、码头、水坝、机场、桥梁
等基础设施和互联互通建设，并愿意通过多种方式对相关项目提
供融资支持。[1]

第六节　韩国"欧亚倡议"

一、战略背景及主要举措

韩国位于亚洲大陆的最东端，具有连接大陆与海洋，构筑物
流交通枢纽的优势。但因南北分裂带来的似岛非岛的处境，使韩
国难以在欧亚一体化中发挥应有的作用。[2]韩国面临着在经济上
依赖中国、军事安保领域严重依赖美国的"二元依赖困境"及
"朝鲜问题"无解决的突破口、半岛分裂带来的欧亚物流瓶颈等
多重困境。

2013年10月18日，总统朴槿惠于首尔"2013欧亚时代国际合作
论坛"开幕式上的主题演讲中第一次正式提出"欧亚倡议"。她指
出"韩半岛处于欧亚经济圈的最东端，是连接欧亚大陆和太平洋的

---

① 21世纪海上丝路对接印尼"全球海洋支点"计划 比利时申请入亚投行. 观察者，
2015-06-23. http://www.guancha.cn/europe/2015_06_23_324399.shtml.
② 从2000年开始的持续的高能源价格，使韩国面临能源安保危机。韩国开始把目
光转向俄罗斯、中亚、高加索地区，把这些国家看成一个"同质"的和有潜力的合作伙
伴，促使韩国孕育并出台了"资源外交"。"欧亚"作为一个重要的话题由此在韩国得
到重视。

门户，但南北分段的现实，造成欧亚交流合作的瓶颈……我们要克服断绝和孤立，紧张和纠纷，通过疏通和开放，和平和交流，打造共同繁荣的新欧亚"。①"欧亚倡议"是一个宏大的计划，旨在实现欧亚地区的可持续繁荣与和平，创建一个富有创造力的大陆，一个充满和平的大陆，并通过彼此间交流与合作来建立和平互通共同繁荣。②"欧亚倡议"的基本框架是以朝鲜半岛及东北亚的和平稳定为基础，用SRX把欧亚大陆相连并通过北极航线的开发及其连接，构筑物流、能源网络。

欧亚大陆尽管在地理上具有整体性，但长时间的隔离已经阻滞了其发展。"欧亚倡议"的三大目标是"一个大陆"、"创造的大陆"和"和平的大陆"，它是泛欧亚外交、安保、交通、能源、技术、文化等诸多领域的欧亚国家合作体系。"欧亚倡议"的三大目标和主要内容如表23-1所示。

表23-1 "欧亚倡议"的三大目标和主要内容

三大目标	主要内容		
	构筑物流、能源、贸易基础设施		
一个大陆	物流	能源	贸易
	建设SRX，参与北极航线的开发合作	电力网、天然气网、输油管等能源基础设施建设	克服贸易、投资壁垒
创造的大陆	打造产业、技术、文化相融合的环境，创造新经济		
	充分利用科学信息技术	推进创造经济的劳动力融合	文化、人员交流

---

① 朴槿惠. 欧亚倡议——"2013 欧亚时代国际合作论坛"开幕式主题演讲［EB/OL］. http://www.kiep.go.kr/search/search.jsp. 2013-03-18.

② Ministry of Foreign Affair. Eurasia Initiative. MOFA，Korea，2014.

续表

三大目标		主要内容	
和平的大陆	能源、物流与IT的融合	通过各国经济创新劳动力的融合实现协同效果	建设文化交流网络
	解决和平与安保威胁		
	朝鲜半岛信赖进程	东北亚和平合作构想	
	通过均衡政策，解决朝鲜问题，打下半岛统一基础	构建区域内和平合作基础，推进中朝韩、韩朝俄等东北亚次区域合作，推进设立东北亚开发银行进程	

资料来源：朴英爱，张林国. 中国"一带一路"与韩国"欧亚倡议"的战略对接探析 [J].东北亚论坛，2016（1）：104-114，128.

　　"欧亚倡议"的"一个大陆"主要是从基础设施的角度进行物流、能源、贸易建设，强调"真正的一个大陆"，意味着需要通过建立和加强自身机体网络和基础组织的连接来恢复其整体性，创建一个联合的欧亚经济区，把欧洲和亚洲维系在一起。通过交通、能源、信息网络的连接，贯通韩国、朝鲜、俄罗斯、中国、中亚、欧洲的铁路等交通物流网络，克服阻碍交流的物理壁垒，积极探索把它与正在开辟中的北极航线相连的方案；构筑区域内包括电力网、输油网、天然气网等欧亚能源网络，最终建立占世界人口71%的巨大单一市场，以此来降低物流成本，促进欧亚经济圈的形成。它的核心是以构筑欧亚国家同伴增长和繁荣为目标的国际综合交通物流体系，包括连接釜山、朝鲜的纵贯朝鲜半岛的铁路（TKR）与西伯利亚横贯铁路（TSR）、中国横贯铁路（TCR）、蒙古横贯铁路（TMGR）的连接以及中亚、欧洲铁路网的丝绸之路快速铁路（Silk Road Express，SRX）。

　　"创造的大陆"强调通过欧亚交通、能源、信息网络的连接及人员、物流、资金、信息等要素流动与欧亚人的创新性相结合，打造产业、技术、文化有机融合的大环境，利用韩国的创造经济、中国的自主创新等活动，把欧亚大陆培育成全球经济增长的发动机，使欧亚成为快速增长的大陆，这意味着把创造力的提升作为促进欧亚大陆发展壮大的新的资源。现在的韩国正发展创意经济，通过创造力将科技与信息通信技术融合在一起创造出新的市场和新的就业机遇，同时许多欧亚国家正将经济创新与创造力结合起来促进经济更快增长。这样，可以通过区域内合作的整合与各国创意经济的提升促使欧亚大陆重组达到整个大陆的可持续繁荣与进步。①

"和平的大陆"指在欧亚各国互信的基础上实现和平与繁荣。任何对和平与安全的威胁都将是各国经济贸易往来和文化交流的一大障碍，为了开辟欧亚大陆的新时代也必须要铲除这些障碍。特别是朝鲜半岛的和平是欧亚大陆甚至世界和平的先决条件。从这个意义上说，韩国政府很重视"欧亚倡议"与南北互信推进以及与东北亚和平及合作计划的紧密衔接。强调传统安全以及核安全、自然灾害、气候变化等非传统安全对和平的威胁是欧亚经济、文化交流的最大障碍，是为开启新欧亚时代必须解决的课题。基于"信赖是合作的前提"这样一个认识，韩国正在推进"半岛信赖进程"和"东北亚和平合作构想"，从和平和安保的角度，推进欧亚全域经济、外交、安保领域的合作。②

"欧亚倡议"的核心是联通纵贯朝鲜半岛大陆桥、西伯利亚大陆桥和新亚欧大陆桥，这可将货物或人员从韩国釜山直接运送到欧洲的一些城市，如德国汉堡。纵贯朝鲜半岛大陆桥与西伯利亚大陆桥的联通由三个部分组成：贯通朝鲜半岛铁路、纵贯朝鲜半岛大陆桥与西伯利亚大陆桥结合部、西伯利亚大陆桥。考虑到可以使用西伯利亚大陆桥作为其中的一部分，这个计划最终能否实现关键在于连接和纵贯朝鲜半岛大陆桥与西伯利亚大陆桥结合部。

---

① Sung, Wonyong. Eurasia Initiative and the geopolitics of international transportation corridor. Monthly Transportation, 2014, 191（1）: 6–13.

② 朴槿惠指出："韩半岛将会成为连接日本与中国的环黄海经济圈的中心，进而成为连接包括俄罗斯、中亚在内的欧亚与太平洋经济圈的经济高速公路。"

二、与"一带一路"倡议的契合点

"一带一路"与"欧亚倡议"是相近相通又相差相异的两个系统,既有静态的相似性,又有动态的互动性。这种耦合性使对两个系统进行引导、强化,促进两者良性的、正向的相互作用及相互影响,激发内在潜能,实现优势互补和共同提升成为可能。"一带一路"坚持"共建"和"开放合作"原则。共建"一带一路"致力于亚欧非大陆及附近海上通道的互联互通。"一带一路"与"欧亚倡议"实施范围大面积重叠,使两者的交融、平等互利、合作共赢成为可能。中韩可根据各自的比较优势,找到两者对接的契合点,努力共建欧亚大市场,打开欧亚大陆经济整合的大格局。

"一带一路"与"欧亚倡议"的提出时间、目标、涵盖国家、合作领域、推进方向,以及两者之间的相似性如表23-2所示,从表中可以看出两个战略基本是在同一时期提出,目标的共同点在于提升亚欧大陆国家的繁荣,合作领域均涉及经济及人文交流,均倾向于推进能源网络构建,实现互联互通共同繁荣。

表23-2 "一带一路"与"欧亚倡议"比较

对比项目	一带一路	欧亚倡议
提出时间	2013.9—10	2013.10
目标	提升亚欧非国家间相通水平,中国的对内开发	欧亚大陆国家共同繁荣及和平
合作国家涵盖范围	中亚、西南亚、东南亚、欧洲、非洲、中东国家等	欧洲、俄罗斯、中亚、中国、蒙古、土耳其等
合作领域	经济+人文交流	经济+人文交流+政治安全
推进方向	政策沟通、基础设施联通	同一个大陆、创造的大陆、和平的大陆

对比项目	一带一路	欧亚倡议
相似性	构建亚洲—欧洲—非洲交通、通信、能源基础设施网络；推进港口合作建设；扩大海上航线及航次、能源设施安全合作等	构建丝绸之路EXPRESS(SRX)等欧亚综合物流网及加强电力、燃气、输油管等能源网络

资料来源：杨虹."一带一路"牵手"欧亚倡议"中韩如何双赢？ ［N］.中国经济导报，2015-07-31.

另外，着眼于经济合作可消除其他干扰。目前，国际上存在美国、俄罗斯、欧盟、伊朗、哈萨克斯坦等提出的多个"丝绸"计划。中国的"一带一路"和韩国的"欧亚倡议"与其他的"丝绸"计划相比，更重视覆盖欧亚大部分地区的超级国际区域经济合作。"一带一路"通过交通、通信互联互通、贸易和投资自由便利、货币自由流通、劳动力自由流动，进行经济合作，实现共赢。"欧亚倡议"及SRX是以整个欧亚大陆作为对象构筑综合运输网络，韩国认为这将是对韩国国家竞争力产生巨大影响的重大项目。"欧亚倡议"的实施离不开朝鲜、俄罗斯、中国、中亚等国家和地区的合作。

第七节　欧洲"容克计划"

一、战略背景及主要举措

目前，欧盟许多成员国面临公私债务高、生产力水平低迷、投资短缺和失业率居高不下等问题。欧洲经济复苏势头疲弱，投资增长乏力，这主要是受到全球金融危机和欧债危机的影响。2008年国际金融危机的爆发使欧盟各国及欧元区整体经济受到债务危机困扰,虽然欧盟为加强经济治理,积极采取一系列举措并出台各种推动经济增长和促就业的措施,然而效果不佳。2009年欧盟经济衰退幅度达到4.4%,2010年虽然开始恢复正增长,但2012年再度陷入衰退,衰退幅度为0.5%。自2013年第二季度以来欧盟经济表现出复苏迹象,但是复苏趋势十分疲弱。2013年欧盟经济陷入停滞状态,2014年欧盟经济增长仅为1.3%,仍然没有达到危机前3.1%的增长水平。[①]2015年欧盟和欧元区经济继续呈现复苏态势,势头缓慢,多是受到包括能源价格下行和欧洲央行的量化宽松举措等短期因素的影响,缺乏可持续增长动力。劳动力市场情况虽有所改善,但是就业形势仍然不容乐观。欧盟采取的改革劳动力市场、促进就业的措施使得劳动力市场环境有所改善,但欧盟国家严峻的就业形势仍未从根本上缓解。欧盟一项统计数据显示,2015年8月欧盟和欧元区的失业率分别为9.5%和11%,失业人数与危机前相比增加了700万人。年轻人失业率依然严峻,2015年8月欧盟范围内年轻人失业率为20.4%,欧元区为22.3%。[②]

欧洲经济增长疲弱主要是由于消费、投资、出口增长乏力,其中投资不足是重要原因。2014年第二季度欧盟个人消费总量只相当于2007年的水平,固定资本投资总额比2007年投资水平低15%。与危机前的峰值相比,2013年欧盟的投资活动下降了15%(约合4300亿欧元)。2013年欧盟固定资本投资总额约为2.6万亿欧元,占当年GDP总额的19.3%。经济学中将可持续的投资率界定为投资总额占GDP的比重应为21%~22%。按照这一比重,2013年欧盟固定资本投资总额应为2.84万亿~2.97万亿欧元之间,而欧盟国家的实际投资比

---

① 李罡. 容克计划与中国机遇 [J]. 国际贸易, 2015 (8): 41–48.

② European Commission. EU Employment and Social Situation: Quarterly Review (ESSQR). September 2015, September 10, 2015. http://ec. europa. eu/social/main. jsp?catId=737&langId=en&pubId=7831&furtherPubs=yes.

理想的投资低2300亿~3700亿欧元。①这就要求欧盟采取坚决行动，创造稳定的经济、金融和规则环境，增加欧盟对外资的吸引力。正是在这一背景下，容克在就任欧盟委员会主席后，迅速于2014年11月提出高达3150亿欧元的投资计划，即"容克计划"。"容克计划"的主要目标是在不增加公共债务的情况下，推动欧盟经济和就业的增长。

"容克计划"的实施途径是通过新设立总额210亿欧元的欧洲战略投资基金，在2015~2017年期间推出来自包括私营部门在内的约3150亿欧元的投资。具体来看这项计划主要包括三个方面的内容：首先是在不增加公共债务的情况下增加投资；其次是支持包括基础设施、教育和研发创新在内的关键领域的项目投资；再次是营造良好的投资环境，消除行业及金融或非金融投资壁垒。②该计划的具体实施步骤包括：设立战略投资基金；建立可行性项目和援助项目门户，引导资金进入需要的领域；设立路线图，使欧洲能够吸引投资并消除规制瓶颈。

建立"种子基金"——欧洲战略投资基金。根据"容克计划"，欧盟委员会将与欧洲投资银行合作，建立欧洲战略投资基金（European Fund for Strategic Investments，EFSI），由欧洲投资银行全面负责该欧洲投资计划的相关投融资事宜。"容克计划"最重要的内容是在欧盟层面为项目规划和实施提供支持，主要包括项目设计过程中的技术援助、创新性金融工具的使用、公私伙伴关系（PPPs）的应对方案。"容克计划"在项目选择上将优先支持有利于促进欧洲经济增长和社会发展的投资项目，具体来讲，优先支持项目的标准为：生产附加值高；具有经济可行性且社会经济效益

---

① Special Task Force（Member States，Commission，EIB）on Investment in the EU. Final Task Force Report，EU，2015. http://ec. europa. eu/economy_finance/pdf/2015/task_force_ report_investment_eu_en. pdf.

② Factsheet 3：Where will the Money Go To？European Investment Bank，European Commission，2015. http://ec. europa. eu/priorities/jobs-growth-investment/plan/docs/factsheet3- what-in_en. pdf.

高；在未来3年（2015~2017）可以开始运营。根据上述标准，"容克计划"将支持项目确定为战略性基础设施（数字、能源）、工业中心的交通基础设施、教育、创新研发、可再生能源等长期投资项目。同时，欧洲国家的中小企业和中型上市企业在创造就业机会、促进经济增长方面发挥着重要的作用。"容克计划"将中小企业投资项目也列为优先支持项目。投资的重点行业与领域包括：战略基础设施、数字和能源、产业中心交通基础设施、教育和研发、促进就业，尤其是资助中小企业和促进青年人就业的项目、环境可持续性的项目等。欧委会将从欧盟预算中拨出160亿欧元，主要用于长期投资项目；而欧洲投资银行则将出资50亿欧元，主要用于中小企业融资。根据欧委会预计，这些措施将在未来3年为欧盟国内生产总值（GDP）增长贡献3300亿~4100亿欧元，并创造约130万个就业机会。①

消除投资障碍，改善投资环境。改善欧洲投资环境是"容克计划"的重要组成部分，具体包括两方面的内容：第一，优化企业融资环境，促进企业投资。为了稳定金融市场，为长期投资项目和中小企业提供良好的融资环境，"容克计划"提出加快欧洲资本市场联盟建设步伐。单一资本市场的建设将有利于消除欧洲金融市场碎片化问题，降低企业融资成本，提升企业投资信心。为推进单一资本市场建设，欧盟将进一步加强透明、简化、稳定的高质量资产证券化市场建设。第二，目前，欧洲各国的经济部门还存在不同程度的管制，还未真正实现市场要素完全自由流动的单一市场目标。为此，欧盟委员会首先要消除存在于能源、电信、数字、交通等基础设施部门的各种管制壁垒，同时也要消除服务市场和产品市场的各种壁垒，优化市场环境，以真正建立各种产品和要素自由流动的单一市场，促进企业投资。

---

① The European Fund for Strategic Investment（EFSI）. European Commission，2015. http://ec. europa. eu/priorities/jobs-growth-investment/plan/efsi/index_en. htm.

二、与"一带一路"倡议的契合点

欧洲是历史上丝绸之路的终点，也是今天"一带一路"建设的重要伙伴和利益攸关方。在尚未完全走出金融危机和欧债危机的情况下，为有效促进经济增长、拉动地区就业，欧盟于2014年底出台高达3150亿欧元的欧洲投资计划，即"容克计划"。基础设施的互联互通是"容克计划"的行动重点，因此与中国"一带一路"倡议高度契合，有利于双方展开务实合作、扩大利益融合，为双方战略对接奠定基础，为中欧探讨发展战略对接提供新的切入点。

"容克计划"的出台为中欧推动发展战略对接提供了新的战略机遇。一方面，"容克计划"的行动优先与中国的优势、经验以及需要相互契合。"容克计划"的行动重点主要包括投资有利于推动欧盟优先推进的基础设施，尤其是宽频和能源网络，产业中心的交通基础设施，教育、研究和创新，以及再生能源和能效项目。中国长期以来在基础设施建设领域内积累了大量的经验，而能源和能效项目以及数字经济等领域的合作对于中国产业转型和升级至关重要，也是中国经济未来发展的重要领域。李克强总理在2015年6月布鲁塞尔中欧工商峰会上传递出清晰的合作意愿①，欧盟委员会主席容克也表示，"互联互通平台可以集聚企业的专业和实力，实现中欧力量的联合，建设高质量的基础设施"。②

另一方面，"容克计划"的成功实施需要中国的合作。"容克计划"意在应对欧洲当前面临的投资不足问题，因为"经济和金融危机导致欧盟范围内投资水平的下降"。自"容克计划"提出起，欧洲就对第三方资金持开放和欢迎态度。2015年6月，中欧双方领导人决定"支持'一带一路'倡议与欧洲投资计划进行对接，指示

---

① 李克强. 携手开创中欧关系新局面——在中欧工商峰会上的主旨演讲. 外交部，2015–06–29. http://www.fmprc.gov.cn/web/ziliao_674904/zt_674979/dnzt_674981/lzlzt/lzlcxblsfgom_674991/zxxx_674993/t1277064.shtml.

② Quoted from Shannon Tiezzi. Can China Save Greece – and the EU? The Diplomat, June 30, 2015. http://thediplomat.com/2015/06/can-china-save-greece-and-the-eu/.

2015年9月举行的中欧经贸高层对话探讨互利合作的具体方式，包括建立中欧共同投资基金、在基础设施领域加强联系，决定推动建立'互联互通合作平台'，并尽早启动首次会议，以加强信息交流、推动运输无缝连接和运输便利化，对接彼此相关倡议与项目"。①中国的投资对"容克计划"至关重要，"在欧洲经济复苏乏力的情况下，中国投资可以赋予欧洲战略投资基金活力。对此，有观点表示："如果布鲁塞尔在中国参与和欧洲滞涨以及战略投资资金的失败之间进行选择，很明显中国参与是优先选项。"②

---

① 第十七次中国欧盟领导人会晤联合声明——中欧40年合作后的前进之路〔EB/OL〕. 外交部，2015-07-01. http://www. fmprc. gov. cn/web/ziliao_674904/zt_674979/dnzt_674981/lzlzt/lzlcxblsfgom_674991/zxxx_674993/t1277459. shtml.

② Dan Steinbock. Chinese Investment Could Energize Europe's Juncker Fund. Euobserver, June 29, 2015. https: //euobserver.com/eu-china/129318.

第二十四章

合作模式

　　"一带一路"倡议以打造利益共同体和命运共同体为发展目标，这是一个全新的区域经济合作理念，其内涵甚至超越了现今全球区域经济整合的高级形式——经济共同体，充分体现了"和、敬、亲、融"以及天下大同等中华文明的核心价值。这一核心价值与亚洲国家持有的"开放、学习、包容和强调集体主义"的新亚洲价值观及"多元一体、和谐共赢"的新地区主义理念是基本一致的，是"一带一路"倡议的灵魂所在，也是区域经济合作模式创新的基本前提。

　　"一带一路"的建设必然会增强中国与周边新兴经济体之间的经济贸易往来和金融合作，在共建中形成合作伙伴关系，加强彼此之间的互信互助。中国与周边新兴经济体可以协调发展规划，共同抵御国际经济金融风险，积极探索多种经济合作模式，进一步消除贸易壁垒，推动新型区域合作平台的形成。

第一节　共建经济走廊

一、"一带一路"框架下的经济走廊建设背景

　　"一带一路"规划分别代表"丝绸之路经济带"和"21世纪海上丝绸之路"，是中国国家主席习近平在2013年访问哈萨克斯坦和印度尼西亚时提出的。"丝绸之路经济带"连接中国西北地区与蒙古、俄罗斯直至欧洲，涉及中蒙俄经济带和新欧亚路桥经济带；而"21世纪海上丝绸之路"从华东地区出发，经华南向东南亚地区、非洲东部延伸，直至欧洲南部，涉及中国—南亚—西亚经济带和中国东北、华北、华东、华南等地区港口的海上战略通道。"一带一路"分别从陆地和海洋联通了欧亚大陆，形成一个陆地和海洋的闭环。作为世界最长经济走廊，"一带一路"涉及中国、俄罗斯、印度等金砖国家和波兰、哈萨克斯坦、印度尼西亚、马来西亚等数十个其他新兴经济体和发展中国家。

　　经济走廊是指在一个特定地理区域内联系生产、贸易和基础设施的机制，主要是通过扩充交通走廊来提高经济效益，以促进相连地区或国家间的经济发展与合作。经济走廊是一种次区域的经济合作，是以区域的全面合作为基础，开展贸易、投资及产业合作，建立以交通沿线为辐射带的优势产业群、城镇体系或口岸体系及边境经济区等，进而实现各生产要素在区域内的有序流动。[①]建设经济走廊成为实施"一带一路"规划重要的推进平台。根据规划，现阶段主要有六大走廊，即新亚欧大陆桥经济走廊、中蒙俄经济走廊、中国—中亚—西亚经济走廊、中国—中南半岛经济走廊、孟中印缅经济走廊和中巴经济走廊。它们大多是区域性的，如亚欧大陆桥是横跨亚欧大陆的铁路运输系统，全长逾1万公里，是世界上最长的

---

　　① 　刘英.经济走廊助力一带一路建设［J］.中国投资，2015（7）：10，58-60.

一条大陆桥。早在1992年就开通国际集装箱货运业务，近两年又开通渝新欧线（重庆—德国）、蓉新欧线（成都—波兰）、郑新欧线（郑州—德国）、汉新欧线（武汉—捷克）、义新欧线（义乌—西班牙）等国际货运列车。以此为平台建设经济走廊，涵盖中国、中亚、西亚和西欧30多个国家和地区，将是世界上最长、最具潜力的经济走廊；又如中国—中南半岛经济走廊涵盖中国和东盟10国，现已是10+1自由贸易区（CAFTA），并正在进行自贸区升级谈判，在此基础上打造经济走廊。

二、新亚欧大陆桥经济走廊

新亚欧大陆桥又名"第二亚欧大陆桥"，是从江苏省连云港市到荷兰鹿特丹港的国际化铁路交通干线，全长超过1万公里，辐射30多个国家和地区。国内由陇海铁路和兰新铁路组成。大陆桥途经江苏、安徽、河南、陕西、甘肃、青海、新疆7个省区，到中哈边界的阿拉山口出国境。出国境后可经3条线路抵达荷兰的鹿特丹港。其中中线与俄罗斯铁路友谊站接轨，进入俄罗斯铁路网，途经斯摩棱斯克、布列斯特、华沙、柏林到达鹿特丹港。

新亚欧大陆桥横贯欧亚大陆，将环太平洋经济圈与欧洲经济圈连接了起来，从交通的便利化程度来看，比绕道印度洋和苏伊士运河的水运距离缩短了1万公里，运费节约20%，时间节省50%。而不足之处则在于沿线要途经哈萨克斯坦、俄罗斯、波兰等多国，通关成本较高。

（一）新亚欧大陆桥建设的挑战与风险

1. 过境换装能力不足。

新亚欧大陆桥从中国出发，中国的铁路为标准轨道，即直线轨距1435mm；哈萨克斯坦与俄罗斯的铁路为大于准轨1435mm的宽轨；欧洲三国波兰、德国与荷兰的铁路轨道又与中国一样是准轨。

这就意味着新亚欧大陆桥的货物在运往欧洲的途中需要经过两次换装，这导致了货物运输的时间被延长，口岸换装站货物容易积压。

2. 沿线关卡多、程序复杂，增加了运输时间和运价。

新亚欧大陆桥虽然拥有亚欧最短路线的优点，运输时间理应更少，但沿线各国各有各的通关要求、收费标准。在缺乏一个统一标准的情况下，货物每经过一个国家都要经过货物报关、查验等过程。且由于各国在过关检验上无法达成协调时常扣车扣箱、拆散整列出境货物，再加上货物换装的时间，总运输时间往往被各国的通关程序所拉长。在费用方面，货物由亚洲通往欧洲的总运费由各国的铁路、口岸、海关等多个环节决定，运输成本构成复杂，货物经过每一个国家的费用都要单独计算，造成了运输费用不减反增的局面。

3. 返程空箱率高。

由于中国贸易结构的问题，中国对外贸易长期处于顺差状态，出口数量大于进口已成常态。因此导致了新亚欧大陆桥由东向西的货物数量超过由西往东的数量，从而造成了返程空箱率高的状况。如此严重的运输失衡使得运输成本大大增加。

（二）新亚欧大陆桥建设的对策与建议

1. 建立统一的协调组织。

要使新亚欧大陆桥的运输更畅通，就必须加强沿线各国的协调与合作。新亚欧大陆桥可以参考西伯利亚大陆桥的例子，建立一个能够将新亚欧大陆桥沿途各国组织起来进行统一协调的机构。参与统一组织的各国可一起进行规则的制定，订立统一的过关报检规则、收费标准，减少重复的中间环节，将会实现一次收费、一票到底的流程，加快新亚欧大陆桥的运输速度。

2. 调高换装能力并平衡往返集装箱。

一方面，可以对通过新亚欧大陆桥返程的货物制定更有吸引力的价格优惠政策来吸引客户。另一方面，可参考美国大陆桥的小路桥运输模式。小陆桥运输是指比大陆桥的运程缩短，将大陆桥从港口经过陆路再运往港口的行程缩减至海—陆或陆—海的模式。新亚欧大陆桥若采用了小陆桥运输方式，不仅能对空箱进行有效利用，而且能维持往返集装箱的数量平衡，同时也有利于为多式联运经营人（多式联运是指由两种及其以上的交通工具相互衔接、转运而共同完成的运输过程）提供多元选择，从而降低国际多式联运的成本。①

三、中蒙俄经济走廊

2014年，习近平主席在出席中蒙俄三国元首会晤时提出中蒙俄经济走廊建设倡议。实现路径是把丝绸之路经济带同俄罗斯跨欧亚发展带、蒙古国草原之路倡议进行对接；加强铁路、公路等方面的互联互通建设，推进通关和运输便利化，促进跨境运输合作，研究跨境输电网建设，开展旅游、智库等务实合作。中蒙边境线长达4710公里，俄蒙边境线长达3543公里，因此，俄罗斯、蒙古对于中国具有特殊战略价值。强化地缘战略合作是三国关系稳定的重要前提。中蒙俄经济走廊分为两条线路：一是华北地区从京津冀到呼和浩特，再到蒙古和俄罗斯；二是东北地区从大连、沈阳、长春、哈尔滨到满洲里和俄罗斯的赤塔。两条走廊互动互补形成一个新的开放开发经济带，统称为中蒙俄经济走廊。两条通道的共同特征是将中国的环渤海经济圈通过中蒙俄经济走廊与欧洲经济圈链接起来，形成一条从亚洲到欧洲的北方通道。目前"津满欧""苏满欧""粤满欧""沈满欧"等多条中俄欧铁路国际货物班列已开通并基本实现常态化运营。

与丝绸之路经济带从西北地区走新亚欧大陆桥相比，这条经济通道连接东三省，向东可以抵达海参崴出海口，向西到俄罗斯赤塔进入亚欧大陆桥，具有运输成本低、时间短、经过国家少且通关成本低等优势，是一条潜力巨大的经济走廊。

---

① 刘威峰，段元萍. 浅析新亚欧大陆桥的问题及其发展对策［J］. 改革与开放，2016（4）：59–60.

（一）中蒙俄经济走廊建设的挑战与风险

1. 政治层面的不稳定和变动可能影响合作的推进。

一是国内政治环境稳定性的影响。20世纪90年代后，蒙古的政治体制由一党制过渡到多党制，政党轮替将不可避免地造成一定程度的政策变化和更替。此外，俄罗斯国内政治决策的变化也可能影响三国合作的推进。二是域内外国家介入可能影响合作推进。蒙古国由于地处中俄之间的特殊地理位置，成为中国"一带一路"倡议和俄罗斯"欧亚经济联盟"对接合作的必经之处和重要节点。乌克兰危机爆发以来，俄罗斯与西方国家发生了激烈碰撞，加剧了地缘政治尤其是美俄两国间的博弈，也牵动了中美俄三角关系的深刻调整。随着中美、美俄之间战略博弈的继续加深，美国对蒙古国的影响会持续加强。如何在加强政治经济合作的同时减少大国间博弈可能带来的不利影响，成为中蒙俄经济走廊建设面临的一大挑战。

2. 基础设施建设周期和投资回收周期较长，制约经贸的快速发展。

基础设施建设滞后是当前制约中蒙俄经贸合作进一步发展的重要因素，铁路、油气管道等基础设施建设具有紧迫性，也是中蒙俄经济走廊建设的优先项目。但大型基建项目都有建设周期长、投入大、投资回收周期长的特点，如何处理好这些矛盾成为三方合作必须解决的问题。目前，连接中蒙俄三国、担负着对中俄出口运输的主要铁路蒙古中央铁路已超负荷运行，无法满足日益增加的货运量需要。同时，蒙古国提出的连接中俄的高速公路、铁路和油气管道等在内的金融、技术等方面的难题，将不可避免地成为中蒙俄经济走廊建设面临的挑战。

3. 贸易结构单一和不平衡影响合作的深入。

目前，中国与俄罗斯、蒙古国之间的贸易往来除了能源和原材料之外，商品贸易结构比较单一，贸易合作形式和模式也缺乏创新。中国连续多年是蒙古国最大的贸易伙伴及投资来源国，占蒙古国产品出口的比重达90%，但中蒙间投资与贸易主要集中在能源和矿产资源领域，这是由于两国经济体量差异和蒙古的经济结构等原因，造成其对外贸易结构的单一和不平衡。尽管中俄年贸易额超过900亿美元，但中俄经济融合度较低，贸易主要集中在能源领域，俄罗斯一直在中国的第十大贸易伙伴前后徘徊。中国与俄蒙现有的不对称的贸易关系制约了贸易规模的扩大，可能影响未来合作的深入。

4. 关税、法律、技术标准的差异和不统一增大投资成本、降低贸易效率。

通过三方的积极协商，制约三国铁路运输扩大的铁路轨距不统一问题已达成共识，但三方市场发展成熟度不同，在法律制度、监管体系、技术标准方面还存在许多差异。此外，三方在关税、进出口管理、海关通关、边检、跨境运输、检疫等方面也存在标准不一致的情况，各个行业不同程度地存在技术标准壁垒，这些差异与不统一都制约着三方今后合作的深入。①

5. 面临俄蒙经济民族主义的压力。

目前，中国是蒙古国最大的投资方，中方企业在蒙古国有6000多家。中国日益增大的国内能源与资源的渴求，使中国企业不会止步于投资、经营、销售，甚至是加大对矿产与其他资源的开发。一些中国企业资质不足、环保意识薄弱、对当地居民的风俗习惯不够熟悉与尊重，在产品质量与知识产权方面也存在不少问题。由于俄罗斯远东与蒙古国市场狭小，两国大多需要轻工业品，有许多产品是从中国小工厂进货，甚至是一些来自中国的仿造产品，导致产品质量问题与侵权问题时有发生，直接影响到中国企业的声誉。这些问题为两国一些媒体所报道，引发了厌华仇华的民族主义的攻击。除此之外，蒙古国现有的"经济民族主义"可能会引起大的摩擦。

---

① 蔡振伟，林勇新. 中蒙俄经济走廊建设面临的机遇、挑战及应对策略［J］. 北方经济，2015（9）：30-33.

（二）中蒙俄经济走廊建设的对策与建议

1. 加强战略共识与政策保障。

推动中蒙俄经济走廊是以战略共识和政策保障为基础的。打造中蒙俄经济走廊是三国领导人的战略共识，三国正积极寻找利益契合点，谋划合作新模式。2014年9月，习近平主席在上合组织峰会上中蒙俄元首会晤时强调，中方提出共建丝绸之路经济带的倡议，获得了俄方和蒙方的积极响应。我们可以把丝绸之路经济带同俄罗斯跨欧亚发展带、蒙古国草原之路倡议进行对接，打造中蒙俄经济走廊，加强铁路、公路等互联互通建设，推进通关和运输便利化，促进过境运输合作，研究三方跨境输电网建设，开展旅游、智库、媒体、环保、减灾救灾等领域务实合作。

2. 人文交流和商贸交流并进。

要让中蒙俄经济走廊成为人文交流和商贸交流并进的合作典范。应将人文交流作为中蒙俄经济走廊的一项重要内容，予以积极推动。人文交流不仅仅指文化艺术，还有战略思维、理念的相互沟通，特别是可以突出经济走廊战略将给沿线国家民众带来福利。因此，加强公共外交，推动地区国家间智库和媒体的交流合作，尤其重要。通过有效的人文交流能够使周边国家打消疑虑，共同投入到丝路经济带的建设中，投入到经济走廊的建设中，可为各领域经济合作夯实民意基础，提供民意支持。

3. 推进建立中蒙俄自贸区。

中蒙俄三国间具有良好的双边贸易合作基础。2014年11月，中蒙两国国家元首在会见时指出："中蒙经济合作是互利共赢的"，应"尽早商签中蒙自由贸易协定，加快建立中蒙跨境经济合作区"。2015年5月，中俄两国启动"研究推动建立中国与欧亚经济联盟自贸区这一长期目标"。2015年6月，在圣彼得堡国际经济论坛框架下，欧亚经济联盟与蒙古国签署自贸区合作备忘录。目前，中蒙正在商签自由贸易协定阶段，积极吸收俄罗斯加入，共同建立中蒙俄自贸区。

中蒙俄自贸区的建立与俄罗斯经济东移的发展战略相吻合，将有利于推动中蒙俄经济走廊的繁荣发展，优化东北亚区域合作格局。

4.加强农业领域的合作。

俄罗斯远东地区拥有广袤的土地资源，人力资源缺乏；蒙古国幅员辽阔，土地肥沃，但农产品产量不足，农业机械设备、水利灌溉系统严重匮乏；中国农业技术水平先进，劳动资源富足。中蒙俄优势互补，农业合作发展潜力巨大。创新三国多边合作模式，鼓励龙头企业与跨国农业企业通过合资、收购、参股等方式合作，促进农产品本地化生产、销售、经营，共同打造国际品牌，实现长期合作。①

四、中国—中亚—西亚经济走廊

中国—中亚—西亚经济走廊从新疆出发，国内部分与新亚欧大陆桥经济走廊重叠，在新亚欧大陆桥从阿拉山口—霍尔果斯越出中国国境后，出现了一条从哈萨克斯坦到乌兹别克斯坦、吉尔吉斯斯坦、塔吉克斯坦、土库曼斯坦、伊朗、伊拉克、土耳其，抵达波斯湾、地中海沿岸和阿拉伯半岛的新经济走廊。中国—中亚—西亚沿线国家的经济走廊是一条能源大通道，是中国—中亚石油管道和天然气管道必经之地。目前，中国—中亚天然气管道起于阿姆河右岸的土库曼斯坦和乌兹别克斯坦边境，经乌兹别克斯坦和哈萨克斯坦从霍尔果斯进入中国，是目前世界上最长的天然气管道。

中国已同塔吉克斯坦、哈萨克斯坦、吉尔吉斯斯坦等签署共建丝绸之路经济带双边合作协议。随着合作深入开展，贸易畅通和便利化进一步提高，这将带动中国—中亚—西亚经济走廊建设，并将进一步延伸到伊朗、伊拉克、沙特阿拉伯、土耳其等西亚北非地区的众多国家，成为又一条打通欧亚非三大洲的经济走廊。

---

① 陈岩."一带一路"战略下中蒙俄经济走廊合作开发路径探析［J］.社会科学辑刊，2015（6）：133-135.

（一）中国—中亚—西亚经济走廊建设的挑战与风险

1. 产业结构单一，工业化水平较低。

中亚和西亚属于典型的资源型产业结构，产业结构比较单一，以油气、矿产的开采和加工为支柱产业，不仅容易受大宗商品价格周期的影响，而且存在可持续发展问题。同时，中西亚大部分国家的工业化水平比较低，科技发展水平一般，机械设备的加工制造、纺织、日常用品制造等产业不发达。为此，各国政府致力于调整经济发展战略，促进产业结构升级，实现产业多元化。

2. 基础设施不完善，国内经济发展遇掣肘。

目前，中亚和西亚地区内的国家还没有形成良好的水电输送网络，导致水电匮乏的国家经常面临缺水、缺电等问题。交通运输方式存在布局不平衡、建设不完善问题，如中亚的乌兹别克斯坦、土库曼斯坦尚无高速公路，西亚的阿曼、阿联酋没有铁路。通信设施覆盖率低、港口运转能力有限、航空线辐射世界不足等也是中亚、西亚国家基础设施存在的问题，严重制约了国内经济的发展。

3. 经济风险。

经济基础水平普遍较低，科威特、阿曼、约旦等国的债务风险较大。经济基础方面，2013年，中亚五国的GDP增长率均在6%以上，西亚国家（除伊朗外）保持在2.8%以上；中亚的人均GDP普遍较低，西亚的卡塔尔、科威特、阿联酋等石油输出国的人均水平与发达国家相当，与陷入增长停滞的发达国家相比，经济增长潜力颇大。偿债能力方面，约旦、吉尔吉斯斯坦和以色列的财政赤字高出国际警戒线（3%），财政实力令人担忧；西亚的科威特、阿曼、约旦、沙特阿拉伯等国的短期债务比重较高，在短期内爆发风险的可能性较大。

4. 政治风险。

政治脆弱性和不确定性明显，地缘政治风险加剧。目前，中亚国家进入政治风险上升期，政治的结构性矛盾突出，政治稳定存在很大脆弱性和不确定性，未来出现反对派实力大、强力冲击政府的可能性增加。其中，乌兹别克斯坦的政治形势变化较大，塔吉克斯坦的政治内斗较明显。西亚地区局势动荡，社会矛盾错综复杂，多国形势恶化。例如，伊朗核问题在短期内无法解决，国内保守派和改革派矛盾冲突不断；伊拉克的"伊凡特"组织宣布建立"伊斯兰国"，严重威胁国家统一；巴以冲突的持续导致恐怖袭击事件时有发生。此外，俄罗斯和乌克兰与中西亚地区的地缘政治风险加剧，周边国家的政权更迭也对中西亚的地缘政治稳定形成冲击。

5. 社会风险。

教育、宗教极端主义、毒品等社会风险突出。近年来，中西亚居民的青年受教育程度下降，地下宗教学校成为大部分贫困家庭的选择。随着宗教极端组织的规模不断扩大和社会影响力增强，宗教极端主义很容易造成武器走私、民族分裂、边境冲突、恐怖主义等安全问题，影响地区稳定。例如，伊斯兰解放党在中西亚扩散趋势明显，未来很可能成为一支难对付的政治反对力量。此外，中西亚成为毒品贩运和消费区，容易滋生官匪沆瀣贩毒、腐败、艾滋病等问题，严重影响社会稳定。

6. 大国博弈风险。

俄、美、欧盟"三足鼎立"，夹缝中生存。中西亚地区具有地理位置和资源禀赋等战略优势，一向是大国争相角逐的重要战略区域之一。为此，俄罗斯倡导与白俄罗斯、哈萨克斯坦、塔吉克斯坦、吉尔吉斯斯坦、亚美尼亚建立"欧亚联盟"；欧盟启动与格鲁吉亚、阿塞拜疆、亚美尼亚、摩尔多瓦、白俄罗斯、乌克兰的"东部伙伴关系计划"；美国提出的"新丝绸之路计划"旨在通过贸易合作连接中亚与南亚，巩固美国的大国地位。各大国企图通过对中西亚地区的经济往来，达到地缘政治上全球力量的控制。如果各大国采取经济制裁、战略进攻、军事进攻等手段，将加剧中西亚地区的社会动荡。[①]

---

① 管清友."一带一路"海外投资风险评价：中亚—西亚经济走廊［J/OL］. 老虎财经，2015（6）.

（二）中国—中亚—西亚经济走廊建设的对策与建议

1.发挥新疆的连接作用。

新疆位于中国西部边陲，与中亚8个国家毗邻，接壤边界5600公里，约占全国陆地边界线总长的1/4，是中国陆地边境线最长的省区。新疆地处亚洲中心，与中亚各国公路、铁路、民航、口岸相通。古丝绸之路已成为现代欧亚大陆桥，是连接中亚、西亚的通道，"文化与商业的高速公路"。这种地理位置、交通优势使新疆成为中西亚的连接点、前沿阵地和聚合地。因此，应当发挥好新疆在中国—中亚—西亚经济走廊建设中的连接和窗口作用。[①]

2.加强农业合作。

中国与中亚农业合作要坚持市场运作、互利共赢，根据中亚五国不同的市场需求，在贸易、投资、技术合作领域各有侧重。与塔吉克斯坦、吉尔吉斯斯坦等面临粮食安全危机的中亚国家开展农业合作，加强农业技术交流合作，提升当地农业生产能力，开展目标国缺口较大的农产品贸易与投资合作；与哈萨克斯坦等粮食生产大国开展农业合作，适宜开展农产品精深加工等延长产业链合作项目，以及大规模农业综合开发项目。[②]

五、中国—中南半岛经济走廊

随着中国与东盟自贸区的发展，珠三角经济圈与中南半岛国家的经济联系日益密切，在中国—东盟命运共同体架构下，一条连接珠三角经济圈与中南半岛国家，把中国与东盟紧密联系起来的中国—中南半岛经济走廊出现。

中国—中南半岛经济走廊东起珠三角经济区，沿南广高速公

---

①　侯汉敏.新疆：中国连接中西亚的桥梁［J］.对外大传播，2004（9）：30-33.
②　姜晔."一带一路"背景下的中国与中亚农业合作前景［J/OL］.中国财经，2015-05-23.http://finance.china.com.cn/roll/20150523/3134732.shtml.

路、桂广高速铁路，经南宁、凭祥、河内至新加坡，以沿线中心城市为依托，以铁路、公路等基础设施为载体，形成优势互补、区域分工、联动开发、共同发展的区域经济体。

（一）中国—中南半岛经济走廊建设的挑战与风险

1. 经济风险。

相对薄弱的经济基础与不稳定的内部环境使得越南、柬埔寨、缅甸、老挝存在相对较高的经济风险。

2. 财政金融风险。

经济较发达国家由于高速的经济增长和弹性的金融体系使得财政收支得以快速恢复平衡，经济欠发达国家普遍由于高储蓄及谨慎的财政政策也能保证财政稳定，但是对境外资本依赖性强，随着发达国家货币政策的转向，固有的结构性矛盾可能引发系统性风险。

3. 债务违约风险。

经济较为发达的新加坡债务风险较小，新兴工业化国家呈现差异，其中马来西亚、菲律宾表现较为优异；老挝负债负担最重，长期靠国际援助与贷款维持，抵御外部冲击能力较弱，债务风险较大。

4. 政治风险。

缅甸的政治不稳定因素较多，泰国潜在暴力抗议依然存在，其他东盟国家政治风险较小。作为曾经的亚太冷战中心，东盟各国地缘政治矛盾突出，是大国战略博弈的角力场。

（二）中国—中南半岛经济走廊建设的对策与建议

1. 构建多层次合作机制，协调各领域合作。

中国—中南半岛经济走廊的沿线国家应构建多层次合作机制，加快交通基础设施互联互通建设，促进贸易投资合作，深化沿线地区间的城市合作。同时，走廊沿线各国参与"一带一路"建设，共同探讨研究走廊沿线国家的发展蓝图，进一步增进走廊沿线国家对"一带一路"倡议的理解，凝聚共识，合作共赢，增进沿线各国人民福祉，促进沿线国家经济社会发展与繁荣。

2. 东线与西线建设相结合。

中国—中南半岛经济走廊建设中，以中国南宁为主接口的东线应和以中国昆明为主接口的西线建设相结合，协同推进。通过建设经济走廊，既要释放陆路大通道的潜力，也要加强与太平洋、印度洋的港口对接，实现海陆、水路结合效应的最大化；既要加快完善中南半岛内部东西、南北和南部走廊等互联互通的规划建设，还要与中国区域经济体的对接，科学优化线路方案；同时，在发展沿线的口岸、城市、园区时，需要给予科学论证，明确目标。①

六、孟中印缅经济走廊

孟中印缅经济走廊的建设将东亚、南亚与东南亚联系在一起。孟中印缅经济走廊缘于20世纪90年代，中国云南提出的中印缅孟地区经济合作构想，1999年在昆明举行了第一次中印缅孟地区经济合作大会，各方共同签署了《昆明倡议》，随后每年召开一次会议推进建设。2013年5月，李克强总理在访问印度期间正式提出推进孟中印缅经济走廊建设，得到印度、孟加拉国、缅甸3国的积极响应。2013年12月，孟中印缅经济走廊联合工作组第一次会议在昆明召开，各方就经济走廊发展前景、优先合作领域和机制建设等深入讨论，签署孟中印缅经济走廊联合研究计划，正式建立了4国政府推进孟中印缅合作的机制。孟中印缅经济走廊的建设有利于中国西南部地区提高对外开放的水平，加强以云南省为代表的联系。②

---

① 杨陈. 中国—中南半岛沿线国家将共绘国际经济走廊蓝图 [J/OL]. 中国新闻网，2015-09-15. http://www.chinanews.com/gn/2015/09-15/7525418.shtml.

② 刘英. 经济走廊助力一带一路建设 [J]. 中国投资，2015 (7)：10，58-60.

(一) 孟中印缅经济走廊建设的挑战与风险

1. 地缘文化属性造成的风险。

按照地区主义的理论范式，地区主义的发展取决于如下因素：文化认同、地区认同及核心国家的推动。在文化上，孟中印缅各国差异明显，中国以儒家文化为主导，印度以印度教文化为主导，孟加拉国则属于伊斯兰文化范畴，缅甸为佛教圣地。在地区上，孟中印缅分属不同的次地区，中国位于亚洲的中心，缅甸属于东南亚，印度与孟加拉国属于南亚次大陆。在核心国家方面，孟中印缅次区域的状态属于"中间小、两头大"状态，而且囿于地缘政治竞争观念，中国对印度拓展在亚太地区的影响防范心理较重，印度对中国扩大在南亚地区的影响冠之以"威胁"或"包围"印度。

2. 四国固有风险。

四国内部的一些问题必然也会对经济走廊的发展造成一些负面的影响，这些问题包括政治局势动荡、经济脆弱性、法律制度是否完备、民族宗教及分裂势力引发的安全问题等。就政治局势而言，中国的政治局势相对稳定；印度的民主制度也相对成熟；孟加拉国则党争激烈，变数较大；缅甸政治局势更加复杂，处于政治转型的关键时期，产生震荡也非常大，不确定性更突出。在经济风险方面，中国经济发展水平最高，发展速度也相对较快，经济发展环境较好；印度经济增长基本面较好；孟加拉国与缅甸经济发展弱点较突出，经济发展环境不理想。在法律方面，孟中印缅各国均存在法律制度不完善的弊端。在民族宗教及分裂势力引发安全问题方面，印度、孟加拉国均是恐怖主义风险非常高的国家，尤其是印度东北部的民族矛盾冲突近年来时有反弹；缅甸国内的安全局势也堪忧，尤其是政府与地方武装之间的斗争也比较激烈；就中国而言，新疆的分裂势力所造成的恐怖事件也说明了中国安全隐患比较突出。①

---

① 杨思灵. 孟中印缅经济走廊建设风险分析与评估 [J]. 南亚研究季刊，2014（3）：5，52-57.

（二）孟中印缅经济走廊建设的对策与建议

1. 加强区域内公共外交。

针对孟中印缅区域内资源环境民族主义的兴起，中国在开展孟中印缅经济走廊建设过程中不仅要实现"政策沟通、设施联通、贸易畅通、资金融通"，更要关注"民心相通"。首先，将经济走廊沿线具体项目地的民众作为主要的参与者，充分考虑其意愿，在遵守与尊重当地环保标准、当地人风俗习惯的前提下开展具体项目的建设；其次，在项目的开展过程中，要充分考虑项目所在地民众的受益情况；再次，在经济走廊具体项目的开展过程中，企业要借助国家的援外资金或者专项资金积极承担社会责任，帮助当地人修建学校、医院和道路等关乎民生并且大部分人能够受益的公共基础设施。通过以上措施，最大限度地降低项目所在地民众对经济走廊项目的抵制。

2. 以"软制度"推动具体合作项目的开展。

在推进孟中印缅经济走廊建设过程中，要倡导"软制度"的合作，充分发挥四国市场的调节作用和四国在资源禀赋等方面的比较优势，政府通过引导提供一些政策类的公共产品，如大力改进和发展交通基础设施、通信设施，积极进行经济走廊建设，创建区域内的公路网，以减少商品和人员自由流通的成本。使经济走廊沿线成为一个更具有吸引力的投资场所，更具规模的开放市场，对四国私营企业和跨国公司形成天然的吸引力。

3. 将云南作为建设孟中印缅经济走廊的主体省份。

在孟中印缅区域国家间互信不足的情况下，次国家行为主体云南作为孟中印缅经济走廊建设的主体比国家行为主体具有更大的灵活性和便利性。云南作为次国家行为主体能够率先在互联互通、非传统安全问题治理等领域参与孟中印缅经济走廊建设。因此，在孟中印缅经济走廊建设过程中，有必要将云南省作为中国参与孟中印缅经济走廊建设的主体省份并赋予参与经济走廊建设的相应权限。[①]

① 邵建平，刘盈.孟中印缅经济走廊建设：意义、挑战和路径思考［J］.印度洋经济体研究，2014（6）：20—31，157.

七、中巴经济走廊

中巴经济走廊全长3000多公里，是一条包括公路、铁路和油气管道在内的贸易通道，把中国欠发达的西部地区与巴基斯坦（瓜达尔港）连通，为中国进入阿拉伯海、印度洋及其周边地区提供通道，其有利于巴基斯坦所有省份和地区的发展，也使巴基斯坦成为中国在南亚的一个区域性商贸投资枢纽，同时瓜达尔港建成将成为中国同南亚、中东及非洲扩大经贸合作的节点。经济走廊下的重点项目：习近平将访问巴基斯坦所达成的经济合作项目采用"1+4"模式，即以"中巴经济走廊"为核心，以瓜达尔港、能源项目、交通基础设施和产业合作为重点合作布局。巴基斯坦也一直关注着这些合作，期望利用合作机会成立一些企业，能够参与全球产品价值链的国际贸易。①

（一）中巴经济走廊建设面临的挑战与风险

1. 政治风险。

当前中巴经济走廊建设面临的政治风险主要来自巴基斯坦，饱受动荡的巴基斯坦政局、各党派围绕走廊路线展开的日益激烈的争议都会在一定程度上影响经济走廊建设。同时，巴基斯坦国内各政治派别的博弈可能会愈演愈烈。在如此巨大的投资面前，各政治派别是否能够摒弃前嫌，以国家利益为重，团结一致以实现巴基斯坦的"亚洲之虎梦"，对经济走廊建设至关重要。

2. 安全风险。

巴基斯坦国内安全形势严峻，一直深受恐怖主义困扰，被视为恐怖分子藏匿的"天堂"。巴基斯坦安全形势对中巴经济走廊的建设无疑会产生较大的负面影响，恐怖主义对经济走廊建设的威胁既是潜在的，也是现实的。经济走廊建设主要集中于经济合作，其

---

① 宋耀辉，夏咏，苏洋."一带一路"战略下的"中巴经济走廊"建设探讨［J］．对外经贸实务，2015（10）：27-30.

中必然会涉及一些重大项目的合作，如能源管道项目、交通基础设施、产业园区项目等，随着巴基斯坦的反恐斗争日趋激烈，武装分子极有可能以经济走廊的这些合作项目为袭击目标，尤其是经济走廊项目下的工程及工程人员极有可能成为袭击的目标。[①]

3. 经济风险。

中国为建设中巴经济走廊向巴基斯坦的投资规模之大是十分罕见的，虽然经济走廊建设已有一定基础，但必须正视经济走廊建设所面临的一定的经济风险。

首先，巴基斯坦产业基础薄弱，经济发展大多依靠服务业，工业发展能力较低，主要以原材料和初级产品为主。虽然巴基斯坦自然资源丰富，但对资源的开发能力不足，这可能造成资源支撑能力较弱，难以支撑相关项目的发展。这都有可能限制经济走廊项目的建设，甚至延缓相关项目的进行。其次，巴基斯坦投资环境欠佳。根据世界银行最新发布的营商环境排名（2015）可知，巴基斯坦在189个国家和地区中排第128位。报告还称，在巴基斯坦的商业运营面临获得经营许可、进行施工、电力供应、资产登记、缴纳税赋等方面的众多困难。另外，巴基斯坦国内持续的反恐战争并未有结束的迹象，国内恐怖袭击仍旧多发，这严重影响到当地的投资环境，使得投资者不敢也不愿在巴投资。如果巴基斯坦不能尽早解决投资环境欠佳的问题，那么这也将成为中巴经济走廊建设的潜在威胁。

4. 域外众多干扰因素难以排除。

首先，中巴经济走廊面临来自美国的压力。近些年，美国不断推进"新丝绸之路计划"。虽然"新丝绸之路计划"在实施的过程中面临着诸多困难，但鉴于中亚、南亚的地缘政治地位，未来美国还将积极推进该计划，以加强其在地区的存在和影响力。而当前，中国以一种更为积极主动的方式参与南亚地区事务，积极推进"一带一路"建设，这更使得中国在地区的影响力日趋增强，这并非是美国所喜闻乐

---

①　姚芸.中巴经济走廊面临的风险分析［J］.南亚研究，2015（2）：35-45，155.

见的。"新丝绸之路计划"与"一带一路"存在明显的竞争性。"新丝绸之路计划"可以看作纵向的计划，其希望将中亚引向南方，背离俄罗斯或中国。而"一带一路"可以看作横向计划，目的是加强中国与地区国家的互联互通。二者在计划上和目的上有所区别。因美国需要维护其在亚太地区的利益，"一带一路"将面临来自美国的压力。

其次，印度认为中巴经济走廊可能会对印度产生威胁。第一，中巴经济走廊途经巴控克什米尔，巴控克什米尔是唯一能够将中巴两国联系起来的陆上通道，但该地区一直是巴印争议地区。虽然中国多次声明经济走廊不针对第三国，但印度对此表示担忧，认为中国此举是在干涉克什米尔争端。第二，印度担心中巴经济走廊建设可能会使克什米尔分离主义分子更加活跃，这在一定程度上会影响到印度的安全和稳定。第三，随着中巴经济走廊的建设，中国将扩大在南亚的影响力并能够进入印度洋，印度担忧这可能会使印度主导南亚事务的希望破灭，并逐渐被边缘化。第四，印度还质疑瓜达尔港的用途。瓜达尔港是中国连接中东、进入印度洋的重要一环。虽然中国明确表示中巴经济走廊用作经济用途，但印度不以为然，担忧瓜达尔港将成为中国进军印度洋的前期准备，日后可能成为中国军队的停靠港和补给港。基于对中巴经济走廊的种种担忧和质疑，未来经济走廊的建设难免会面临来自印度的干扰。[①]

（二）中巴经济走廊建设的对策与建议

1. 逐步加大项目融资建设力度。

探索发挥中巴经济走廊对加快经济落后地区发展、减少区域发展差异的促进作用。根据巴基斯坦中央政府及主要区域的财力水平，注重项目自身的营利能力并合理设计，根据社会经济发展程度逐步加大项目融资的力度。尽管巴基斯坦政府现有财力有限，吸引和利用社会资本的能力不强，中巴经济走廊对经济发展的支撑和辐

---

① 姚芸.中巴经济走廊面临的风险分析［J］.南亚研究，2015（2）：35–45，155.

射能力值得期待。建设能够带来良好回报的示范项目意义重大，可以对后续项目提供参考。项目融资的年限相对较短，可选择效益较好、回收期较短的项目，随着中巴经济走廊功能与作用的加强，项目的回收期可适当延长，可以扩大使用融资的项目类别。

2. 做好跨境产业链发展与布局。

中国企业与巴基斯坦企业在中巴经济走廊沿线的经贸合作，应做好跨境产业链的发展与布局，使得中巴经济走廊不仅成为商品流动的通道，而且成为与沿线途经地区经济相融合、能够有效增强和释放地方经济活力的大动脉，实现各类资源要素更有效地流动。企业在发展方向设计上不仅应考虑利用巴基斯坦经济发展的巨大空间、实现生产环节的部分转移，拉长跨境产业链，还可以积极尝试理解和满足伊斯兰文化的发展需求，相应地拓展自身业务领域。工程承包企业需要关注此类趋势，积极参与相关经济活动，在恰当的时候通过股权合作分享发展红利。

3. 设计建造注重绿色元素融入。

无论是城市新建或扩容、原有经济功能改造升级，还是交通基础设施互联互通，都应面向长远，增加绿色元素。关注和响应东道国对环境保护、可持续发展的需求，提高建筑物综合能效，避免能源和资源的过度浪费。通过技术创新减少建筑物改造成本，增强建筑物抗震、节能的能力，减少铁路和公路等交通基础设施对生态环境的负面影响，力争把中巴经济走廊建设成为一条与环境相融合的绿色走廊。[①]

---

① 周密. 大力建设"一带一路"上的全天候经济走廊 [J]. 国际工程与劳务，2015（7）：23-26.

第二节　共建多边金融机构

一、传统多边金融机构的局限

虽然传统多边金融机构和各国开发银行在一定程度上可以弥补基础设施投资建设的融资缺口，但官僚主义严重、运营效率低下、忽视新兴经济体权益等问题也是广受诟病。

传统多边金融机构在五个环节上普遍存在浪费现象：

（1）项目开发环节：大部分员工将精力花在已有项目的内部沟通上，无暇主动开发新项目，同时缺少有效的新项目开发激励机制。

（2）项目立项环节：为争取立项，员工耗费了过多精力准备所需材料，参与立项决策的人太多，流程冗长拖沓。

（3）尽职调查环节：项目团队与法务、风险、信贷等职能部门沟通节点太多，且跨部门沟通困难。有些团队为避免职能部门的反对，做了过多的尽职调查工作。

（4）意向承诺环节：为获得贷款意向承诺，项目部门将大量精力花费在报告制作上。在提报评审委员会前，往往需要与委员会各成员逐个预先沟通，导致较高的沟通成本。

（5）款项支付环节：款项支付经常由于前期未明确条款细节造成延迟，同时对款项支付及时性缺乏有效的监督与考核，导致支付拖延。[1]

二、共建亚洲基础设施投资银行

历经800余天筹备，首个由中国倡议设立、57个国家共同筹建

---

[1] 李广宇，吕文博，王祎枫．多边金融格局新力量：亚投行的创新与活力［EB/OL］．麦肯锡，2015，7.

的多边金融机构——亚洲基础设施投资银行于2015年12月25日宣告成立，并于2016年1月16日正式开张。亚投行作为政府间多边开发银行，将通过在基础设施及其他生产性领域的投资，促进亚洲经济可持续发展、创造财富，并改善基础设施互联互通；同时与其他多边和双边开发机构紧密合作，推进区域合作和伙伴关系，应对发展挑战。

（一）亚投行对于"一带一路"的作用

1. 亚投行将为"一带一路"倡议提供金融支撑。

亚投行为"一带一路"倡议提供金融支撑不仅仅是整合欧亚经济的战略需要，同时也是中国及各成员国自身利益能够得到有效保证的重要抉择。

2. 亚投行将构建一个国际经济合作平台。

通过筹建亚投行对"一带一路"建设进行有力支持，不但是为周边国家和地区推出的一项经济刺激与增长计划，也是针对中国自身经济发展特殊时期的强心剂，更是促进各国经贸合作发展的有效平台。

3. 亚投行会促进"一带一路"倡议形成完整的融资链。

亚投行金融助力"一带一路"建设，不但可以推进储蓄向基础设施建设投资的有效转化，而且可以推进虚拟经济向实体经济的有效转移，并最终形成较为完整的融资链。

（二）共建多边金融机构的对策与建议

1. 发挥亚投行、丝路基金以及政策性金融机构的引领作用。

"一带一路"倡议实施的一个基本前提是各成员国间基础设施的互联互通，而基础设施投资具有投资回报周期长、需求资金量大等特点，给私人部门早期参入和投资带来一定困难和挑战。亚投行、丝路基金以及政策性金融机构将通过构建多边融资、合作机制，在提供长期启动资金、发挥市场引领作用的同时，撬动私人部门资金服务于基础设施投资建设，促进亚洲地区的高储蓄转化为有效的基础设施投资，促进亚洲地区经济一体化进程，同时也将促进并加强亚投行与亚洲开发银行和世界银行间的国际性合作，在充分发挥国际金融机构有效金融支持的基础上，进一步体现丝路基金和政策性金融机构的政策引领作用。

2. 加快推进国内商业银行的全球网络布局。

在"一带一路"沿线地区，中资银行的网点覆盖率明显落后于国际同业水平。国内商业银行应在坚持金融服务"一带一路"倡议基础上，在国际经济走廊大通道建设的大背景下，转变国际金融中心优先、发达经济体优先的传统思路，重点加大对"一带一路"沿线国家及地区网点和机构布局，尤其是网络布局稍显落后的西亚、北非、中亚、南亚和中东欧地区。目前，大型商业银行已经全面具备金融助力"一带一路"倡议的基础，成为中国银行业走出国门、与世界同台的支柱。在此基础上，国内商业银行可以充分考虑兼并收购和自设网点相结合的方式，以最快速度、最优服务、最高质量力争在未来几年实现亚投行金融助力"一带一路"支点地区的全面覆盖。

3. 加强外汇储备金融扶持的战略支撑力度。

在加强外汇储备金融支持"一带一路"倡议的过程中，一是要逐渐扩大通过外汇储备进行委托贷款的规模和范围，加大对走出去企业在研发、技术和品牌等方面的金融服务和支持；二是在保证外汇储备安全性的前提下，可以通过外汇储备资金成立担保基金，更好地服务和支持走出去的信用资质较低、规模较小的中小微企业。

4. 推进人民币区域化布局，形成有效的"人民币区"。

加强与"一带一路"周边国家的人民币清算安排及货币互换协议的合作，不但有利于推动区域内企业间开展以人民币为结算标的双边或多边贸易投资活动，也有利于推动商业银行提供多边人民币结算和融资租赁服务，进一步支持人民币的区域化布局，促使人民币成为区域内结算和投融资活动的计价货币；同时，规模庞大的基础设施建设将加快推进人民币离岸市场的发展和建立，进一步支持和扩大人民币在海外工业园区及高铁、通信等对外援助及投融资项目中的结算和使用。[1]

第三节 新雁阵合作模式

一、"一带一路"沿线国家产业现状对比

根据《工业化蓝皮书："一带一路"沿线国家工业化进程报告》，"一带一路"倡议将带来很大的外溢效应：第一产业梯度国家产业升级带动第二产业梯度升级，第二产业梯度升级带动第三产业梯度升级，进而提升沿线国家整体的工业化水平，形成"一带一路"产业链的有效转移和分工明确生产网络的构建，"一带一路"沿线国家将呈现新雁阵分工合作模式。

按照国际经验数据，工业化水平可以划分为前工业化阶段、工业化阶段、后工业化阶段三个阶段。其中，工业化阶段又可细分为工业化初期、工业化中期、工业化后期三个阶段。经测评，2010年中国的工业化水平综合指数是66%，处于工业化中期的后半阶段，2014年的指数是84%，已经到了工业化后期的中段水平。这也就意味着，"十二五"期间，中国工业化水平有了一个实质性的提高。蓝皮书指出，"一带一路"沿线65个国家中，只有2个已经到了后工业化阶段，处于工业化初期阶段的有14个，处于工业化中期阶段的有16个，处于工业化后期阶段的有32个，而处于前工业化时期的只有1个。总体上仍处于工业化进程中，且大多数国家处于工业化中后期阶段，大体呈现"倒梯形"结构特征。[2]

---

① 胡海峰，武鹏. 亚投行金融助力"一带一路"：战略关系、挑战与策略选择［J］. 人文杂志，2016（1）：20—28.
② 王健生，付朝欢."一带一路"沿线将呈现"新雁阵"合作模式［N］. 中国改革报，2016-01-25.

二、如何构建新雁阵合作模式

新雁阵合作模式可在一定程度上体现 "一带一路" 沿线国家产能合作的内涵。雁阵模式的核心是产业转移，目的是整体生产网络的形成。"一带一路" 沿线国家处于不同的工业化阶段，有着不同的经济发展水平，并形成了不同的优势产业类型。而这些产业也形成了三种不同的梯度，即技术密集与高附加值产业（工业化后期国家）、资本密集型产业（工业化中期国家）、劳动密集型产业（工业化初期国家）。随着中国廉价劳动力时代的终结，劳动密集型产业（如纺织品、玩具等）有望向以东南亚部分国家为代表的工业化初期国家转移；资源密集型产业（如能源产品、化工产品、金属制品）可以向以中东欧部分国家为代表的油气丰裕国家及以中亚部分国家为代表的矿产资源丰裕国家转移，而中国可以扩大对这些国家资本、技术及高附加值产品的出口；部分技术密集和高附加值产业（如机电产品、部分装备制造产品）则有望向以中东欧部分国家为代表的工业化后期国家转移，实现技术的互通有无。如此一来，第一产业梯度国家的产业升级会带动第二产业梯度国家的相应升级，第二产业梯度国家的产业升级也势必会带动第三产业梯度国家的相应升级，进而实现 "一带一路" 国家产业链的有效转移和分工明确的生产网络的构建，形成新雁阵分工和合作模式。而之所以称为 "新雁阵"，是因为从日本的 "雁阵崩溃" 中可以看到：一个由封闭的、只以产业结构自我完善为最终目的的雁首所牵头的雁阵模式是难以为继的。新雁阵模式的建立需要中国充分挖掘与 "一带一路" 沿线国家经济的互补性，建立双赢、合理的国际分工体系，打造欧亚区域经济一体化新格局，而这也是 "一带一路" 倡议提出的主旨。①

———————

① 黄群慧，韵江. "一带一路" 沿线国家工业化进程报告［M］.北京：社会科学文献出版社，2015.

"一带一路"合作机制

经中国国务院授权，中国国家发展和改革委员会、外交部和商务部于2015年3月28日发布了《推动共建丝绸之路经济带和21世纪海上丝绸之路的愿景与行动》，明确了推动共建"一带一路"的合作机制包括"加强双边合作"、"强化多边合作机制作用"，以及建立"一带一路"学术文化交流机制。[①]当前，世界经济融合加速发展，区域合作方兴未艾，应积极利用现有双多边合作机制，推动"一带一路"建设，促进区域合作蓬勃发展。

第一节　加强双边合作

在"一带一路"倡议项目实施中应加强双边合作，开展多层次、多渠道沟通磋商，推动双边关系全面发展；推动签署合作备忘录或合作规划，建设一批双边合作示范；建立完善双边联合工作机制，研究推进"一带一路"建设的实施方案、行动路线图；充分发

---

① 国家发展改革委，外交部，商务部. 推动共建丝绸之路经济带和21世纪海上丝绸之路的愿景与行动［EB/OL］. 人民网，2015-03-29. http://politics. people.com. cn/ n/2015/0329/c1001-26765454. html.

挥现有联委会、混委会、协委会、指导委员会、管理委员会等双边机制作用，协调推动合作项目的实施。

一、推动签署合作协议，建设双边合作示范

对合作意愿较强的国家，双方可共同编制“一带一路”建设合作规划，推动签署合作备忘录和协议，确定双方合作的领域、项目、投资主体等内容，尽早建设一批取得积极成效的合作典型项目。自“一带一路”倡议提出以来，中国同沿线国家陆续签订了一系列合作协议，有助于推动“一带一路”建设。学者杨善民[1]统计了自2013年“一带一路”倡议提出到2014年年底，中国与“一带一路”沿线国家签署的双边协议，部分内容如表25-1所示。

表25-1　中国与“一带一路”国家签署的主要协议

国家	签署的备忘录、声明、合作文件等
哈萨克斯坦	《筹建亚投行备忘录》《中哈产能合作框架协议》
吉尔吉斯斯坦	《中华人民共和国和吉尔吉斯共和国关于进一步深化战略伙伴关系的联合宣言》
塔吉克斯坦	《中塔关于进一步发展和深化战略伙伴关系的联合宣言》
土库曼斯坦	《中华人民共和国和土库曼斯坦友好合作条约》《中华人民共和国和土库曼斯坦关于发展和深化战略伙伴关系联合声明》《中华人民共和国和土库曼斯坦战略伙伴关系发展规划（2014年—2018年）的声明》
俄罗斯	《中俄关于全面战略协作伙伴关系新阶段的联合声明》《关于通过中俄西线管道自俄罗斯联邦向中华人民共和国供应天然气领域合作的备忘录》《中国石油天然气集团公司与俄罗斯天然气工业公司关于经中俄西线自俄罗斯向中国供应天然气的框架协议》
蒙古国	《筹建亚投行备忘录》《中华人民共和国和蒙古国关于建立和发展全面战略伙伴关系的联合宣言》

---

[1]　杨善民.“一带一路”环球行动报告（2015）［M］.北京：社会科学文献出版社，2015.

续表

国家	签署的备忘录、声明、合作文件等
捷克	《中华人民共和国文化部和捷克共和国文化部2015—2019年文化合作计划》
匈牙利	《合作建设"匈塞铁路"的谅解备忘录》
乌克兰	《中华人民共和国和乌克兰友好合作条约》《中华人民共和国和乌克兰关于进一步深化战略伙伴关系的联合声明》《两国政府经济技术合作协定等多项合作文件》
摩尔多瓦	《关于在葡萄酒贸易领域开展交流合作的意向备忘录》
英国	《在伦敦建立人民币清算安排的合作备忘录》
泰国	《筹建亚投行备忘录》《中太铁路合作谅解备忘录》《中泰农产品贸易合作谅解备忘录》
印度尼西亚	《筹建亚投行备忘录》《经贸合作五年发展规划和关于建立综合产业园区的协定》
尼泊尔	《筹建亚投行备忘录》《中华人民共和国商务部和尼泊尔政府财政部关于在中尼经贸联委会框架下共同推进丝绸之路经济带建设的谅解备忘录》
斯里兰卡	《中国国家海洋局与斯里兰卡国防与城市发展部关于建立中斯联合海岸带与海洋研究与开发中心的谅解备忘录》《筹建亚投行备忘录》
马尔代夫	《中华人民共和国商务部和马尔代夫共和国经济发展部关于在中马经贸联委会框架下共同推进21世纪海上丝绸之路建设的谅解备忘录》
阿富汗	《关于深化战略合作伙伴关系的联合声明》《中华人民共和国与阿富汗伊斯兰共和国关于深化战略合作伙伴关系的联合声明》
卡塔尔	《筹建亚投行备忘录》《中卡关于建立战略伙伴关系的联合声明》
委内瑞拉	《中委联合融资基金一期二次滚动油贸合同》
古巴	《赛博鲁克油田原油增产分成合作框架协议》《9000米钻机钻井服务项目合作协议》
秘鲁	《中国—巴西—秘鲁关于开展两洋铁路合作的声明》
巴西	《关于进一步深化中巴全面战略伙伴关系的联合声明》《巴西美丽山特高压输电项目合作协议》
阿根廷	《中华人民共和国和阿根廷共和国关于建立全面战略伙伴关系的联合声明》

资料来源：杨善民."一带一路"环球行动报告（2015）[M].北京：社会科学文献出版社，2015.

中国与 "一带一路" 沿线国家签订合作协议有助于项目合作的顺利实施。以哈萨克斯坦为例，基于哈萨克斯坦与中国的能源互补优势，2014年12月26日哈萨克斯坦投资和发展部部长阿·伊谢克舍夫与中国国家发展和改革委员会主任徐绍史在中国北京签署《中哈产能合作框架协议》。双方讨论了推进和深化两国产能与投资合作的问题，交流了各自重点产业的发展现状、规划和政策，在采矿业、化工、石油化工、建筑材料、汽车组装及轻工产品、旅游、道路交通、电力等领域合作达成了共识。经过磋商，双方签署了《中哈合作委员会第七次会议纪要》，初步确定了16个早期收获项目和63个前景项目清单。中哈产能合作的开展丰富了 "丝绸之路经济带" 建设和哈萨克斯坦 "光明之路" 新经济政策对接合作的内涵，也把两国发展战略对接落实到具体的、实实在在的合作项目上。① 中国与哈萨克斯坦在钢铁、水泥、平板玻璃、化工、机械、有色、轻纺等产业领域进行深度对接，对中国优势产能开拓国际市场形成了良好示范效应。

二、完善双边联合工作机制，共同推进项目实施

完善双边合作机制，有效地进行重大规划和项目对接。与沿线国家建立和完善双边联合工作机制，充分发挥现有的中俄总理定期会晤机制、联委会、混委会、协委会、指导委员会等双边机制作用，与沿线国家共同推动合作项目实施。本部分以中俄总理定期会晤机制和中哈合作委员会作为重要合作机制案例，分析其对双边合作的作用。

(一) 中俄总理定期会晤机制

1996年4月，俄罗斯时任总统叶利钦访问中国，与时任国家主席江泽民就定期会晤达成原则一致，双方认为保持各个级别、各

---

① 中国与哈萨克斯坦已达成52个产能合作项目 [EB/OL]. 凤凰资讯，2015-12-14. http://news.ifeng.com/a/20151214/46668854_0.shtml.

种渠道的经常对话，特别是两国领导人之间的高级、最高级接触和协商具有重要意义。同年12月26日至28日，时任总理李鹏对俄罗斯进行工作访问，双方决定建立中俄总理定期会晤机制，成立中俄总理定期会晤委员会，并下设经贸、能源、运输等分委会，由两国副总理分别担任委员会的中、俄方主席。委员会在政府首脑会晤前夕召开会议，以协调该定期会晤机制的顺利运行。定期会晤机制确立后，中俄两国总理每年举行一次会晤。中俄总理定期会晤机制下设总理定期会晤委员会、人文合作委员会和能源谈判代表会晤三大机制，是中俄两国政府全面规划、指导和促进双边合作的重要机制，也是中国对外合作中规格最高、组织结构最全、涉及领域最广的磋商机制，为促进中俄两国关系和各领域务实合作发挥了不可替代的重要作用。从1996年至2015年已举行20次会晤，历年中俄两国总理会晤内容及其主要成果如表25-2所示。

表25-2 历年中俄两国总理会晤内容及其主要成果

次数	日期	地点	主要内容及成果
第一次	1996年12月27日	莫斯科	《连云港核电站框架合同原则协议》《中国人民银行与俄罗斯联邦中央银行合作协议》
第二次	1997年6月27日	北京	《中华人民共和国政府和俄罗斯联邦政府关于建立中俄总理定期会晤机制及其组织原则的协定》
第三次	1998年2月17日	莫斯科	出席两国政府在高速船建造领域进行合作、解决政府贷款债务以及两国政府1998年加强经贸合作等3项文件的签字仪式
第四次	1999年2月25日	莫斯科	签署两国在经贸、科技、能源、交通等领域以及两国有关省州合作的11项协议
第五次	2000年11月3日	北京	着重就落实2000年7月北京最高级会晤达成原则协议的实际步骤进行了协商，并签署了13项文件
第六次	2001年9月8日	圣彼得堡	签署联合公报

次数	日期	地点	主要内容及成果
第七次	2002年8月22日	上海	出席《中俄总理定期会晤委员会第六次会议纪要》《中国人民银行与俄罗斯联邦中央银行关于边境地区贸易的银行结算协定》和《中国工商银行向俄罗斯对外贸易银行提供2亿美元出口买方信贷框架协议》等3项文件的签字仪式
第八次	2003年9月24日	北京	签署《中俄总理第八次定期会晤联合公报》《中俄总理定期会晤委员会第七次会议纪要》等6项文件
第九次	2004年9月24日	莫斯科	签署《中俄总理第九次定期会晤联合公报》
第十次	2005年11月3日	北京	签署在经济、教育、卫生、银行等领域合作的8项文件，发表《中俄总理第十次定期会晤联合公报》
第十一次	2006年11月9日	北京	签署有关能源合作、金融保险合作以及新闻交换等方面的17项文件；发表《中俄总理第十一次定期会晤联合公报》
第十二次	2007年11月6日	莫斯科	签署《中俄总理第十二次定期会晤联合公报》，出席双方贸易、能源、科技、银行、边贸等合作文件的签字仪式
第十三次	2008年10月28日	莫斯科	签署《中俄总理第十三次定期会晤联合公报》，出席双方贸易、能源、科技、金融、边贸等多项合作文件签字仪式
第十四次	2009年10月13日	北京	签署《中俄总理第十四次定期会晤联合公报》；出席了12项双边合作文件签字仪式
第十五次	2010年11月23日	圣彼得堡	签署《中俄总理第十五次定期会晤联合公报》；双方政府部门还签署了涉及经贸、能源、运输、金融、人文等领域的30多项合作文件
第十六次	2011年10月11日	北京	公布了两国在经济现代化、旅游、农业、质监、金融、军技等领域签署的一系列合作协议，并为未来两国在经贸、人文交流和国际事务等方面的合作指明了方向；签署《中俄总理第十六次定期会晤联合公报》
第十七次	2012年12月6日	莫斯科	签署《中俄总理第十七次定期会晤联合公报》，见证多项双边合作文件的签署
第十八次	2013年10月22日	北京	签署《中俄总理第十八次定期会晤联合公报》，并见证20项双边合作文件的签署

次数	日期	地点	主要内容及成果
第十九次	2014年10月13日	莫斯科	签署《中俄总理第十九次定期会晤联合公报》，并见证经贸、投资、能源、金融、高科技、人文等领域近40项重要合作文件的签署
第二十次	2015年12月17日	北京	签署《中俄总理第二十次定期会晤联合公报》

资料来源：本表格是编者从新华网的"中俄总理定期会晤机制"整理得到。

从历次会议内容及会议成果可以看出，中俄总理定期会晤机制促进了多项双边合作文件的签署，有助于推进两国在经贸、人文交流、国际事务方面的合作。因此为促进中俄双边合作、积极推进地方合作、扩大地区合作范围和领域、完善地区合作机制、推动地区交流向计划性和定期化转变，中俄双方均支持完善中俄总理定期会晤机制，包括建立副总理级的中俄投资合作委员会、中俄经济合作战略性项目高级别监督工作组，以及能源领域专门工作组。同时推动中俄军事技术混委会、中俄饶河比金混委会、中俄饶河—比金混合工作委员会、中俄联合协调委员会、中俄体育合作分委会、中俄人文合作委员会、中俄能源合作委员会等对中俄双边合作的促进作用。[①]

（二）中哈合作委员会

中哈合作委员会于2004年5月在哈萨克斯坦总统纳扎尔巴耶夫访华期间正式成立。委员会下设经贸、交通和科技等9个分委会，负责协调两国各领域的合作。成立中哈合作委员会是两国国家元首达成的共识，是中哈双方全面推动各领域合作的重要举措。作为两国政府间重要合作机制，中哈合作委员会对促进双方各领域务实合作发挥了重要作用。在中哈合作委员会的指导和协调下，两国在经贸、能源、科技、文化和教育等各领域合作不断扩大，全面展开。中哈合作委员会自成立以来至2015年已举行过7次会议，历次会议内容及主要成果如表25-3所示。

---

① 中俄关于全面战略协作伙伴关系新阶段的联合声明［EB/OL］. 新华社，2014-05-20. http://news.xinhuanet.com/world/2014-05/20/c_1110779577.htm.

表25-3　历次中哈合作委员会会议内容及其主要成果

次数	日期	地点	主要内容及成果
第一次	2004年7月2日	北京	重点讨论了推动两国在经贸、交通、口岸、科技、金融、能源、地矿、人文、安全等领域务实合作问题
第二次	2005年7月14日	阿斯塔纳	确定下一步的中心任务是落实两国元首就推动双边各领域合作，特别是重大项目的实施所达成的各项共识
第三次	2006年11月17日	北京	会议总结双方在相关领域合作情况，并就下一阶段工作达成广泛共识
第四次	2007年11月8日	阿斯塔纳	双方一致认为应认真落实两国元首会晤成果、切实推进双边务实合作，全面深化两国各领域合作
第五次	2009年12月4日	北京	会议全面总结双方在相关领域合作情况，高度评价相关领域取得成果，并就下一阶段工作重点达成共识
第六次	2012年12月8日	阿斯塔纳	会议后双方签署了中哈原油管道扩建和运行相关事宜协议、建设和运营萨拉布雷克—吉木乃天然气管道的合作协议、修改补充国境铁路协定的议定书、"渝—新—欧"国际铁路过境货运班列快捷通关监管的备忘录和修订中哈对外贸易海关统计方法和信息合作议定书
第七次	2015年8月25日	北京	签署《会议纪要》。双方商定于2017年在哈萨克斯坦举行委员会第八次会议。双方全面总结了两国在产能、能源资源、经贸投资、互联互通、科技人文等领域的合作成果，就下一步工作达成一系列共识

资料来源：编者根据新华网和中国新闻网的相关信息整理得到。

随着中哈合作委员会的成立，双方在委员会框架内成立经贸合作分委会、交通合作分委会、口岸和海关合作分委会、科技合作分委会、金融合作分委会等。中哈合作委员会有力地指导和协调了两国在各个领域的合作，促进了双方的互利共赢。[①]中哈合作委员会作为两国政府间全方位、高层次、机制化的合作平台，对推动双边关系发展和各领域务实合作发挥了重要作用。为此，应继续发挥中哈合作委员会及各分委会作用，推动两国关系和各领域合作不断迈上更高水平。[②]

第二节 强化多边合作机制

在"一带一路"倡议项目实施中应强化多边合作机制作用，发挥上海合作组织（SCO）、中国—东盟"10+1"、亚太经合组织（APEC）、亚欧会议（ASEM）、亚洲合作对话（ACD）、亚信会议（CICA）、中阿合作论坛、中国—海合会战略对话、大湄公河次区域经济合作（GMS）、中亚区域经济合作（CAREC）等现有多边合作机制作用，相关国家加强沟通，让更多国家和地区参与"一带一路"建设。中国—东盟"10+1"与上海合作组织两个机制在前述"第三编 区域一体化"中已重点探讨，本部分不再赘述。根据多边合作机制的不同作用，重点选择亚太经合组织、亚欧会议、亚信会议、中阿合作论坛、中亚区域经济合作等五个多边合作机制加以分析。

---

① 张建全.中哈经贸合作的战略分析 [J].中外企业家，2009（18）：180—181.
② 中哈合作委员会第七次会议举行 [EB/OL].中国新闻网. http://news.sina.com.cn/c/2015–08–25/193032236481.shtml.

一、亚太经合组织（APEC）

亚洲太平洋经济合作组织（Asia-Pacific Economic Cooperation，APEC）简称亚太经合组织，是亚太地区最具影响力的经济合作官方论坛，是亚太区域内各地区之间促进经济成长、合作、贸易、投资的论坛。截至2014年9月，亚太经合组织共有21个正式成员和3个观察员。亚太经合作组织诞生于全球冷战结束的年代。20世纪80年代末，随着冷战的结束，国际形势日趋缓和，经济全球化、贸易投资自由化和区域集团化的趋势逐渐成为潮流。同时，亚洲地区在世界经济中的比重也明显上升，亚太经合组织为推动区域贸易投资自由化、加强成员间经济技术合作等方面发挥了不可替代的作用。

亚太经济合作组织的宗旨是：保持经济的增长和发展；促进成员间经济的相互依存；加强开放的多边贸易体制；减少区域贸易和投资壁垒，维护本地区人民的共同利益。APEC主要讨论与全球及区域经济有关的议题，如促进全球多边贸易体制，实施亚太地区贸易投资自由化和便利化，推动金融稳定和改革，开展经济技术合作和能力建设等。APEC也开始介入一些与经济相关的其他议题，如人类安全（包括反恐、卫生和能源）、反腐败、备灾和文化合作等。

为共同建设"一带一路"，强化多边合作机制，应进一步推动各国和各地区发展倡议的对接和互补，促进"一带一路"倡议与APEC发展议程融合，带动亚太地区共同发展。亚太地区不同发展倡议的对接和互补将会进一步整合区域内发展资源，为区域内互联互通和共同发展注入新的活力。APEC加强基础设施建设、推进服务业发展的目标与中国提出的"一带一路"倡议高度契合。2015年，APEC秘书处执行主任博拉尔德说："中国的'一带一路'与APEC地区互联互通的目的是一致的。人们在寻求各种新的贸易路线，如果中国周边的路线具有竞争力，将催生该区域对服务业的需求。"[1]

---

[1] 刘玮. APEC：中国"一带一路"带动亚太区域包容性发展. 新华网，2015-11-19. http://news.xinhuanet.com/world/2015-11/19/c_128447115.htm.

二、亚欧会议（ASEM）

亚欧会议（Asia Europe Meeting，ASEM）是亚洲与欧洲之间的政府间论坛。1994年7月，欧盟制定了《走向亚洲新战略》，主张与亚洲进行更广泛的对话，建立一种建设性、稳定和平等的伙伴关系。在此背景下，新加坡总理吴作栋于同年10月提出建立亚欧会议的倡议，得到了有关各方的积极响应。亚欧会议是亚洲国家（目前限于东亚国家）与欧洲国家（目前限于欧盟及其成员国）之间的跨洲区域间合作对话机制。就对话的内容而言，亚欧会议逐步形成了以经济、政治和社会文化为三大支柱的主体合作对话框架，其议题几乎包罗万象。[①]从亚欧会议的规模来看，其涵盖的人口数、GDP和贸易额总量也都占据了世界总和的半数或者半数以上。[②]就地缘角度而言，亚欧会议的参加者是亚洲与欧洲诸多国家及相关国际区域组织，即东盟、中、日、韩与欧盟成员国及欧盟委员会。亚欧会议成立后一直采取论坛形式，至今没有常设秘书处。但它已形成了由首脑会晤、部长会议、高官会和其他后续活动等构成的具有连续性的组织体系，这是机制化的表现，是一种"软机制化"或者"弱机制化"、"准机制化"。从这个意义上说，亚欧会议目前还是一个论坛型的、非正式的多边合作机制。另外，亚欧首脑会议通过的亚欧合作框架（AECF）明确规定，"亚欧会议应该是一个开放的进程"。[③]

亚欧会议促进了中、欧、东盟在全球性和地区性问题上的多边协调和务实合作。亚欧会议推动了中国—欧盟、中国—东盟、欧盟—东盟双边关系发展，亚欧会议为中欧的沟通合作提供了战略性

---

① Anthony Forster. The European Union in South-East Asia: Continuity and Change in Turbulent Times. International Affairs，1999，75（4），October：743-758.

② 2006年亚欧首脑会议官方网站. Joint Conclusions（ASEM in its Tenth Year）. http://www. asem6. fi/NEWS_AND_DOCUMENTS/EN_GB/1146142135365/INDEX. HTM.

③ Wim Stokhof，Paul van der Velde（ed.）. Asian-European Perspectives. Curzon Press，2003，pp.107-117.

平台。在欧盟亚洲战略中，中国是欧盟开展政治和战略对话的优先伙伴。亚欧会议为中欧超越双边关系、在跨地区乃至全球层面进行合作提供了有利条件；亚欧会议为中国与东盟的合作提供了便利，中国与东盟国家利用亚欧会议增进了解、沟通协调，以多边磋商促进双边合作，在一定程度上推动了东亚区域合作的发展；亚欧会议促进了欧盟与东盟关系的发展，亚欧会议是欧盟与东盟对话机制的补充，它促进了欧盟与东盟关系的发展，在亚欧会议框架下，欧盟与东盟对话的领域从经贸领域扩大到政治和文化领域，双方的沟通协调促进了其经贸合作；[①]亚欧会议为"一带一路"倡议有机融入亚欧合作提供了契机。如果亚欧能在经贸、交通、政策、规则和标准等层面进一步加强协作，一方面能够降低成本，另一方面还能创造出新的合作领域。[②]

三、亚信会议（CICA）

亚洲相互协作与信任措施会议（Conference on Interaction and Confidence-Building Measures in Asia，CICA）简称亚信会议，是一个有关安全问题的多边合作论坛，其宗旨是在亚洲国家之间讨论加强合作、增加信任的措施。亚信峰会和外长会议均为每4年举行一次，两会交错举行，间隔2年。2010年6月以前，亚信主席国一直由哈萨克斯坦担任，自第三次峰会起，土耳其接替哈萨克斯坦担任主席国。亚信会议现有成员国26个、观察员国和组织12个，横跨亚洲各区域，涵盖不同制度、不同宗教、不同文化、不同发展阶段，具有广泛代表性。亚信的宗旨是通过制定多边信任措施，加强对话与合作，促进亚洲和平、安全与稳定。现已制定军事政治、新威胁新挑

① 郑腊香. 亚欧会议对中国、欧盟、东盟关系的影响分析［J］. 东南亚研究，2012（4）：61–66.

② 李克强总理访欧看点：亚欧会议为"一带一路"提供契机. 新华网，2014–10–13. http://www.cnss.com.cn/html/2014/mrzt_1013/161441.html.

战、经济、生态、人文等五大领域信任措施。

在全球化和区域化时代，没有地区安全和稳定就难以保障区域经济发展。"一带一路"建设涉及亚欧非广大的国家和地区，安全保障体系的构建尤为重要，亚信会议正在成为保障"一带一路"区域安全的一个重要机制。

首先，亚信会议为"一带一路"构建安全平台。亚信会议是为在部分亚洲国家之间讨论加强合作、保障区域安全问题应运而生的一个多边论坛。从1992年提出至今，已成为拥有26个成员国、12个观察员国和包括联合国等国际组织在内，以亚洲为主，横跨亚洲、欧洲、非洲各次区域，具有广泛代表性的国际合作机制。亚信会议与时俱进，合作宗旨从对亚洲地区形势达成一致认识，消弭相互误解、对立与冲突，保障地区稳定与安宁，进而协商解决共同面临的问题，到共同推动在亚洲地区建立安全保障机制，促进区域性经济发展与社会繁荣；合作领域从促进亚洲和平、安全与稳定拓展到军事政治、新威胁新挑战、经济、生态、人文等五大领域，近年来在打击恐怖主义、跨国犯罪、制毒贩毒等领域推动务实合作；合作范围从亚洲拓展到与亚信合作的国际组织涵盖的欧洲、阿拉伯国家和地区等。由于与"一带一路"区域高度重合，亚信会议正在成为保障"一带一路"安全的重要机制平台。

其次，亚信会议首倡的新安全观为"一带一路"奠定安全基石。自从2014年中国接棒主席国以来，亚信会议的发展得到了国际社会的高度关注和参与成员的积极响应。2014年5月，在参与人数最多和级别最高的亚信上海峰会上，习近平主席提出共同安全、综合安全、合作安全、可持续安全的亚洲安全观，这是一种创新的安全理念——实现真正的安全，必须靠互补而不是互斥，靠包容而不是排他，靠双赢而不是零和排异。这一安全观涵盖了发展和安全的双重维度，含义深广，与上合组织"互信、互利、平等、协商、尊重多样文明、谋求共同发展"的"上海精神"相互呼应，各有侧重，为"一带一路"安全体系建设提供了充分的理念支撑。除了新安全观外，习近平的讲话还涉及对亚信的4个极具建设性和可操作性的建议，即考虑"适当增加亚信外长会乃至峰会频率"，"支持完善亚信秘书处职能，在亚信框架内建立成员国防务磋商机制及各领域信任措施落实监督行动工作组"，"举办亚信非政府论坛"，"增强亚信的包容性和开放性"，"和平合作、开放包容、互学互鉴、互利共赢"的丝路精神的具体实践，将会促进亚信平台的政治引领、机制建设与务实合作，为"一带一路"区域安全奠定坚实的合作架构。①

再次，亚信会议为"一带一路"提供安全治理的新模式。在全球化背景下，安全的跨国性、综合性和联动性日益突出，任何一个国家在安全问题面前都难以独善其身。只有通过对话与合作，亚洲各国才能共同应对挑战、共维稳定、共享安全。亚信会议提出的亚洲新安全观致力于走出一条共商、共建、共享、共赢的亚洲安全之路，共谋和平、共护和平、共享和平，为"一带一路"区域提供了安全合作的新模式。"共商"是指"一带一路"沿线国家地区形成对发展目标的共识，并共同探讨实现这一目标的过程和路径；"共建"是"一带一路"沿线国家地区要全方位推进务实合作，打造政治互信、经济融合、文化包容的命运共同体、责任共同体、利益共同体；"共享"是指"一带一路"建设的成果应该由沿线国家的全体人民共同分享。"一带一路"是中国提出的倡议，是开放的、穿越非洲环连亚欧的广阔区域；"一带一路"是多元的，呼应了沿线各国实行对外开放、实现繁荣发展的现实需求和共同愿望，顺应了当今时代求和平、谋发展、促合作的历史潮流；"一带一路"同时涵盖各个合作领域，合作形式也可以多种多样，它的未来属于沿线的每一个国家和地区，需要得到沿线各国的认同、支持与合作，彼此守望相助，弘义融利，风雨同舟，命运同担。中国正在致力于积极推动国际关系民主化，尊重"一带一路"沿线国家自主选择合作

_____

① 亚信第四次峰会在上海举行，习近平主持并发表讲话. 新华网，2014-5-21. http://news.xinhuanet.com/world/2014-05/21/c_1110799227.htm.

伙伴与合作方式的内在合作愿望，与所有愿意参与"一带一路"建设的国家在安全领域努力开展国际合作，共同提升提供国际公共产品和服务的能力，通过亚信会议等多种机制和平台加强相互间的政治沟通和战略互信，尊重各国的不同文明、不同社会制度、不同发展模式选择，顺应世界多极化趋势、各国多元化合作伙伴和多样化国家发展道路选择潮流，营造超越传统国际关系模式、文明属性、制度差异、发展差距的新型国家关系，通过推动更大范围、更高水平、更深层次的大开放、大交流、大融合，成为共同发展、共同安全的"好邻居、好伙伴、好朋友"。[①]

四、中阿合作论坛

自1956年5月同埃及建交至1990年7月同沙特阿拉伯建交，中国已经同22个阿拉伯国家建立了正式外交关系。中国与阿拉伯国家在政治、经济、文化等各领域的全方位合作得到不断巩固和发展，为中国与阿拉伯国家开展集体对话与合作创造了条件。2004年1月，时任国家主席的胡锦涛在访问埃及期间会见阿拉伯国家联盟秘书长穆萨，提出了建立中阿新型伙伴关系的建议，得到阿盟的积极响应，双方宣布正式成立中国—阿拉伯国家合作论坛，简称中阿合作论坛。中阿合作论坛自2004年成立以来，在双方共同的推动下，已形成了以政治、经贸、文化合作为主，兼顾其他领域，各领域共同发展、官民并举的发展格局，在深化中阿传统友谊、搭建对话平台、推进互利合作方面发挥了重要作用。[②]

2014年1月17日，习近平主席在会见出席"中国—海湾阿拉伯国家合作委员会第三轮战略对话"的海合会国家部长和高官时呼吁，阿拉伯国家应同中国一起，将"丝绸之路经济带"的构想落到实处。习近平指出："我提出了建设丝绸之路经济带和21世纪海上丝

---

① 王海燕.亚信会议创新"一带一路"安全体系［N］.文汇报，2016-05-02.
② 常华.中阿合作论坛的成长之路［J］.阿拉伯世界研究，2010（6）：9-11.

绸之路的构想，阿拉伯海湾地区是海上丝绸之路和陆上丝绸之路的交汇点，我们应共同建设好丝绸之路经济带。"习近平提出的构想意味着在古老的丝绸之路上建设一条经济文化带，这与中阿合作论坛的目标相一致。"丝绸之路经济带"从印度洋延伸至波罗的海，将加强沟通，形成连接东亚、西亚、南亚的现代化交通运输网络，推动贸易和投资便利化，推动实现本币兑换和结算，促进经济开放和自由合作。数世纪以前，在古老的丝绸之路上，阿拉伯世界曾是重要的地理和贸易中心，发挥过重要作用。因此，这一宏大构想的完善不能没有阿拉伯人的积极参与，论坛阿方相关人士应研究这个构想，考虑如何参与建设这条重要的亚欧经济带。[①]

2010年5月温家宝总理在中阿合作论坛第四届部长级会议上的讲话指出："中阿合作论坛的成立，是中国与阿拉伯国家着眼21世纪双方关系长远发展做出的战略选择，是中国与发展中国家加强集体对话与合作的重大举措。"[②]2014年习近平在会见来华出席中国—海湾阿拉伯国家合作委员会第三轮战略对话的海合会代表团时谈话强调："从长远角度发挥中阿共同合作决议与机制的作用、发展中国—海合会友好关系十分重要。"[③]总之，中阿合作论坛是全面引领中阿伙伴关系的重要机制和战略举措，提升强化这一重要机制亦已成为中阿双方的共同意愿，这不仅有利于进一步深化中阿双方在各领域的关系，也有利于全面贯彻、落实并推进中国的"一带一路"倡议。

---

① ［苏丹］加法尔·卡拉尔·艾哈迈德. 中阿合作论坛的成就及发展趋势［J］. 包澄章译. 阿拉伯世界研究，2014（3）：32-43.

② 温家宝. 深化全面合作，实现共同发展——在中阿合作论坛第四届部长级会议开幕式上的主旨演讲［EB/OL］. 新华网，2010-5-13. http://news.xinhuanet.com/politics/2010-05/13/c_1299655.htm.

③ Xi Calls for Early Signing of China-Gulf FTA. China Daily，18 January，2014.

五、中亚区域经济合作（CAREC）

中亚区域经济合作（Central Asia Regional Economic Cooperation，CAREC）由亚行在1997年倡导，2002年正式起步。目前，已建立起以部长会议、高官会议、行业协调委员会和区域工商圆桌会议为主的合作协调机制。该合作机制的重点是推进交通、能源、贸易便利化和贸易政策四大领域的合作，旨在推动中亚地区的经济。中亚区域经济合作机制成员包括：阿富汗、阿塞拜疆、哈萨克斯坦、吉尔吉斯斯坦、蒙古、塔吉克斯坦、乌兹别克斯坦、中国。此外，还有6个国际金融机构也参与该合作机制，分别为亚洲开发银行（以下简称亚行）、欧洲复兴开发银行、国际货币基金组织、伊斯兰发展银行、联合国开发计划署及世界银行。亚行在这个合作机制中起着倡导者、组织者、协调者和融资者的作用。

CAREC机制在交通领域的合作内容包括建设区域交通走廊（公路）和协调跨境便利运输政策、程序及法律。在亚行的统一协调下，2005年各成员国一致同意发展高效、一体化的交通系统。在2007年第六次部长会议上，8个成员国通过了一项耗资180亿美元的交通与贸易便利化战略计划，计划打造一条现代丝绸之路，目前在建的交通走廊包括中吉乌公路和塔乌公路等。CAREC机制在能源领域的合作目标是建立市场化的能源运行机制，促进区域电力和能源贸易。2005年各国部长签署了建立区域电力监管论坛的谅解备忘录，各国已开始探讨进行电力贸易的可行性。目前部分中亚国家的输电项目或输气项目已经进入实施阶段。亚行还新建立了中亚工商圆桌会议以及中亚电力监管论坛，进一步完善了工作机制。[①]

中亚区域经济合作机制对"一带一路"倡议的推进以及地区间合作具有重要意义。首先，中亚区域经济合作机制为中亚各成员国或地区之间的对话提供了平台，在政治上和谐了国家间的关系。历

---

① 刘兴宏.亚洲开发银行与中亚区域经济合作［J］.东南亚纵横，2010（5）：93~96.

史上，中亚国家常常因资源问题（特别是水资源）、跨国性民族问题和宗教问题引起关系紧张甚至边界冲突，“构筑族体多元性和睦相处和文化多样性共同繁荣的社会发展机制是维护国家安全、经济发展和地区稳定、社会进步的必由之路”①。由亚行倡导并牵头组建的合作框架机制为中亚国家协调关系、开展对话提供了一个良好的平台。作为一个“优秀的论坛”②，这个机制有助于推动地区合作和一体化，实现地区共同的繁荣。跨边界经济合作优化了区域政治环境，和谐了国家间的关系。其次，该机制促进中亚各成员国在经济上的合作，并在一些核心领域取得重大的发展。此前，中亚各国的领导人虽然非常清楚恢复本地区根深蒂固的经济相互作用传统的必要性③，但是出于地缘政治、历史原因、文化差异和基于国家利益等因素的考量，中亚区域合作步履艰难。亚行在推进合作方面起到了润滑剂和黏合剂的作用。2000~2006年，亚行向中亚区域交通、能源和贸易便利化三大领域共提供贷款4.998亿美元，实现联合融资1.341亿美元④，使该地区走上了恢复发展的道路。

第三节　建立“一带一路”学术文化交流机制

2016年8月17日，中共中央总书记、国家主席、中央军委主席习近平在北京出席推进“一带一路”建设工作座谈会，会中提出要求重视人文合作，加强“一带一路”建设学术研究、理论支撑以及话

---

① 李琪．中亚国家的民族关系与地区安全［J］．中国边疆史地研究，2007．（2）：136-143，150．

② Johannes Linn. Talking Points for Special Presentation. CAREC SOM March 26-27, 2007，pp.3.

③ 重建丝绸之路——亚洲开发银行的作用：鼓励中亚地区的经济合作［M］．亚洲开发银行，2003．

④ ADB. Central Asia Regional Economic Cooperation. http://www. adb. org/countries/subregional-programs/carec.

语体系的建设。[①]在"一带一路"倡议实施过程中更应发挥沿线各国区域、次区域相关国际论坛、展会以及博鳌亚洲论坛、中国—东盟博览会、中国—亚欧博览会、欧亚经济论坛、中国国际投资贸易洽谈会，以及中国—南亚博览会、中国—阿拉伯国家博览会、中国西部国际博览会、中国—俄罗斯博览会、前海深港合作论坛等平台的建设性作用；支持沿线国家地方、民间挖掘"一带一路"历史文化遗产，联合举办专项投资、贸易、文化交流活动，办好丝绸之路（敦煌）国际文化博览会、丝绸之路国际电影节和图书展；倡议建立"一带一路"国际高峰论坛。

一、发挥沿线各国论坛平台的建设性作用

（一）博鳌亚洲论坛

博鳌亚洲论坛（Boao Forum for Asia，BFA）由25个亚洲国家和澳大利亚发起，于2001年2月27日在中国海南省琼海市万泉河入海口的博鳌镇召开大会，正式宣布成立。作为一个非官方、非营利、定期、定址、开放性的国际会议组织，博鳌亚洲论坛以平等、互惠、合作和共赢为主旨，立足亚洲，推动亚洲各国间的经济交流、协调与合作，同时又面向世界，增强亚洲与世界其他地区的对话与经济联系。作为对该地区政府间合作组织的有益补充，博鳌亚洲论坛将为建设一个更加繁荣、稳定、和谐相处且与世界其他地区和平共处的新亚洲作出重要的贡献。

博鳌亚洲论坛是个主要面向亚洲和新兴经济体的地区性论坛，主要从亚洲的角度关注和探讨亚洲地区在经济与社会发展进程中所

---

① 吴秋余. 习近平出席推进"一带一路"建设工作座谈会并发表重要讲话［N］. 人民日报，2016-08-18.

面临的焦点问题和挑战。[①]博鳌亚洲论坛致力于推进亚洲经济一体化。从近几年的发展情况来看，博鳌亚洲论坛正日益发展成为全球政府高官、工商界代表和学术界精英就亚洲以及其他地区重要事务进行平等对话的高层次平台。上述各界人士为了亚洲走到一起来，这本身就是亚洲合作的象征，而通过论坛产生思想、凝聚共识、催生政策和行动，则是对亚洲经济一体化实实在在的贡献。

(二) 中国—东盟博览会

中国—东盟博览会（China-ASEAN Exposition，CAEXPO）于2003年10月8日由中国国务院总理温家宝在第七次中国与东盟（10+1）领导人会议上倡议产生，并从2004年起每年在中国南宁举办，同期举办中国—东盟商务与投资峰会。从2004年11月至2016年9月，中国—东盟博览会已成功举办了13届，促进了中国—东盟自由贸易区建设，并以中国—东盟自贸区为依托，其成果为博览会持续发展提供了内在的市场动力。同时，博览会为企业分享自贸区建设成果，进一步开拓市场，提供了难得的好平台。中国—东盟博览会以促进中国—东盟自由贸易区建设，共享合作与发展机遇为宗旨，围绕《中国与东盟全面经济合作框架协议》以双向互利为原则，以自由贸易区内的经贸合作为重点，面向全球开放，为各国商家共同发展提供新的机遇。

中国—东盟博览会是中国境内由多国政府共办且长期在一地举办的展会之一。以展览为中心，同时开展多领域多层次的交流活动，搭建了中国与东盟交流合作的平台。[②]中国—东盟博览会将进口与出口相结合，以进口为特色，强调对东盟市场开放，作东盟商品进入中国的桥梁；投资与引资相结合，以中国企业走出去为特色，作中国企业投资东盟的平台；商品贸易与服务贸易相结合，以旅

---

① 曹文炼.达沃斯论坛和博鳌亚洲论坛比较研究［J］.全球化，2013（6）：104-113，128.

② 走进博览会.中国—东盟博览会官方网站.http://www.caexpo.org/gb/aboutcaexpo/.

游服务和中小企业技术创新成果转让为切入点，培育中国与东盟经贸合作的新增长点；展会结合，相得益彰。博览会既是一次经贸盛会，又是一次多边国际活动，增进了解，充分体现了中国与东盟睦邻友好、建立面向和平与繁荣的战略合作伙伴关系的宗旨和意图，务实地推动了中国与东盟国家区域经济合作的深入发展。

（三）中国—亚欧博览会

中国—亚欧博览会是乌鲁木齐对外经济贸易洽谈会的继承和升华。首届中国—亚欧博览会于2011年9月1日至5日在中国新疆国际会展中心举办，设国际板块、国内板块、新疆板块、专业板块，以及高新技术园区和开发区板块等"4+2"个展示板块。举办中国—亚欧博览会是推进新疆跨越式发展和长治久安的重要举措，中国—亚欧博览会是各部门集中展示和落实中央对新疆支持政策的平台，是进一步推动沿边开放、向西开放的载体。中央明确提出："加大实施沿边开放战略力度，加快新疆与内地及周边国家物流大通道建设，努力将新疆打造成为我国对外开放的重要门户和基地。"[①]新疆是中国西部的战略屏障，是中国实施西部大开发战略的重要地区，也是中国对外开放的重要门户。举办中国—亚欧博览会，发挥新疆东引西出、向西开放的地缘优势，将其打造成区域的国际交流平台，对拓展与中、西、南亚和欧洲各国全方位、多领域的经贸合作具有十分重要的意义，有利于推动形成中国"陆上开放"和"沿海开放"并进的对外开放新格局，进一步发挥新疆在向西开放过程中的桥头堡和枢纽作用。

（四）中国国际投资贸易洽谈会

中国国际投资贸易洽谈会（简称投洽会）经中华人民共和国国

---

① 中国进一步扩大向西开放新疆成重要门户基地［EB/OL］.新华网，2012–3–12. http://news.xinhuanet.com/politics/2012–03/12/c_111639281.htm.

务院批准，于每年9月8日至11日在中国厦门举办。[①]投洽会以"引进来"和"走出去"为主题，以"突出全国性和国际性，突出投资洽谈和投资政策宣传，突出国家区域经济协调发展，突出对台经贸交流"为主要特色，是中国目前唯一以促进双向投资为目的的国际投资促进活动，也是通过国际展览业协会（UFI）认证的全球规模最大的投资性展览会。投洽会主要内容包括：投资和贸易展览、国际投资论坛及系列投资热点问题研讨会和以项目对接会为载体的投资洽谈。投洽会不仅全面展示和介绍中国及内地各省、自治区、直辖市和香港特别行政区、澳门特别行政区的投资环境、投资政策、招商项目和企业产品，同时也吸引了数十个国家和地区的投资促进机构纷纷前来参展并举办投资说明会、推介会。参加投洽会的境内外客商可以花最少的时间和精力全面考察中国和其他国家及地区的投资环境，从最直接的渠道获取最新的投资政策和投资资讯，在最广泛的范围内选择最合适的投资项目和投资合作伙伴。

（五）中国—南亚博览会

中国—南亚博览会的前身是业已举办了5届的南亚国家商品展。经过几年的培育和发展，南亚国家商品展规模不断扩大，在促进中国与南亚各国的经贸交往中起到了重要作用。为适应形势发展需要，进一步加强中国与南亚国家互利合作，2012年10月，中国国务院批准将南亚国家商品展升格为中国—南亚博览会，从2013年起每年在中国昆明举办一届。[②]中国—南亚博览会的举行，是新的历史条件下扩大云南对外开放的重大突破，也是中国构筑全方位开放格局的重要组成部分，对于搭建中国向西开放战略平台，促进多边多交战略具有重大战略意义。中国和南亚国家是传统友好合作伙伴，经济互补性强，经贸合作潜力巨大，中国—南亚博览会将肩负着全面

---

① 中国国际投资贸易洽谈会. http://www.chinafair.org.cn/china/overview/about.aspx.
② 中国—南亚博览会［EB/OL］. 云南网，2013-01-09. http://www.csaexpo.cn/html/2013/guanyunanbohui_0109/27.html.

推动中国和南亚关系的重大历史使命。举办以来,南亚已成为中国云南省对外贸易增长最快的地区,举办中国—南盟博览会无疑是云南桥头堡建设的重要内容和西向开放的重要路径。①

二、联合沿线国家举办"一带一路"文化交流活动

在"一带一路"倡议实施中应支持沿线国家地方、民间挖掘"一带一路"历史文化遗产,联合举办专项投资、贸易、文化交流活动,办好丝绸之路(敦煌)国际文化博览会、丝绸之路国际电影节和图书展。目前举办的"一带一路"文化交流活动主要有丝绸之路(敦煌)国际文化博览会和丝绸之路国际电影节,起到了良好效果,为后续其他文化交流活动的举办提供鼓励和示范作用。

(一)丝绸之路(敦煌)国际文化博览会

2013年9月,习近平访问哈萨克斯坦时提出了共同建设丝绸之路经济带的倡议,指出"一带一路"建设要实现五通,即政策沟通、设施联通、贸易畅通、资金融通、民心相通。此后习近平特别强调民心相通是"一带一路"建设的重要内容,也是关键所在。党和国家关于建设"一带一路"倡议和对人文交流的高度重视,为进一步谋划举办丝绸之路(敦煌)国际文化博览会提供了重要契机和强大动力。2014年12月,中央正式将丝绸之路(敦煌)国际文化博览会纳入《丝绸之路经济带和21世纪海上丝绸之路建设战略规划》。②2015年3月,在国务院授权发布的《推动共建丝绸之路经济带和21世纪海上丝绸之路的愿景与行动》中,明确指出要"办好丝绸之路(敦煌)国际文化博览会"。丝绸之路(敦煌)国际文化博

---

① 南博会将直接提升昆明城市核心竞争力 [EB/OL]. 新浪财经,2013-02-19. http://finance.sina.com.cn/hy/20130219/154414584602.shtml.

② 举办丝绸之路(敦煌)国际文化博览会的背景 [EB/OL]. 新华网,2015-10-11. http://www.gs.xinhuanet.com/news/2015-10/11/c_1116784837.htm.

览会以"推动文化交流、共谋合作发展"为宗旨，以丝绸之路精神为纽带，以文明互鉴与文化交流合作为主题，以实现民心相通为目标，着力打造国际化、高端化、专业化的国家级文化博览会，成为中国与丝绸之路沿线国家开展文化交流合作的重要平台、推动中华文化走出去的重要窗口、丝绸之路经济带建设的重要支撑。经党中央、国务院批准，从2016年起，丝绸之路（敦煌）国际文化博览会将在甘肃省每年举办一次。

（二）丝绸之路国际电影节

为贯彻落实"丝绸之路经济带"和"21世纪海上丝绸之路"的倡议，国家新闻出版广电总局创办以海陆丝绸之路沿线国家为主体的"丝绸之路国际电影节"，旨在以电影为纽带，促进丝路沿线各国文化交流与合作，传承丝路精神，弘扬丝路文化，为"一带一路"建设创造良好的人文条件。丝绸之路国际电影节作为"丝绸之路影视桥工程"的重点项目，每年一届，由陕西、福建两省轮流主办。[①]

首届丝绸之路国际电影节于2014年10月20~25日在西安举办。陕西举办丝绸之路国际电影节，具有历史文化优势、影视产业优势和区位及交通优势。作为古丝绸之路的起点，陕西在"丝绸之路经济带"建设中具有特殊的作用。西安也是中国电影走向世界的出发点。改革开放以来，从这里走出了吴天明、张艺谋、陈凯歌、顾长卫、巩俐等一大批中外知名的电影艺术家，创作的作品荣获300余项国内外大奖，为中国电影繁荣发展作出了重要贡献。首届西安丝绸之路国际电影节为期5天，主要板块包括开闭幕式、丝路国家影片展映、评选"丝路杯"最受观众喜爱的中外影片、丝路电影文化论

---

① 丝绸之路国际电影节——西安. 丝绸之路国际电影节，2014-08-01. http://www.cnsriff.com/content/2014-08/01/content_11444656. htm.

坛、电影交易市场和丝路电影主题音乐会。①

　　第二届丝绸之路国际电影节于2015年9月22~26日在海上丝绸之路的发祥地城市——福建省福州市举行。②福建作为海上丝绸之路的重要起点和发祥地，抓住建设21世纪海上丝绸之路核心区的机遇，旨在贯彻落实"一带一路"倡议，凸显海丝、海洋、海峡特色，搭建中外电影艺术展示、合作、贸易的平台，促进"丝绸之路"沿线国家的文化交流与合作，推动沿线国家共同建设、共同发展、共同繁荣。福州是一座伴海而生、因海而兴、拓海而荣的海上丝绸之路的重要发祥地和门户城市，福州参与创造了海上丝绸之路的历史辉煌，引领城市走向了海洋、融入了世界。福州乐见以电影为纽带，促进福建、福州与丝路沿线国家之间的文化交流与合作，继续传承丝路精神，弘扬丝路文化，推动我国电影事业发展，提升中国文化影响力，为"一带一路"倡议作出福州应有的贡献。③

　　丝绸之路国际电影节活动贯彻落实"丝绸之路经济带"倡议，以"丝绸之路影视桥工程"和"丝绸之路经济带新起点"建设为契机，以电影为纽带，搭建电影交流交易国际平台，促进丝路沿线各国文化交流与合作，提高中国电影的国际影响力。通过不断努力，争取将丝绸之路国际电影节打造为有影响力的国际电影节。

①　陕西西安将办首届丝绸之路国际电影节. 新华网，2014-06-22. http://news.xinhuanet.com/newmedia/2014-06/22/c_133426904. htm.

②　首届丝绸之路国际电影节闭幕 下届明年在榕举行. 新华网，2014-10-26. http://www. fj. xinhuanet.com/news/2014-10/26/c_1112977591. htm. 首届丝绸之路国际电影节在西安圆满闭幕. 网易网，2014-10-26. http://news.163.com/14/1026/19/A9GMN71900014AEE.html. 首届丝绸之路电影节西安圆满闭幕 下一届福州举行. 网易网，2014-10-26. http://j.news.163.com/docs/10/2014102614/A9GFK31H9001K31I. html.

③　2014首届"丝绸之路国际电影节"福州分会场20日启动 6天展映42部海内外电影. 中国日报，2014-10-21. http://cnews. chinadaily. com. cn/2014-10/21/content_18775971. htm. 电影节简介. 第二届丝绸之路国际电影节，2015-09-7. http://www. silkroadiff.com/index.php?m=content&c=index&a=lists&catid=53.

三、建立"一带一路"国际高峰论坛

"一带一路"国际高峰论坛的展开有利于各个地区之间整合各类资源，利用优势互补，加强国家间或地区间合作，促进"一带一路"倡议发展。自"一带一路"倡议提出以来，已由不同组织在国内外举办了多场"一带一路"国际高峰论坛，促进了各类资源整合，实现学术文化交流。

2015年5月13日"一带一路·发展共赢——健康产业国际高峰论坛"在新西兰的奥克兰举行，由协会、新西兰中医学院、新西兰中医药针灸学会主办，新西兰中国医药交流协会、新西兰华人科学家协会支持，紧紧围绕"一带一路"倡议，旨在全面加强中新两国健康产业战略合作，促进中新两国之间的贸易与投资，带动经济结构转型升级，助力协会更多优秀会员企业走出国门，不断丰富和完善健康产品结构，吸纳更多中国产品走入新西兰市场，共同为"一带一路"建设，为推动医药健康产业全面发展注入新的动力。①

2015年7月2日，"'一带一路'经贸与产业园国际高峰论坛"在北京国家会议中心开展，以"一带一路"为契机，通过整合各种资源，促进中小企业在"一带一路"沿线地区间进行贸易、投资、文化、技术、合作、考察交流等活动，实现贸易和生产要素的优化配置以及地区间的经贸融合、招商引资、文化交流，更好地服务于政府、企业与社会，为中国企业走出去、区域经济大发展以及"一带一路"沿线国家和地区的合作交流搭建了互联互通、共荣共赢的平台。②

2016年5月18日，由香港特别行政区政府举办的"'一带一路'高峰论坛"在香港会展中心开展，旨在探讨"一带一路"倡议带

---

① 卓玛."一带一路"·发展共赢——健康产业国际高峰论坛（新西兰·2015）在奥克兰举行［EB/OL］.协会秘书处，2015-5-14. http://www.cmpma.cn/Article/75827.html.

② 2015"一带一路"经贸与产业园国际高峰论坛在北京召开［EB/OL］.新华网，2015-07-06. http://news.xinhuanet.com/energy/2015-07/06/c_127990799.htm.

来的全新机遇，研究香港"超级联系人"角色，超过20位"一带一路"沿线国家的领袖、决策官员，以及来自中国内地、香港、东盟和其他地区的商界和国际机构代表出席论坛。香港在"一带一路"建设中具备区位优势、开放合作的先发优势、服务业专业化优势和文脉相承的人文优势等独特优势，能够发挥重要作用。希望香港以更宽广的视野和胸怀，充分把握"一带一路"建设重大机遇，将自身发展与"一带一路"建设有机结合起来，进一步放大和提升香港的优势。[1]

其他"一带一路"国际高峰论坛，例如"'一带一路'国际金融发展高峰论坛"[2]、"'一带一路'战略与中阿发展高峰论坛"[3]、"'一带一路·新贸易·新商机'国际高峰论坛"[4]等，均从不同领域强化了政府间合作交流机制，带动多方面推进"一带一路"的积极性。"一带一路"倡议能否实现并持续健康运行，取决于各国参与的内在积极性。由于"一带一路"沿线国家发展水平参差不齐、利益诉求各异、国家间关系错综复杂，对沿线国家应一国一策，突出重点，全面推进，做实做细政府间合作。同时，应注重发挥中国驻外使领馆和国内外智库的作用，有分工地加大国别研究，密切关注各国对"一带一路"建设的反应，收集各国的合作意向、项目建议，跟踪反馈项目执行中的问题，提出改进措施。

---

① "一带一路"高峰论坛召开 香港各界呼吁"紧抓机遇"［EB/OL］.中国网，2016-5-24. http://media. china.com. cn/cmjujiao/2016-05-24/739174. html.

② "一带一路"国际金融发展高峰论坛在沪举办［EB/OL］.中国网，2015-12-30. http://zgsc. china.com. cn/gz/2015-12-30/445925. html.

③ "一带一路"战略与中阿发展高峰论坛举行［EB/OL］.人民网，2015-9-9. http://nx. people.com. cn/n/2015/0909/c192493-26305998. html.

④ "一带一路·新贸易·新商机"国际高峰论坛在上海成功召开［EB/OL］.上海市商务委员会，2015-12-2. http://www. scofcom. gov. cn/swdt/239341. htm.

[1] 2006 年亚欧首脑会议官方网站："Joint Conclusions (ASEM in its Tenth Year),"[EB/OL]. http://www.asem6.fi/NEWS_AND_DOCUMENTS/EN_ GB/1146142135365/INDEX.HTM.

[2] 2014 首届"丝绸之路国际电影节"福州分会场 20 日启动 6 天展映 42 部海内外电影 [EB/OL]. 中国日报 .2014-10-21，http://cnews.chinadaily.com. cn/2014-10/21/content_18775971.htm.

[3] 2015 "一带一路"经贸与产业园国际高峰论坛在北京召开 [EB/OL]. 新华网，2015-07-06.http://news.xinhuanet.com/energy/2015-07/06/c_127990799. htm.

[4] 2015 年上半年蒙古国经济发展数据，中华人民共和国驻蒙古国大使馆经济商务参赞处网站，2015-7-29，http://mn.mofcom.gov.cn/article/ jmxw/201507/20150701064372.shtml.

[5] 21 世纪海上丝路对接印尼"全球海洋支点"计划比利时申请入亚投行 [EB/OL]. 观察者，2015-06-23，http://www.guancha.cn/europe/2015_06_23_324399.shtml.

[6] Connelly A L.Indonesian foreign policy under President Jokowi [J].2014.

[7] Acemoglu D, Paul Anstra, Helpman E. "Contract and Technology Adoption". The American Economic Review, 2007, 97: 916-943.

[8] ADB，"Central Asia Regional Economic Cooperation" [EB/OL]. http://www. adb.org/countries/subregional-programs/carec.

[9] Forster A.The European Union in South‐East Asia: continuity and change in turbulent times [J].International Affairs，1999，75(4): 743-758.

[10] Bank W.Bazaars and Trade Integration in CAREC Countries [J].World Bank Other Operational Studies，2009.

[11] Dan Steinbock，"Chinese Investment Could Energize Europe's Juncker Fund，" [EB/OL]. Euobserver，2015-6-29.https：//euobserver.com/eu-china/129318.

[12] David Trilling.Kyrgyzstan: Garment Industry Is a Bright Spot in Gray Area [EB/OL]. 2012-10-29.http://www.eurasianet.org/node/66119?quicktabs_5=0.

[13] European Commission，EU Employment and Social Situation: Quarterly Review (ESSQR) [EB/OL]. 2015-09-10，http://ec.europa.eu/social/main.jsp ?catId=737&langId=en&pubId=7831&furtherPubs=yes.

[14] European Commission.Report on Critical Raw Materials for The EU [EB/OL]. 2015- 02- 08. http://ec.europa.eu/DocsRoom/documents/10010/attachments/1/translations/en/renditions/ native，2014.

[15] "Factsheet 3:Where will the Money Go To?" European Investment Bank，European Commission[EB/OL]. 2015，http://ec.europa.eu/priorities/jobs-growth-investment/plan/docs/factsheet3- what-in_en.pdf.

[16] Graedel T E, Nassar N T.The criticality of metals:a perspective for geologists [J]. Geological Society London Special Publications，2015，393(1).

[17] Graedel T E，Barr R，Chandler C，et al.Methodology of metal criticality determination [J].Environmental Science & Technology，2012，46(2)：1063-1070.

[18] Hofstede G H.Culture's Consequences，Second Edition: Comparing Values，Behaviors，Institutions and Organizations Across Nations [C]. // Edn，Sage Publications，Inc，Thousand Oaks.2001: 924-931.

[19] Johannes Linn，"Talking Points for Special Presentation" [N]. CAREC SOM March 26-27，2007，pp.3.

[20] Kogut B, Singh H. (1988) The Effect of National Culture on the Choice of Entry Mode. Journal of International Business Studies, 19(3): 411-432.

[21] Lankhuizen M, De Groot H L F, Linders G J M. (2011) The Trade-Off between Foreign Direct Investments and Exports: The Role of Multiple Dimensions of Distance. The World Economy, 34(8)：1395-1416.

[22] Benton G.The Chinese question in Central Asia: domestic order，social change and the Chinese factor [J].China Quarterly，2013，37(215)：783-784.

[23] McGroarty D, Wirtz S.Reviewing risk : critical metals & national security [M]. American resources Policy network，2012(6)：17-30.

[24]   Ministry of Foreign Affair，Eurasia Initiative[R]. MOFA，Korea，2014.

[25]   "President-Elect Jokowi Calls for 'United Indonesia'" [EB/OL]. The Jakarta Globe，2014-7-22.http://jakartaglobe.beritasatu.com/news/president-elect-jokowi-calls-united-indonesia/.

[26]   Quoted from Shannon Tiezzi, "Can China Save Greece - and the EU?" [EB/OL]. The Diplomat，2015-6-30.http://thediplomat.com/2015/06/can-china-save-greece-and-the-eu/.

[27]   Special Task Force (Member States，Commission，EIB) on Investment in the EU [R]. Final Task Force Report，EU，2015，http://ec.europa.eu/economy_finance/pdf/2015/task_force_report_investment_eu_en.pdf.

[28]   Sung Wonyong，Eurasia Initiative and the geopolitics of international transportation corridor [J].Monthly Transportation，2014，191(1)：6-13.

[29]   Trilling，David，Kyrgyzstan: Garment Industry Is a Bright Spot in Gray Area [EB/OL]. http://www.eurasianet.org/node/66119.

[30]   "The European Fund for Strategic Investment (EFSI)" [EB/OL]. European Commission，2015.http://ec.europa.eu/priorities/jobs-growth-investment/plan/efsi/index_en.htm.

[31]   USGS.Minerals Yearbook [EB/OL]. 2015-02-08.http://minerals.usgs.gov/minerals/pubs/country/2014.

[32]   Shuchun W，Qingsong W.The Silk Road economic belt and the eeu—rivals or partners? [J]. Central Asia & the Caucasus，2014，15(3)：7.

[33]   Wim Stokhof, Paul van der Velde, Asian-European Perspectives [M]. Curzon Press，2003.

[34]   "Xi Calls for Early Signing of China-Gulf FTA" [N]. China Daily，2014-01-18.

[35]   [俄]A.A. 古辛 . 欧亚经济联盟: 理想与现实 [J]. 徐向梅译 . 欧亚经济，2015 (3)：1-62.

[36]   В.И. 雅库宁，钟建平 . 跨欧亚发展带 [J]. 俄罗斯学刊，2014(4)：29-35.

[37]   阿里木江·卡斯木，唐兵，安瓦尔·买买提明 . 近 50 年来中亚五国城市化发展特征研究 [J]. 干旱区资源与环境，2013(1)：21-26.

[38]   安巍 . "一带一路" 国家发展战略背景下的商务俄语人才培养模式研究 [J]. 中国俄语教学，2016(1)：74-76.

[39]   巴兰尼科娃，邹秀 . 东部丝绸之路经济带与中俄合作前景 [J]. 西伯利亚研究，2015(5)：13-15.

[40] 白鹭. "一带一路" 战略引领高等教育国际化的路径探讨 [J]. 新西部（理论版），
      2015(15)：121，125.

[41] 白鹏. 中国境外经贸合作区—莱基自贸区开发战略研究 [D]. 石家庄铁道大学，
      2014.

[42] 保建云. 论 "一带一路" 建设给人民币国际化创造的投融资机遇、市场条件及
      风险分布 [J]. 天府新论，2015(1)：112-116.

[43] 蔡继明. "一带一路" 与 "新型城镇化" 的战略耦合 [N]. 深圳特区报，2015-
      10-20.

[44] 蔡清辉. 对接 "一带一路" 和 "自贸区" 战略 厦门构建 "国际留学文化城" 的
      战略思考 [J]. 厦门特区党校学报，2015(4)：66-70.

[45] 蔡振伟，林勇新. 中蒙俄经济走廊建设面临的机遇、挑战及应对策略 [J]. 北方
      经济，2015(9)：30-33.

[46] 曹骥赟. 印度城市化进程对中国城市化的启示——兼比较两国城市化进程 [J].
      延边大学学报（社会科学版），2006(2)：63-67.

[47] 曹伟. 丝绸之路文化产业战略规划需探讨的几个问题 [J]. 浙江工商大学学
      报.2015(3)：113-115.

[48] 曹文炼. 达沃斯论坛和博鳌亚洲论坛比较研究 [J]. 全球化，2013(6)：104-
      113，128.

[49] 曹云华，胡爱清. "一带一路" 战略下中国—东盟农业互联互通合作研究 [J]. 太
      平洋学报，2015，23(12)：73-82.

[50] 曾博伟. 奏响 "一带一路" 旅游四重唱 [N]. 中国旅游报，2015-06-12.

[51] 曾婧. "一带一路" 战略下的中国自贸区机遇 [J]. 特区经济，2015(8)：13-16.

[52] 曾少军. 全球能源新格局下的中国策略——以 "一带一路" 能源战略选择为例 [A].
      国际经济分析与展望（2014～2015)[C]. 2015：13.

[53] 曾璇. 对外开放以来老挝的城市化特征及其对乡村发展的影响 [J]. 社会主义研
      究，2015(1)：132-138.

[54] 常华. 中阿合作论坛的成长之路 [J]. 阿拉伯世界研究，2010(6)：9-11.

[55] 陈安娜. 中国高铁对实现国家 "一带一路" 战略构想的作用 [J]. 商业经济研究，
      2015(9)：4-6.

[56] 陈桂福. 浅析中等职业教育如何服务 "中国制造 2025" "一带一路" 和企业 "走
      出去"[J]. 职业，2016(6)：20-22.

[57] 陈昊. 文化距离对出口贸易的影响——基于修正引力模型的实证检验 [J]. 中国

经济问题，2011(6)：76-82.

[58] 陈静，张敏，王周红.服务于"一带一路"战略的国际化人才培养构想——以云南师范大学文理学院为例 [J].课程教育研究，2016(2)：1-2.

[59] 陈淑梅，"一带一路"引领国际自贸区发展之战略思考 [J].国际贸易，2015(12)：48-51.

[60] 陈伟.郑州新型工业化评价指标体系的构建 [J].企业导报，2014(18)：128-129.

[61] 陈相芬."一带一路"背景下高职院校协同创新人才培养模式研究 [J].中国职业技术教育，2016(4)：42-45.

[62] 陈小鼎，马茹.上合组织在丝绸之路经济带中的作用与路径选择 [J].当代亚太，2015(6)：63-81，156-157.

[63] 陈岩."一带一路"战略下中蒙俄经济走廊合作开发路径探析 [J].社会科学辑刊，2015(6)：133-135.

[64] 陈阳."一带一路"项目投资环保重要性凸显 [N].中国经济导报，2016-04-20.

[65] 陈雨露."一带一路"与人民币国际化 [J].中国金融，2015(19)：40-42.

[66] 陈玉荣.上海合作组织走过十年辉煌历程 [J].当代世界，2011(7)：41-44.

[67] 陈玉荣.欧亚经济联盟：理想与现实 [J].欧亚经济，2015(3)：14-18.

[68] 陈舟，张建平.上海合作组织十年发展回顾及思考 [J].和平与发展，2011(5)：31-36，71-72.

[69] 程国强.深化智库合作共建现代丝绸之路 [J].对外传播，2015，222(3)：13-14.

[70] 程军.构建"一带一路"经贸往来金融大动脉 [J].中国金融，2015(5)：34-36.

[71] 程宇，刘海.愿景与行动："一带一路"战略下的职业教育发展逻辑 [J].职业技术教育，2015(30)：11-17.

[72] 程宇.宁波职业技术学院职业教育援外培训助力国家"一带一路"战略 [J].职业技术教育，2015(26)：1.

[73] 迟福林.为社会智库发展提供良好制度环境 [J].理论学习，2015(3)：57.

[74] 戴雅萍.加强对外工程人才培养服务一带一路 [J].建筑，2016(6)：15-16.

[75] 丹尼斯·德怀尔，黄必红.东南亚地区城市化发展的人口因素与面临问题 [J].南洋资料译丛，2000(1)：22-27.

[76] 邓春，张先琪，李灿."一带一路"战略下高等学校国际化人才培养模式及路

径探析——以海南高校为例 [J]. 海南广播电视大学学报，2015(4)：107-111，145.

[77] 邓羽佳. 欧亚区域经济一体化背景下中国出口贸易效应及潜力研究 [J]. 世界经济研究，2015(12)：55-65，125.

[78] 第十七次中国欧盟领导人会晤联合声明——中欧 40 年合作后的前进之路 [EB/OL]. 外交部，2015-7-1，http://www.fmprc.gov.cn/web/ziliao_674904/zt_674979/dnzt_674981/lzlzt/lzlcxblsfgom_674991/zxxx_674993/t1277459.shtml.

[79] 电影节简介. 第二届丝绸之路国际电影节 [EB/OL].2015-09-7.http://www.silkroadiff.com/index.php?m=content&c=index&a=lists&catid=53.

[80] 东方财富网，中国金融信息网. 四大自贸区定位明确，布局紧密结合国际战 [EB/OL].2015-04-20.

[81] 董秀成. "一带一路"战略背景下中国油气国际合作的机遇、挑战与对策 [J]. 价格理论与实践，2015(4)：14-16.

[82] 董战峰，葛察忠，王金南，严小东，程翠云. "一带一路"绿色发展的战略实施框架 [J]. 中国环境管理，2016(2)：31-35，41.

[83] 杜明军. 自贸区与"一带一路"战略对接融合的思考 [N]. 河南日报，2015-06-19.

[84] 段从宇，李兴华. "一带一路"与云南高等教育发展的战略选择 [J]. 云南行政学院学报，2014(5)：133-135.

[85] 段胜峰，彭丽芳. "一带一路"背景下国际化人才培养路径 [J]. 长沙理工大学学报（社会科学版），2016(1)：103-107.

[86] 段晓聪. "一带一路"背景下高职院校商务英语人才培养研究——以广东省职业院校为例 [J]. 西部素质教育，2015(7)：53，55.

[87] 发改委就《关于推进国际产能和装备制造合作的指导意见》举行发布会 [EB/OL]. http://www.scio.gov.cn/xwfbh/gbwxwfbh/fbh/Document/1434472/1434472.htm.

[88] 樊慧玲. 新型工业化背景下中国传统产业转型升级的路径选择 [J]. 吉林工商学院学报，2016(2)：5-7.

[89] 樊志刚，马素红，王婕，李卢霞. "一带一路"战略下中资企业"走出去"现状及金融服务需求 [J]. 中国城市金融，2015(10)：25-26.

[90] 范冲浪. 战争对阿富汗城市发展的影响（1979-2011)[D]. 山西师范大学，2012.

[91] 方行明，张文剑，杨锦英. 中国煤炭进口的可持续性与进口国别结构的调整——中俄煤炭合作与开发利用俄罗斯远东煤炭资源的战略思考 [J]. 当代经济研究，

2013(11)：22-29.

[92] 方兴东，邬克，张静 . "一带一路"互联网优先战略研究 [J]. 现代传播（中国传媒大学学报），2016(3)：122-128.

[93] 方旖旎 . 中国企业对"一带一路"沿线国家基建投资的特征与风险分析 [J]. 西安财经学院学报，2016(1)：67-72.

[94] 冯春萍 . 俄罗斯的城市化演进及发展趋势 [J]. 上海城市规划，2014(5)：72-78.

[95] 冯宗宪、李刚，"一带一路"建设与周边区域经济合作推进路径 [J]. 西安交通大学学报（社会科学版），2015，35(6)，1-9.

[96] 付业勤，李勇 . "一带一路"战略与海南"中国旅游特区"发展 [J]. 热带地理，2015(5)：646-654.

[97] 高潮 . 投资泰中罗勇工业园抱团开拓东盟市场 [J]. 中国对外贸易，2012(9)：82-83.

[98] 高际香 . 俄罗斯城市化与城市发展 [J]. 俄罗斯东欧中亚研究，2014(1)：38-45，96.

[99] 高江 . 新疆昌吉融入丝绸之路经济带建设的路径 [J]. 中国国情国力，2016(1)：54-56.

[100] 高世宪，杨晶 . 依托"一带一路"深化能源国际合作 [J]. 宏观经济管理，2016(3)：55-58.

[101] 高世宪 . 一带一路战略和中国能源／电力国际合作 [J]. 电气时代，2016(1)：48-50.

[102] 高雅 . "一带一路"战略与国际产能合作 [J]. 国际工程与劳务，2015(11)：29-30.

[103] 高艳 . 主动作为抢抓"一带一路"大发展机遇——促进伽师城镇化发展升级 [J]. 环球市场信息导报，2015(23)：12.

[104] 高艳芳 . "一带一路"语境下的文化旅游与河南非物质文化遗产保护 [J]. 歌海，2015(6)：122-124.

[105] 公丕萍 . 中国与"一带一路"沿线国家贸易的商品格局 [J]. 地理科学进展，2015(5)：571-580.

[106] 构建智库支撑，智慧护航"亚投行"[J]. 环球市场信息导报，2015，594(16)：28-32，96.

[107] 顾海旭，荣冬梅，刘伯恩 . "一带一路"背景下我国矿产资源战略研究 [J]. 当代经济，2015(22)：6-8.

[108] 关秀丽 . 加强"一带一路"与自贸区战略对接 [N]. 经济日报，2015-03-24.

[109] 管理要 . "一带一路"对中国跨境电子商务发展的思考 [J]. 东方企业文化，2015(22)：194-195.

[110] 管清友 . "一带一路"海外投资风险评价：中亚—西亚经济走廊 [J/OL]. 老虎财经，2015(6).

[111] 郭爱君，毛锦凰 . 丝绸之路经济带：优势产业空间差异与产业空间布局战略研究 [J]. 兰州大学学报（社会科学版），2014，42(1)：40-49.

[112] 郭朝先，皮思明，邓雪莹 . "一带一路"产能合作进展与建议 [J]. 中国国情国力，2016(4)：54-57.

[113] 郭思文 . 俄罗斯煤炭工业的发展战略 [J]. 煤炭技术，2013(10)：254-256.

[114] 郭晓，张斐然 . "影花路放" —— "一带一路"背景下的电影艺术教育 [J]. 艺术教育，2015(7)：6-14.

[115] 郭艳玲，周舒野，吴美庆 . 俄罗斯煤炭资源开发利用现状 [J]. 现代矿业，2010(1)：143-145.

[116] 国家发展改革委，外交部，商务部 . 推动共建丝绸之路经济带和 21 世纪海上丝绸之路的愿景与行动 [EB/OL] . http://www.qianhuaweb.com/content/2015/03/28/content_5696598.htm.2015-03-28.

[117] 国务院关于推进国际产能和装备制造合作的指导意见 [J]. 中华人民共和国国务院公报，2015(15)：45-51.

[118] 哈、吉、塔三国元首表示支持成立上合组织基金与开发银行 [EB/OL]. 吉尔吉斯经商参处网站，2013-09-23，http:// kg.mofcom.gov.cn/article/jmxw/201309/20130900316896.shtml.

[119] 哈萨克斯坦加大力度实施"光明大道"新经济政策 [EB/OL]. 商务部，2015-04-09，http://www.mofcom.gov.cn/article/i/jyjl/e/ 201504/20150400937003.shtml.

[120] 韩东，王述芬 . 创新上合开发银行建立模式打造中亚经济发展新引擎 [J]. 新疆社会科学，2015(3)：53-60，169.

[121] 韩蕾，王晓静 . "一带一路"背景下，陕西以市场为导向的翻译人才培养模式探微 [J]. 考试周刊，2015，A4：157.

[122] 韩宁 . "一带一路"背景下区域旅游发展协同路径研究 [J]. 旅游纵览（下半月），2015(9)：20.

[123] 韩永辉 . 中国与西亚地区贸易合作的竞争性和互补性研究——以"一带一路"战略为背景 [J]. 世界经济研究，2015(3)：89-98，129.

[124] 韩玉军，王丽．"一带一路"推动人民币国际化进程 [J]．国际贸易，2015(6)：42-47.

[125] 郝帅．杨建国："一带一路"园区建设应"抱团取暖"[N]．中国企业报，2015-10-13.

[126] 何佰洲，郑边江．城市基础设施投融资制度演变与创新 [M]．知识产权出版社，2006.

[127] 何芳川：《中外文化交流史》上下卷 [M]．北京：国际文化出版公司，2016.

[128] 何江川．"一带一路"和"产能合作"[N]．光明日报，2015-11-29.

[129] 何茂春，张冀兵，张雅芃，田斌．"一带一路"战略面临的障碍与对策 [J]．新疆师范大学学报（哲学社会科学版），2015(3)：36-45.

[130] 何亚非．南海与中国的战略安全 [J]．亚太安全与海洋研究，2015(1)：1-8.

[131] 贺成全．乌克兰城市及城市化 [J]．城市，1994(1)：55-56.

[132] 贺平．贸易政治学研究 [M]．上海：上海人民出版社，2013.

[133] 赫荣亮．以"一带一路"促进我国钢铁国际产能合作 [J]．国家治理，2015(39)：27-31.

[134] 侯汉敏．新疆：中国连接中西亚的桥梁 [J]．对外大传播，2004(9)：30-33.

[135] 胡鞍钢，马伟，鄢一龙．"丝绸之路经济带"：战略内涵、定位和实现路径 [J]．新疆师范大学学报（哲学社会科学版），2014(2)：1-11.

[136] 胡邦曜，郭健．"一带一路"建设背景下高铁技术人才培养探究 [J]．广西教育，2016(7)：76-77.

[137] 胡海峰，武鹏．亚投行金融助力"一带一路"：战略关系、挑战与策略选择 [J]．人文杂志，2016(1)：20-28.

[138] 胡怀邦．发挥开发性金融作用 服务"一带一路"战略 [J]．全球化，2015(5)：20-30，131.

[139] 胡晓红．论贸易便利化制度差异性及我国的对策——以部分"丝绸之路经济带"国家为视角 [J]．南京大学学报（哲学·人文科学·社会科学），2015(6)：42-49，155.

[140] 华倩．"一带一路"与蒙古国"草原之路"的战略对接研究 [J]．国际展望，2015(6)：51-65，153-154.

[141] 黄发红，郑红．德国城市化和再城市化的经验与启示 [N]．中国改革报，2013-05-07.

[142] 黄孟芳，卢山冰，余淑秀．以"欧亚经济联盟"为标志的独联体经济一体化发展及对"一带一路"建设的启示 [J]. 人文杂志，2015(1)：36-44.

[143] 黄群慧，韵江．"一带一路"沿线国家工业化进程报告 [M]. 北京：社会科学文献出版社，2015.

[144] 黄仁伟．建设周边互联互通网络的环境分析 [J]. 战略决策研究，2014(5)：12-14.

[145] 黄蕊．吸纳全球智慧 助力"一带一路"——"一带一路"智库合作联盟理事会成立大会暨专题研讨会述评 [J]. 当代世界，2015(5)：35-37.

[146] 黄晓勇．以"一带一路"促进亚洲共同能源安全 [J]. 人民论坛，2015(22)：65-67.

[147] 惠春琳．"一带一路"与变化的能源格局 [J]. 中国电力企业管理，2015(17)：38-41.

[148] 加法尔·卡拉尔·艾哈迈德，包澄章．中阿合作论坛的成就及发展趋势 [J]. 阿拉伯世界研究，2014(3)：32-43.

[149] 贾根良．我国新型工业化道路主导产业的选择与战略意义 [J]. 江西社会科学，2015(7)：55-65.

[150] 贾林娟．浅析人民币国际化对中国对外贸易的影响及对策 [J]. 当代经济，2010(9)：82-83.

[151] 姜安印．"一带一路"建设中中国发展经验的互鉴性——以基础设施建设为例 [J]. 中国流通经济，2015(12)：84-90.

[152] 姜敏，王奕威．考察波兰、匈牙利市政道路的启示 [J]. 交通与运输，2013(3)：74-76.

[153] 姜乾之．中印城市化比较研究 [J]. 亚太经济，2012(2)：91-95.

[154] 姜旺恒．一带一路战略下土木工程专业高等教育的国际化发展 [J]. 科技视界，2015(34)：203.

[155] 姜晔．"一带一路"背景下的中国与中亚农业合作前景 [J/OL]. 中国财经，2015-05-23.

[156] 蒋斌，胡晗．浅析"一带一路"战略体系下高铁人才培养 [J]. 人才资源开发，2015(18)：49-50.

[157] 蒋正．城市群发展推动重庆在"两带一路"中发挥核心作用 [J]. 重庆与世界，2015(2)：52-53.

[158] 金瑞庭．加快推动"一带一路"战略与欧亚经济联盟对接 [J]. 宏观经济管理，2016(3)：41-43，54.

[159] 金巍.梅花与牡丹："一带一路"背景下的中国文化战略[M].中信出版社，2016.

[160] 举办丝绸之路（敦煌）国际文化博览会的背景[EB/OL].新华网.2015-10-11. http://www.gs.xinhuanet.com/news/2015-10/11/c_1116784837.htm.

[161] [哈]康·瑟拉耶什金.丝绸之路经济带构想及其对中亚的影响[J].俄罗斯东欧中亚研究，2015(4)：13-24.

[162] 孔庆峰."一带一路"国家的贸易便利化水平测算与贸易潜力研究[J].国际贸易问题，2015(12)：158-168.

[163] 孔祥永，李莉文.世界能源新格局与中国之对策选择[J].东北亚论坛，2015(5)：47-57.

[164] 赖满瑢."一带一路"与自贸区战略对接研究[J].中国集体经济，2015(33)：33-34.

[165] 蓝建学.中国与南亚互联互通的现状与未来[J].南亚研究，2013(3)：61-71.

[166] 乐明."一带一路"与欧亚经济联盟如何对接[N].21世纪经济报道，2015-06-20.

[167] 李博."一带一路"的金融版图[EB/OL]. http://www.vccoo.com/v/d089ad.

[168] 李东.欧亚经济联盟：理想与现实[J].欧亚经济，2015(3)：36-40.

[169] 李锋."一带一路"沿线国家的投资风险与应对策略[J].中国流通经济，2016(2)：115-121.

[170] 李富兵，白国平，王志欣，颜春凤，王伟洪，袁明会，白羽，李文博，王倩."一带一路"油气资源潜力及合作前景[J].中国矿业，2015，24(10)：1-3，26.

[171] 李罡.容克计划与中国机遇[J].国际贸易，2015(8)：41-48.

[172] 李光辉."一带一路"战略下的园区建设[J].中国经贸导刊，2015(30)：24-25.

[173] 李广宇，吕文博，王祎枫.多边金融格局新力量：亚投行的创新与活力[EB/OL].麦肯锡，2015，7.

[174] 李佳朋，宋佳洁.融入"一带一路"建设，强化实用型电气人才培养[J].内江科学，2015(7)：7，15-16.

[175] 李建民.欧亚经济联盟：理想与现实[J].欧亚经济，2015(3)：1-4.

[176] 李建伟."一带一路"建设需充分利用风景资源[N].中国建设报，2015-07-01.

[177] 李克强.携手开创中欧关系新局面——在中欧工商峰会上的主旨演讲[EB/OL]. 外 交 部, 2015-6-29, http://www.fmprc.gov.cn/web/ziliao_674904/zt_674979/dnzt_674981/lzlzt/lzlcxblsfgom_674991/zxxx_674993/t1277064.shtml.

[178] "李克强出席第三次中国—中东欧国家领导人会晤"[EB/OL]. 中国—中东欧国家合作网站, http://www.china－ceec.org/1/2014/12/17/41s5354.htm.

[179] "李克强在第四次中国－中东欧国家领导人会晤上的讲话（全文）"[EB/OL]. 新华网, 2015.11.25, http://news.xinhuanet.com/world/2015-11/25/c_128464398.htm.

[180] 李克强总理访欧看点亚欧会议为"一带一路"提供契机[EB/OL]. 新华网, 2014-10-13.http://www.cnss.com.cn/html/2014/mrzt_1013/161441.html.

[181] 李罗莎, 中国参与全球区域经济一体化战略与对策研究[J]. 全球化, 2015(1)：84-96.

[182] 李梦卿, 安培.职业教育耦合"一带一路"战略发展的机遇、挑战与策略[J]. 职教论坛, 2016(7)：46-51.

[183] 李楠."一带一路"战略支点——基础设施互联互通探析[J]. 企业经济, 2015(8)：170-174.

[184] 李培.泰国城市化过程及其启示[J]. 城市问题, 2007(6)：86-91.

[185] 李平, 刘强."一带一路"战略：互联互通、共同发展——能源基础设施建设与亚太区域能源市场化[M]. 北京：中国社科出版社, 2015.

[186] 李琪.中亚国家的民族关系与地区安全[J]. 中国边疆史地研究, 2007(2)：136-143, 150.

[187] 李秋斌, 全球价值链视域 TPP 与"一带一路"战略格局较量[J]. 闽江学院学报, 2016(1)：31-38, 104.

[188] 李镕喆.人民币国际化的可能性及对中国贸易的影响[J]. 当代经济, 2011(9)：74-77.

[189] 李淑静, 贾吉明."一带一路"战略下我国与中亚国家能源合作的思考[J]. 当代经济, 2015(23)：6-8.

[190] 李婷, 李豫新.中国与中亚五国农产品贸易的互补性分析[J]. 国际贸易问题, 2011(1)：53-62.

[191] 李皖南.2014年印尼政治、经济、外交形势回顾与 2015 年展望[J]. 东南亚研究, 2015(2)：53-61, 68.

[192] 李向阳, 论海上丝绸之路的多元化合作机制[J]. 世界经济与政治, 2014(11)：

4-17.

[193] 李晓西，关成华，林永生 . 环保在我国"一带一路"战略中的定位与作用 [J].
环境与可持续发展，2016，41(1)：7-13.

[194] 李新 . 上海合作组织：共建丝绸之路经济带的重要平台 [J]. 俄罗斯学刊，
2016(2)：29-37.

[195] 李兴 . "丝绸之路经济带"与欧亚经济联盟：比较分析与关系前景 [J]. 中国高
校社会科学，2015(6)：64-72.

[196] 李秀蛟 . 俄罗斯智库专家对"一带一路"的评析 [J]. 社会科学文摘，2016(2)：
8-10.

[197] 李雪东 . 结合"一带一路"战略开展国际产能合作 [J]. 中国经贸导刊，
2015(30)：21.

[198] 李永全 . 和而不同：丝绸之路经济带与欧亚经济联盟 [J]. 俄罗斯东欧中亚研究，
2015(4)：1-6，95.

[199] 理查德·图尔克萨尼，邴雪 . "16+1 合作"平台下的中国和中东欧国家合作及
其在"一带一路"倡议中的作用 [J]. 欧洲研究，2015(6)：3-6.

[200] 利博尔·塞奇卡 . 捷克：已做好积极参与一带一路的准备 [J]. 中国投资，
2015(8)：10，64-66.

[201] 廖伟径 . 俄罗斯：多举措应对复杂经济形势 [N]. 经济日报，2012-1-31.

[202] 林师武 . 新型工业化指标体系研究及广东实证分析 [J]. 经济师，2016(2)：
175-176，178.

[203] 林希妍 . 以信息化带动工业化进一步提高鲤城综合竞争力 [J]. 福建理论学习，
2003(6)：43-47.

[204] 刘波 . "一带一路"与欧亚经济联盟对接暨第二届中俄经济合作高层智库研讨
会纪实 [J]. 西伯利亚研究，2015，42(5)：94-95.

[205] 刘诚，香港：一带一路经济节点 [J]. 开放导报，2015(4)：60-62.

[206] 刘崇 . 以贸易发展推进人民币国际化 [J]. 南方金融，2007(10)：21-24.

[207] 刘迪，陈亮，王睿智 . 自贸区和"一带一路"战略的建设意义与联系分析 [J].
中国商论，2015(18)：116-118.

[208] 刘海，荣国丞 . "一带一路"战略下职业教育的机遇与挑战——中国职业技
术教育学会"一带一路"战略与职业教育研讨会综述 [J]. 职业技术教育，
2015(30)：18-21.

[209] 刘洪铎 . 文化交融如何影响中国与"一带一路"沿线国家的双边贸易往来 [J].

国际贸易问题，2016(2)：3-13.

[210] 刘鸿雁．建设智慧园区助推传统园区升级 [J]．经济研究导刊，2016(4)：113-114.

[211] 刘华芹编．丝绸之路经济带——欧亚大陆新棋局 [M]．北京：中国商务出版社，2015.

[212] 刘慧，东南亚是“一带一路”的重心所在 [N]．中国经济时报，2015-06-29.

[213] 刘佳骏．“一带一路”战略背景下中国能源合作新格局 [J]．国际经济合作，2015(10)：30-33.

[214] 刘建国，梁琦．“一带一路”能源合作问题研究 [J]．中国能源，2015(7)：17-20.

[215] 刘静．“一带一路”战略背景下推进滇缅教育合作的现状、挑战与前景 [J]．印度洋经济体研究，2015(4)：123-139，144.

[216] 刘静．浅析“一带一路”战略中市民化问题 [J]．商业经济，2016(1)：36-37.

[217] 刘娟，许潇丹．新型工业化背景下湖南汽车产业技术创新模式的改进 [J]．公路交通科技，2014(9)：154-158.

[218] 刘军．二战后缅甸社会城乡结构的变迁及其走向 [J]．学术探索，2015(6)：56-62.

[219] 刘军国，任志斌．循环经济是兵团新型工业化必由之路——兵团资源密集型产业转型升级三部曲 [J]．中国经贸导刊，2014(31)：44-46.

[220] 刘秋皇．当前柬埔寨城市化发展的战略定位与策略研究 [J]．商，2016(2)：295-296.

[221] 刘士林．中国城市群的发展现状与文化转型 [J]．江苏行政学院学报，2015(1)：26-32.

[222] 刘曙雄．与“一带一路”同行的“非通人才”培养 [J]．神州学人，2016(1)：12-13.

[223] 刘威．“一带一路”视域下中国与中东欧国家贸易互补性研究 [J]．长春工程学院学报（社会科学版），2015(4)：30-32.

[224] 刘威峰，段元萍．浅析新亚欧大陆桥的问题及其发展对策 [J]．改革与开放，2016(4)：59-60.

[225] 刘玮，APEC：中国“一带一路”带动亚太区域包容性发展 [EB/OL]．新华网，2015-11-19.http://news.xinhuanet.com/world/2015/11/19/c_128447115.htm.

[226]　刘文革 . 世界煤炭工业发展趋势和展望 [J]. 中国煤炭，2013(3)：119-123.

[227]　刘雯雯，任群罗 . 基于新型工业化道路的新疆承接产业转移研究 [J]. 新疆农垦
　　　　经济，2014(2)：30-36.

[228]　刘西文 . "一带一路"催生县域发展新格局 [J]. 西部大开发，2015(10)：62-
　　　　65.

[229]　刘兴宏 . 亚洲开发银行与中亚区域经济合作 [J]. 东南亚纵横，2010(5)：93-96.

[230]　刘英 . 经济走廊助力一带一路建设 [J]. 中国投资，2015(7)：10，58-60.

[231]　刘勇 . "一带一路"战略下旅游产业整体竞争力的提升路径 [J]. 鄂州大学学报，
　　　　2015(8)：49-51.

[232]　刘志颐，王琦，马志刚等 . 中国企业在"一带一路"区域农业投资的特征分析
　　　　[J]. 世界农业，2016(5)：194 -197，219.

[233]　龙德毅 . "一带一路"触发下的职业教育发展随想 [J]. 天津职业院校联合学报，
　　　　2015(7)：3-9.

[234]　龙海雯，施本植 . 中国与中东欧国家贸易竞争性、互补性及贸易潜力研究——
　　　　以"一带一路"为背景 [J]. 广西社会科学，2016(2)：78-84.

[235]　隆国强 . 扎实推进"一带一路"合作 [J]. 国家行政学院学报，2016(1)：19-
　　　　22，29.

[236]　卢暄 . 地缘经济视角下的"一带一路"重点方向形势探析 [J]. 西安财经学院学
　　　　报，2015(5)：60-65.

[237]　陆建人 . "一带一路"倡议与中国—东盟命运共同体建设 [J]. 创新，2015(5)：
　　　　44-50.

[238]　陆如泉，赵晓飞，苏敏，张晶 . 全力打造"一带一路"油气合作 2.0 版本 [J].
　　　　国际石油经济，2015(11)：15-18.

[239]　罗雨泽，汪鸣，梅新育，许利平，王义桅，史育龙，王佳宁 . "一带一路"建
　　　　设的六个"点位"改革传媒发行人、编辑总监王佳宁深度对话六位知名学者 [J].
　　　　改革，2015(7)：5-27.

[240]　吕娅娴，"一带一路"背景下人民币区域国际化问题研究——以云南和东盟
　　　　为例 [J]. 金融经济，2016(4)：3-5.

[241]　马博 . "一带一路"与印尼"全球海上支点"的战略对接研究 [J]. 国际展望，
　　　　2015(6)：33-50，152-153.

[242]　马惠兰，张姣 . 塔吉克斯坦城市化水平综合评价 [J]. 干旱区地理，2013(4)：
　　　　742-748.

[243] 马丽蓉."一带一路"与亚非战略合作中的"宗教因素"[J]. 热点透视，2015(4)：4-20.

[244] 马莉莉. 丝绸之路经济带发展报告 2015[M]. 北京：中国经济出版社，2015.

[245] 马勤，刘青松. 推进新型工业化 加快株洲产业转型——基于生态文明建设的视角 [J]. 科技管理研究，2014(3)：106-110.

[246] 马岩."一带一路"国家主要特点及发展前景展望 [J]. 国际经济合作，2015(5)：29.

[247] 马中关丹产业园区建设从"量变"到"质变"[EB/OL].http://www.gxswt.gov.cn/SpecialReport/HtmlContent/Detail/73827504-c6bd-4d3e-84f0-b1f85f162464.

[248] 毛腾飞. 中国城市基础设施建设投融资模式创新研究 [D]. 中南大学，2006.

[249] 毛艳华.21 世纪海上丝绸之路贸易便利化合作与能力建设 [J]. 国际经贸探索，2015(4)：101-112.

[250] 梅新育. 冷静全面看待国际产能合作 [J]. 浙江经济，2015(12)：7-8.

[251] 慕怀琴，王俊."一带一路"战略框架下国际产能合作路径探析 [J]. 人民论坛，2016(8)：87-89.

[252] 南博会将直接提升昆明城市核心竞争力 [EB/OL]. 新浪财经.2013-02-19，http://finance.sina.com.cn/hy/20130219/154414584602.shtml.

[253] 宁吉喆. 企业主导五位一体推进国际产能合作 [J]. 中国经贸导刊，2015(33)：10-11.

[254] 凝聚全球增长新动力开辟互利共赢新空间——国家发展改革委副主任兼国家统计局局长宁吉喆纵论国际产能合作热点 [J]. 中国经贸导刊，2016(12)：10-12.

[255] 农业部对外经济合作中心，"一带一路"背景下的中国与中亚农业合作前景 [N]. 农民日报，2015-6-10.

[256] 努尔苏卢·阿赫梅托娃. 吉总统办公厅官员谈吉加入关税同盟问题 [EB/OL]. 亚欧网，2013-10-09，http://www.yaou.cn/news/show.php?itemid=7692.

[257] 努雷舍夫. 推动"光明之路"新经济政策和丝绸之路经济带建设的和谐发展和无缝衔接 [J]. 大陆桥视野，2015(7)：29-30.

[258] 欧晓理. 智库担当起构建"以我为主"话语体系的历史重任 [J]. 留学生，2017(13)：25.

[259] 朴英爱，张林国. 中国"一带一路"与韩国"欧亚倡议"的战略对接探析 [J]. 东北亚论坛，2016(1)：104-114，128.

[260] 朴珠华，刘潇萌，滕卓攸 . 中国对"一带一路"直接投资环境政治风险分析 // 中国周边安全形势评估——"一带一路"与周边战略 [C]. 北京：社会科学文献出版社，2015.

[261] 丘兆逸，付丽琴 . 国内私人资本与一带一路跨境基础设施建设 [J]. 开放导报，2015(3)：35-38.

[262] 邱同保 . 广西职业教育在服务"一带一路"战略中的机遇和作为 [J]. 广西教育，2015(39)：7-8.

[263] 任冲，宋立军 . 印度城市化进程中存在的问题及原因探析 [J]. 东南亚纵横，2013(8)：75-79.

[264] 任浩，甄杰，仲东亭，叶江峰 . 园区"走出去"与"一带一路"战略 [N]. 解放日报，2015-10-13.

[265] 任鹏 . 加强沟通交流推进"16+1"合作——访匈牙利中东欧亚洲研究中心主席马都亚 [A]. 今日轨道交通（抢鲜版）[C]. 2015：2.

[266] 阮世坚 . 越南失地农民就业的问题与解决对策 [J]. 市场周刊（理论研究），2014(1)：3-4，36.

[267] 阮世坚 . 越南在城市化进程中失地农民就业的消极影响 [J]. 经济研究导刊，2014(11)：15-16，20.

[268] 桑百川 . 拓展我国与"一带一路"国家的贸易关系——基于竞争性与互补性研究 [J]. 经济问题，2015(8)：1-5.

[269] 陕西西安将办首届丝绸之路国际电影节 [EB/OL]. 新华网 .2014-06-22.http://news.xinhuanet.com/newmedia/2014-06/22/c_133426904.htm.

[270] 商勇 . 中国新型工业化评价指标体系的构建和实证分析 [J]. 区域经济评论，2015(3)：34-40.

[271] 尚虎平编著 . "一带一路"关键词 [M]. 北京：北京大学出版社，2015.

[272] 邵建平，刘盈 . 孟中印缅经济走廊建设：意义、挑战和路径思考 [J]. 印度洋经济体研究，2014(6)：20-31，157.

[273] 申景奇 . 基于"一带一路"的金融创新及发展建议 [J]. 全球化，2015(11)：77-87，119，134-135.

[274] 申现杰，肖金成 . 国际区域经济合作新形势与我国"一带一路"合作战略 [J]. 宏观经济研究，2014(11)：30-38.

[275] 沈琼 ."一带一路"战略背景下中国与中亚农业合作探析 [J]. 河南农业大学学报，2016，50(1)：140-146.

[276] 盛斌，黎峰 ."一带一路"倡议的国际政治经济分析 [J]. 南开学报（哲学社会

科学版），2016(1)：52-64.

[277] 盛毅，任振宇 . 发挥东盟国家华侨华人在"一带一路"中的桥梁作用 [J]. 东南亚纵横，2015(10)：28-31.

[278] 师靓 . "一带一路"境遇下推进中部物流园区建设的思考 [J]. 新经济，2015(35)：80.

[279] 师荣耀 . 融入"一带一路"战略推动园区"走出去"[J]. 中国经贸导刊，2015(30)：19-20.

[280] 施俊法，李友枝，金庆花等 . 世界矿情（亚洲卷)[M]. 北京：地质出版社，2006.

[281] 石泽，金立群，林毅夫等 ."一带一路"中的大国合作 [M]. 北京：中国文史出版社，2015.

[282] 石泽 . 能源资源合作：共建"一带一路"的着力点 [J]. 新疆师范大学学报（哲学社会科学版），2015(1)：68-74.

[283] 史育龙 . 以港口—园区—新城联动模式推进海上丝绸之路建设 [N]. 社会科学报，2016-01-14.

[284] 史育龙 . 以智库为支撑推进"一带一路"建设 [J]. 中国发展观察，2016(1)：27-28，39.

[285] 世界经济年鉴编辑委员会 . 世界经济年鉴 2013[M]. 北京：中国社会科学出版社，2014.

[286] 首届丝绸之路电影节西安圆满闭幕 下一届福州举行 [EB/OL]. 网易网，2014-10-26，http://j.news.163.com/docs/10/2014102614/A9GFK31H9001K31I.html.

[287] 司建楠 . 园区"走出去"成"一带一路"战略重要路径 [N]. 中国工业报，2015-11-26.

[288] 四大自贸区定位明确，布局紧密结合国家战略 [J/OL]. 中国金融信息网，2015-04-20.

[289] 宋瑞 . 积极发挥"一带一路"的旅游力量 [N]. 中国旅游报，2015-02-06.

[290] 宋双双 . 在"一带一路"战略下扩大对外农业合作 [J]. 国际经济合作，2014(9)：63-66.

[291] 宋耀辉，夏咏，苏洋 ."一带一路"战略下的"中巴经济走廊"建设探讨 [J]. 对外经贸实务，2015(10)：27-30.

[292] 宋志辉 . 试析印度的城市化对农村减贫的影响 [J]. 南亚研究季刊，2012(3)：5，47-51.

[293] 隋月红. 文化差异对国际贸易的影响：理论与证据 [J]. 山东工商学院学报，2011(2)：6-10.

[294] 孙存良，李宁. "一带一路"人文交流：重大意义、实践路径和建构机制 [J]. 国际援助，2015(2)：14-20.

[295] 孙凤茹，李佳凝. 新型工业化与包装产业结构的优化升级探讨 [J]. 中国包装工业，2014(24)：111.

[296] 孙力. 上合组织合作潜力巨大 [N]. 人民日报，2008-08-22.

[297] 孙溯源，杜平. "一带一路"与中国在中亚的能源合作：区域公共产品的视角 [J]. 复旦国际关系评论，2015(1)：152-170.

[298] 孙穗. "一带一路"背景下广西财经类院校人才培养模式改革路径探析 [J]. 人力资源管理，2016(1)：112-113.

[299] 孙伟. "一带一路"倡议促进能源国际合作 [J]. 中国能源，2016(2)：25-28.

[300] 塔德乌什·霍米茨基. 波兰：一带一路重要参与者 [J]. 中国投资，2015(3)：42-44.

[301] 唐浩，贺刚. 中国特色新型工业化综合评价指标体系的构建与实证研究 [J]. 软科学，2014(9)：139-144.

[302] 唐金荣，杨宗喜，周平等. 国外关键矿产战略研究进展及其启示 [J]. 地质通报，2014(9)：1445-1453.

[303] 唐金荣，张涛，周平，郑人瑞. "一带一路"矿产资源分布与投资环境 [J]. 地质通报，2015(10)：1918-1928.

[304] 田春荣. 2015 年中国石油进出口状况分析 [J]. 国际石油经济，2016(3)：44-53.

[305] 田晖. 国家文化距离对中国对外贸易的影响——基于 31 个国家和地区贸易数据的引力模型分析 [J]. 国际贸易问题，2012(3)：45-52.

[306] 万婧，武星宽. 论城市化进程中绿色城市发展的机遇与挑战——以香港和新加坡为例 [J]. 城市建筑，2015(32)：301-302.

[307] 王安建，王高尚，张建华等. 矿产资源与国家经济发展 [M]. 北京：地震出版社，2002.

[308] 王博. "互联网 +"模式的产业融合促进新型工业化发展 [J]. 现代企业，2015(12)：5-6.

[309] 王婵，杨体迪. 中国境外农业投资与合作的发展研究 [J]. 经济研究导刊，2016(4)：191-192.

[310] 王琛 . 泰国城市化进程的教训 [J]. 中国中小企业，2013(12)：72-73.

[311] 王海燕 . 土库曼斯坦天然气多元化出口战略（1991-2015）：一项实证主义分析 [J]. 俄罗斯研究，2015(5)：75-96.

[312] 王海运等 ."丝绸之路经济带" 构想的背景、潜在挑战和未来走势 [J]. 欧亚经济，2014(4)：5-58，126.

[313] 王鸿刚 . 关于跨太平洋安全架构及 "一带一路" 建设的思考，"现代院论坛2015" 发言摘编 . 现代国际关系，2015(11)：1-13.

[314] 王剑 . 兵马未动，粮草先行——论 "一带一路" 战略的开发性金融支持 [J]. 银行家，2015(3)：56-59.

[315] 王健 . 中国智库发展与中阿智库合作 [J]. 宁夏社会科学，2015，193(6)：106-107.

[316] 王健生，付朝欢 ."一带一路" 沿线将呈现 "新雁阵" 合作模式 [N]. 中国改革报，2016-01-25.

[317] 王金波 ."一带一路" 建设与东盟地区的自由贸易区安排 [M]. 北京：社会科学文献出版社，2015.

[318] 王琨，胡总 ."一带一路" 战略下外出农民工住房问题研究——基于包容性发展的视角 [J]. 宁波大学学报（人文科学版），2016(2)：70-76.

[319] 王林聪 . 智库建设与中阿 "一带一路" 共建 [J]. 宁夏社会科学，2015(6)：105-106.

[320] 王灵桂编 . 国外智库看 "一带一路"（之一)[M]. 北京：社会科学文献出版社，2015.

[321] 王敏，柴青山，王勇，等 ."一带一路" 战略实施与国际金融支持战略构想 [J]. 国际贸易，2015(4)：35-44.

[322] 王瑞鹏，祝宏辉，王博 . 兵团新型工业化进程中产业融合模式分析 [J]. 新疆农垦经济，2015(7)：27-30.

[323] 王丝丝 ."一带一路" 背景下我国与中亚五国农产品贸易研究 [J]. 经营与管理，2015(6)：62-65.

[324] 王四海 . 土国天然气多元出口战略助推丝路经济带建设 [N]. 中国石油报，2015-03-17.

[325] 王颂吉，白永秀 . 丝绸之路经济带建设与西部城镇化发展升级 [J]. 宁夏社会科学，2015(1)：51-59.

[326] 王维然，陈彤 . 关于建立上海合作组织自由贸易区的回顾与反思：2003—2013[J]. 俄罗斯东欧中亚研究，2014(6)：49-54，94.

[327] 王伟波，向明，范红忠．德国的城市化模式 [J]. 城市问题，2012(6)：87-91.

[328] 王伟东，李少杰，韩九曦．世界主要煤炭资源国煤炭供需形势分析及行业发展展望 [J]. 中国矿业，2015(2)：5-9，17.

[329] 王文轩．"一带一路"引领下加强外语人才培养的意义和措施初探 [J]. 内蒙古科技与经济，2015(14)：35-36.

[330] 王小民．东南亚国家的城市化：原因与可持续发展 [J]. 东南亚研究，2002(4)：42-46.

[331] 王艺静．"一带一路"背景下国际化外语人才培养研究 [J]. 高教学刊，2016(9)：1-3.

[332] 王银安．德国城市化对我们的启示 [J]. 经济研究参考，2014(21)：46-48，100.

[333] 王永中，李曦晨．中国对一带一路沿线国家投资风险评估 [J]. 开放导报，2015(4)：30-34.

[334] 王玉珍．旅游资源禀赋与区域旅游经济发展研究：基于山西的实证分析 [J]. 生态经济，2010(8)：41-45.

[335] 王玉主．"一带一路"与亚洲一体化模式的重构 [M]. 北京：社会科学文献出版社，2015.

[336] 王增收．亚投行对国际金融与贸易的影响 [J]. 现代商业，2015(8)：69-70.

[337] 王战．中国进入高水平开放发展新阶段 [N]. 人民日报，2015-12-09.

[338] 王哲．"一带一路"战略中的自贸区机遇 [J]. 中国报道，2015(5)：16-19.

[339] 王政武．"一带一路"框架下城镇化发展战略布局研究——以广西为例 [J]. 领导之友，2016(3)：23-29.

[340] 韦红．越南革新开放以来城市化进程中的问题及其解决措施评析 [J]. 东南亚研究，2013(4)：17-24.

[341] 隗斌贤．"一带一路"背景下文化传播与交流合作战略及其对策 [J]. 公共外交季刊，2015(4)：214-219.

[342] 魏后凯，武占云，冯婷婷．东亚国家城市化模式比较及其启示 [J]. 徐州工程学院学报（社会科学版），2013(2)：39-44.

[343] 魏民．打造中国一东盟自贸区"升级版"：问题与方向 [J]. 国际问题研究，2015(2)：127-140.

[344] 温家宝．深化全面合作，实现共同发展——在中阿合作论坛第四届部长级会议开幕式上的主旨演讲 [EB/OL]. 新华网，2010-5-13.http://news.xinhuanet.

com/politics/2010-05/13/c_1299655.htm.

[345] 温来成，彭羽，王涛 . 构建多元化投融资体系服务国家"一带一路"战略 [J]. 税务研究，2016(3)：22-27.

[346] 温雪，赵曦 . 中国西部地区收入差距的实证研究与政策调整 [J]. 社会科学家，2015(9)：66-70.

[347] 文君，蒋先玲 . 用系统思维创新高校"一带一路"国际化人才培养路径 [J]. 国际商务（对外经济贸易大学学报），2015(5)：153-160.

[348] 文思君，齐亮亮 ."一带一路"背景下高等教育服务贸易的发展策略思考 [J]. 中国商论，2016(7)：123-125.

[349] 吴必虎，朱虹 ."一带一路"的旅游巨变值得期待 [N]. 中国旅游报，2015-04-03.

[350] 吴飞飞 . 制度对贸易影响的研究综述——兼论"一带一路"实施中的制度红利 [J]. 华东经济管理，2016(2)：52-55.

[351] 吴琳 . 建境外产业园区助"一带一路"建设 [N]. 光明日报，2016-03-14.

[352] 吴秋余 . 习近平出席推进"一带一路"建设工作座谈会并发表重要讲话 [N]. 人民日报，2016-08-18.

[353] 吴兆礼 . 美国"新丝绸之路"计划探析 [J]. 现代国际关系，2012(7)：17-22.

[354] 吴志峰，赵阳，宋科等 . 以产业园区推动人民币国际化 [C].2015 人民币国际化报告——"一带一路"建设中的货币战略 .2015.

[355] 伍琳 ."一带一路"战略下福建投资东盟的产业选择——基于贸易的竞争性与互补性 [J]. 福建论坛（人文社会科学版），2015(12)：186-191.

[356] 武寒 . 产能合作——中外合作新模式 [N]. 光明日报，2014-12-31.

[357] 习近平 . 弘扬人民友谊 共创美好未来 [N]. 人民日报，2013-09-08.

[358] 习近平 . 迈向命运共同体开创亚洲新未来——在博鳌亚洲论坛 2015 年年会上的主旨演讲 [EB/OL]. http://news.xinhuanet.com/politics/2015-03/29/c_127632707.htm.

[359] 习近平出席中俄蒙三国元首会晤 [N]. 人民日报，2014-09-12.

[360] 习近平提战略构想："一带一路"打开"筑梦空间" [EB/OL]. 2015-02-08，http://news.xinhuanet.com/fortune/2014-08/11/c_1112013039.htm.

[361] "习近平在周边外交工作座谈会上发表重要讲话" [EB/OL]. http://news.xinhuanet.com/politics/2013-10/25/c_117878897.htm.2013-10-25.

[362] 夏彩云，贺瑞."一带一路"战略下区域金融合作研究 [J]. 新金融，2015(7)：
34-38.

[363] 夏洁."一带一路"战略下开展国际旅游合作的策略选择 [J]. 淮海工学院学报（人文社会科学版），2015(7)：87-89.

[364] 夏先良. 构筑"一带一路"国际产能合作体制机制与政策体系 [J]. 国际贸易，2015(11)：26-33.

[365] 夏显力，王婷. 加快新型城镇化建设 助推新丝绸之路经济带发展 [A]. 陕西改革与新丝路新城镇建设研究 2014 年优秀论文集 [C]. 2014：6.

[366] 项义军，张金萍. 中俄区域经济合作战略对接的障碍与冲突 [J]. 国际贸易，2016(1)：33-38.

[367] 谢法浩. 东盟国家的 TPP 角色分析 [J]. 东南亚纵横，2013(11)：28-31.

[368] 谢锋斌. 全球煤炭供需格局简析 [J]. 中国矿业，2013，22(10)：19-21.

[369] 谢海燕."一带一路"战略下中国高铁走出去的现状、风险及对策 [J]. 全国商情（经济理论研究），2015(20)：35-38.

[370] 谢文心，熊利. 中国和俄罗斯煤炭领域的合作分析 [J]. 俄罗斯中亚东欧市场，2012(7)：41-47.

[371] 邢广程，孙壮志. 上海合作组织研究 [M]. 长春：长春出版社，2007.

[372] 邢晓玉，郝索. 基于"一带一路"新型科技产业园区模式构建与选择研究 [J]. 科学管理研究，2015(5)：1-4.

[373] 熊杰. 试论种姓制度对印度城市化进程的影响 [J]. 社科纵横，2012(4)：176-178.

[374] 徐步，杨帆. 中国—东盟关系：新的起航 [J]. 国际问题研究，2016(1)：35-48.

[375] 徐继承，王泽壮. 以色列城市化解读 [J]. 山西师大学报（社会科学版），2010(6)：105-108.

[376] 徐胜男，吴法."一带一路"战略实施中青年人才培养模式的构建研究 [J]. 山东青年政治学院学报，2016(2)：60-66.

[377] 徐杨文，胡思韵，李丹丹."一带一路"战略下中西部地方高校人才培养问题的思考 [J]. 浙江树人大学学报（人文社会科学），2016(2)：107-110.

[378] 许贵阳. 新型工业化道路视角下的河南省黄金产业发展对策 [J]. 黄金，2014(9)：1-5.

[379] 许琴. 浅析新型工业化统计监测评价指标的意义 [J]. 东方企业文化，2015(9)：

352.

[380] 薛鹏，武戈，邵雅宁."一带一路"背景下国贸专业国际化人才培养模式探析 [J].
对外经贸，2015(12)：143-145.

[381] 荀克宁."一带一路"时代背景下境外园区发展新契机 [J]. 理论学刊，
2015(10)：46-51.

[382] 亚信第四次峰会在上海举行 习近平主持并发表讲话 [EB/OL]. 新华网，2014-
5-21.http://news.xinhuanet.com/world/2014-05/21/c_1110799227.htm.

[383] 亚洲开发银行. 重建丝绸之路——亚洲开发银行的作用：鼓励中亚地区的经济
合作 [M]. 亚洲开发银行，2003.

[384] 亚洲开发银行副行长：亚洲互联互通与基础设施融资面临政治阻力 [EB/OL].
http://www.yicai.com/news/2280269.html.

[385] 闫衍."一带一路"的金融合作 [J]. 中国金融，2015(5)：32-33.

[386] 严洲. 专家通过"一带一路"空间信息走廊建设工程方案 [J/OL]. 中国证券网，
2015-07-31.http://news.cnstock.com/industry，rdjj-201507-3513732.htm.

[387] 杨宝，李春华. 服务"一带一路"的高端财会人才培养路径研究 [J]. 人才资源
开发，2015(12)：70-71.

[388] 杨臣华. 在中俄蒙智库合作联盟成立暨首届三方智库国际论坛上的致辞 [J]. 北
方经济，2015(9)：10.

[389] 杨陈. 中国—中南半岛沿线国家将共绘国际经济走廊蓝图 [J/OL]. 中国新闻网，
2015-09-15.http://www.chinanews.com/gn/2015/09-15/7525418.shtml.

[390] 杨晨曦."一带一路"区域能源合作中的大国因素及应对策略![J]. 新视野，
2014(4)：124-128.

[391] 杨大刚."一带一路"国家战略下航运金融人才培养思考 [J]. 上海金融，
2015(6)：109-110.

[392] 杨芳，陈艳玲，惠亚冰，杨诗源. 一带一路背景下的泉州与东盟旅游合作研究
[J]. 经贸实践，2015(7)：6-7，10.

[393] 杨飞虎，晏朝飞."一带一路"战略下我国对外直接投资实施机制研究 [J]. 理
论探讨，2015(5)：80-83.

[394] 杨光. 中阿关系与中阿智库建设 [J]. 宁夏社会科学，2015(6)：103-105.

[395] 杨国华. 论《跨太平洋伙伴关系协议》（TPP）与我国多边和区域一体化战略 [J].
当代法学，2016(1)：32-42.

[396] 杨红，王晶. 中日韩三国服务贸易技术结构及其演进研究——基于出口复杂度

的实证 [J]. 国际商务（对外经济贸易大学学报），2014(2)：5-12.

[397] 杨虹 . "一带一路"牵手"欧亚倡议"中韩如何双赢？ [N]. 中国经济导报，2015-7-31.

[398] 杨磊 . 习近平哈萨克斯坦发表演讲 提出建设"丝绸之路经济带"[EB/OL]. 国际在线，2013-09-07.http://gb.cri.cn/42071/2013/09/07/6611s4245625.htm.

[399] 杨联民 . 把打造中国—东盟自贸区升级版作为实施"一带一路"国家战略的重要抓手 [N]. 中华工商时报，2015-04-01.

[400] 杨冉冉 . "一带一路"背景下我国旅游资源开发问题初探 [J]. 旅游纵览（下半月），2016(4)：43-44.

[401] 杨善民 . "一带一路"环球行动报告（2015)[M]. 北京：社会科学文献出版社，2015.

[402] 杨世箐 . 新型工业化与农业现代化互动发展测度指标体系的构建 [J]. 统计与决策，2013(22)：67-70.

[403] 杨思灵 . 孟中印缅经济走廊建设风险分析与评估 [J]. 南亚研究季刊，2014(3)：5，52-57.

[404] 杨相红 . 哈萨克斯坦为丝路增光明 [J]. 经济，2015(12)：54-56.

[405] 杨小卜 . "一带一路"战略下的高等教育人才培养 [J]. 科技与企业，2016(1)：170，172.

[406] 杨晓龙，孙明明，王华 . 大庆市新型工业化评价指标体系及水平测度研究 [J]. 长春理工大学学报（社会科学版），2014(10)：81-84.

[407] 杨星科 . 为"一带一路"建设提供科技支撑和创新驱动 [N]. 陕西日报，2015-05-19.

[408] 杨秀波，许丹丹 . "一带一路"视野下广西外语人才培养蓝图 [J]. 英语广场，2016(4)：79-80.

[409] 杨宇清 . "一带一路"战略下港口船舶机电专业人才培养存在的问题与对策 [J]. 广西教育，2015(38)：15-17.

[410] 杨云升 . "一带一路"建设与外语人才培养 [J]. 海南师范大学学报（社会科学），2015(9)：130-134.

[411] 杨枝煌 . 加快全面建立"一带一路金融+"战略机制 [J]. 国际经济合作，2015(6)：35-42.

[412] 姚铃 . "一带一路"战略下的中国与中东欧经贸合作 [J]. 国际商务财会，2015(2)：13-15.

[413] 姚铃 . 推进 "一带一路" 建设，深化中欧经贸合作 [J]. 中国远洋航务，2016(2)：10-11,40-41.

[414] 姚文萍 . 区域经济与生态环境和谐发展高峰论坛 .2015-8-16.

[415] 姚芸 . 中巴经济走廊面临的风险分析 [J]. 南亚研究，2015(2)：35-45，155.

[416] 叶琪 . "一带一路" 背景下的环境冲突与矛盾化解 [J]. 现代经济探讨，2015 (5)：30-34.

[417] "一带一路" 高峰论坛召开 香港各界呼吁 "紧抓机遇" [EB/OL]. 中国网，2016-5-24.http://media.china.com.cn/cmjujiao/2016-05-24/739174.html.

[418] "一带一路" 国际金融发展高峰论坛在沪举办 [EB/OL]. 中国网，2015-12-30.http://zgsc.china.com.cn/gz/2015-12-30/445925.html.

[419] "一带一路" 全面推进 高端装备优势突显 [J]. 电源世界，2015(1)：13.

[420] "一带一路" 沿线国家主权信用级差跨度大 [EB/OL]. 证券时报网，2015-05-27.

[421] "一带一路" 油气资源分布明细 [N]. 中国能源报，2015-07-13.

[422] "一带一路" 战略与中阿发展高峰论坛举行 [EB/OL]. 人民网，2015-9-9.http://nx.people.com.cn/n/2015/0909/c192493-26305998.html.

[423] "一带一路·新贸易·新商机" 国际高峰论坛在上海成功召开 [EB/OL]. 2015-12-2.http://www.scofcom.gov.cn/swdt/239341.htm.

[424] 易诚 . 进一步加强与 "一带一路" 国家的金融合作 [J]. 甘肃金融，2014(4)：10-13.

[425] 易磊 . 区域新型工业化进程评价指标体系设计刍议——以长株潭为例 [J]. 红河学院学报，2014(6)：116-121.

[426] 殷英梅 . 一带一路战略下我国旅游产业安全问题研究 [J]. 旅游纵览，2015 (12)：12-13.

[427] 尹宏 . "一带一路" 文化产业发展研究 [J]. 中华文化论坛，2015(8)：138-142.

[428] 印尼新政府将继续实施 MP3EI 规划 [EB/OL]. 中国驻印尼大使馆经济商务参赞处网站，2014-9-11, http://id.mofcom.gov.cn/article/ziranziyuan/huiyuan/201409/20140900727570.shtml.

[429] 英国石油公司 .BP Statistical Review of World Energy 2013 [EB/OL].2013.http://www.bp.com/content/dam/bp/pdf/statistical-review/statistical_review_of_world_energy_2013.pdf.

[430] 于会录，董锁成，李宇等 . 丝绸之路经济带资源格局与合作开发模式研究 [J].

资源科学，2014，36(12)：2468-2475.

[431] 于军.中国—中东欧国家合作机制现状与完善路径 [J]. 国际问题研究，2015(2)：112-126.

[432] 于文轩，褚建鑫."一带一路"视域下的能源国际合作 [J]. 人民法治，2015(11)：21-23.

[433] 余锦."一带一路"倡议下的中国与波兰经贸关系 [J]. 中外企业家，2016(1)：4-7.

[434] 余晓钟，高庆欣，辜穗等.丝绸之路经济带建设背景下的中国——中亚能源合作战略研究 [J]. 经济问题探索，2016(1)：149-154.

[435] 袁其刚.我国对金砖国家出口贸易潜力测算——基于引力模型的实证分析 [J]. 经济与管理评论，2015(2)：94-99.

[436] 苑生龙.中捷经贸关系发展趋势与政策建议 [J]. 中国物价，2015(10)：10-12.

[437] 翟帆.企业"走出去"期盼职业院校跟上来——透视"一带一路"战略下职业教育的机遇与挑战 [J]. 云南教育（视界综合版），2015(9)：24-25.

[438] 湛丽."一带一路"引领核电企业"走出去" [J]. 当代电力文化，2015(6)：34.

[439] 张彼西.一带一路、亚投行与对外贸易潜力 [J]. 广西财经学院学报，2015(6)：105-109.

[440] 张博.中俄能源贸易发展研究 [D]. 东北师范大学，2014.

[441] 张大勇.泰国的城市化问题 [J]. 南洋问题研究，1995(3)：69-74.

[442] 张福良，何贤杰，杜轶伦等.关于我国战略性新兴矿产几个重要问题的思考 [J]. 中国矿业，2013，22(10)：7-11.

[443] 张恒龙，谢章福.上海合作组织区域经济一体化的条件与挑战——基于二元响应模型的计量分析 [J]. 俄罗斯研究，2014(2)：71-90

[444] 张洪，梁松.共生理论视角下国际产能合作的模式探析与机制构建——以中哈产能合作为例 [J]. 宏观经济研究，2015(12)：121-128.

[445] 张厚明."一带一路"战略下我国装备制造业"走出去"研究 [J]. 工业经济论坛，2015(6)：9-15.

[446] 张华，梁进社.产业空间集聚及其效应的研究进展 [J]. 地理科学进展，2007(2)：14-24.

[447] 张卉."一带一路"战略背景下中国参与 FTA 的现状、问题及对策研究 [J]. 财经理论研究，2015(5)：23-30.

[448] 张惠兰.尼泊尔的城市化建设 [J]. 当代亚太，2002(12)：32-35.

[449] 张家寿.中国与东盟合作参与"一带一路"建设的金融支撑体系构建健全金融支撑体系 [J].东南亚纵横,2015(10):42-46.

[450] 张建平,樊子嫣."一带一路"国家贸易投资便利化状况及相关措施需求 [J].国家行政学院学报,2016(1):23-29.

[451] 张建平,刘景睿.丝路基金:"一带一路"建设的启动器 [J].国际商务财会,2015(3):9-13.

[452] 张建全.中哈经贸合作的战略分析 [J].中外企业家,2009(18):180-181.

[453] 张健.一带一路战略对陕西高等职业教育发展的启示 [J].陕西广播电视大学学报,2015(2):57-59.

[454] 张洁.海上通道安全与中国战略支点的构建——兼谈21世纪海上丝绸之路建设的安全考量 [J].国家安全研究,2015(2):100-118.

[455] 张娟."一带一路"投资项目的融资风险 [J].国际工程与劳务,2016(1):57-58.

[456] 张军,高远,傅勇,张弘.中国为什么拥有了良好的基础设施?[J].经济研究,2007(3):4-19.

[457] 张梦洁.商务部:将适时展开上合组织自贸区研究 [N/OL].21世纪经济报道网站,2016-05-05.

[458] 张敏,王佳涛,陈致朋."一带一路"机遇期企业对外投资战略探究[J].特区经济,2015(9):14-16.

[459] 张茉楠.亚投行应为推进"一带一路"PPP融资模式发挥先导作用 [J].中国经济周刊,2015(28):81-82.

[460] 张倪.四大自贸区对接"一带一路"开启强强联合新思路 [N].中国经济时报,2015-03-17.

[461] 张宁,张琳.丝绸之路经济带与欧亚经济联盟对接分析 [J].新疆师范大学学报,2016,37(2):85-93.

[462] 张鹏.中国在中东欧国家开展农业投资的研究 [D].对外经济贸易大学,2014.

[463] 张生玲,魏晓博,张晶杰."一带一路"战略下中国能源贸易与合作展望 [J].国际贸易,2015(8):11-14,37.

[464] 张帅.一带一路战略下中国制造业海外转移的金融需求研究 [J].时代金融,2016(5):18-23.

[465] 张文文."一带一路"战略背景下的中美贸易摩擦 [J].合作经济与科技,2015(9):60-61.